Das perfekte Leben

Katja Schmitz-Dräger

Das perfekte Leben

*Fünf Frauen Anfang 30 –
Gespräche über Liebe, Sex, Familie,
Job und Zukunft*

Schwarzkopf & Schwarzkopf

Inhalt

Start

Es ist viel los bei den Frauen Anfang dreißig, egal wo man hinguckt: Privat und beruflich werden die Weichen gestellt; alles passiert gleichzeitig und in kurzer Zeit, und dabei haben wir die freie Auswahl unter einem Haufen von Beschäftigungsmodellen oder Familienkonstrukten. Wir sind die Generation mit den vielen Möglichkeiten, mit dem Selbstverwirklichungsimperativ, den Magisterstudiengängen und der latent drohenden Arbeitslosigkeit. Die Ersten, bei denen Aids Bestandteil der pubertären Sexualaufklärung war; die Letzten, die den Ausbildungsplatz nicht per Internetrecherche suchten. Längst haben wir ein ehemannunabhängiges Einkommen, längst brauchen wir keinen Trauschein mehr, um eine Familie zu gründen.

Mit Anfang dreißig sind etliche Vorstellungen, die noch zehn Jahre vorher solide zementiert schienen, ordentlich ins Wanken geraten. Von einigen hat man sich verabschiedet und jongliert mehr oder weniger entspannt mit den Unwägbarkeiten – niemand glaubt mehr an die unbefristete Festanstellung oder die liebessichernde Wirkung eines Eherings. Andere Dinge rufen sich mit zunehmender Dringlichkeit in Erinnerung: Ist nicht jetzt die Zeit zum Kinderkriegen? Oder verschiebt man die Sache doch noch bis auf den letzten biologischen Drücker? Ist man beruflich schon da, wo man mit dreißig sein wollte – kann man sich eine Babypause überhaupt erlauben? Gibt es den richtigen Mann für die Vätermonate, und woher wissen wir das?

Wir haben alle Möglichkeiten – dafür kommen uns die Ausreden abhanden. Wir sind für sämtliche Bereiche unseres Lebens selbst verantwortlich, auch für den öden Beruf und die schwierige Liebesgeschichte. Wenn mit den Freiheiten der Druck wächst, sie bitte schön sämtlich optimal zu nutzen, gehen die Probleme los.

Ansprüche kollidieren mit der Realität, Selbst- mit Fremdwahrnehmung. Alte Vorstellungen passen nicht mehr in neue Rahmenbedingungen, berufliche Ziele wollen gegen private abgewogen werden. Wir wollen uns nicht zu schnell festlegen, aber auch nicht mit tränennassen Taschentüchern abgefahrenen Zügen hinterherwinken. Ständig entscheiden wir uns für oder gegen irgendetwas – diesen Job, jenen Mann, die gemeinsame Wohnung, das Kind, die Elternzeit, die Selbstständigkeit. Und können darüber von Zeit zu Zeit auch mal ganz schön ins Grübeln geraten.

Und so kommt es, dass, wo immer sich zwei unserer Art begegnen, sie sich in kürzester Zeit über die akuten Fragen austauschen: Ist es beunruhigend, wenn auf Geburtstagsfeiern im Freundeskreis immer mehr Kinder aufkreuzen? Sind wir so erwachsen, wie unsere Eltern es von uns erwarten, oder ist dreißig das neue zwanzig? Spielt Heiraten noch eine Rolle in unserer Lebensplanung? Was macht finanzielle Abhängigkeit mit der Liebe? Kriegen wir in Gehaltsverhandlungen die Zähne auseinander? Wie gelingt es uns, den Sex in einer langjährigen Beziehung am Leben zu erhalten? Und kann Altersvorsorge wichtiger sein als Selbstverwirklichung? Auf einen Nenner gebracht: Wie machst du das, und funktioniert es?

Mit den Freundinnen tauschen wir uns aus, vergewissern uns unserer Überlegungen und unterziehen die eigenen Pläne einem ersten Test. Und wenn die Probleme nicht gelöst werden, ist es doch beruhigend zu sehen, dass es anderen ähnlich geht. Dass jede an den eigenen vermeintlichen Unzulänglichkeiten knabbert, gelegentlich ratlos ist, wider besseres Wissen handelt, und die Sache am Ende doch irgendwie wuppt. Und dass der Schlüssel zum perfekten Leben gar nicht zwingend in einer makellosen Kette richtiger Entscheidungen liegt, sondern vielmehr in der Fähigkeit, sich einfach mal ein bisschen zu entspannen.

Fünf Frauen

Fünf Frauen, 33 Fragen. Für dieses Buch habe ich vier meiner Freundinnen eingeladen, sich zusammenzufinden und in trauter Runde zu diskutieren: über Liebe, Sex, Geld, Beruf, Erfolg, Zukunft, Heiraten, Attraktivität, weiblichen Zusammenhalt, Sicherheit, Eltern und so weiter. Dass wir auf eine Bandbreite von Ansichten zugreifen können, ist unseren fünf unterschiedlichen Persönlichkeiten und Lebenssituationen geschuldet: Ob Single, frisch verliebt oder längst verheiratet, ob mit oder ohne Kind und Kinderwunsch, ob freiberuflich, festangestellt oder in Elternzeit – alles ist dabei. Hier sind die diskussionsfreudigen Personen:

Katja, 31, Berlin

Das bin ich – freiberufliche Historikerin und Autorin, hoch qualifiziert und niedrig entlohnt. In der immer noch andauernden Anfangsphase meiner Berufstätigkeit gehören neben dem Schreiben und den Aufträgen im Dokumentarfilmbereich noch allerlei abstruse Gelegenheitsjobs zu meinen Verdienstquellen und Selbstzweifel zum Alltag. Allmählich ist aber Land in Sicht, und abgesehen von seltenen Verzweiflungsanfällen bin ich voller Zuversicht, demnächst auch meine Krankenversicherung selbst bezahlen zu können. Auf anderem Terrain laufen die Dinge müheloser: Meine Beziehung kann man nach gut sechs Jahren schon fast als eheähnliche Gemeinschaft betrachten; nach stürmischen Jahren haben Sebastian und ich uns zu unserem eigenen Erstaunen ziemlich gut zusammengerauft. Trotzdem hat es meinem Ego kurzzeitig erstaunlich zu schaffen gemacht, dass er als Komponist neuerdings mehr verdient als ich. Ebenso die ersten grauen Haare, die ich in der Zeitleiste meiner Lebensplanung eigentlich nach der ersten Schwangerschaft angesetzt hatte.

Mit einer gesunden Neigung zum Drama kann ich mich an solchen Dingen mühelos aufhängen und sie zu kleineren oder größeren Krisen veredeln. Mit denen halte ich dann nicht hinterm Berg und bin dabei konfliktfreudig, aber gelegentlich etwas verkopft: Ich kann zwar schnell und spitzfindig Texte auseinandernehmen, aber für die simpelsten Lebenseinsichten braucht mein Gehirn Jahre. Dann stochere ich auf der Suche nach meinen Emotionen extensiv im Nebel, bevor eine meiner Freundinnen Problem samt Lösung in drei Sätzen auf den Punkt bringt und mich damit in ehrfürchtiges Staunen versetzt.

Über mein Handeln muss ich weniger nachdenken – egal in welchem Bereich. Bevor ich gar nichts tue, steuere ich mit Volldampf in eine Richtung: nach Hamburg, nach Berlin, in diesen Beruf und jenen Beziehungsstreit. Je nachdem wundere ich mich anschließend über die Konsequenzen und rudere gegebenenfalls wieder zurück oder bin vollauf zufrieden und prahle kaum verhohlen damit, ich hätte es halt von Anfang an gewusst.

Julia, 31, Hamburg

Julia und ich sind ein Herz und eine Seele, seit ich mit 14 in ihre Klasse kam und wir im Physikunterricht gemeinsam mehrere Ausgaben einer Seniorinnenzeitschrift anfertigten. Zahllose gemeinsam überstandene Jugendsünden und Erwachsenwerdungs-Sorgen später haben wir ein fast schwesterliches Verhältnis: Manchmal geraten wir aneinander, aber nie wird die Basis erschüttert.

Julia ist gelernte Mediengestalterin, hat sich in den letzten Jahren als Requisiteurin etabliert und schult aktuell auf Szenenbild um.

Obwohl sie nie großen Wert auf Karriere gelegt hat, sporadisch sogar vom Hausfrauendasein träumt, ist sie in ihrem Metier ziemlich erfolgreich, denn sie arbeitet gut und zuverlässig, und wenn nötig auch viel. Auch in Gelddingen ist sie pragmatisch: Wenn ihr Partner wenig verdient, finanziert sie ihn kurzerhand mit. Großzügig ist Julia zu anderen wie zu sich selbst: Durchaus genussfreudig kann sie ganze Tage in Cafés verbringen oder shoppen gehen. Sie macht es sich gerne schön und das mit hervorragendem Geschmack, wovon ihre mit ausgesuchten Fundstücken eingerichtete Wohnung zeugt.

Während sie sich in ihrem urbanen Hamburger Umfeld ausgesprochen wohlfühlt, verbindet sie eine innige Liebe mit ihrer Familie in unserer rheinischen Provinzheimat. Zu deren Erbe zählt liebevollste Gastfreundschaft: Julia ist diejenige, die einem zwölf Sorten Tee anbieten kann und umstandslos zwei Gänge kocht, wenn man zufällig vorbeikommt. In Liebe und Freundschaft ist Julia absolut treu, loyal und anhänglich. Nach einer fünfjährigen turbulenten Beziehung mit ausgeprägten Höhen und Tiefen hat sie mit Jan den neuen Mann ihres Vertrauens gefunden und erfreut sich seit fast zwei Jahren an ihm. Bei einem Schwangerschafts-Fehlalarm hat sie kürzlich überrascht festgestellt, wie schnell sie sich an den Gedanken gewöhnt hat, Mutter zu werden.

In Diskussionen kann Julia schon mal etwas weitschweifig werden. Dann legt sie ihren eigenen und eine Reihe weiterer Standpunkte im Brustton der Überzeugung und völlig stringent dar. Beachtlich außerdem die Geschwindigkeit: Punkte und Kommata stammen von mir.

Barbara, 32, Hamburg

In der Schule war es so: Montags erzählten alle abwechselnd von ihrem Wochenende, protzten gelegentlich ein bisschen und suchten sich mehr oder weniger subtil zu übertrumpfen. Barbara stand dabei, lachte mit, freute sich über die Berichte der anderen und sagte nichts weiter.

Und wenn man sie am Ende direkt fragte, guckte sie mit großen Rehaugen verlegen zur Seite und erzählte dann die wildeste Geschichte von allen. Selbstdarstellerei liegt ihr fern; Barbara kann selbstgenügsam Tage in ihrer mit Milliarden schönen Kleinigkeiten aufs Liebevollste vollgestellten Wohnung verbringen, die Wand bemalen, zauberhafte Dinge nähen oder herumtrödeln und sich kein bisschen einsam fühlen. Barbaras Beobachtungsgabe und ein unglaublicher Sinn fürs Komische führen dazu, dass man schon mit ihrem Bericht über den letzten Supermarktbesuch bestens unterhalten ist. Ihr scharfer Blick macht auch vor den eigenen Schwächen nicht halt: Mit entwaffnender Ehrlichkeit legt sie den Finger in die Wunden und ist dabei manchmal strenger mit sich als mit allen anderen Menschen, denen sie prinzipiell erst mal mit wohlwollender Offenheit begegnet. Glücklicherweise siegt aber auch hier meist der Humor: Es gibt kaum einen Menschen, der hemmungsloser über sich selbst lachen kann.

Mit dem Sinnsuchpotenzial des Friseurberufs, den sie nach dem Abi halb aus Ratlosigkeit, halb aus Spaß am Werkeln erlernt hatte, war sie nie so recht zufrieden, und so fing sie im Anschluss an, Philosophie zu studieren. Dann Soziologie und Pädagogik. Und weil auch hier das große Ziel auf sich warten ließ, packte sie nach der Zwischenprüfung ihre Sachen und zog weg von Exfreund und gemeinsamer Wohnung in Köln nach Hamburg, wo sie mittlerweile zwei Jobs nachgeht und derweil weiter nach ihrer beruflichen Erfüllung Ausschau hält.

Männertechnisch war der Hauptgewinn bisher auch nicht dabei, wovon Barbara sich aber nicht weiter stören lässt. Inzwischen ist sie seit rund zwei Jahren Single, und wenn sie auch für alles offen ist – eilig hat sie es nicht.

Maren, 31, Düsseldorf

Von außen betrachtet wirkt Marens Werdegang geradezu einschüchternd straight: Nicht nur hat sie ihre Ausbildung zur Reiseverkehrskauffrau durchgezogen und ein passendes Lateinamerikastudium mit Tourismusschwerpunkt draufgesetzt, sondern sie ist auch seit drei Jahren verheiratet und hat soeben ihren ersten Sohn zur Welt gebracht.

Sie selbst sieht die Sache etwas anders: Im Grunde habe sie immer nur das gemacht, was sich gerade als Nächstes ergeben habe, und die Dinge genommen, wie sie eben kamen. Meist hat das ganz gut geklappt: Aus dem Nebenjob im Klamottenladen wurde in kürzester Zeit eine stellvertretende Filialleitung. Und so hadert sie auch kaum mit ihrer Diplomarbeit, die vor der unerwartet frühen Geburt dann doch nicht mehr fertig geworden ist. Das ist vielleicht die beste Beschreibung von Marens Wesen: wirkliche und bewundernswerte Gelassenheit.

So kümmerte sie sich auch während unserer Gespräche so liebevoll wie geduldig um ihr Kind, wann immer es sie per Geschrei aus der Diskussion holte, und gesellte sich im Anschluss kaum gestresst wieder dazu, um den Faden wieder aufzunehmen. Dabei sieht sie keinen Grund, aller Welt Babythemen aufzudrängen – das große Interesse unsererseits weiß sie allerdings mit enormem Humor und allerhand skurrilen Geschichten zu befriedigen. Angereist kam Maren mit komplettem im Auto verstauten Hausstand, wie ihr Mann beteuerte, der übers Wochenende in der leeren Wohnung zurückblieb; des Weiteren versorgte sie uns mit einer Fünfliterpackung Apfelsaft vom Bauernhof und kiloweise Schokolade, zu der sie über die Stillzeit eine noch größere Affinität entwickelt hat.

Maren und ich sind gemeinsam durch den Lateinkurs gegangen, in dem uns der greise Lehrer auf -i endende Spitznamen verpasste. Inzwischen lebt sie unter per Heirat erworbenem neuen Namen mit Mann, Kind und zeitweise der kleinen Tochter ihres Mannes in Düsseldorf, unweit unserer alten Heimat. Sorgen macht sich Maren manchmal um ihren rapide alternden Vater. In ihren Mann und ihre Ehe hat sie ein unerschütterliches Vertrauen.

Anne, 31, Berlin

Als ich Anne vor gut zwei Jahren das erste Mal begegnete, war ich ein Nervenbündel: Mein erstes Vorstellungsgespräch in Berlin bei einer kleinen Produktionsfirma, wo sie schon arbeitete und auf mich unendlich kompetent wirkte. Das hat sich bis heute nicht geändert, aber ihre entspannte und herzliche Art hatte damals eine enorm beruhigende Wirkung, und von ihrem höchst ansteckenden Strahlen war ich auf der Stelle hingerissen. Die Belustigung war auf beiden Seiten groß, als sich bei einem ersten Feierabendbier einige Wochen später herausstellte, dass sie von meinem Lebenslauf ähnlich beeindruckt war wie ich von ihr.

Seitdem haben wir unzählige Mittagspausen und Feierabende damit verbracht, berufliche Ziele und Pläne, Schwärmereien oder Beziehungsfragen durchzuquatschen. Anne ist im tiefsten Herzen eine hoffnungslose Romantikerin mit einem riesigen Vorrat großer Gefühle. Die sind nach einer Reihe von Fehlgriffen in den Männerpool zwar in ein paar Lagen Skepsis sicher eingewickelt, aber in letzter Zeit wühlen sie sich unaufhaltsam wieder heraus: Mit ihrem Freund Nick ist sie seit einigen Monaten glücklich. Daran ändern auch die ersten unvermeidlichen Kontroversen nichts, in denen Anne sich im Mut zur offenen Auseinandersetzung übt.

Als begehrte und gut vernetzte Produktionsassistentin hat sie mir bei ihrer letzten Jobsuche nebenher eine Lektion in Gehaltsverhandlungen erteilt. Natürlich hat sie sowohl die Festanstellung als auch das geforderte Gehalt bekommen. So straight und sachlich Anne im Beruf ist, so lebhaft und emotional ist sie in anderen

Bereichen. In Gesprächen dauert es vielleicht einen Moment, bis sie aus ihrem Schneckenhaus herauskommt, aber dann trifft ihr Witz punktgenau, ist sie offen, ehrlich und gefühlvoll. Was sie nicht hindert, ihre Worte stets wohlüberlegt zu setzen: Von ihren spontan druckreif formulierten Statements bin ich jedes Mal aufs Neue beeindruckt.

33 FRAGEN

Ein Wochenende im Juli: Wir haben uns an der Nordsee eingefunden, um Arbeit mit Angenehmem zu verbinden, in der Sonne zu sitzen, gut zu essen und zu trinken und lange Gesprächsrunden hinter uns zu bringen. Unsere Einkäufe sollten uns theoretisch in die Lage versetzen, über Wochen hier auszuharren. Für Maren, die mit Säugling anreist, ist auch alkoholfreier Sekt dabei – wir hatten eine Erdbeerbowle ins Auge gefasst.

Ich bin ein bisschen aufgeregt, als wir nach und nach aus den unterschiedlichen Richtungen eintrudeln – meine Freundin Anne, die ich erst aus meiner bis dato zweijährigen Berliner Zeit kenne, begegnet meinen Uralt-Freundinnen gerade zum ersten Mal, und dann sollen gleich in offenen Gesprächen die Karten auf den Tisch … Alle Sorgen verfliegen – spätestens als Maren anrollt, in einem bis unters Dach vollgestopften Auto und mit dem drei Monate alten und wunderbarerweise friedlich schlafenden Peter im Körbchen. Die Stimmung lässt ahnen, dass alles gut klappen wird.

DIE 1. FRAGE

Die perfekte Frau

Waren wir an unserem dreißigsten Geburtstag zufrieden mit uns?

EINMAL INS MEER GEHÜPFT, eine Runde Milchkaffee gemacht; jetzt haben wir uns vor der Hitze für den Moment ins Wohnzimmer zurückgezogen. Hier stehen äußerst weiche Sofas und Sessel, auf denen wir von Minute zu Minute weiter in die Horizontale rutschen. Vor uns auf dem Tisch stehen halb volle Kaffeetassen und ein paar Gläser Apfelschorle, in der Mitte liegt zwischen zwei Tafeln Schokolade unauffällig das Aufnahmegerät. Peter ist frisch gestillt, und weil Maren sagt, irgendwas sei immer und wir sollten uns daher nicht aufhalten lassen, legen wir schon einmal los, während wir noch auf sein Bäuerchen warten.

»Wenn wir zurückdenken …«, versuche ich eine schwungvolle Anmoderation, nachdem ich die Frage in den Raum geworfen habe und vorläufig Schweigen herrscht. »Was haben wir mal von uns erwartet, von welchen Sachen dachten wir, dass sie bis dreißig doch bestimmt erledigt sein müssten? Und wenn es nicht geklappt hat …«

Die vier gucken konzentriert, ab und zu fällt ein »Hmm …« und der eine oder andere argwöhnische Blick auf das Diktiergerät. Maren reicht Peter, der soeben fertig gerülpst hat, an Julia weiter, die ihn freudig in Empfang nimmt, und lässt sich wieder im Sessel nieder. »Früher hab ich immer gesagt, mit dreißig bist du mit dem

Studium fertig«, kommt es von ihr. »Das war immer so das magische Dreißig-Jahre-Ziel. – Na ja, jetzt hat es ja nicht geklappt.«

»Und findest du das schlimm?«, will ich wissen.

Maren zuckt mit den Schultern. »Nö.« Sie wirkt glaubwürdig gelassen. »Ach, wisst ihr, Ausreden gibt es ja immer: der Job, das Kind ... Ich habe auch mal gesagt, dass ich meiner Oma zum achtzigsten Geburtstag ein Urenkelchen schenken wollte, na ja ... aber damals war ich sehr jung und konnte wohl auch nicht sehr gut rechnen, denn da wäre ich gerade mal zwanzig gewesen.«

Barbara lacht. »Ich dachte auch früher, dass man mit zwanzig Kinder kriegt.« Maren nickt. »Von früher aus betrachtet sah so etwa 25 ja auch schon relativ alt aus. Und dann war man 25 und dachte«, sie macht ein entsetztes Gesicht, »was – jetzt?!«

»Na ja, gut, mit 25 ...« Anne hebt die Hand und lässt sie wieder fallen. »Aber ich habe noch Erinnerungen an meine Eltern, als sie so 33 waren. Insofern war das auch schon mein Bild, dass man in dem Alter, so mit dreißig, Mitte dreißig, irgendwo wirklich gestanden ist ...«

Peter fällt Anne mit lautem Gebrüll ins Wort und sichert sich vorübergehend die ungeteilte Aufmerksamkeit aller fünf Frauen. So wie wir sämtlich mit demselben Gesichtsausdruck, halb mitfühlend, halb entzückt, das wirklich noch sehr kleine Baby anstarren, das mit hochrotem Kopf auf Julias Brust mit den Armen rudert: Da ist offensichtlich Biologie am Werk. Julia schaukelt ihn etwas besorgt. »Magst du das nicht bei Tante Juli?« Gelächter, und Peter beruhigt sich allmählich wieder.

Ich starte das Gespräch neu: »An meinem dreißigsten Geburtstag selbst war eigentlich alles super. Natürlich auch, weil er nicht total überraschend kam und ich schon in den Wochen und Monaten vorher meine Felle davonschwimmen sah. Man kann ja ungefähr erahnen, mit welchen von all den Vorsätzen es bis dahin jetzt wohl nichts mehr wird. Insofern hatte ich dann an dem Tag selber ...« – »... keinen Zusammenbruch«, vervollständigt Anne.

»Nö«, bestätige ich. »Da war es eigentlich fast schon beruhigend. Ich dachte dann eher: Ach, jetzt ist es auch egal. Jetzt muss ich mich nicht mehr so beeilen ... und versuche, die Sachen halt hinzukriegen, wie es eben geht.«

Maren nickt. »Kenne ich – was sollst du auch sonst machen?« Sie greift sich eine Tafel Schokolade und bricht einen Riegel ab, während sie überlegt. »Komisch ist auch, dass ich mir jetzt überhaupt keine Altersziele mehr setze. Dreißig war irgendwie eine magische Grenze – da wollte ich dieses und jenes ... aber ich habe kein einziges Ziel, das ich bis vierzig erreicht haben will.«

»Ich hatte, ehrlich gesagt, auch keine Ziele, die ich bis dreißig erreicht haben wollte«, bezieht Julia Position. »So eine Grenze hatte ich einfach nicht.«

Ich registriere Potenzial für eine Kontroverse; da sind wir unterschiedlich gestrickt, und Julia vertritt ihre Haltung gelegentlich recht kategorisch. »Ich schon, muss ich sagen«, entgegne ich also. – »*Ja?*« Julia klingt sogleich, als hätte ich dargelegt, dass ich die Endlagerung von Atommüll in meinem Kohlenkeller für eine vernünftige Option halte. Schon fühle ich mich leicht in der Defensive. »Na ja, diese Vorstellung, dass ich auf beruflicher Ebene irgendwas auf die Beine gestellt haben wollte, das einigermaßen läuft, damit dann irgendwann die Kindersache losgehen kann. Diese Reihenfolge ist irgendwie in meinem Gehirn relativ festgelegt.« Ich frage mich, ob ich klinge wie das Paar, das die Familienplanung unter keinen Umständen beginnen wollte, bevor Klobürsten aus Edelstahl im Haus sind.

Peter in Julias Arm mault wieder ein bisschen. »Guck mal, hier!«, versucht Julia in hellem Babytonfall, ihm den Schnuller schmackhaft zu machen.

Ich bemühe mich um Anschaulichkeit: »Ich glaube, ich hatte mir beispielsweise vorgestellt, dass ich bis dreißig meine eigene Krankenversicherung bezahlen könnte.«

»Echt? So was dachtest du?« Julia ist jetzt vollends befremdet.

»Ihr wohl nicht?«, stelle ich fest und fühle mich etwas einsam, als alle den Kopf schütteln.

Anne überlegt. »Nein, ich glaube, solche Ziele habe ich mir so konkret nie gesetzt. Und ich hatte bisher auch immer Glück, dass die Dinge sich auch so ganz gut gefügt haben. Das würde ich schon sagen, selbst wenn ich generell schon ganz schön streng mit mir bin.«

Julia findet meinen Planungsmodus immer noch seltsam. »Also, ich hatte diesen Mit-dreißig-Gedanken überhaupt nicht. Wenn, dann eher zu Schulzeiten, dass ich gedacht habe, mit dreißig hätte man bestimmt längst geheiratet, vielleicht studiert, Kinder ... Aber so ab 23 oder so hatte ich das schon gar nicht mehr, sondern alles hat sich eben so ergeben.«

Anne stimmt zu. »Ja, ich habe auch eher in der Gegenwart gelebt und nicht so sehr diesen Druck gehabt, dass bis dann und dann bestimmte Dinge erledigt sein müssten. – Allerdings«, betont sie, »auch immer mit dem beruhigenden Gefühl von meinen Eltern im Hintergrund: Wenn alle Stricke reißen, dann helfen sie mir.«

»Ich auch!« Flugs versuche ich, den Bogen zu schlagen. »Und es ist ja auch unglaublich nett und toll, dass sie mir zum Beispiel bei der Krankenversicherung immer noch aushelfen.« Meine Eltern sind Ärzte, und eine nicht krankenversicherte Tochter wäre für sie wohl zu viel der Ironie. »Aber es wurmt mich trotzdem schrecklich.«

»Okay, das kann ich verstehen«, meint Anne. Weil Peter das Gespräch wieder unterbricht, steht Julia, das schreiende Bündel auf dem Arm, auf und macht sich mit Rücksicht auf den Lärmpegel auf, mit ihm im Wiegeschritt eine Runde durch die Wohnung zu drehen.

Barbara, die sich bisher zurückgehalten hat, rückt heraus: »Also ich kann mich erinnern, dass ich tatsächlich ganz schön frustriert war, als ich dreißig geworden bin. Ich hatte genau das, wovon man immer hört und dabei denkt: Wie albern! Nämlich, dass man sich fragt: Jetzt bin ich also dreißig – und wo stehe ich jetzt?« Sie lacht ein bisschen und schüttelt den Kopf.

»Hm«, ich finde den Gedanken nachvollziehbar. »Ich verstehe schon, dass es automatisch so eine Zeit zum Bilanzziehen ist …« Auch Anne nickt.

»Ja.« Barbara guckt ratlos. »Obwohl es ja wirklich völlig bescheuert ist, das ist schließlich auch nur eine Zahl …« Sie denkt nach. »Es hat eh überhaupt nichts damit zu tun, wie ich mir früher mein Leben vorgestellt habe … Wobei ich nie eine ganz konkrete Vorstellung hatte, aber zumindest habe ich nicht gedacht, dass es *so* sein würde.« Mit etwas fassungslosem Kopfschütteln scheint sie den einstigen Vorstellungen nachzugucken. »Ich dachte schon ein bisschen: Scheiße, jetzt bin ich dreißig … Studium nicht zu Ende gemacht … und auch sonst keinen wirklichen Plan.«

»Beim Studium ist das unglaublich verbreitet«, wirft Maren mit Kennermiene ein, »dass man – wenn man denn studiert – dieses Ziel hat.«

»Ja, das hatte ich auch, dass ich dachte: Bis dreißig wäre ich schon ganz gerne fertig«, stimmt Barbara zu. »Gut, ich hab mit dreißig aufgehört.« Sie lacht.

»Bei mir ist es eher umgekehrt«, entgegnet Anne. »Rückblickend, in schlechten Momenten …«, sie überprüft sich selbst kurz, »ja, dann bereue ich ein Stück weit, dass ich mein Studium – Südostasienstudien – nicht einfach früher geschmissen habe.« – »Südostasien? Hm, das ist wirklich speziell«, sagt Maren, bevor ihr einfällt: »Na ja, Lateinamerikastudien vielleicht auch.« Sie lacht. Anne fährt selbstkritisch fort: »Dass ich den Mut da nicht aufgebracht habe, zu sagen: Das ist zwar ganz interessant und ganz schön, was ich hier mache – aber … Ich habe mich da ein Stück weit selber beschissen, indem ich mir gesagt habe, dass ich das zumindest als Bachelor zu Ende bringen muss, damit ich meinen Eltern sagen kann: Ihr habt jahrelang in mich investiert, und jetzt habe ich hier diesen akademischen Abschluss. Der mir jetzt de facto gar nicht viel bringt.« Barbara guckt, als käme ihr das alles bekannt vor. Maren setzt sich auf. »Man schätzt diesen Studienalltag ja auch oft völlig falsch ein – bis man sich da mal halbwegs durchgewurstelt hat … Ich weiß auch, ehrlich gesagt, nicht, ob ich meinen Kindern später ein Studium nahelegen würde. Mittlerweile.« Sie schüttelt den Kopf. »Ich habe das Gefühl, man lernt da – im Grunde – nichts.«

Barbara ist skeptisch. »Man lernt halt andere Sachen – Selbstständigkeit, strukturiertes Denken …«

»Ja, aber«, Maren lacht, »kann man das dann nicht gleich mit Geldverdienen verbinden?«

»Ich find diese Sachen ja ganz nützlich …«, verteidige ich meine 17 Semester.

Anne wiegelt ab. »Klar, es waren ja nicht gänzlich vertane Jahre. Natürlich habe ich in Ansätzen gelernt, wissenschaftlich zu arbeiten, und es war auch wirklich eine gute Zeit. Ich habe auch neben dem Studium immer viel gejobbt, und zum Teil ja auch Jobs bei kleinen Filmprojekten gemacht, die mich letztlich auf den richtigen Weg gebracht haben.« Sie gießt sich Wasser in ihr leeres Glas. »Und bin dadurch überhaupt erst in die Filmbranche gekommen. – Aber«, findet sie den Übergang zum nächsten Zufriedenheitspunkt, »das hört halt irgendwann auch auf, dass es beruflich so ungezwungen läuft. Als Quereinsteiger hat man es aus meiner Sicht – das haben wir ja auch schon so oft besprochen«, schiebt sie mit einer Geste zu mir ein, »schwer, wenn man kein Studium an irgendeiner Filmhochschule gemacht hat.« Sie lehnt sich zurück, überlegt einen Moment und findet auch schnell den Silberstreif: »Aber selbst da ist ja nicht alles verloren. Man kann auch jetzt immer noch weiter lernen. Eine Freundin von mir hat gerade eine Förderung bekommen und lässt sich jetzt ein Jahr lang zur Producerin ausbilden.«

»Ich find's toll, so was zu sehen!«, sage ich, die ich mit meiner allzu breit gefächerten Qualifikation ständig im Clinch liege, aus vollstem Herzen. Und Anne findet auch für mich noch Perspektiven. »Ja, oder auch Drehbuch – das ist ja etwas, was ich mir bei dir super vorstellen kann. Und da werden, im Gegensatz zu Regie oder Produktion, auch Leute angenommen, die schon ein bisschen älter sind.« Hochgezogene Augenbrauen und amüsiertes Kichern in unserer Seniorinnenrunde. »Beruhigend«, sage ich aber und meine es ernst. Anne nickt nachdrücklich. »Ja! Da gibt es immer noch Möglichkeiten der Spezialisierung und des Weiterkommens – und da sehe ich das vielleicht ein bisschen zu schwarz.«

Pessimistisch kann ich sie nicht finden. »So, wie du das sagst, finde ich das gerade ziemlich ermutigend. Dass die Tür nicht zu ist, um mal metaphorisch zu werden; dass die Weiterbildung ja nicht an irgendeinem Punkt vorbei sein muss. Auch wenn die Zeit einen vielleicht manchmal ein bisschen zappelig macht.«

Vage Zustimmung bei den anderen. Ich werde wieder ernst: »Zu meinem Willen, das Studium unbedingt abzuschließen, hat viel der Umstand beigetragen, dass ich davor noch gar nichts zu Ende gemacht hatte und das Gefühl hatte, seit ich sechs Jahre alt bin, irgendwelchen Abschlüssen hinterherzurennen …«

»Ach, ich weiß«, Barbara ist etwas genervt, »wir kriegen dauernd gesagt: Du hast doch schon eine Ausbildung gemacht. Und ich denke dann immer: Das ist mir aber scheißegal, weil ich in diesem Beruf nun mal nicht arbeiten will!«

»Partout nicht, oder?« Ich bin immer noch fast ein bisschen überrascht.

»Nee. Partout nicht«, bekräftigt sie entschlossen. »Also habe ich gar nichts von der Ausbildung – außer natürlich, dass ich mich dadurch ganz gut finanzieren konnte. Und ich bin grundsätzlich auch froh, das zu Ende gemacht zu haben, schon als Erfahrung. Trotzdem hilft es mir gerade praktisch einfach nicht weiter.« Sie kommt zur Ausgangsfrage zurück: »Und das ist auch so eine Sache, in der ich mich bis dreißig noch enorm unter Druck gesetzt habe und wo ich jetzt merke, dass es ganz langsam etwas weniger wird: diese Vorstellung, dass man erst etwas ist, wenn man einen Beruf hat. Ich dachte einfach, ich muss irgendwas werden, und vorher ... bin ich eben nichts.«

Maren sieht nachdenklich aus. »Stimmt, ohne Beruf hat man einfach keinen richtigen Stand ...«

Barbara fährt fort: »Und das saß auch immer noch tief drin in meinem Kopf.« Sie fällt kurz ins Rheinische, was sie meist dann tut, wenn sie sich selbst ein bisschen provinziell vorkommt: »Da musst du wat Ordentlischet lernen, musst nen Abschluss haben ... Das fängt jetzt erst an, dass ich das im Ansatz ein bisschen loswerde.«

Maren nickt. »Mein Studium hat ja auch nichts mehr mit meinem Leben zu tun. Und da sage ich mir eher: Okay, dann geh ich jetzt eben einen anderen Weg als den, den ich mir mal zurechtgelegt habe.« Ich muss unwillkürlich lächeln, weil sie sich vom Geschrei ihres Sohnes, den Julia im Hintergrund immer noch geduldig herumträgt, nicht aus der Ruhe bringen lässt. Stattdessen wird sie Dezibel für Dezibel lauter, um ihn zu übertönen. »Alle sagen mir: ›Du musst doch unbedingt noch deine Diplomarbeit zu Ende schreiben!‹ Und ich denke selber ja auch: Natürlich wäre ich doof, wenn ich den Abschluss jetzt nicht mehr machen würde. Aber ich würde mich auch fragen wofür! Ich werde nicht Lateinamerikareferentin werden«, sie macht eine kapriziöse Handbewegung, »in Bogotá. Sondern in Deutschland bleiben, sogar ganz bestimmt, weil hier meine Familie ist. Und dann kann ich doch auch irgendwas arbeiten, was mir einfach Spaß macht! Ein Café aufmachen und Kuchen backen und meine dreißig Kinder in die Spielecke setzen.« Barbara und ich gucken uns an und lachen: Der alte und erstaunlich universelle Café-Plan wird schon seit 15 Jahren immer wieder aus der Schublade geholt. Ich erinnere mich an die große Zuversicht, mit der wir vor langer Zeit einen Lotterieschein zur Projektfinanzierung ausgefüllt haben.

Ich versuche eine erste Quintessenz: »Ja, ich glaube, dass man sich irgendwann – ungefähr in unserem Alter – mit den Unwägbarkeiten allmählich vertraut gemacht hat. Dass man sieht: Es ist alles nicht so, wie man dachte, und dann langsam anfängt, sich zu entspannen und sich damit abzufinden, dass es nicht so läuft, wie man es sich vorgestellt hat.«

Barbara stimmt zu: »Dass es nicht so dieses geradlinige …«

»… Klischeebild ist«, ergänzt Maren.

»Ja!« Barbara schüttelt den Kopf. »Das ist ja im Grunde auch ein totales Hirngespinst, dass man genau einen Weg einschlägt und dann nie wieder eine Entscheidung trifft, die dem zuwiderläuft.« Mit einer Ladung Selbstironie schiebt sie nach: »Wobei in meinem Kopf lustigerweise alle anderen genau das immer hatten.«

Anne stimmt entschieden zu: »Absolut!« Ihre flache Hand fällt untermalend aufs Bein. »Das Maß, mit dem man misst – das ist dabei so entscheidend. Und das merke ich bei mir selbst: An schlechten Tagen messe ich mich gerne an Leuten, die von vornherein den geradlinigeren Weg gewählt haben …«

Ich gucke resigniert an die Decke. »Oh ja. Ich auch.«

Anne ist in Fahrt. »Aber das sind dann auch Maßstäbe, die unserer Persönlichkeit gar nicht entsprechen und die auch gar nicht zur Debatte zu stehen brauchen! Diesen jeweiligen Leuten fehlt es dann wiederum an ganz anderen Enden. Die waren vielleicht nie im Ausland und haben da Erfahrungen gesammelt, oder …« Sie verstummt ein bisschen abrupt nach dieser flammenden Verteidigung des Mäanderns.

»Oder rumprobiert …«, füge ich hinzu, »jobtechnisch oder sonstwie. Stimmt.«

Anne beendet den Gedankengang: »Und man findet ja immer Leute, die irgendwie besser, schneller, höher sind.«

»Stimmt«, bin ich ihrer Meinung. »Man muss unbedingt aufhören mit diesen Vergleichen! Es macht einen nur unglücklich, aber mir fällt es auch sehr schwer …« Während ich darüber nachdenke, fange ich unwillkürlich schon wieder damit an, meine Bilanz zu begutachten, und rede lieber schnell weiter: »Und nicht bitter zu sein, wenn man die Ergebnisse der eigenen Bemühungen betrachtet. Ich zum Beispiel habe ja dieses Studium abgeschlossen, echt gut sogar, wenn auch nicht sehr geradlinig. Und – ich weiß nicht, was ich dieses Jahr verdient habe …« Ich überschlage kurz im Kopf. Die Summe, die ich nenne, löst mitfühlendes Gelächter aus. »Ich würde mal sagen: Da hätte ich auch kellnern gehen können. – Wer weiß, was noch kommt; ich bin ja im Grunde optimistisch. Aber würde ich den aktuellen Zustand jetzt als ›das, wo ich stehe‹ betrachten, dann sollte ich wohl besser in Tränen ausbrechen und verzweifeln.« Ich horche kurz in mich hinein, spüre aber keinen akuten Drang, loszuheulen. »Na ja, wahrscheinlich wird man wirklich eher entspannter.«

Maren, die es schließlich wissen muss, nickt. »Ja, man versucht, sich von Mustern und Schemata ein bisschen zu befreien.«

Barbara verzieht ein bisschen das Gesicht. »Wobei ich nicht gedacht hätte, dass es so lange dauert …«

Julia kommt mit dem nunmehr beruhigten Peter wieder rein. »Worum geht's? Ich bin ja völlig draußen!« Sie wird gemeinschaftlich aufgeklärt, mit dem vorläufigen Fazit, dass man zwar für eine Weile ein ungefähres Bild von sich haben kann, sich dann aber doch immer wieder mit der von den ursprünglichen Plänen leider abweichenden Realität konfrontiert sieht. Und im besten Fall gut damit umgehen kann.

Julia muss nicht lange überlegen, um an der Basis anzusetzen. »Ja, ich hatte ja, wie gesagt, nicht so diese Pläne …« Sie steht immer noch mit Peter auf dem Arm im Raum und wippt ein bisschen auf den Zehenspitzen. »Es ist sogar eher umgekehrt – rückblickend denke ich: Wahnsinn, vor zwei Jahren war ich noch in dieser und jener Situation, und was sich in der Zeit schon wieder alles getan hat!« Sie hält kurz inne und räumt ein: »Na ja, klar, so ein paar Vorstellungen habe ich immer noch: Ich sehe mich ganz gerne in der Zukunft in einem schönen Umfeld, mit einer grünen Wiese und vielleicht einer Wohn- und Ateliergemeinschaft mit vielen Tieren ... Ich bin mal gespannt, ob ich das irgendwann mal habe!« Peter mault wieder leise und wird sachte ermahnt: »Na! Scht! – Aber das ist so eine Vorstellung, von der ich denke: Lasse ich mich mal überraschen.«

»Ja, wahrscheinlich sind es eher so Vorstellungen, die man sich noch aufbewahrt, für ›irgendwann‹.« Marens Blick geht in die Ferne, während sie spricht. »Irgendwann ein Café haben, oder ein Haus im Grünen.«

Julia ist zum Hüftendrehen übergegangen, um Peter ruhig zu halten. »Manchmal ist es ja auch eher die Vorstellung, die einen inspiriert – mehr als diese Dinge dann tatsächlich zu haben. Ich weiß nicht, ob es so wunderschön ist, ein Café zu haben«, sagt sie vernünftig, um großmütig nachzuschieben: »Aber die romantische Vorstellung davon ist natürlich fantastisch!«

Die folgenden Einwürfe zeugen von der geballten gastronomischen Joberfahrung, die hier versammelt ist: Steuer machen, Maschinen putzen, jeden Tag die Abrechnung und nicht zuletzt immer im selben Laden stehen, ohne je Urlaub zu haben ... Möglicherweise sind das die Gründe, warum das lange geplante Caféprojekt bis heute nicht existiert. Neben dem unerwarteten Nichteintreten eines großen Geldgewinns im Lotto.

»Aber um noch mal auf das Kinderthema zurückzukommen ...« Ich bin erpicht darauf, die Frage erschöpfend zu beantworten. »Mal abgesehen von diesen Grundschulfantasien: Ich dachte auch später schon noch, dass man mit dreißig allmählich mal loslegt mit der ganzen Familiengründung, und das habe ich ja nicht getan. – Wobei es bei mir jetzt auch nicht mehr ganz weit weg ist.« Ich überlege, wie lange ich den potenziellen Startpunkt wohl schon mit genau diesen Worten beziffere, kann mich aber nicht erinnern.

Maren betrachtet zufrieden ihren Sohn auf Julias Arm. »Das immerhin habe ich ja dann doch noch geschafft, zumindest bevor ich 31 wurde.«

»Dachte ich früher auch«, sagt Anne. »Und jetzt besteht meine Beziehung seit einigen Monaten … aber eben auch erst seit einigen Monaten. Und ich fände es einfach schön, wenn wir noch viel Zeit miteinander verbringen könnten – alleine. Auch aus egoistischen Gründen – dass man lernt, miteinander richtig zu funktionieren …«

»Stimmt!«, fällt mir ein, »du hast ja überhaupt an deinem dreißigsten Geburtstag Nick kennengelernt!«

»Ja.« Anne ist nachdenklich. »Das war rückblickend eine ziemlich große Veränderung. Denn ich war vorher natürlich schon etwas desillusioniert von den letzten Begegnungen oder Affären, die ich so hatte, und«, sie guckt mich an, die ich als Einzige aus der Runde Teile der gemeinten Geschichten mitbekommen habe, »natürlich nagt das dann an einem.«

Ich nicke. »Aber dann …«, sage ich mit Cliffhanger-Pathos.

Anne lächelt kurz, wird aber gleich wieder ernst. »Und es ist ein Prozess, der mich bestimmt noch lange begleiten wird: zu lernen, in so was vertrauen zu können. Dass dieser Mensch mit mir auf längere Frist zusammenbleiben möchte. Klar, die Ewigkeit kann man sich schwer versprechen, aber …«

»Moment«, unterbreche ich, erfreut über den reibungslosen Übergang. »Das ist tatsächlich schon die nächste Frage.«

DIE 2. FRAGE

Happily Ever After

Muss es früher oder später die eine große Liebe sein?

WENN MAN DAVON AUSGEHT, dass wir alle mittlerweile seit rund 15 Jahren mit Männern herumexperimentieren, ist es eigentlich keine Überraschung, dass fast jede inzwischen ihre Liebesgeschichte hinter sich hat. Die, von der man dachte, dass sie es sein könnte, die eine und große, bei der es lange, lange bleibt und vielleicht sogar ein paar Kinder herausspringen. Und von der man sich trotzdem irgendwann getrennt hat. Selbst einen Trauring begreift, vermute ich, keine von uns mehr als Garantie für lebenslange rosawolkige Glückseligkeit. Aber bei allem Realismus: Hoffen wir nicht insgeheim und tief im Herzen – oder natürlich offen und frei heraus – doch auf die große Liebe bis zum Ende unserer Tage? Oder zumindest bis die Kinder aus dem Haus sind? Und wie soll das funktionieren?

Erst bei dieser Frage fällt mir auf, dass wir alle aus Familien stammen, die man als intakt bezeichnen würde: allesamt mit miteinander verheirateten Eltern, keine einzige Scheidungstochter weit und breit. Die Wahrscheinlichkeit einer solchen Versammlung muss vergleichbar sein mit der, vom Blitz getroffen zu werden. Eigentlich haben wir also zumindest schon mal eine lange Beziehung beobachten können – was das auch immer für uns selbst bedeuten mag.

Julia setzt sich wieder auf das Sofa, legt die Beine auf den Tisch und platziert Peter auf ihrer Brust wie ein kleines warmes Kaninchen. Ich lese die Frage vor. Barbara schnaubt, sagt aber nichts. Der Rest denkt erst mal darüber nach.

Ich helfe nach: »Glaubt ihr an so etwas wie die ›große Liebe‹? Oder seid ihr eher desillusioniert? Denkt ihr, dass ihr irgendwann in einen Hafen einlaufen werdet, ob jetzt Ehe oder nicht? Und wieso?«

Maren erklärt im Sendung-mit-der-Maus-Tonfall: »Na ja: Da ich nun mal verheiratet bin, glaube ich ja wohl schon an die große Liebe. Nämlich die, die ich geheiratet habe. Und entsprechend glaube ich auch, dass sie für immer hält.«

Ich komme mir vor wie eine begriffsstutzige Dreijährige. »So ist es gedacht, hm? Nicht so lebensabschnittsmäßig.«

»Nö«, meint Maren, »ich hatte nicht vor, damit in zehn Jahren wieder aufzuhören.«

»Okay, das war vielleicht offensichtlich«, räume ich ein. »Aber zum Beispiel Anne hat ja eben schon kurz was anderes gesagt – dass man sich die Ewigkeit nicht versprechen kann …«

»Hm …« Anne legt den Kopf schief. »Es sind ja zwei Herzen, die da in einem schlagen. Auf der einen Seite bin ich ein sehr nüchterner Mensch und versuche, die Dinge immer in einem realistischen Licht zu sehen. Eben aufgrund dieser schlechten Erfahrungen, die ich bisher gemacht habe und mehr oder weniger bewusst da mit einbeziehe – mit Typen, die einfach nicht zurückrufen oder die einen mit Einkaufstüten voll Prosecco und Käse in der Haustür stehen lassen und sagen: ›Es war nett mit dir, aber – du bist es einfach nicht …‹« Sie lacht leise und schüttelt den Kopf über die Erinnerung. »Auf der anderen Seite glaube ich aber schon, dass es selbst mit sechzig oder siebzig noch Begegnungen geben kann, die ganz Großartiges in sich bergen – also: Ich habe den Glauben an so was überhaupt nicht verloren, merke aber auch, dass das von so vielen äußeren Einflüssen bedingt ist, dass ich die Frage, ob ich an die ›große Liebe‹ glaube, nicht so ohne Weiteres bejahen würde.« Sie zieht sarkastisch die Augenbrauen hoch. »Super Antwort, weder Ja noch Nein …«

»Ich glaube«, fängt Julia langsam an, »es gibt so die Neigung, die man mitbekommen hat, was man sich wünscht – ich habe zum Beispiel immer sofort den Gedanken, dass man zusammen alt wird, und dann stelle ich mir vor, was wir im Alter machen …«

Maren lacht. »Ich auch.« – Julia wird schneller. »So: Dann wohnen wir hier mit Freunden und schieben Rollatoren durch die Gegend …« Lachen in der Runde, Julia macht eine ausschweifende Armbewegung und kommt zum rationalen Teil. »Die Vorstellung finde ich super, aber welches Los ich gezogen habe, werde ich erst auf dem Weg erfahren.«

Kurzes Schweigen. Bombenfest installierte Sicherheitsnetze aus Vernunft und Realismus in den Köpfen. Wer je von einer Trennung überrascht wurde, wappnet sich in Zukunft offenbar lieber doppelt. Ich versuche trotzdem, zum gefährlichen romantischen Teil vorzustoßen, falls es ihn gibt. »Das stimmt natürlich alles. Ich habe aber, gerade im Zusammenhang mit dieser ganzen Familienplanungssache – also«, unterbreche ich mich und kann es mir nun selbst nicht verkneifen, die rationale Form zu wahren, »ich glaube nicht, dass die ewige Liebe *unbedingt* sein muss; ich glaube, wenn man sich trennt, dann kann man das auch anders hinkriegen und sich bestimmt auch ganz gut arrangieren …« Ich hole Luft für mein Geständnis: »Aber ich habe schon sehr stark diese Zusammen-alt-werden-Hoffnung.«

Julia braust auf: »Ja, die *Hoffnung* hab ich auch, ich fände das super! Aber nur, weil ich das will, muss es noch nicht so eintreffen!«

Ich knicke ein. »Nee, genau …«

»Es gibt viele Sachen, die man besser planen kann als Beziehungen. Selbst die, die ewig und fest erscheinen, müssen es nicht sein und umgekehrt.« Julia hat ihre Lektion gelernt, und ich muss ihr unwillkürlich recht geben: Gut, wenn man ein Gespür dafür hat, wann Dinge aus dem Ruder laufen, und rechtzeitig dagegen anarbeiten kann. Noch besser allerdings, wenn man zusätzlich jederzeit in der Lage ist, auch alleine klarzukommen.

Ich versuche es mit einem neuen Ansatz. »Immerhin sind wir ja alle aus intakten Familien. Da kommt bestimmt doch einiges an Urvertrauen mit ...«

»Ja ...« Anne stimmt zögerlich zu. »Vielleicht sind wir da eine glückliche Gruppe.«

Ich hole aus: »Aber Basti andererseits kommt zum Beispiel aus einer Trennungsfamilie und hat das natürlich entsprechend mitgekriegt. Und prinzipiell ist er schon extrem vorsichtig, so eine Hoffnung auch nur zu formulieren. Und ich ...«, ich suche nach einem Ausdruck von passender Intensität und lande lahm bei: »... nicht so. Das heißt«, versuche ich, Romantik und Realität gleichermaßen gerecht zu werden, »ich glaube zwar an große Lieben und daran, dass eine Beziehung sehr lange, vielleicht ein Leben lang, bestehen kann, aber ich glaube nicht zwingend daran, dass man das an einem Punkt bestimmen und es dann einfach durchziehen kann. Sondern eher, dass es irgendwann passiert, wenn man ... wach bleibt. Sofern man eine gute Grundbasis hat.« Meine Freundinnen sind still, sehen aber aus, als gingen sie grundsätzlich d'accord. Ermutigt platziere ich den eigentlichen Punkt meiner von langer Hand vorbereiteten Argumentation: »Aber wir versuchen es ja gerade schon, oder? Mit unseren jeweiligen Männern. Wir sind ja nicht völlig unverbindlich und halten sie permanent auf Armlänge entfernt. Was lässt uns daran glauben, dass das klappen kann – da ist ja schon ein ordentlicher Schuss Romantik mit drin! Jeder weiß doch, dass es schiefgehen kann!«

»Jeder weiß, dass es schiefgehen kann«, wiederholt Anne, das Aber schon in der Stimme. »Aber auf der anderen Seite gibt es ja auch immer Beispiele, wo es funktioniert! Jetzt gerade habe ich auf der Hochzeit einer Freundin ihre Eltern gesehen – die eine ganz unglaubliche Kennenlerngeschichte hinter sich haben: Er war Priester in einem Orden und ist dann aus der Kirche ausgetreten, als er ihre Mutter kennengelernt und sich in sie verliebt hat ... Die beiden haben da eine ganz kurze, sehr rührende Rede gehalten, und er hat dabei so liebevoll von seiner Frau gesprochen, dass ich wirklich weinen musste.« – Mir kommen schon bei Annes Secondhand-Beschreibung fast die Tränen. – »Und bei solchen Dingen sieht man ja: Liebe *kann* auch ewig währen, es *kann* funktionieren.« Ich freue mich: Da ist das Gefühlspaket Anne, das unter einigen Lagen Skepsis dann doch immer zum Vorschein kommt. Das Gefühlspaket hebt die Schultern. »Dass es nicht nur diesen einen Menschen auf der ganzen Welt gibt, das kann man sich mit Menschenverstand auch so erklären. Aber ich glaube schon, und da bin ich vielleicht auch hoffnungslos romantisch, dass es funktionieren kann. Ich habe das von meinen Eltern auch so vorgelebt bekommen. Nicht dass die so vollkommen problemlos durch die ... ich glaube, mittlerweile 38 Jahre geschlittert sind, aber da ist so eine große Einigkeit zwischen ihnen.«

Maren nickt langsam. »Ja – vielleicht gibt es nicht die«, sie setzt imaginäre Anführungszeichen, »›eine große Liebe‹, aber einen Menschen, der dich optimal ergänzt?«

»Ja, einmal das«, fängt Julia an und bleibt mit dem zur Aufzählung erhobenen Unterarm vor Punkt zwei in der Luft hängen. Die seltene Gelegenheit nutzend – meist bin ich zu langsam für Julias High-Speed-Breitbandverbindung zwischen Gehirn und Sprechorgan –, hake ich ein: »Ja, du und Jan zum Beispiel: Glaubst du im Moment, dass es hält? Und warum? Beziehungsweise wenn es jetzt auseinanderginge, denkst du, dass das deinen Glauben an die ganze Sache nachhaltig beeinträchtigen würde? Es sieht ja im Moment wirklich ziemlich gut aus, oder?«

Julia antwortet offiziös: »Wir sind beide im familienfähigen Alter ...« Lachen. »Wir sind beide willig. Wir verstehen uns gut. – Also: Klar, es ist schon alles gut.« Sie setzt neu an. »Bevor das damals mit Nils auseinanderging, war ich ja auch total überzeugt, das wäre der Mann meines Lebens, mit dem ich zusammen alt werde. So habe ich das damals wahrgenommen. Nach der Trennung war ich deshalb ja schon jahrelang ziemlich desillusioniert. Aber jetzt im Moment geht es wieder …«

»In eine ganz gute Richtung«, Maren nickt wohlwollend.

Julia hebt den Zeigefinger. »Aber ob es hinterher dann dieses Modell wird, das mir mal vorschwebte, mit Familie und Kindern – oder ob man auch mit einer anderen Lösung total glücklich ist …« Sie guckt in die Runde. »Kann ja auch sein, man kriegt ein Kind und trennt sich … findet einen neuen Partner und alles ist wunderbar, man versteht sich gut – das ist ja alles möglich! Ich glaube, ich möchte einfach versuchen, ob mit oder ohne Beziehung, mich selber glücklich zu machen. – Oder zufrieden zu machen«, schwächt sie vorsichtshalber ab.

Ich haue zustimmend aufs Sofakissen, um den Punkt zu markieren: »Ja! Das ist auch optimal, glaube ich.«

Julia ist noch in vollem Lauf. »Und dann hat Liebe ja auch viele Gesichter – Maren wird es ja am besten wissen, die hat ja gerade ein Baby. Aber es gibt ja auch noch Freunde, meine Familie, mein Umfeld, die Sonne …«

»Die Sonne«, wiederhole ich, etwas überrascht von der leicht esoterischen Wendung. Aber den Grundgedanken kann ich nachvollziehen. »Ja, wie gut es einem im eigenen Leben geht, hat wohl nicht nur mit einer Person zu tun …«

»Genau – das an einen Menschen zu knüpfen, was ist das denn auch für ein riesiger Druck, den man da ausübt? Jemandem zu suggerieren: ›Du bist meine eine große Liebe, und wenn das nicht mehr ist, dann …‹« – Julia gestikuliert auf der Suche nach angemessen starken Worten, dabei darauf bedacht, Peter auf ihrem Oberkörper nicht zu stören – »›bin ich nichts!‹«

»Das finde ich interessant!« Ich fühle mich wieder in der Talkmasterrolle. »Ich glaube auch, dass es genau dann am besten funktioniert, wenn man sein Leben eben nicht quasi in die Hände einer Person legt.«

»Genau.« Julia legt die Arme wieder um Peter. »Beziehung ist natürlich wunderbar, aber es darf nicht der Indikator sein für mein Glück. Dann ist man immer abhängig von anderen Leuten, anstatt das Glück bei sich selbst zu suchen.«

»Ich glaube ehrlich gesagt«, sage ich, »dass das einer der wichtigsten Punkte ist – und zwar nicht nur, um für sich selbst glücklich zu sein, sondern auch, um eine gute Beziehung führen zu können: Versuchen, sich selbst glücklich zu machen. Ein anderer kann einen nicht glücklich machen, und man selbst jemand anderen auch nicht, wenn er es nicht grundsätzlich schon ist.«

»Ich merke häufig, dass ich das unheimlich gerne möchte«, gesteht Julia mit leicht verlegenem Lachen. Nicken in der Runde: Der Impuls ist den meisten zumindest vage bekannt. »Und zwar lustigerweise oft auch gar nicht so sehr für den anderen, sondern um mir selbst zu beweisen, dass ich so eine tolle Frau bin, die einen Mann total glücklich machen kann ...« Sie gluckst ein bisschen. »Bescheuert eigentlich.«

Ich nicke. »Ich finde das normal, ehrlich gesagt. – Nicht unbedingt richtig. Aber normal. Dass man der Sechser im Lotto sein möchte. Und dann nicht immer ist.« – »Ja!« Julia und ich kichern über unsere fehlgeleiteten Ambitionen.

»Und insofern«, will ich den Punkt zu Ende bringen, »finde ich auch Unabhängigkeit ganz schön wichtig in diesem Zusammenhang. Um die Beziehung nicht zu überlasten, und damit das eigene Leben nicht vollständig mit ihr den Bach runtergeht, falls sie es doch tut.«

»Wobei man sagen muss«, wendet Julia noch ein, »selbst wenn man diese Einstellung hat – wenn es dann auseinandergeht, weiß man vorher nie, wie sehr es einen aus den Latschen haut. Auch wenn man denkt: Ach, ich würde damit ganz gut klarkommen – so ist es hinterher vielleicht nicht. Entweder geht es einem gut ...«, sie zwirbelt ihren Zopf, »aber ich habe schon solche und solche Trennungen gehabt.«

Das führt sie an dieser Stelle nicht weiter aus, hat aber, denke ich, natürlich recht: Mit der Hoffnung auf ein gemeinsames Leben macht man sich nun mal verletzlich, egal wie sehr man rationalisiert, für Unabhängigkeit und ein eigenes Standbein sorgt. Sicherheit gibt es keine, und wenn man andererseits die Hoffnung aber auch nicht aufgeben mag, kann man nur versuchen, die Kiste so gut wie möglich gemeinsam zu schaukeln. Aber wenn es schon keine Bedienungsanleitung gibt, dann vielleicht zumindest ein paar Einsichten aus den letzten Jahren und Fehltritten?

Maren, unsere Ehepionierin, fängt an. »Klar, selbst wenn es eine gute Basis gibt – von alleine bleibt die jedenfalls nicht. Das ist schon auch Arbeit. Sonst kann man auch eine große Liebe einfach verspielen, glaube ich. Man muss schon was dafür tun.«

»Aber was heißt das: etwas dafür tun?«, fragt Barbara neugierig und löst sich damit aus ihrer Tapeten-Mimikry, jetzt wo wir an einem ihrer ungelösten Rätsel ankommen. »Das frage ich mich immer.«

»Ich finde, man muss … hm.« Maren denkt nach. »Das ist wirklich schwer zu sagen. – Also, ich glaube, man muss …«, dann zählt sie aber doch bemerkenswert punktgenau auf: »… man selbst sein und bleiben. Man muss den Partner so lassen, wie er ist. Und man muss natürlich auch zusammenpassen – und das ist in manchen Situationen ganz schön schwierig.«

Barbaras schweres »Ja!« klingt sehr nach Sisyphos.

»Weil«, erklärt Maren weiter, »man sich zwar vielleicht hier und da ein bisschen verändert, aber im Grunde bleibt man schon immer derselbe Mensch. Das heißt, man muss einfach akzeptieren, dass man den anderen nicht ändern kann, auch wenn es Sachen gibt, die einen stören oder die man selbst nie so machen würde.« Sie guckt uns nacheinander an und resümiert schlicht: »Am besten muss man es einfach gut finden, und das auch immer.«

Ich ahne, dass sie nicht unrecht hat, muss aber zugeben: »Das finde ich beschissen schwer, ehrlich gesagt. Manchmal.«

Maren hebt die Schultern. »Ja, man muss sich darüber im Klaren sein, dass die Fehler nicht irgendwann besser werden oder aufhören. Oder auch nur, dass man sie weniger sieht.«

Julia stimmt zu: »Man darf zumindest nicht davon ausgehen. Das ist wirklich eine schlechte Grundlage.«

»Ja, oder?«, muss ich einräumen. »Jemanden kennenzulernen und zu denken: Wenn ich ihn erst davon befreit habe, dann wird alles toll.« Ich verziehe das Gesicht. »Endlich eine Aufgabe …«

Maren hat noch einen Punkt. »Ich glaube, was auch oft passiert, ist, dass durch Fremdgehen – durch die Suche nach etwas Neuem und Aufregendem – eine Beziehung zerstört wird. Weil natürlich in langen Beziehungen auch manchmal Routine einzieht. Und das ist selbstverständlich etwas, woran man arbeiten kann.«

»Na, man muss das schon auch mögen!«, hält Julia dagegen. »So ist es nun mal. Und es mag ja auch Beziehungen geben, in denen man sich immer treu ist und zusammenbleibt, bis man stirbt, und sich bis zum Schluss attraktiv und anziehend findet – das sind aber auch einfach mal die allerwenigsten! Ich denke, dass man es im Normalfall einfach nicht schafft, permanent und immer aufeinander zu stehen.« Das Tempo hat sich längst wieder erhöht. »Und dann gibt es halt Paare, die sich in dem Fall trennen, und andere, die zusammenbleiben – aus welchen Gründen auch immer. Und da muss man halt sehen, was man dann will.«

»Okay«, sammle ich mich, »um noch mal zu den Erkenntnissen zu kommen, wie so eine Sache funktionieren kann – einmal, dass man auf sich selber achtet …«

»Ich glaube, man muss extrem tolerant sein«, nennt Julia als Punkt zwei.

»Ja!« Maren stimmt sofort und bestimmt zu.

»Und natürlich nicht sofort gehen«, fällt mir noch ein. »Nicht, wenn es anstrengend wird, gleich auf das Überangebot an Männern schielen und gegebenenfalls zum Nächsten wechseln. Das kann man ja theoretisch auch alle paar Jahre machen, aber …«

»Ja gut«, sagt Julia, »ich persönlich schätze ja auch viel mehr als den Small Talk die Dinge, die zwischen den Zeilen stehen. Ich mag das, wenn man sich anguckt und ohne Worte verständigen kann, und das geht eigentlich nicht mit Leuten, die man eben erst kennengelernt hat. Dementsprechend bin ich eh so gepolt, dass ich eher auf Altbewährtes setze.«

Sie muss nicht lange überlegen, um noch einen Aspekt zu finden. »Und Humor ist, glaube ich, auch wichtig. Wenn ich Jan sehe, der zwei Minuten durch die Wohnung geht, und danach stehen original alle Türen und Schubladen offen, und wenn ich mich dann frage, wie er das bitte schön in dieser Zeit geschafft hat …« Sie lacht. »Und dann steht er da im Riesenchaos und ist ein bisschen verzweifelt, weil er Sachen nicht findet – dann denke ich: Mann, das ist wirklich auch ganz schön lustig! Und dann gehe ich halt hinter ihm her und mache alle Türen zu. – Ja …«, sie zuckt mit den Schultern, »das muss man dann auch irgendwie mögen.«

»Das ist überall so!« Maren lacht. »Ich frage auch jeden Tag: Wer ist denn da hinten noch auf dem Klo? Unser geheimer Mitbewohner? Oder warum ist da das Licht noch an? – Und wer steht wieder auf? Ich.«

Die Seltsamkeiten des anderen mögen zu können, ist offenbar eine nützliche Fähigkeit. Mir fällt ein, dass sie sich bei mir ebenfalls gleich am Anfang meiner Beziehung bewährt hat, als ich nach der ersten Nacht bei Sebastian mit einem entsetzten Aufschrei in einem vollständig und einschließlich der Decke hellgelb gestrichenen Raum aufwachte. Woraufhin er, halb wach geworden, murmelte: »Ach ja, das wollte ich eh schon seit Ewigkeiten streichen«, und ich erleichtert nach den genaueren Plänen fragte. Das darauf folgende schläfrige Wort »Dunkelgelb« hat, glaube ich, einiges zu meinem Bleiben beigetragen.

Nach einer kurzen Pause sagt Julia: »Ich weiß nicht. Ich glaube, dass man im Grunde gar nicht so viel in der Hand hat, wie man vielleicht denkt. Ich denke, dass ganz viel auch einfach passiert.«

Ich ahne nur ungefähr, was sie meint. »Ja – wer einem begegnet und wie derjenige tickt, das sind natürlich schon mal mindestens zwei unsichere Faktoren«, taste ich mich vor.

Julia schüttelt den Kopf. »Aber man selbst ist ja genauso unsicher! Weil Liebe ja nun mal kein Zustand ist wie …«, sie sucht, »Stahl oder so.« Sie zieht die Nase kraus über den leicht klumpfüßigen Vergleich und erklärt weiter: »Sondern sie kommt – und geht. Das weiß man einfach nicht vorher. Ich finde, es ist ja schon wirklich viel erreicht, wenn man das Gefühl hat, dass man mit demjenigen Z…« Sie bremst ab. Das Wort »Zukunftspläne« liegt in der Luft, wird aber nicht ausgesprochen. »Dass einen mit demjenigen Zukunftsfantasien verbinden. Das ist ja schon viel wert – dass man ihn zu einem Zeitpunkt als richtig *empfindet.*« Sie schneidet ein anderes Thema an. »Was mir noch einfällt zu dieser Frage, ob man an so etwas wie die große Liebe glaubt, ist eine Erkenntnis, die mir irgendwann kam, als ich – es waren ja weiß Gott nicht viele – zwischen Nils und Jan ein paar Affären hatte. So ein, zwei. Da war ich irgendwann völlig durcheinander von wegen: Liebe ich noch meinen Exfreund? Liebe ich diesen oder den anderen?« Sie schüttelt den Kopf. »Selbst mit Jan war das am Anfang noch so. Jedenfalls habe ich irgendwann gemerkt: Es passiert ja einfach automatisch! Man hat in der Große-Liebe-Sache gar nicht unbedingt so viele Aktien drin. Ich habe es einfach vorher bei anderen nicht ausgehalten. Es geht dann ja auch nicht einfach, nur weil man es sich vornimmt. Und mit Jan war es am Anfang auch schwierig, weil ich extrem skeptisch geworden war über die Zeit.«

»Hm«, ich nicke; ich erinnere mich gut. »Da hast du nicht daran geglaubt, dass so was noch mal passieren kann.«

»Ich hab ewig nicht dran geglaubt!«, sagt Julia. »Ich neige natürlich auch zur Dramatik, aber ich dachte schon wirklich: Gut, du hattest jetzt deine große Liebe, und wenn das nicht geklappt hat ...«, sie macht ein ratloses Gesicht, »ich hab mich da so ins Zeug gelegt! Und ...«

»Mehr konntest du nicht tun«, ergänzt Maren, und ich nicke.

»Mehr kann ich nicht machen«, bestätigt Julia, die in ihrer letzten Beziehung eine derartige Ausdauer bewiesen hat, dass man ihr den Ich-habe-um-meine-Liebe-gekämpft-Orden am Bande verleihen müsste. »Und das Glück hat man ja nicht immer, jemanden zu treffen, wo das Gefühl stimmt. Dann das ganze Misstrauen, das ewige Prüfen ... Und irgendwann habe ich plötzlich gemerkt: Es funktioniert! Es ist gerade gut, und es wächst. Und zum Beispiel Mark – der war ja super. Ich mochte ihn richtig supergerne, ich mag ihn immer noch, und wenn ich an ihn denke oder wenn ich ihn sehe, freue ich mich! Und ich dachte damals die ganze Zeit: Mensch, du bist völlig idiotisch; hier ist jemand, der zuverlässig und nett ist, intelligent und hübsch – er finanziert sich selbst, das ist ja auch mal angenehm ...« Es gibt Gekicher in der Runde. Die finanziellen Verhältnisse in Julias Exbeziehung sind berüchtigt. Julia redet weiter: »Ich mag ihn so gerne, ich habe mit ihm ganz, ganz viel gemeinsam!« Sie macht eine Pause und fährt ruhiger fort: »Aber ich hab's nicht ertragen! Und dann dachte ich: Okay, wenn's denn so ist – dann geht halt das, was geht.«

Dass Liebe nicht nach objektiven oder einmal festgelegten Kriterien zu funktionieren scheint, ist ja eigentlich eine Banalität, und trotzdem wirkt es wie eine neue Erkenntnis inmitten all der Weisheiten und Tipps zur Beziehungsarbeit.

Anne sammelt sich ein paar Sekunden, bevor sie hinzufügt: »Ja – ich glaube, da hast du recht. Man hat einfach nur begrenzt Einfluss darauf, auch wenn man sich manchmal in allererster Linie selbst im Weg steht.« Sie stellt ihr Glas ab. »In meinem Freundeskreis kann ich die Singles wirklich an einer Hand abzählen.« – Ich erinnere mich an eine Geschichte, die sie einmal erzählt hat: »Diese Hochzeit ...« – Anne verzieht den Mund zu einem etwas ironischen Lächeln. »Ja, es gab diese Hochzeit, auf die ich eingeladen war. Es waren über hundert Gäste da, darunter genau drei Singlefrauen und ein Singlemann. Und dieser Typ ist dann letztlich mit einer der anderen Frauen zusammengekommen; die beiden sind jetzt verheiratet und haben ein Kind. Und da fasst man sich dann schon mal ans Kinn und denkt: Was passiert hier eigentlich gerade?« Anne spielt beim Reden mit ihrer Zigarettenschachtel, zieht eine Zigarette raus und schiebt sie wieder rein; gleich steht bestimmt eine Pause an. »Es haben sich schon viele Menschen in meinem Freundes- oder auch Verwandtenkreis gewundert und gesagt: ›Mensch, das ist doch ein hübsches, intelligentes Mädchen ...‹« – »Ja!«, werfe ich unwillkürlich ein; ich kann mich erinnern, dass mir der Gedanke auch mehr als einmal gekommen ist. – Anne nickt. »Und da kann man dann, glaube ich, schon von einer Vermeidungstaktik sprechen. Ich glaube, dass es da Mechanismen gab oder so große Ängste, dass ich mir auch gerne das ausgesucht habe, was schwer erreichbar war, oder Personen, mit denen man so eine Einheit nie erreichen kann. Und das irgendwann mit dreißig aufzubrechen – das ist ein Stück Arbeit.«

»Ja, bestimmt!« Ich schweige kurz beeindruckt, dann drehe ich mich zu Barbara. »Hast du von dir so einen ähnlichen Eindruck? Beziehungsweise haben diese teils ganz schön bescheuerten Trennungen bei dir Spuren hinterlassen, was den Glauben an das Langzeitding betrifft?«

Barbara guckt nachdenklich in die Luft. »Ich weiß nicht, ich glaube, es hat gar nicht unbedingt was damit zu tun. Eine ganze Zeit lang dachte ich, dass ich das auch gar nicht will – sodass ich dann gar nicht so«, sie betont den Satz dramatisch, »völlig enttäuscht war, wieder alleine zu sein. Ich dachte eh immer, dass es eben so lange gut geht, wie es gut geht, und dann kommt halt wieder ein Neuer. So habe ich mir das eine ganze Zeit lang vorgestellt.«

»Ach.« Diese Haltung ist mir in der Klarheit neu. Ich hatte mich nur immer über die Gelassenheit gewundert, mit der sie das Ende der jeweiligen Beziehung hingenommen hatte. »Und jetzt?«

»Jetzt weiß ich es nicht mehr so«, Barbara guckt mich an, »ich merke schon, dass irgendwas in mir das gerne hätte: jemanden, der nicht nur für zwei Jahre da ist.« Verständnisvolles Nicken in der Runde. »Dass ich mir das aber offen lassen will.« Sie setzt sich auf. »Das würde ich echt davon abhängig machen, wen ich so kennenlerne. Ich kann mir gerade alles vorstellen: entweder, dass es immer so weitergeht, man mal jemanden hat und mal nicht ... Ich kann mir aber auch vorstellen, dass ich jemanden treffe und plötzlich denke: Jetzt will ich eine Familie haben.«

Julia nickt und macht große Augen. »Es ist auch unglaublich, wie schnell so was geht – dass man denkt ...«

Barbara lacht ein bisschen in sich hinein. »Ja, ich habe nicht so in Stein gemeißelte Grundsätze: Dies will ich für mein Leben unbedingt, das auf keinen Fall ...«

»Ah«, sage ich, »es hängt also davon ab, wer das Gegenüber ist?«

Julia und Barbara sind sofort einverstanden. »Auf jeden Fall.«

»Völlig, oder?« Anne sieht das ähnlich. »Klar, man wünscht sich vielleicht Sachen, aber wenn da nun mal niemand ist, mit dem das möglich ist? Ich habe ja jetzt mit Nick jemanden kennengelernt, der immer lange, stabile Beziehungen hatte und eben kein bindungsunfähiger, ängstlicher Typ ist.«

Maren nickt. »Es ist so wichtig, dass jemand eine Beziehung auch führen kann und will! Das kann einfach nicht jeder, und das funktioniert auch nicht mit jedem. Aber jetzt: Markus, so wie er bisher war, ist einfach genau der Mann, den ich mir auch für mein Leben und für eine Familie ausgesucht hätte.« Wir sind beeindruckt und gerührt von der Sicherheit, mit der sie das sagt.

»Aber hängt das dann mit dem grundsätzlichen Wunsch nach Kindern zusammen«, frage ich, »oder muss man dafür erst die perfekte Person treffen?«

»Die Frage ist ja auch, was eigentlich die perfekte Person ist«, wendet Julia ein. »Die Suche nach dem perfekten Irgendwas – das kann ja auch auf so eine Endlos-Suche hinauslaufen. Dass es da so eine Bindungsangst gibt – unsere Generation …« Julia hält inne, »oder zumindest das Umfeld, in dem ich mich bewege, funktioniert ja ohnehin so: extrem viele Möglichkeiten, ein totales Überangebot an klugen, kultivierten Menschen – aber sich immer alles offenhalten. Das ist schon auch krass! Und Heiraten gilt schon fast als merkwürdig – ich will nicht sagen, es ist verpönt, aber schon ein überholtes Modell.«

Anne, die in meiner Wahrnehmung alle zwei Wochen auf eine Hochzeit eingeladen ist, widerspricht. »Ach, ich glaube, das ist wirklich umfeldabhängig. Bei mir wird auch gerne geheiratet. – Wobei mir diese Haltung, so wie du sie beschreibst, durchaus auch begegnet ist«, fügt sie hinzu.

»Unabhängig davon«, werfe ich ein bisschen Rosarot in den Raum, »findet man es ja dann schon cool, wenn es jemand tut. Wenn es passt und beide Lust drauf haben.«

»Ja klar«, räumt Julia ein, »wenn man das Gefühl hat: Das ist ein tolles Paar. Aber insgesamt ist sich verbindlich festlegen nicht gerade ›in‹. Es sind ja alle immer so extrem tolerant.« Allgemeines nachdenkliches Nicken.

Ich will noch einmal auf die Ausgangsfrage zurückkommen. »Glauben wir trotzdem daran, rechnen wir damit oder planen wir es – wenn auch nur vage – ein, dass man irgendwann in diesen Hafen einläuft? Ob es nun der der Ehe ist oder eben nicht.«

»Ich hab daran immer geglaubt!«, sagt Julia bestimmt und im diametralen Widerspruch zu ihren vorherigen Ausführungen. Ich muss grinsen, weil sie so eine Dramaqueen ist und weil ich weiß, dass sie trotzdem beides genauso gemeint, wie sie es gesagt hat.

»Ich auch«, stimmt Maren zu. »Ich habe –«, sie legt den Kopf schief, »na ja, nicht direkt danach gesucht, aber er ist mir dann halt in die Arme gelaufen. Man hat sich getroffen und sich gedacht: Okay. Mit dem kann ich mir das vorstellen!«

»Großartig«, strahle ich. »Dann kann es ja weitergehen mit der Frage, woran man das merkt.«

»Aber wollen wir nicht rausziehen?«, fragt Julia. »Ist doch so sonnig!«

»Jaaa!« Anne freut sich und schnappt sich ihre Zigaretten. »Das passt mir auch gut.«

DIE 3. FRAGE

Der perfekte Mann

Was ist uns bei Männern wirklich wichtig?

WIR ZIEHEN AN DEN TISCH AUF DER TERRASSE UM; vier weißlackierte Gartenstühle, einen fünften schleppt Julia aus der Küche dazu und schnappt sich erneut Peter, der sich auf ihrer Brust inzwischen gut eingelebt hat und für den Moment friedlich schläft. Es ist still, obwohl die Terrasse an der Straße liegt; niemand scheint unterwegs zu sein. Mittagsschlaf, vermute ich – Kurort eben. Noch schnell eine Stulle für Maren und mich, und es kann weitergehen mit der Frage, was ein Mann mitbringen muss, worauf wir am meisten achten und wie sich das ganz subjektiv bei unseren jeweiligen Partnern verhält.

Ich lese die Frage vor und schiebe nach: »Zum einen allgemein, aber gerne auch konkret, was wir an unseren jetzigen oder früheren Partnern lieben oder geliebt haben ... Oder, wenn man das überhaupt so sagen kann, was für unser Empfinden gefehlt hat.«

»Barbi«, sagt Julia, die bei aller gelegentlichen Dominanz durchaus über einen ausgeprägten Gerechtigkeitssinn verfügt und jetzt um eine ausgewogenere Verteilung der Redeanteile bemüht ist. »Komm!«

Barbara lacht. »Da darf ich anfangen?« Sie erntet allgemeinen Jubel. Während sie überlegt, nehme ich mir eine Zigarette, die Anne freimütig anbietet – »Oder fühlt Peter sich dadurch gestört?« Wir albern ein bisschen herum. »Draußen wird nicht geraucht!«

Während Anne und ich uns mit Streichhölzern und dem Wind abmühen, wägt Julia ab: Mitrauchen, dafür aber Peter abgeben? Sie entscheidet sich vorläufig für Peter.

Barbara ist so weit. »Ich finde es sehr wichtig, dass man mit jemandem lachen kann – Humor«, fängt sie mit dem Klassiker an. »Und dass man sich gut unterhalten kann. – Damit meine ich jetzt gar nicht ›breit gefächert‹, weil ich das selber nicht kann …«, ein kleines Lachen von uns über diese entwaffnende Feststellung, »aber auf einer Ebene, auf der man das Gefühl hat, man versteht, was der andere sagt.« Sie zuckt die Schultern. »Klingt simpel, ist aber essenziell, finde ich. – Und ich merke, dass ich es auch immer angenehm finde, wenn man bestimmte Sachen gemeinsam hat – Sachen erlebt hat, die man teilt …« Sie denkt nach. »Ich glaube, ich habe gar keine besonders konkrete Vorstellung, wie ein Mann für mich sein müsste.«

»Außer dunkelhaarig und lockig«, bemerkt Julia süffisant.

Barbara lacht. »Ja – optisch bin ich da manchmal ein bisschen einfach gestrickt … Dunkle Haare, dunkle Augen, darauf springe ich schon an. Längere Locken, das ist dann das I-Tüpfelchen. – Na ja, meine Freunde waren ja immerhin relativ bunt gemischt …«

»Und du?«, frage ich zu Anne gewandt, die sich entgegen ihrer sonstigen lebhaften Art bisher ebenfalls ein bisschen ruhiger verhalten hat, vielleicht weil sie sich in der Liebesthematik selbst noch nicht hundertprozentig über den Weg traut. Sie zögert; ich ergänze: »Na, es muss ja nicht rein optisch sein, aber was den ersten Eindruck betrifft?«

»Hm …« Sie muss auch kurz überlegen. »Ja, ich glaube, so ein offenes Wesen – dass jemand auf andere Menschen zugehen und das Gespräch auch mit anpacken kann, das ist mir schon immer eher wichtig gewesen. Rein optisch habe ich eigentlich nie so einen Typ gehabt, den ich absolut bevorzugen würde …« Pause, dann gibt sie sich einen kleinen Ruck. »Aber wenn ich auf so einer Party war …« – die anderen lachen – »… und man mir im Nachhinein so ein Beuteschema nachsagen wollen würde – dann wären es wohl schon dunkelhaarige Typen gewesen, ja.«

»Da bist du jetzt ja auch wieder ganz zielsicher gelandet«, stelle ich fest.

»Ja«, sagt Anne zufrieden. »Stimmt!«

Zeit für mein eigenes Geständnis: »Bei mir trifft das ja, fürchte ich, völlig klischeemäßig zu. Meine Schwärmereien sind nicht ausnahmslos, aber tendenziell blond und blauäugig, das ist eine ziemlich klare Sache.« Ich kratze mich etwas beschämt am Kopf. »Ganz schön oberflächlich; ich kann es mir nur damit schönreden, dass ich den Kontrast suche ... Aber ich muss zugeben, die meisten waren sich optisch eher ähnlich.«

»Meine nicht!«, triumphiert Julia.

Ich fühle mich bemüßigt, ein bisschen zu relativieren. »Na ja, es gibt natürlich auch noch andere Merkmale: Ich mag es nicht, wenn jemand den Eindruck macht, als würde er allzu sehr auf sein Äußeres achten ...«

»Mhm«, stimmt Anne zu. »Nicht so ein geleckter Typ ...«

Ich schaudere. »Nein, wirklich nicht! Na, schmuddelig geht nun auch nicht, aber so sichtlich eitel, das finde ich richtig schlimm. Oder auch, wenn sich jemand in den ersten Minuten als Poser entlarvt – so ein sehr forscher Tonfall, so eine Selbstgefälligkeit ... da denke ich sofort: Uah! Nee – das interessiert mich wirklich überhaupt nicht!« Ich schüttle mich unwillkürlich. »Basti ist ja nicht so ein Typ.« Die anderen, die meinen durchaus zurückhaltenden Freund kennen, brechen einhellig in Gelächter aus: »Nee.«

So viel zu den ersten Eindrücken, die zweifelsohne keine ganz untergeordnete Rolle spielen. Meint auch Barbara, die sich wieder zu Wort meldet. »Ja, das ist mir, ehrlich gesagt, schon wichtig: Attraktivität. Und auch, dass das Körperliche stimmt.«

Auch kein unwichtiger Aspekt. »Dass man sexuell auf einer Ebene ist?«, versuche ich, mehr Details aus ihr herauszupulen. Sie nickt. »Ja – dass man das Gefühl hat, das passt irgendwie. Dass es nicht so fremdkörpermäßig ist und man sich alles erklären muss, und …« – »Dass jemand einen gut anfassen kann, finde ich auch wichtig«, werde ich los.

»Zum Beispiel«, sagt Barbara. »Bei all diesen Sachen weiß ich aus Erfahrung, dass ich es nicht gut haben kann, wenn das nicht funktioniert. Ich könnte jetzt kein No-Go nennen, aber es gibt ja manchmal diese Momente, wo man merkt: Man mag nicht die gleichen Sachen oder es funktioniert einfach nicht, was man da gerade macht. Das kann ja sehr unterschiedlich sein. Das macht schon was aus. – Für mich«, schiebt sie nach, auf dass es uns allen unbenommen bleibe, die Prioritäten ganz anders zu setzen. Aber die Mienen sehen mehr nach Zustimmung aus. – »Und so charakterlich«, sie denkt kurz nach. »Generell finde ich Ähnlichkeiten schon wichtig, aber andererseits: Wenn jemand so wäre wie ich, würde es auch in die Hose gehen.« Sie lacht. »Das würde auf Stillstand hinauslaufen, glaube ich. – ›Äh, ich weiß nicht …‹ – ›Äh, ich auch nicht …‹« Gelächter in der Runde. »Okay. Dann machen wir nichts.«

Peter murrt leise. Julia schaukelt ihn auf ihrem Arm, während wir ein bisschen unseren Gedanken nachhängen.

»Ich weiß nicht«, fängt Julia wieder an, »ich finde«, sie wird kurz albern, »alles, was die Barbara gesagt hat, auch …« Lachen. »Also, charakterlich finde ich schon Sachen wichtig.« Sie verdreht die Augen über ihre eigene Nullaussage. »Optisch, muss ich sagen, bin ich anpassungsfähiger, als ich gedacht habe. Ich dachte früher, blond sei eher meins, aber das würde ich jetzt nicht mehr sagen. Und, na ja, früher in meiner sportlichen Vergangenheit, als ich selbst noch eine tipptopp Figur hatte, dachte ich auch, dass ein Mann für mich in jedem Fall sportlich sein und eine gute Figur haben muss. – Pff«, sie zuckt die Achseln, »ich will jetzt keinen Fettsack, so ist es nun nicht. Aber generell ist mir das nicht so wichtig. Mir ist wichtiger, wie man miteinander umgeht.«

»Zum Beispiel?«

»Hm, na ich zum Beispiel habe ja manchmal wirklich komische Ideen oder Ansichten und auch mal Phasen, in denen ich eher mal ein bisschen depressiv bin ... Und da finde ich es schon wichtig, dass das jemand nachvollziehen kann und sich auf so eine Ebene auch einlässt.« Julia schnuppert an Peters kleinem Kopf, als sie über die nächsten Punkte nachdenkt. »Offenheit ist mir wichtig, obwohl sie mir selbst in manchen Situationen schwerfällt. Ich finde auch, dass es ein schönes Ziel ist, gemeinsam zu lernen, miteinander offen zu sein. Es kommt ja oft vor, dass man in einer Situation zickig reagiert, der andere vielleicht auch, und dann entstehen komische Momente. Und wenn man dem auf den Grund geht, merkt man, dass das Ganze aus einer Stimmung entstanden ist, in der man nicht wirklich offen miteinander war.« – So stringent, wie sie das erklärt, hat sie es anscheinend schon ein –, zweimal durchdacht. – »Und wenn man das dann noch mal anders beleuchtet und ein konstruktives Gespräch stattfindet, dann kommt dabei vielleicht raus, dass man sich verletzt oder angegriffen gefühlt hat, aus diesem oder jenem Grund; vielleicht nur weil irgendwas falsch kommuniziert wurde.« Inzwischen ist relativ offensichtlich, dass es sich um höchstpersönlich gemachte Erfahrungen handelt, die wir hier dargelegt bekommen. »Und ich finde es wichtig, dass man das dann auch unterscheiden kann ... Klar, ich bin auch oft sehr emotional und dramatisiere, und ich finde es super, wenn man dann jemanden hat, der in solchen Situationen sagt: Moment mal, jetzt nehmen wir das doch mal auseinander.«

»Oh ja«, stimme ich aus vollstem Herzen zu, »Gelassenheit finde ich auch sehr schön.«

Julia hat noch Stoff. »Und der dann auch mit mir die Ruhe behält, weil ich das oft nicht so gut kann. Wenn ich so emotional bin, dann geht es manchmal mit mir durch. Und da finde ich es super, wenn jemand auch gar nicht unbedingt auf jeden Quatsch einsteigt und auf jede Befindlichkeit. Der so eine Art hat, Konflikte auszutragen.«

»Toll«, sagt Anne mit ehrlicher Bewunderung. »Das finde ich wirklich toll, wenn man so gemeinsam dahinkommt.«

»Mmh, ja, aber das macht man ja auch erst miteinander und mit der Zeit«, bemerke ich überflüssigerweise.

»Nee«, sagt Anne, »man beginnt ja keine Beziehung und hat sofort die idealen Voraussetzungen für die Kommunikation miteinander. – Das ist«, sie zündet sich noch eine Zigarette an, »auch eine Sache, von der meine Mutter sogar sagt, dass sie sich über Jahrzehnte aufbaut und auch immer wieder neu erarbeitet werden muss. Dass man miteinander im Gespräch bleibt und einander mitteilt, was einen beschäftigt, was einem wehtut, was einen ausfüllt, was einem Angst macht.« Sie klopft bei jedem Punkt mit der Hand auf den Tisch. »Was man für Bedürfnisse hat. Und das zu lernen – diese Dinge möglichst vorbehaltlos und angstfrei vorzubringen, das ...« Anne macht eine Pause und zieht an ihrer Zigarette, bevor sie feststellt: »Da stecke ich noch in den Kinderschuhen!«

»Aber wie schön, wenn jetzt jemand da ist, mit dem du das üben kannst!« Ich stelle mit Schwung und leichtem Scheppern die Vorderbeine meines Metallstuhls wieder ab, den ich nach hinten gekippt hatte. »Was bringt dich eigentlich dazu, gerade jetzt zu denken, dass es sich lohnt, dich da mal auf den Weg zu machen?«

»Das große Paket der Gefühle!«, sagt Anne sofort. »Das ist für mich das erste Mal seit Jahrzehnten, dass ich ...« Sie hebt die Arme in Ermangelung passender Worte. »Das ist ein großer Antriebsmotor. Der aber natürlich«, ihr Gesichtsausdruck liegt irgendwo zwischen Schicksalsergebenheit und Selbstironie, »auch Hemmnis zugleich sein kann.« – »Klar«, murmle ich, das kommt mir bekannt vor. – »Mit so einem großen Gefühl kommt eben auch ein hinterhältiges Gefühl der Angst. Das ist ziemlich zweischneidig.« Anne zieht die Stirn kraus. »Aber sehr konkret auf Nick bezogen würde ich sagen: Was ich wahnsinnig an ihm schätze und was dann auch in Ergänzung zu mir ganz gut passt, die ich oft eher nüchterner und vorsichtiger bin, ist, dass er eine so mitreißende Begeisterungsfähigkeit hat, dass das einen richtig erfüllenden Effekt haben kann!« Sie strahlt, auch ob der freudigen Anteilnahme von uns offenbar ähnlich begeisterungsfähigen Personen, und setzt obligatorisch hinzu: »Und wir können einfach wahnsinnig viel Spaß miteinander haben.«

»Begeisterungsfähigkeit ist toll«, findet Julia auch, »und auch, sie nicht zu bremsen, finde ich! Ich zum Beispiel kann mir ja immer alles vorstellen: Nächste Woche fahre ich hierhin, übermorgen dahin und später will ich auf einem Bauernhof leben. Und im nächsten Moment denke ich: Vielleicht könnten wir ja auch in Norwegen wohnen ... Das muss man ja auch erst mal ertragen als Typ!« Sie lacht. »Ich will nicht sagen, dass ich sprunghaft bin, aber ich bin schon einfallsreich und ich mag die Sachen auch gerne aussprechen und sie durchdenken, als würde ich sie wirklich planen.«

»Ungehemmt rumspinnen ...«, schließe ich mich an.

Julia stellt ihr Glas weg. »Und klar, der übliche Kram.« Auf die Grundausstattung aus Humor und hinreichender Anziehungskraft hatten wir uns ja bereits geeinigt.

Noch einen Punkt legt Julia nach, bevor jemand anders eingeatmet hat: »Und ich mag es auch, wenn ich die Gedankenwelt des anderen wertschätze; wenn ich die Ideen, die aus diesem Menschen kommen, selbst auch interessant finde.«

»Jaaa!« Ich klinge fast ein bisschen genervt, weil mir das so selbstverständlich erscheint, bevor ich in Erwägung ziehe, dass es das vielleicht nicht ist. »Stimmt, das ist super: Jemand, der für sich selbst steht, der seinen eigenen Kram macht. An Basti finde ich toll, dass er seine Musik macht; ich finde es großartig, was er tut, und dass er so ernsthaft ist dabei. Ernsthaftigkeit finde ich gut.« Ich grüble nach, was es genau ist, das mich nachhaltig fasziniert. »Ich mag es bei Menschen insgesamt, bei potenziellen Partnern im Besonderen, wenn sie eine echte Leidenschaft haben.

Wenn ihnen etwas wirklich wichtig ist und sie daran werkeln, in welcher Beziehung auch immer. Gar nicht zwingend an Erfolg geknüpft oder auch nur an den Beruf, aber ich finde es schön, wenn jemand etwas verfolgt: Das inspiriert mich dann auch – und das wiederum ist mir wichtig.« Ich hole Luft und schaue Richtung Julia. »Überhaupt Inspiration – das ist wahrscheinlich ungefähr das, was du mit den interessanten Ideen meintest: Ich finde es unglaublich attraktiv, wenn jemand mir neue Gedanken erschließen kann, auf die ich selbst eben nicht gekommen wäre, und wenn ein Gespräch mit ihm ein paar Dinge anstößt, die ich dann selbst für mich weiterdenken kann.« Ich mache eine Pause, in der das erste Mofa des Nachmittags gemächlich auf der anderen Straßenseite vorbeiknattert, bevor ich zu einigen der älteren und vielleicht banaleren Einsichten komme. »Ich finde es auch wichtig, dass jemand nicht völlig von mir abhängig ist, dass er meine Stimmungen und Schwankungen ertragen kann – na, hast du ja schon gesagt«, unterbreche ich mich. »Ich bin alle paar Wochen schon mal etwas zickig, da gibt es nichts zu beschönigen, und dann ist es leider meine Lieblingsbeschäftigung, über alles zu nörgeln …«

Ich grinse etwas schief in Kenntnis meiner Schwachstellen. »Und ich finde es beeindruckend souverän, wie Basti sich das eine Weile anhört, irgendwann drüber lachen kann – ah!« Mein Zeigefinger schießt hoch. »Ich finde es großartig, wenn jemand über mich lachen kann! Erstens, weil es meistens leider echt alberne Dinge sind, an denen ich mich aufhänge, und zweitens, weil ich dann – in meinem Empfinden in dem Moment – alleine nicht mehr aus der Nummer rauskomme, ohne mir einen Zacken aus der Krone zu brechen.« Mir wird noch beim Sprechen klar, dass das Ganze ebenso albern ist, wie es sich anhört. »Ich kann ja nicht die bittersten Anschuldigungen erheben und irgendwann einfach übergangslos einräumen, dass alles kompletter Quatsch war und ich einfach nur schlechte Laune hatte. – Und wenn jemand das dann auch sehen und entsprechend reagieren kann: Okay, Katja nörgelt wieder …«

Maren lacht: »Ich lass sie mal …«

»Genau!« Ich muss auch lachen. »Wenn er das dann in eine nette, lustige Miteinander-Situation wenden kann, das erleichtert die Sache natürlich ungemein.« Ich überlege. »Quatsch ist natürlich, wenn ich mich gar nicht ernst genommen fühle. Aber wenn jemand ein bisschen Feingefühl mitbringt, das zu unterscheiden, das ist schon hilfreich.«

»Schon …« Anne klingt unschlüssig. »Aber das ist natürlich ein schmaler Grat – wenn es immer ins Komische gezogen wird, dann kann das auch schnell zu Konflikten führen. – Aber stimmt: Wenn jemand es schafft, einen mit den richtigen Worten wieder auf den Teppich zu holen, dann ist das schon ein großer Vorteil.«

Eine grobe Richtung, denke ich, kristallisiert sich doch heraus: Über die Basics hinaus sind vor allem Männer gewünscht, die mit uns umgehen können, mit denen eine innige Beziehung überhaupt möglich ist und bei denen wir sein können, wie wir sind, samt all unserer Makel.

»Dass jemand mir viel Freiraum lässt, ist wichtig«, fällt mir noch ein, »dabei aber auch seine eigenen Bedürfnisse anmeldet.« Zur Illustration erzähle ich die Geschichte des ersten größeren Streits zwischen Sebastian und mir, in unserer Beziehungshistorie als Irland-Kontroverse bekannt, die darin bestand, dass ich, weil es sich so schön ergab und ohne viel drüber nachzudenken, halbverbindlich eingewilligt hatte, mit einem Freund für zwei Wochen nach Irland zu fahren. Und kein Problem darin erkennen konnte. Bis es dann gebucht war und mir auffiel, dass ich das ganze Vorhaben Sebastian gegenüber noch nicht wirklich explizit erwähnt hatte.

»Oh.« Anne guckt belustigt. Marens »Ah …« lässt derweil erkennen, dass sie den zwingenden Fortgang der Dinge bereits erahnt. Und sie hat recht. »Basti hat erst mal eine ganze Weile mit sich gerungen«, fahre ich fort, »ob er mir das jetzt ernsthaft … na ja, verbieten kann man es ja sowieso nicht, aber …«

»Seine Einwände vorbringen«, findet Maren den treffenderen Ausdruck.

»Genau«, schließe ich mich an. »Er hat sich mich dann tatsächlich geschnappt und gesagt: Wenn du das durchziehst, dann kann ich nicht bei dir bleiben. – Man muss dazu sagen«, schiebe ich ein, darauf bedacht, Sebastian Gerechtigkeit widerfahren zu lassen, »dass es in dem Zusammenhang noch wunde Punkte gab: Er konnte sich keinen Urlaub leisten und er hatte die leise Vermutung, mein Begleiter sei insgeheim weitergehend an mir interessiert.« In den Gesichtern ist nichts als Verständnis für Sebastian zu lesen, was – damals sehr zu meiner Überraschung – auch zum Zeitpunkt des Streits gut fünf Jahre zuvor der Fall gewesen war. »Und dann«, beende ich die Geschichte, »haben wir uns hingesetzt und stundenlang darüber gestritten. Und sind ernsthaft zu dem Kompromiss gelangt, dass ich nicht zwei Wochen fahre, sondern eine.«

»Woohoo!«, ruft Barbara; schallendes Gelächter in der Runde. Ich setze halb stolz, halb kleinlaut hinzu: »Aber irgendwie fand ich das okay. Jeder hat ein Zugeständnis gemacht, und ich fand es bewundernswert, dass er – da es ihn nun mal so gestört hat – dann nicht zu feige war, das auszufechten. Wohlgemerkt«, betone ich, »wenn das nicht bei jeder Kleinigkeit passiert. Aber wenn ich ihm wirklich auf die Füße trete, finde ich es super, wenn er seine Position dann auch behauptet. – Ich bin nämlich manchmal nicht besonders gut darin, alles weiträumig in meine Pläne miteinzubeziehen; ich kriege gelegentlich so einen Tunnelblick, und dann finde ich es schön zu merken, dass da noch jemand ist, der auch auf sich selber achtet. Der sein Recht einfordert und der mir im Zweifel klarmacht, dass ich nicht völlig alleine im Universum schwebe. Auch weil ich sonst Gefahr laufe, nicht mehr groß drüber nachzudenken, wenn jemand sich niemals zu Wort meldet.«

»Ja, Feedback ist schon eine schöne Sache«, kommentiert Julia meine Ausführungen flapsig.

»Und tatsächlich auch die prinzipielle Bereitschaft, eines Tages mal Kinder in die Welt zu setzen«, schließe ich meine Liste vorläufig. »Ich glaube, wenn jemand das grundsätzlich ablehnen würde, das wäre für mich schon ein Ausschlusskriterium.«

»Finde ich auch komisch«, bestätigt Julia. Nicken allerorten; Barbara guckt versonnen in die Ferne. »Was mir auch gefällt«, setzt Julia die Reihe fort, »ist eine Bereitschaft, Sachen neu zu überdenken. Auch wenn es gemeinsam getroffene Entscheidungen sind. Dass man, wenn Dinge nun mal nicht gut sind, sich auch eingestehen kann: Gut, das war eine Scheißidee – wenn man zum Beispiel merkt, dass man sich mit Plänen übernommen hat. Und dass das dann eben nicht die Bibel ist.« Julia reicht den zappelnden Peter zurück zu seiner Mutter, wo er sich vorerst beruhigt.

Das kann ich nachvollziehen. »Im Grunde schlägt es ja auch in eine ähnliche Kerbe wie die Toleranz gegenüber deiner Träumerei – manchmal wird so was ja auch ernst.« – »Ja.« Julia nickt. – »Ich probiere ja ganz gerne mal beruflich etwas Neues aus, manchmal auch mit relativ hoch gegriffenen Ambitionen ...« Leises Lachen, und ich lächle ein bisschen missmutig; es ist ein berüchtigtes Problem in meiner Vita. »Aber letztlich finde ich es wichtig, dass er mich machen lässt – dass er eben nicht einfach sagt: ›Ach komm, ist doch albern.‹ Dass er mir was zutraut und mich dabei unterstützt. – Ja«, komme ich mit Nachdruck zum eigentlichen Punkt, »Unterstützung finde ich sehr wichtig.«

Barbara ist ein bisschen in sich zusammengesunken. »Ich finde es total schön, dass ihr so detaillierte und konkrete Vorstellungen habt, und ich komme bloß mit so grobschlächtigen Allgemeinplätzen«, sagt sie komisch-frustriert, und wieder auf Rheinisch: »Muss jut aussehen, musste mit lachen können, dat war et.« Sie schnaubt.

»Na ja«, wendet Anne ein, »diese Humorkomponente klingt immer so abgedroschen. Aber man muss einfach miteinander lachen können, wenn man Bock hat, ein Leben miteinander zu gestalten oder seine beiden Leben miteinander zu teilen!«

»Und man merkt ja auch viel im Zusammensein mit jemandem, was man daran schätzt und was gut funktioniert«, gebe ich zu bedenken. »Ich glaube nicht, dass ich mir jemanden so nach Zutatenliste hätte suchen und im Vorfeld all das anführen können, was ich gerade so elaboriert habe.«

Barbara nickt vorsichtig. »Ja, bei mir funktioniert es eher so, dass, wenn da jemand ist, ich ihn mir anschaue und dann auch genau weiß, was mir an ihm gefällt, was gut ist oder nicht. Aber ...«, sie grübelt, »ich kann das nicht für mich verallgemeinern oder eine Quintessenz daraus ziehen. Ich kann halt auf die gegebenen Umstände reagieren, aber bin nicht in der Lage, mir vorher klarzumachen: So und so hätte ich es gerne.« Sie zuckt ratlos die Schultern. »Ich merke dann, wenn mir etwas nicht passt, aber eben erst in dem Moment.« Das klingt nach einer relativ perfekten Anleitung, jemanden zu nehmen, wie er ist, fällt mir auf – im Grunde vermutlich eine wünschenswertere Herangehensweise als unsere Listen.

»Na ja, es gibt schon Eigenschaften, von denen ich weiß, dass ich sie schätze.« Julia hat noch ein, zwei Punkte: »Ich glaube, ich stehe nicht so sehr auf diese ›männlichen Männer‹.«

Barbara lacht wieder. »Die Ernährer?«

»Na ja, was heißt Ernährer ...«, Julia macht eine großzügige Armbewegung, »ich hätte auch nichts dagegen, wenn Jan ...« – Lachen; Julia war in ihren Beziehungen immer tendenziell die Hauptverdienerin. – »Aber was ich meine, ist, dass ich sehr gerne Männer mag, die Gefühle auch zulassen und sie kommunizieren und formulieren können. Und das können nicht alle. Nicht mal viele.«

»Und du, Maren, woran hast du gemerkt, dass Markus taugt?«, will ich wissen. Die beiden kennen sich schon seit sieben Jahren, und es scheint, als wären sie ziemlich reibungslos miteinander durch all die Zeit gesegelt. Damals muss Markus etwa so alt gewesen sein wie wir jetzt.

»Ach, allein schon wie wir uns kennengelernt haben«, Maren gluckst ein bisschen. »Das war auf einer Party, als gerade das Abi 2003 gefeiert wurde ... Von den Abiturienten, nicht von uns«, schiebt sie auf die irritierten Blicke nach. »Ich stand mit einer Freundin hinten an der Bar, wir fühlten uns leicht deplatziert. Dann kam Markus, der offensichtlich auch keine 19 mehr war, und wir haben – total albern«, unterbricht sie sich, »so getan, als hätten wir auch gerade Abi gemacht, unsere Notendurchschnitte verglichen – na ja, und so ... Wobei auch die ganze Zeit klar war, dass es Quatsch ist, und es jetzt ja auch kein total raffinierter Witz war oder ein besonders ausgefeilter Flirteinstieg. Aber irgendwie waren wir auf einer Wellenlänge, und das sind wir immer noch.« Das sagt sie ganz schön liebevoll. »Auch in dem Sinn, dass wir über unsere Fehler und auch über unsere meschuggen Marotten, bescheuerte Situationen oder unseren seltsamen Humor lachen können.«

»Aha«, feixt Anne. »Doch wieder der Humor.« Maren lacht, und wir mit.

»Ja, so ist es einfach. Das letzte Mal saßen wir uns draußen auf dem Balkon gegenüber – das war ein paar Wochen nach Peters Geburt, und Markus hatte gesagt: ›Komm, wir trinken mal wieder ein Glas Rotwein!‹ Und so saßen wir da mit unseren Gläsern, und Markus meinte: ›Hach, lehnen wir uns mal zurück und genießen den Augenblick.‹« Sie wirft einen Seitenblick auf ihren Sohn, der sein Gesicht an ihre Schulter drückt. »Und in dem Moment fing Peter an zu schreien, und Markus sagte: ›Ja, wie gesagt. Diesen schönen Augenblick. Tschühüs!‹« Kichern in der Runde. Peter raunzt ungehalten, bekommt aber für den Moment nur etwas beiläufig den Schnuller in den Mund. »Und es ist ja nun mal so, dass man solche Sachen mit Humor nehmen muss, was soll man sonst machen? Und das ist es auch, was es immer wieder lustig macht, und nie wird es langweilig.« Sie schiebt Peter auf ihrem Arm ein paar Zentimeter nach oben. »Ich finde auch, dass das ganze Gefüge mit Familie und allem irgendwie zusammenspielen muss. – Wenn ich an die Familie meines Exfreundes denke«, sie verdreht die Augen. »Ich dachte eigentlich, ich wäre eine recht umgängliche Person …«

»Dachte ich auch. Ist falsch«, frotzelt Julia und erntet einen Lacher. Maren lacht mit. »Ist für manche Leute wohl tatsächlich völlig falsch! Ich war drei Jahre mit ihm zusammen. Ich war, glaube ich, dreimal bei ihm zu Hause, und seine Mutter habe ich einmal davon gesehen, wobei sie mich nullmal angeguckt oder beachtet hat.« – »Hah!«, rufe ich dazwischen und muss lachen. »So eine Geschichte hab ich auch!« – »Was ich meine, ist«, erklärt Maren: »Klar entscheidet man sich für eine Person, aber es spielt auch eine gar nicht zu unterschätzende Rolle, ob sich das mit der eigenen Familie und mit der des anderen auch so fügt.«

»Ja, das stimmt«, bestätige ich sinnierend, »wobei man jeweils auf die eigene Familie ja nur begrenzt Einfluss hat. Aber wenn beispielsweise Basti meiner Familie nicht in den Kram passen würde, dann würde ich es schon in meiner eigenen Verantwortung sehen, ihnen zu sagen: Leute, ich hab ihn mir aber nun mal ausgesucht. Und umgekehrt würde ich das genauso erwarten.«

»Jedenfalls«, fährt Maren fort, »Markus' Familie ist meiner so wahnsinnig ähnlich – alleine schon, dass wir beide die Phasen unserer Mütter mit selbstgemachtem Joghurt und Kefirpilzen und allem Drum und Dran durchmachen mussten …« Große Belustigung bei uns anderen. »Das schweißt uns irgendwie zusammen. Er ist relativ ähnlich aufgewachsen wie ich«, Maren spricht wieder lauter, weil ihr Sohn seiner Unzufriedenheit mit anhaltendem Maulen Ausdruck verleiht, »und wir haben beide praktisch identische Vorstellungen von unserem eigenen Leben – wo wir hinmöchten, was wir machen möchten und wie wir leben wollen.« Der Satz sinkt in ein kurzes beeindrucktes Schweigen. Selbst Peter ist respektvoll verstummt.

»Hm«, findet Julia eine konsensfähige Zusammenfassung, »es gibt ja Leute, die es mögen, wenn man sich sehr ähnlich ist; es gibt Leute, die mögen, wenn es mehr Kontraste gibt …«

Maren nickt. »Ja, das passt bei uns einfach gut zusammen, obwohl wir«, schränkt sie ein, »von unserer Art her wiederum ganz verschieden sind. Peter!«, wendet sie sich liebevoll, aber bestimmt an ihren heulenden Sohn. »Die Mama erzählt doch gerade!« Schallendes Gelächter. Maren lässt sich nicht aus dem Konzept bringen. »Ich kann im Unterschied zu meinem Mann zum Beispiel auch ganz gut mal einfach still sein. Aber ich könnte niemanden gebrauchen, der so ist wie ich. Das wäre so ähnlich wie bei Barbara.« Sie resümiert: »Es muss sich einfach gut ergänzen, mit relativ viel Humor dabei, und gut ist auch, das gleiche Ziel zu haben – für sein individuelles Leben, aber auch für das zu zweit. Oder auch zu dritt, hm? Mittlerweile ...« Sie wirft einen Blick auf Peter. »Das finde ich wichtig.«

»Aber er gefällt dir schon auch!«, rege ich an.

»Ja, oh ja!« Sie lacht. »Sonst hätten wir dieses Ding hier auch nicht gemacht.« Verliebt zu dem Bündel Baby auf ihrem Arm: »Du bist uns so gut gelungen, ich weiß gar nicht, wie das geklappt hat!« Wir können uns eines gerührten Lachens nicht erwehren. »Ja, doch«, kommt sie zurück zum Thema, »das auf jeden Fall, er gefällt mir sehr! Ich finde auch, Körper und Seele gehören zusammen. Wenn das eine nicht funktioniert, kann das andere es nicht ausgleichen.« Peter kommentiert das ganzheitliche Statement, indem er seinen Schnuller ausspuckt und anfängt zu schreien. Maren seufzt. »Ach Peter ... Tja, das war mein Wort zur Sache. Ich geh mal wieder.« Sie steht auf, während wir zu viert den Schnuller suchen, der unerklärlicherweise im abseits stehenden Kinderwagen gelandet ist.

Wir hängen noch ein bisschen unseren Gedanken nach, während wir auf Maren warten, um mit der nächsten Frage weiterzumachen. Ein gewisses Maß an Ähnlichkeit ist also wichtig; der Wille und die Fähigkeit, mit uns umzugehen. Und man muss sich eben gefallen. Letztlich, denke ich, ist es ja der Zauber der ganzen Sache, dass man es sich am Ende doch nie so ganz erklären kann, warum es einen bei einem bestimmten Menschen plötzlich erwischt.

Barbara rekelt sich in der Sonne. »Ich bin schon ganz glücklich, wenn man das Gefühl hat, man lebt in derselben Welt. Es ist wirklich krass, wie man bei manchen Leuten – auch netten – gleich merkt: okay, andere Welt. Es muss ja nicht mal so eindeutig sein. Manchmal hat man ja auch den Eindruck, es gibt objektiv gar keine so großen Unterschiede, aber dann kann man einfach null mit ihnen anfangen.«

DIE 4. FRAGE

Liebesmühe

Was machen wir für Kompromisse in Beziehungen?

Wunschlisten hin oder her – wenn wir den Tatsachen mal ins Auge sehen, passiert es ja doch eher selten, dass man sich trifft, perfekt ineinander einrastet und für den Rest des gemeinsamen Lebens keine Wünsche offen bleiben. Stattdessen sind allerhand Binsenweisheiten zu einem Kanon des Liebesrealismus geronnen: Man muss Kompromisse schließen, Menschen verändern sich nicht fundamental, Beziehungen sind Arbeit etc. Aber was bedeutet das in unseren Fällen genau – welches sind die Kämpfe, die Macken, die Kompromisse? Wie läuft die Beziehungsarbeit ab, und wer macht sie?

Maren und Sohn sind wieder herausgekommen. Peter wird fürs Erste in den Kinderwagen verfrachtet und ein Windeltuch als Sonnenschutz davor drapiert. Ich lese die Frage vor. Julia antwortet sofort: »Na, bei mir ist es ja schon mal so, dass Jan nicht aus einer ›heilen Familie‹ kommt, sondern in dem Zusammenhang auch gelitten hat. Die Eltern sind getrennt, das war noch ewig lange ein Thema, es hat ihn sehr belastet und tut das teilweise auch immer noch. Und gerade nach dieser Nils-Geschichte dachte ich schon: auweia, noch so ein familiengestörter Mensch ...« Julias Exfreund hatte eine schwierige Familiengeschichte hinter sich und ein nicht abzuschüttelndes Misstrauen gegenüber ungetrübter Harmonie. So war er zum einen mit Julias innig geliebtem und bedingungslos herzlichem Elternhaus tendenziell überfordert – auf Dauer eine anstrengende Konstellation –, zum anderen in letzter Konsequenz immer etwas skeptisch gegenüber eigenen Familienplänen. »Das will ich nicht mehr. Und da war ich eben sehr verunsichert von meiner vorherigen Erfahrung und dachte immer, sobald es mit Jan komisch war oder wir uns gestritten haben: Oh, das bedeutet bestimmt, dass er sich jetzt trennen will. Ich dachte, er tickt da durch seine eigene Geschichte vielleicht eher so. Aber er war da erstaunlich beharrlich. Er meinte dann immer, das sei doch kein Grund, jetzt die Pferde scheu zu machen. Das fand ich erstaunlich, dass immer, wenn ich dachte: Hilfe!, dass er da so entspannt war und so an uns glaubte. Ich habe das nicht so eingeschätzt und habe das auch ganz schön gründlich getestet, weil ich dachte: dann lieber jetzt verlassen werden als später.«

Ich bin kurz verwirrt. »Aber das ist doch eher ein Pluspunkt, oder?«

»Ja, das ist ein Pluspunkt! Nur«, bringt Julia ihre Argumentation zum Abschluss, »ich weiß von mir halt, dass ich einen extrem langen Atem habe. Nehmen wir mal an, ich hätte eine Familie, da müsste schon sehr viel passieren, bevor ich mich trennen würde. Und bei Trennungskindern weiß man das halt nicht so genau – ob Jan da ähnlich ausdauernd wäre wie ich. Im Moment finde ich ihn unglaublich und freue mich total darüber – aber die Ungewissheit ist halt eine Sache, mit der ich leben muss.«

»Okay«, resümiere ich den ersten Punkt, »ja: Vielleicht ist so eine Ungewissheit schon der erste Kompromiss, wenn einem Vertrauen schwerfällt und man sich dann nicht so sicher fühlt.«

»Aber es wäre natürlich auch so wahnsinnig langweilig, wenn es anders wäre«, wendet Anne ein. »Wenn dieses Produktpaket von Boyfriend von vornherein schon …«

»… safe wäre und ins Eigentum übergegangen?«, ergänze ich.

»Ja, und wenn wie in einem Kostenvoranschlag schon alle Features aufgelistet wären und man wüsste, dass alles so und so passieren wird.« Anne rümpft die Nase. »Da würden einem doch auch sehr viele gute Momente abhanden kommen. Und im Zweifel auch die Wertschätzung.«

»Ja, wie ist das bei dir?«, hake ich nach. »Gibt es Dinge, von denen du sagen würdest: Damit kann ich leben, den Kompromiss kann ich machen – und diesen nicht?«

»Also, wo man jetzt Perfektionsparameter aus der Liste streichen kann?«, fragt Anne nach der genauen Bedeutung der Frage.

»Genau. Es geht um Dinge wie: Das und das hätte man sich vielleicht anders erträumt – auch wenn es okay ist, dass es jetzt nicht so ist. Oder andererseits Sachen, an denen man mehr zu knacken hat.«

Anne zuppelt an einer Haarsträhne herum, während sie überlegt. »Da bin ich, glaube ich, schon relativ anpassungsfähig. Letztlich gibt es ja einfach keinen Menschen, der wie geschaffen für die eigenen Bedürfnisse ist. Und ich glaube, dass viele dieser Beziehungsvermeidertaktiken auch auf solchen Ängsten basieren: Passt das jetzt auch, wenn dieser Freund nicht dies und das und jenes erfüllt? Und bedeutet das in der Konsequenz – wenn wie bei dir jetzt«, sie guckt zu Julia, »dieser Mensch familiengestört ist oder wenn jemand Probleme mit Nähe hat, dass da jetzt gleich so ein ganzer Konfliktkatalog auf mich zukommt? Da kann man sich ja viele Gedanken machen. Und ich glaube, dass die Ängste vor diesen Dingen einen dann oft lähmen.« Anne pausiert noch einmal kurz und kommt zu dem wohlüberlegten Schluss: »Nein, ich glaube schon, dass bestimmte Grundparameter erfüllt sein müssen, damit es funktionieren kann: dass man sich nah fühlen kann, dass man Spaß hat, dass die Sexualität miteinander funktioniert und dass man im Groben die gleichen Werte hat. Und alles Weitere muss man halt miteinander ausprobieren – und da bin ich dann, glaube ich, auch sehr kompromissbereit.«

»Aber hast du ein Beispiel?« Ich bin auf Details aus. Anne überlegt sehr lange, was ich mal als gutes Zeichen werte. »Das heißt, du guckst dir den Menschen erst mal an, wie er so ist und wie er funktioniert?«, frage ich, inspiriert von Barbaras vorhin beschriebenem Vorgehen bei der Partnersuche.

»Ja.« Sie ist einverstanden.

»Und dann«, schlage ich den Bogen, »passieren ja trotzdem manchmal Dinge, bei denen man feststellt: Die sind vielleicht problematisch oder tauchen immer wieder auf. Und trotzdem sucht man ja nicht unbedingt gleich wieder das Weite.« Da niemand das Wort ergreift, rücke ich mit einem eigenen Punkt heraus: »Bei mir gibt es zum Beispiel den Klassiker, dass Basti – lustigerweise ähnlich wie mein vorheriger Freund Tobias vor vielen Jahren – nicht gerade ein Komplimenteverschwender ist und auch nicht besonders dazu neigt, mir zu sagen, dass er mich liebt. Oder auch nur irgendwas, das man dahingehend interpretieren kann.« – Die anderen kichern, zwischen Mitgefühl und Belustigung. – »Ich selbst habe das in meiner Familie sehr ausgeprägt erfahren und mit dem totalen Gegenteil umzugehen fand ich anfangs schon ganz schön schwer.« Ich hole Luft. »Und ehrlich gesagt auch noch ganz schön lange. Wir haben das ziemlich früh als Problem diagnostiziert. Es ist ein ewig altes Thema und es gab viele Situationen, wo uns das ganz schön im Weg stand. Und, das schlägt noch mal in die Kerbe der alten Weisheit, dass Menschen sich nicht ändern: Es hat sich an den Voraussetzungen auch nach sechs, sieben Jahren nicht wirklich viel getan.« Ich greife mir mein Glas und gieße Wasser ein. »Was sich verändert hat, ist, dass wir mittlerweile beide ganz gut über unsere jeweilige Extremprägung lachen können. Situationen, in denen ich mich richtig albern finde«, rücke ich, leicht beschämt über mein verkitschtes Gemüt, mit meinem allzu gängigen wunden Punkt heraus, »sind, wenn ich mit Kloß im Hals die Hochzeitsrede von Prinz Daniel für Victoria von Schweden auf YouTube angucke, sofort im Anschluss richtig wütend werde über die ungerechte Verteilung von Liebesbekundungen in der Welt, und dann zu Basti gehe und mit ihm Streit anfange. Dergleichen gerne auch im Kino, wenn der Film auch nur ansatzweise eine romantische Erzählung enthält. Wenn dann noch Pärchen engumschlungen aus dem Saal kommen, während Basti und ich so nebeneinanderher trotten …« Ich merke, wie sich schon bei der Vorstellung mein Kopf erhitzt, zum Teil, weil mir allzu bewusst ist, wie albern meine Unzufriedenheit klingt – als wäre beispielsweise die ungerechte Verteilung von Essen in der Welt kein dringlicheres Problem –, zum Teil, weil sie trotzdem so tief sitzt. »Was mich in dieser Sache rettet, ist ein genereller Hang zur Komik. Ich werfe ihm das dann ein Weilchen vor, dann überspitze ich es, und irgendwann sage ich so was wie, dass es ihm, sollte ich per Zufall in nächster Zeit sterben, bei seiner Rede zu meiner Beerdigung schon noch leidtun wird, dass er mir die ganze Soße nicht zu Lebzeiten gesagt hat. Und das ist dann der Punkt, wo wir schon wieder drüber lachen können – und zu dem Umgang haben wir halt über die Jahre damit gefunden. Aber das Thema kommt schon immer mal wieder auf – es sind ja auch nicht nur völlig realitätsferne Fantasie –, Film- und Kronprinzessinnenvorstellungen. Dass jemand seiner Freundin sagt, dass sie einem gut gefällt, kommt ja auch manchmal im normalen Leben vor.«

»Ja«, bestätigt Maren prompt, »in diesen Dingen ist Markus sehr gut. Ich weiß gar nicht, woher er das hat. Ich glaube, er geht einfach relativ viel mit Menschen um. Das hilft schon, wenn jemand ein bisschen kommunikativ ist.« Sie geht ihre Erinnerungen durch und stellt fest: »Tatsächlich ist er auch der erste Mann, der die Balance zwischen ›nicht zu oft‹ und ›es nicht total vergessen‹ wirklich gut hinkriegt. Vorher hatte ich da eher die Extreme, in beide Richtungen. Markus hat ein ziemlich gutes Gespür, sodass immer wenn er damit kommt, es auch wirklich guttut.« Sie guckt zufrieden.

»Hach, was für ein unerträgliches Geprahle«, brumme ich missmutig, muss dann aber doch lachen. »Nein, im Ernst: Ist doch super. Wenn du so was erzählst, denke ich schon«, ich klinge womöglich ein bisschen wehleidig, »ach Mann, so was werde ich nie, nie zu hören kriegen! Wenn ich mal shoppen war und ein wirklich schönes Kleid gekauft habe, dann sieht er es nicht. Er merkt dann höchstens, dass ich seit zehn Minuten erwartungsvoll vor ihm rumstolziere, und vermutet, dass er jetzt irgendwas sagen muss. Dann fragt er meist treffsicher nach genau dem Kleidungsstück in der Kombi, das ich schon am längsten besitze und am häufigsten anhabe. Manchmal ist es ein bisschen zum Heulen. Ich versuche gerne, es mir schönzureden: Er reduziert mich eben nicht auf Klamotten, sondern«, mein Sarkasmus lässt sich nicht ganz unterdrücken, »sieht den Menschen.« – Barbara lacht. »Na, wenn das nichts ist!« – Ich verziehe das Gesicht. »Das ist ja noch am wenigsten wichtig. Aber dieser ganze Komplex des Gefühlezeigens ist, glaube ich, das, worüber wir uns in all der Zeit am meisten gestritten haben – und es war auch eins meiner Hauptprobleme mit meinem Exfreund. Nur dass Tobias und ich dann auch nicht gut streiten konnten und es am Ende dann auseinandergebrochen ist.«

»Aber das klappt mit Basti jetzt besser?« Annes Frage ist wohl ermutigend gemeint. Ich muss lachen. »Wo wir gerade drüber reden – Streiten mit Basti ist auch etwas schwierig, weil wir da so unterschiedlich vorgehen! Er überlegt einfach immer zwanzig Minuten, bevor er antwortet. In dieser Zeit durchlaufe ich dann die ganze emotionale Bandbreite: von beherrscht über wütend, verzweifelt und stichelig bis erschöpft. Was auch nicht sehr hilfreich ist, weil es ihn ja auch eher noch mehr unter Druck setzt.« Im amüsierten Mitgefühl meiner Freundinnen sehe ich mich veranlasst, das Bild wieder etwas gerade zu rücken. »Na ja, ich bin ja nie lange sauer, das halte ich gar nicht durch … Schon während ich in so erzwungener Ruhe auf eine Antwort warte, schweifen meine Gedanken ab und die Wut verfliegt. Ich finde das zwar nicht unbedingt immer gut, wenn es so erlahmt, denn wenn mir die Sache im Grunde wichtig war, bleibt sie halt manchmal auch länger Thema, als sie müsste. Aber im Zweifel kann ich später etwas sachlicher drauf zurückkommen.« Ich rümpfe die Nase. »Na ja, was diesen Mangel an Zuspruch betrifft ... Mein Ego hat zeitweise zwar ordentlich zu leiden. Aber davon würde ich mittlerweile sagen: Das ist ein Kompromiss, den ich gut machen kann – weil alles andere so super ist. Ich dachte irgendwann: Man kriegt halt nur das Gesamtpaket. Und Basti hat einfach wahnsinnig viele tolle Seiten, die ich keinesfalls missen möchte.« Ich lasse mich im Stuhl nach hinten fallen, die Metallbeine schaben über den Steinboden der Terrasse.

Anne zieht die Nase kraus und grinst. »Ja, so einen Partner kann man sich nicht im Quelle-Katalog zusammenstellen ...«

»Eben«, sage ich. »Ich denke dann irgendwann: Gut, ist Basti eben kein Gefühlsäußerer – andererseits weiß ich dann, wenn er doch was sagt, dass er es auch so meint. Insgesamt ist das doch okay, ich kann dieser Eigenart prinzipiell sogar viel abgewinnen – sie ist mir in der Theorie grundsympathisch.« Ich lache. »Wenn nur ich mich nicht damit rumschlagen müsste! – Nein, Quatsch. Ganz abgesehen davon, dass es ja noch ganz andere super Sachen in dem Paket gibt. Und trotzdem ist es nicht immer leicht.« Ich verfalle kurz in Schweigen. »Er ist halt keiner, der mir sagt, was ich hören will. Manchmal will man aber vielleicht einfach nur das hören.«

»Aber das macht ja auf Dauer auch nicht glücklich«, meint Anne und wirkt überraschend verletzlich dabei. »Wenn du das Gefühl hast, die netten Worte kommen in dem Moment nur, um einen zufrieden zu machen und zur Ruhe zu bringen ...« – »Sicher«, räume ich ein und sehe sie aufmerksam an. – »Den Eindruck habe ich manchmal, und manchmal finde ich das auch ein bisschen schwierig, damit umzugehen. Wenn Nick merkt, dass ich leicht angekratzt bin, und dann Dinge sagt wie: ›Ich vermisse dich!‹ – dann nehme ich das manchmal gar nicht so ernst, weil ich denke, dass er das jetzt auch sagt, um mich ein bisschen zu beschwichtigen.«

Ich nicke vorsichtig. »Kann ich verstehen. – Aber gut, selbst wenn man in dem Moment ahnt, dass das vielleicht der Hauptgrund ist, warum man das gerade jetzt zu hören kriegt, finde ich das nicht so schlimm – wenn man nur im Großen und Ganzen Vertrauen haben kann, dass es im Grunde schon so gemeint ist.«

»Klar.« Anne nickt nachdenklich, zieht eine Zigarette aus der Packung, zündet sie an, bläst den Rauch weg von unserem Tisch und vom Kinderwagen. Wir schweigen, trinken ein bisschen und schauen in die Ferne, auf Peters Wagen, auf unsere nackten Füße oder auf die Muster in der weißlackierten Tischplatte. Nach einer Weile meldet sich Barbara. »Ich glaube, ich kann zu dieser Frage einfach gar nichts sagen.«

»Zu Kompromissen und Macken, mit denen man sich in Beziehungen so auseinandersetzt?« Ich bin erstaunt. »Ich finde dich, ehrlich gesagt, unglaublich tolerant!«

Barbara lacht. »Ja, das ist wahrscheinlich das Problem! Ich kann immer alles nachvollziehen und immer alles irgendwie verstehen, auch wenn ich das selber nicht so machen würde. Was ich gemerkt habe«, sie verdreht die Augen, »na gut, das ist auch ein totaler Klassiker: dieses ganze Untreue-Thema ... Das war offensichtlich ein No-Go.«

»Bei Adrian?«, vergewissere ich mich fürs Protokoll; eigentlich ist klar, von wem wir sprechen. Barbara nickt.

Julia macht eine Aber-mal-im-Ernst-Geste. »Ja, gut, aber wenn das so permanent passiert – das ist ja wohl ein riesiger Unterschied zu einer einmaligen Sache, auch wenn man die dann vielleicht schlimm findet ...«

»Klar«, räumt Barbara ein, »der hat es natürlich auch wirklich komplett ausgereizt. Da war ja das Motto: Wir haben eine offene Beziehung, und ich kann so viele Frauen haben, wie ich möchte neben dir. Und irgendwann war es dann so, dass eine Dame dauerhaft blieb ... Die dann auch mal eingeladen wurde, mit Freunden. Und das war für mich der Punkt, an dem ich dachte: Okay. Das geht jetzt aber nicht.« Sie lacht leise. »Auch wenn ich das alles mal testen wollte, weil ich dachte, man müsse das aushalten können, denn eine total monogame Beziehung würde ja eh nicht funktionieren ... Aber da kommt es definitiv auf das Maß an und auf die Art und Weise.« Zustimmung und Mitgefühl sind in unserem Nicken und auch ein bisschen Entrüstung, wie bei Julia: »Na, immer unter dem Deckmantel: Ich hab's dir doch gesagt, es war ja so besprochen.«

»Na ja«, widerspricht Barbara, »ich fand das ja auch gut und wollte es ja auch so. – Irgendwie«, relativiert sie dann doch, »gut, es war nicht von Anfang an so abgesprochen, aber es hat sich dann so entwickelt ... Und ich wollte auch ausprobieren, ob ich das aushalten kann. Ich habe mir tatsächlich eine Weile eingeredet, ich könnte das, bloß dass ich irgendwann feststellen musste, dass das offensichtlich doch nicht der Fall ist.«

»Hätte er es denn auf irgendeine Art machen können, dass es okay gewesen wäre?«, frage ich.

Barbara verneint. »Er hat es ja schon so gemacht, dass ich davon wusste.«

»Was ja nicht unbedingt die beste Art ist«, wende ich ein.

»Nö«, bestätigt Barbara, »was ich damals aber so wollte und was wir vereinbart hatten. Ich wollte damit ja auch so konfrontiert sein – da standen Wahrheit und Offenheit für mich dann an oberster Stelle. Und ich wollte damit umgehen können.«

»Wär cool gewesen, was?« Ich muss lachen und bin zugleich gerührt, weil das Gefühl, sich so gerne die eigene Unabhängigkeit beweisen zu wollen, mir so bekannt vorkommt und das Scheitern an den eigenen Gefühlen auch.

Barbara lacht auch: »Das wär echt cool gewesen! Ich hab es ja auch noch verhältnismäßig cool gemacht, muss ich wirklich sagen.« – »Find ich auch«, stimmt Julia uneingeschränkt zu. – »Ja, ich habe wirklich wenig Eifersucht gezeigt.«

»Aber mal im Ernst«, forscht Julia nach, »hast du dich denn dabei auch wirklich okay gefühlt?«

»Nein, das tut ja immer weh, wenn man daran denkt, dass derjenige, in den man gerade total verknallt ist, sich gerade mit einer anderen Frau nahe ist … Es geht ja eher um die Zeit, die man miteinander verbringt, um die Nähe und um die Aufmerksamkeit. Die Vorstellung fand ich nicht besonders schön.« – »Verständlich«, merkt Maren an. Dann steht sie auf und nimmt Peter, der leise wimmert, aus dem Wagen, um ihn drinnen zu wickeln.

Julia runzelt die Stirn. »Aber interessant, dass du dir das so auferlegt hast!«

»Ja«, sagt Barbara nachdenklich, »ich dachte, das muss man irgendwie können.«

»Aber damit hast du doch das Glück von Adrian über dein eigenes gestellt«, beharrt Julia.

»Nö«, entgegnet Barbara, »die Grundannahme war quasi, dass mir klar war, dass er nicht treu sein kann und dass alle anderen auch nicht treu sein können – und man selber im Grunde auch nicht.«

»Also treuer als Adrian ist relativ leicht!«, spottet Julia und sorgt für Gelächter. Adrian galt seinerzeit als Inbegriff der Promiskuität.

»Ja, da hab ich mir schon den extremsten Fall ausgesucht«, gibt Barbara ihr recht. Sie durchdenkt noch einmal ihre Beweggründe. »Irgendwie habe ich mir das so vorgestellt. Gar nicht in erster Linie, damit er glücklich ist, sondern eher, damit ich weiß, dass ich das aushalten kann. Natürlich auch, weil ich nicht diejenige sein wollte, die sagt: ›Lass das, ich will das nicht!‹ Dann hätte er ohnehin gesagt: ›Gut – dann kannst du gehen.‹« Sie zuckt die Achseln. »Ist ein schönes Experiment gewesen«, schiebt sie mit einer ordentlichen Ladung Ironie nach.

»Ja«, sage ich, halb lachend, halb ächzend. Was für ein dominantes Tabu, das Einfordern von Zugeständnissen vom Partner, sei es Treue oder Zeichen der Zuneigung! Von drinnen brüllt Peter aus Leibeskräften.

»Aber sonst«, meint Barbara, »könnte ich gar nicht sagen, was für mich so gar nicht geht ... oder was doch.«

»Irgendwas bei Jona?«, frage ich betont beiläufig und gebe den Versuch dann doch auf. »Um ihn mal ins Spiel zu bringen ...«

Barbara lacht über meine Plumpheit. »Na ja, bei Jona gibt es ja von vornherein schon mal die Sprachbarriere. Das finde ich schwierig.«

»Ihr sprecht englisch miteinander?«, vermute ich. Jona ist Israeli. Barbara hat ihn auf Reisen kennengelernt und – was man so hört – eine schöne Zeit mit ihm verbracht: eine Sommerliebe auf Sri Lanka. Auf den Fotos sieht Barbara sehr glücklich aus, wie zumindest Julia nicht müde wird zu betonen.

Barbara nickt. »Und ich finde es schon schwer, mich auf Englisch wirklich auszudrücken, zumal es für keinen von uns die Muttersprache ist. Klar kann man so ein bisschen plappern, und wir haben uns auch über andere Sachen unterhalten. Aber es ist natürlich überhaupt nicht das Gleiche, wie wenn man dieselbe Sprache spricht.« Barbara hält inne und fährt mit einem über sich selbst belustigten Lächeln fort: »Also klar – ich habe natürlich schon mit dem Gedanken gespielt, nach Israel zu gehen, und mir ausgemalt, wo dann eine Zusammenkunft stattfinden könnte ... Auf der einen Seite bin ich dann immer total naiv-aufgeregt: Uuuuh, ein neues Leben! Wie schön.« Wir lachen, weil Barbara so niedlich ist, wenn sie von ihren kleinen Eskapaden im Geiste erzählt. »Und auf der anderen Seite ist mir natürlich klar: Was soll ich alleine in einem Land, wo ich die Sprache nicht spreche – und das ja auch noch ein ganz schön kritisches Land ist! Wo man jetzt nicht völlig beruhigt hingeht und lebt und mit sich im Reinen ist. Ich wäre weit weg von all meinen Freunden und meiner kompletten Familie, und völlig abhängig von diesem einen Menschen. Und«, sie lacht, »seien wir ehrlich: Ich bin ja nicht gerade so, dass ich total souverän in eine fremde Stadt gehe und mir in zwei Monaten ein soziales Netz aufgebaut habe. – Also, wenn man auch nur eine

Sekunde halbwegs realistisch drüber nachdenkt, macht es nicht besonders viel Sinn. Natürlich lasse ich mich auch gerne hinreißen und denke: Whoah! Das wär's! Aber ...« Sie verstummt.

»Wo ein Wille ist, ist auch ein Weg!«, bemerkt Julia mit erhobenem Zeigefinger.

»Ach«, Barbara guckt unwillig zur Seite, »aber das ist ja kein Wille, das ist ja bloß Spinnerei.«

»Aber das weißt du doch alles nicht!« Julia ist gleichermaßen angetan wie ich von der Idee des unserer Meinung nach tauglicheren Kandidaten.

Barbara leider nicht so. »Doch. Das weiß ich. Es ist einfach so: Er ist alleine, ich bin alleine, wir haben uns gut verstanden. Das ist alles.«

»Ist ja nicht die schlechteste Ausgangsbasis.« Julia hat einfach gern das letzte Wort. »Du hast sehr glücklich ausgesehen auf den Fotos.«

Barbara verdreht die Augen. »Jajaja! Die Fotos ...« Es entsteht eine Pause, in der Maren wieder zu uns stößt.

»Aber es stimmt«, verallgemeinere ich, »es passen ja auch gar nicht immer alle Lebensentwürfe zusammen. Da muss man ja auch ausloten, inwieweit sich das vereinbaren lässt. Sei es, dass der eine gern da, der andere dort leben will oder dass dem einen eine klassische Rollenverteilung vorschwebt, dem anderen nicht ... Oder?«

»Ja«, sagt Anne. »Mal abgesehen von einer Geschichte wie dieser – da wäre ich, wie ich mich einschätze, auch nicht der Typ, der Hals über Kopf in ein anderes Land aufbricht ... Aber in einer bestehenden Beziehung ...« Sie lässt sich die Frage kurz durch den Kopf gehen. »Ich glaube, zu einem gewissen Teil könnte ich da schon kompromissbereit sein. Wenn ich das Gefühl hätte, dass es auf der anderen Seite auch ein Entgegenkommen gibt und es sich im Großen und Ganzen die Waage hält. Dass der andere einen auf anderen Gebieten dann eben genauso unterstützt.« Sie kratzt sich am Kopf. »Wenn sich solche Fragen stellen, muss man wahrscheinlich einfach versuchen, das im Groben auszubalancieren.«

»Wie ist das bei euch?«, wende ich mich an Maren. »Habt ihr so kleine Kämpfe?«

Maren überlegt. »Hm, schwierig ...«

»Nicht?« Ich bin bass erstaunt.

»Doch, schon«, sagt Maren. »Aber irgendwie ... haben wir keine gravierenden Probleme. Wenn wir uns streiten, dann über ganz furchtbare Kleinigkeiten, bei denen man hinterher nicht mehr weiß, worum es eigentlich ging. Hm.« Sie denkt wirklich angestrengt nach; ich kann es nicht glauben. »Sachen, die nerven ... Über die meisten Dinge rege ich mich gar nicht auf. Wie wenn Markus immer das Licht im Bad anlässt. Und sonst ...« Sie wirkt glaubwürdig ratlos. »Na gut, mein Mann kommt abends auch mal einfach nicht nach Hause, und dann denke ich manchmal: Hey! Ich sitze hier, könntest du dich jetzt vielleicht auch mal bequemen? – Aber das ist halt so. Ich habe manchmal das Gefühl, dass ich da einfach die Erwachsenenrolle übernommen habe und er eher ein bisschen Richtung Kind geht.«

»Vergisst er einfach, Bescheid zu sagen?«, frage ich.

»Nee, er ist halt mit seinen Kollegen unterwegs – und ich, die den ganzen Tag zu Hause rumhängt, hätte dann gerne mal Zeit, auch mal in Ruhe unter die Dusche zu springen und nicht die ganze Zeit mit einem Ohr bei Peter zu sein. Ich habe ja glücklicherweise ein Kind, von dem ich weiß, dass es jetzt auch mal zwei Stunden schläft. Aber natürlich ist es auch schön, wenn der Vater das ab und zu einfach übernimmt: ›Hier, dein Sohn, er ist satt, und den Rest kannst du mal machen.‹« Sie zuckt die Achseln. »Er versteht es, glaube ich, manchmal nicht so. Es geht nicht darum, die Verantwortung zu übernehmen – er ist super zu seinem Sohn! Aber einfach zu sagen: ›Dreimal die Woche komme ich jetzt schon um fünf nach Hause statt um acht oder neun.‹ Da geht es mehr darum, dass ich später schon total müde bin und denke: Wenn du auch mal was von mir haben willst ... Na ja, er mag dann halt nach Feierabend mit Freunden noch ein Bier trinken. Und das geht halt nicht mehr so wie früher, als ich ihn von der Arbeit in der Kneipe abgeholt habe. Das ist im Moment noch ein bisschen schwierig, diese Übergangszeit hinzukriegen. Ich verlange ja auch nicht, dass er das komplett aufgibt und jeden Abend nur noch seinen Vaterpflichten nachkommt. Ich bin ja eh 24 Stunden an dieses Kind gebunden; da bringt es ja nichts, ihm das genauso abzuverlangen.«

Ich lache. »Wenn es mir schlecht geht, soll es dir auch schlecht gehen!«

»Genau. Oder wenn ich nachts aufstehen muss, musst du auch! – Nein, gar nicht. Ich nehme ja auch gerne viel Rücksicht. Er geht arbeiten, so haben wir uns geeinigt, da soll er dann ruhig auch konzentriert sein und zu seinem Schlaf kommen. Ich kann mich ja im Zweifel auch nachmittags hinlegen. – Aber da denke ich bloß manchmal, da müssen wir vielleicht noch mal drüber reden. Das weiß er dann auch selbst.«

»Reden hilft bei solchen Dingen wahrscheinlich auch?«, mutmaße ich.

Maren nickt. »Ja, reden und auch einfach ein bisschen Zeit. Denn er hat ja schon einiges geändert, seit Peter da ist; aber es geht halt so Stückchen für Stückchen.«

»Steter Tropfen«, bemerke ich.

»Und du kannst das dann auch so dosieren?«, fragt Anne, die öfter mal mit ihrer Impulsivität zu kämpfen hat, beeindruckt.

»Schon«, meint Maren. »Ich bin für jede ausgeräumte Spülmaschine dankbar und für jeden Salat, den er abends macht, wenn er nach Hause kommt, oder wenn er das Essen kocht. Und manchmal denke ich: Oh, ich habe vergessen, die Wäsche aufzuhängen! – Ach, das hat Markus schon gemacht. Wahnsinn!« Sie lacht. »Da spürt man die kleinen Veränderungen. Und dann ist es vielleicht auch ganz gut, nicht so schnell zu sein mit seinem

Anforderungskatalog.« Sie steht auf und geht mit Peter rein, der wieder schreit.

»Klar, Toleranz ist ja oft der beste Weg«, sage ich, »gerade bei Problemen, die nicht fundamental die Persönlichkeit betreffen. Unser erster kleiner Streitpunkt war tatsächlich ganz klassisch die offene Zahnpastatube. Da hat Basti einfach eine zweite angeschafft, die ich dann immer ordentlich zuschrauben konnte. Und dass wir nicht besonders viel miteinander unternehmen – na, manchmal wurmt es mich ein bisschen. Aber Herrgott, wenn Basti nicht so gerne tanzen geht, gehe ich halt alleine.«

»Die Frage ist natürlich auch sehr allgemein gestellt, hm?«, wirft Anne ein. »Diese Kompromissbereitschaft im Kleinen ist ja immer wieder diskussionsfähig. Und so große Unzufriedenheiten, da will man das heiße Eisen vielleicht lieber nicht anpacken.«

Julias Finger schießt hoch wie zu besten Schulzeiten nicht: »Was ich an Jan toll finde, ist, dass bei ihm alles einen Platz hat: Albernheit und Traurigkeit und Nachdenklichkeit und Blödsinn. Wenn wir mal eine Scheißphase haben, sagt er auch: Es kann nicht immer schön sein! – Das finde ich toll, wenn das jemand sieht und auch aushalten kann! Dass nicht immer alles wunderschön sein muss.«

Ich nicke in Gedanken an meine eigenen Macken, die Sebastian aufs Großherzigste erträgt. Zusammenhalt – vielleicht gibt es gar nicht mehr dazu zu sagen. Wenn unsere Liebsten uns unterstützen und uns mit unseren Schwächen aushalten, nehmen wir allesamt herzlich gerne die des anderen in Kauf.

DIE 5. FRAGE

Nackte Zahlen

Wie hoch ist unsere Sexfrequenz?

»OH, MEIN GOTT!« Es liegt eine leise Panik in Barbaras Lachen, als ich die Frage vorlese. »Jetzt sind wir an dem Punkt angekommen, vor dem wir Angst hatten …«, sagt sie an Julia gewandt.

»Hm«, Julia ist noch nicht allzu beunruhigt, »es geht immerhin noch nicht um: Was ist deine Lieblingsstellung?«

»Noch nicht«, drohe ich. »Nein, Quatsch, darum wird es nicht gehen. Ich meine mehr, dass man ja aus irgendwelchen Gründen immerzu mit Zahlenmaterial konfrontiert ist, wie oft man nun also Sex zu haben hat. Und wir sind zwar natürlich aufgeklärt darüber, dass diese Dinge zu weiten Teilen Unsinn sind, aber trotzdem hat man ja eine Vorstellung davon, dass man ein sexuell aktives Wesen ist und ab wann man sich nicht mehr so bezeichnen würde. Die Frage ist, ob das unsere Zufriedenheit beeinflusst und in welche Richtung – sei es als Single, vor allem aber auch in langen Beziehungen, wo ja naturgemäß irgendwann ein bisschen Alltag einkehrt. Und ob wir eigentlich aktiv versuchen, dem Niedergang der Leidenschaft entgegenzuwirken.«

»Da freue ich mich ja, dass ich das gar nicht zu beantworten brauche, weil wir noch gar nicht so lange zusammen sind!« Anne reibt sich launig die Hände. »Aber im Moment ist es jedenfalls so, dass ich sehr zufrieden damit bin! – Das würde ich damit als beantwortet betrachten.«

Julia springt in die Bresche: »Okay, also los! – Ich weiß es nicht genau.« Sie lacht. »Also, klar hat man am Anfang mehr Sex.« – »Klar«, bestätige ich. – »Und bei mir ist es aktuell tatsächlich ... unterschiedlich. Ich kann nicht solche Zahlen nennen wie: jeden zweiten Tag oder zweimal pro Abend. Es gibt mal Zeiten, da habe ich keinen Bock oder keine Zeit oder bin zu fertig ...« – Ich nicke eifrig. – »... oder auch beide, oder es ergibt sich einfach nicht. Und dann gibt es Phasen, da hat man dann wieder häufiger Sex. Aber so: sonntags um halb sieben ...« Julia zuckt die Achseln. »Es ist auch mal morgens, mal abends, echt total unterschiedlich.«

»Ich bin ja vollkommen überrascht«, plaudert Barbara aus dem Nähkästchen, »dass dieses Pärchen, das unter mir wohnt, jede Nacht, wenn sie ins Bett gehen, und jeden Morgen, bevor sie aufstehen, Sex hat. Ich höre das immer. Da habe ich nach zwei Monaten schon gedacht: Herrgott, ist das schlimm! Man kann doch nicht immer, wenn man nebeneinander im Bett liegt, Sex haben müssen!« Sie schüttelt fassungslos den Kopf. »Das fand ich immer unangenehm, wenn das so eine Selbstverständlichkeit und eine Routine bekommen hat – selbst wenn es eine häufige Routine war. Ich finde es gerade auch schön, wenn es einfach so ...«

»... passiert«, ergänzt Julia und nickt.

»Ist es ja auch!«, schließe ich mich an. »Aber gelegentlich habe ich ein bisschen mit solchen Vorstellungen zu kämpfen. Im ersten Jahr war es bei uns echt viel. Aber wie das halt so ist, irgendwann will und muss man sich auch mal wieder auf andere Sachen konzentrieren, mehr arbeiten ... Man merkt ja dann, dass sich das nicht in dem Maß aufrechterhalten lässt, und in schlechten Momenten hadere ich damit. Obwohl es ja auch gar nicht so bleiben muss. Dieses Übermaß hat ja, glaube ich, eine relativ klare biologische Funktion, als Kitt für die erste Zeit, in der man sich zusammenrauft.«

Julia schwingt die Beine auf den Tisch. »Ich glaube, es ist ja auch viel dieses Unvertraute und diese Faszination des anderen, wenn man ihn gerade erst kennengelernt hat. Wenn man das schon«, sie schlägt einen ironischen Ton an, »so ein bisschen abgenutzt hat ...«

»Wo wir von Unvertrautem reden«, zerre ich Barbara etwas rabiat wieder ins Gespräch, »hattest du eigentlich in letzter Zeit noch Affären?«

Barbara versenkt den Blick verschämt in ihr Glas, als sie beichtet: »Ich hatte tatsächlich noch mal jemanden mit nach Hause genommen und es noch keinem erzählt ...«

»Nein!«, ruft Julia, erfreut über dieses unvorhergesehene Stückchen Tratsch, und stellt ihre Füße wieder auf dem Boden ab.

»Es ist auch eine etwas peinliche Geschichte«, sagt Barbara, »ich kam mir vor wie eine frustrierte Vierzigjährige, die in eine Kneipe geht und einfach jemanden abschleppt.«

»Wann denn?« – »In deine Wohnung?« Julia und ich sind gespannt wie die Flitzebogen. Barbara hält mit solchen Dingen meist ein bisschen hinterm Berg.

Jetzt aber steht sie tapfer Rede und Antwort. »Ach, so vor ein, zwei Monaten. Da war ich unterwegs gewesen und ziemlich betrunken ... Ich war erst mit einem Freund was trinken, hatte dann noch Lust, tanzen zu gehen, und bin dann auf dem Heimweg in so eine Kneipe reingegangen.« Sie macht eine Pause, als wir uns der eigentlichen Geschichte nähern. »Da kam mir gleich so ein Typ entgegen, ein Südamerikaner und ein gutes Stück kleiner als ich, und der hat mich so angelächelt. Da hab ich ihn auch angelächelt. Und es hat zirka zehn Minuten gedauert, und wir haben geknutscht.« Barbara lacht, und wir mit.

»Wie hieß er denn?«, fragt Julia, vor Neugier platzend.

Barbara schließt kurz die Augen und sorgt mit ihrem jedes einzelne Wort betonende »Ich – weiß – es – nicht« noch einmal für helle Freude.

»Ach toll!«, freue ich mich über die Rarität inmitten der mehr und mehr grassierenden Sesshaftigkeit allerorten. »Nach solchen Geschichten hab ich manchmal richtig Sehnsucht!«

»Na ja, gut«, gibt Barbara zu, »ich muss sagen, als ich aufgewacht bin, habe ich schon gedacht: Unglaublich, was hab ich denn da wieder gemacht? Da habe ich mich ein bisschen gefreut. Aber …« Der Satz versandet.

»Und – wie war es dann?«, traut Anne sich zu fragen.

»Grauenhaft. Wirklich.« Das lässt an Eindeutigkeit nichts zu wünschen übrig.

»Der Sex an sich auch?«, frage ich trotzdem.

»Ja.« Barbaras Ton ist abschließend. »Nee, ich erzähle das jetzt nicht im Detail, das wird nur peinlich.«

So schnell lässt Julia nicht locker. »Und wie hast du ihn hinauskomplimentiert? Habt ihr nebeneinander geschlafen, oder ist er nachts gegangen?«

»Nein, er ist irgendwann morgens gegangen, nachdem ich dreimal gesagt habe, dass er gehen soll. Und er meinte: ›Aber dann sehen wir uns nie wieder! Das ist dir doch klar, oder?‹ Und ich: ›Ja. Bitte geh. Ich will schlafen.‹« Schallendes Lachen bei uns und ein paar mitleidige Blicke Richtung Terrassentür, hinter der Maren gerade den besten Klatsch verpasst.

»Oje, Horror«, sagt Julia trotz ihrer Belustigung. »Das finde ich wirklich schlimm. Ich bin für Affären einfach nicht gemacht, habe ich festgestellt.«

»Nee, es war auch nicht besonders erfüllend«, gibt Barbara ihr recht. »Aber ich war doch froh, es gemacht zu haben, ich fand es irgendwie mal wieder lustig.«

»Ja, die Geschichte danach ist in jedem Fall das Beste daran«, stellt Julia fest. »Ich weiß nicht, im Nachhinein fühle ich mich bei so was immer unwohl. Das hängt mir doch ziemlich lange nach. Ich weiß schon, warum ich das nicht haben will.«

»Ich glaube, mir eigentlich auch«, vermute ich anhand ein paar weniger antiker Erinnerungen, »aber je länger ich es nicht gemacht habe, desto mehr romantisiere ich es, fürchte ich. – War bei dir auch so eine längere Pause?«, wende ich mich wieder an Barbara.

Die nickt und zählt auf. »Also Jona und dann das. Und davor zuletzt Simon.« Jona, die Sommerliebe mit den Glückseligkeitsfotos. Simon, der Exfreund aus Köln.

»Also nicht so das mörderwüste Singleleben …«, resümiere ich.

»Nee. Also in Köln hatte ich mal eine Phase, da …« Barbara schüttelt, gelinde fassungslos über sich selbst, den Kopf.

»Das stimmt! Da hattest du eine wüste Phase.« Julia amüsiert sich prächtig. »War das nicht auch ein Südamerikaner?«

»Ein Spanier«, korrigiert Barbara. »Unter anderem …« Lachen. »Da dachte ich aber auch irgendwann: Mein Gott! – Ich finde das eigentlich auch immer lustig … aber am Ende ist es schon so, dass es nicht unbedingt besonders viel bringt.« – Ein älteres Ehepaar biegt um die Ecke, beigefarbene Shorts und Socken in Sandalen, und trippelt schweigend an uns vorbei. Wir kommen ihnen vermutlich ebenfalls ein bisschen merkwürdig vor: vier Frauen, vor einer Sekunde noch ausgelassen kichernd, jetzt abrupt und vollständig verstummt. – »Eigentlich ist der Anfang immer am aufregendsten«, stellt Barbara den Faden wieder aufgreifend fest, als die beiden außer Hörweite sind. Ich muss ihr zustimmen. »Und irgendwann merkt man, dass es einfach nicht so schön ist, wie wenn man sich kennen würde … ›Ach, das ist alles viel zu kompliziert, wir geben das lieber auf.‹ – Na ja.« Sie fährt das Muster auf dem Terrassentisch mit ihrem Finger nach. »Ich finde das Ganze phasenweise schon nett, aber jetzt im Moment muss ich das auch nicht unbedingt haben.«

»Aber fehlt dir Sex grundsätzlich?« Ich bin auf der Suche nach der Quintessenz. »Oder mehr dieses ganze Kennenlernen oder das Beziehungsgefühl?« Barbara geht kurz in sich. »Ich würde dann eher sagen: ein Partner im Allgemeinen. – Also Sex, pff …«, sie zuckt die Achseln, »auch – aber das würde ich dann eher generell als körperliche Nähe betiteln.«

Julia ist albern aufgelegt. »Aber dann ist es doch gut, dass ich dir häufig auf den Hintern schlage!«

»Das ist nicht dasselbe«, entgegnet Barbara würdevoll. »Auch wenn es gut gemeint ist.«

»Aber du hast recht«, sage ich, »Sex spielt ja unter anderem auch diese Rolle als Akt der Nähe mit jemandem, den man kennt und liebt.« Ich grüble. »Ja, ich würde es schon komisch finden, wenn es mit den Jahren allzu weit verloren gehen würde. Es ist jetzt schon so, dass ich, wenn eine Woche Ruhe war, anfange zu meckern. Gerne auch schon früher, weil es mir länger vorkommt. Wobei oft auch«, gebe ich der Redlichkeit halber zu, »ich selber diejenige bin, die zu fertig ist und keine Energie hat, das anzuleiern. Wenn es mich stört, dass da zu wenig passiert, dann könnte ich es ja einfach ändern. Er würde sich da bestimmt nicht querstellen. Aber das tu ich dann oft nicht, wenn ich zu kaputt bin, sondern maule eher über die Gesamtsituation. Was ja auch etwas unproduktiv ist.« Ich horche meinen Worten nach, finde, dass ich mich auf ganz schön hohem Niveau beklage, und fasse zusammen: »Ach, im Grunde hat es schon zu jedem Zeitpunkt noch eine Frequenz, dass man sagen würde: ist völlig okay. Wie du sagst, mal mehr, mal weniger, dann ist man vielleicht auch mal weg …«

»Ist bei mir ja oft so«, sagt Julia, »dann bin ich je nach Job mal zwei Monate nicht da …«

»Genau, und in solchen Fällen komme ich manchmal wieder, und es gibt nicht sofort am ersten Abend Sex. Und dann denke ich schon: Hach, die Regeln besagen doch aber was anderes …« – Julia nickt. Anne wendet ein: »Och, ich finde es eigentlich ganz gut, sich dann erst mal wieder vertraut zu machen …« – »Ja, da bin ich mittlerweile auch entspannter – wobei ich es schon schlimm fände, wenn der Ofen völlig aus wäre. Ich habe auch beobachtet, wie Beziehungen an dieser Sache in die Brüche gegangen sind, egal wie toll sonst alles lief. Das scheint fast unausweichlich zu sein, wenn das Leidenschaftsding sich so komplett verabschiedet hat. Ich wüsste nicht, ob man das dann noch mal in Gang kriegt oder dauerhaft darauf verzichten kann.«

Anne, von der wir wissen, dass sie mit diesen Sorgen derzeit nichts am Hut hat, sieht beim Gedanken an die Vereinbarkeit von Leidenschaft und langjährigem Beziehungsalltag nachdenklich aus. »Was ich mich dabei immer frage, ist, wie es ist, wenn man tatsächlich irgendwann Kinder miteinander hat. Man hört ja immer mal – und auch das kann ich glücklicherweise noch nicht beantworten, aber ich hoffe, dass Maren da vielleicht gute Nachrichten für uns hat –, dass die ganze Sexualität sich damit so fundamental verändert. Die Horrorszenarien, von denen ich gehört habe«, sie sieht wirklich erschüttert aus, »beinhalten dann, dass im schlimmsten Fall manche Männer mit der Geburt die Frauen gar nicht mehr wirklich als Frau ansehen. Wenn ich das höre, treibt es mir schon ein bisschen die Angst hoch …«

Wir brummen noch vage etwas von seltenen Ausnahmen, aber da nähert sich schon Maren mit einem leicht erschöpften Baby auf ihrem Arm. Sie setzt sich und registriert jetzt die erwartungsvollen Blicke, die gebündelt auf sie gerichtet sind.

Ich kläre sie auf: »Im Prinzip geht es um unser Liebesleben, für den Moment gemessen an der Häufigkeit, und darum, ob man die – in deinem Fall wie auch bei mir – auch in langen Beziehungen aufrechterhalten kann …«

»Normalerweise schon, es sei denn, man kriegt ein Kind«, kommt Maren stracks zum Punkt. Annes Mundwinkel, eben noch Peter anlächelnd, sinken zusehends.

»Das macht schon was aus, oder?«, vergewissere ich mich. »Also: Jetzt direkt nach der Geburt war es doch erst mal sowieso einfach verboten, oder?«

»Ja.« Maren nickt. »Wobei wir tatsächlich ein Paar waren, das auch vor der empfohlenen Enthaltsamkeitsdauer wieder miteinander geschlafen hat. Aber im Moment ist es schon weniger – weil ich auch einfach müde bin.« Verständnisvolles Gemurmel. »Das Gute ist: Dadurch, dass Markus selbstständig ist, kann ich auch mal kurz nachmittags anrufen.« Wir anderen sind hocherfreut.

»Was ganz gut ist. Oder er ruft an: ›Und, wie sieht's aus? Alles ruhig?‹«

»Ach toll!«, rufe ich. »Und er kommt dann mal schnell rüber?«

»Ja, das sind ja bloß fünf Minuten mit dem Auto.«

»Und ihr wisst, worum es geht bei dem Anruf?« Julia will Details.

»Na, es kann auch einfach mal nur ein Anruf sein«, sagt Maren. »Aber ...« Sie hebt die Schultern und wirkt ganz zufrieden.

»›Bist du schon nackt?‹«, male ich mir die Situation aus.

»Manchmal ...« – Es gibt begeistertes Kichern. – »Das ist ganz toll eigentlich, nachmittags ...« Maren lacht. »Es hat schon was für sich, wenn der Weg nicht so weit ist. Abends schlafe ich ja meist ein ... Da ist so ein kleines Nachmittagsdate sehr nett.«

Anne sieht beruhigt aus. »Ich bin wirklich froh, das zu hören!«, lässt sie aus tiefem Herzen verlauten.

»Aber ihr habt auch nicht vor, Peter bis in alle Ewigkeit dazwischenfunken zu lassen, oder?«, will ich wissen.

»Nö«, sagt Maren schlicht. »Peter ist auch dabei.« – »Stimmt ...«, brumme ich. »Stört ihn ja nicht.«

»Das wird ja lustig«, freut sich Anne, »wenn er in 15 Jahren dieses Buch in die Hand bekommt und den Geschlechtsverkehr seiner Eltern ...« Sie verstummt. Es braucht nicht viel Vorstellungskraft, um den Fortgang ihrer Gedanken zu erahnen, als sie sich kurz schüttelt: »Uääh!«

Maren lacht. »Aber im Ernst«, meint sie dann, »wenn er schläft, ist alles gut. Und – pff«, sie zuckt die Schultern, »ich habe nicht vor, mich von Kindern davon abhalten zu lassen, mit meinem Mann eine sexuelle Beziehung aufrechtzuerhalten. Was ja auch sehr wichtig ist.«

»Ist es, oder?« Ich fühle mich bestätigt.

»Ja, definitiv! Und diese Schäferstündchen am Nachmittag haben wir auch immer schon gehabt – das ging nur nicht, während ich gearbeitet habe. Von daher«, sie lacht, »sind wir beide froh, dass ich gerade wieder zu Hause bin. Und auch vorher war es eigentlich immer – also nicht täglich, aber ... ordentlich«, gelingt es ihr, dezent zu prahlen. »Es war nie so, dass es eingeschlafen wäre, und man einen Monat keinen Sex hatte, oder eine Woche ... Es sei denn, man war mal krank.«

»So gar keinen Sex fände ich auch blöd«, sagt Julia. »Oder einmal im halben Jahr – das zählt ja wohl als gar kein Sex. Das fände ich einfach nicht schön. Und ich bin bestimmt nicht völlig sexwütig und ich finde auch, dass Sex in einer Liebesbeziehung nur ein Aspekt von vielen ist und nicht das große Überthema sein muss. Aber es sagt ja trotzdem auch viel darüber aus, ob man sich auch auf anderen Ebenen auf jemand anderen einlässt und ob man auch körperliche Nähe zulässt ...«

»Das glaube ich nämlich – Körperlichkeit!«, mache ich darin einen Hauptaspekt aus. »Dass man sich anfassen mag.«

Julia nickt. »Ja, und dass man sich nah ist ... Und«, sie lacht ein bisschen, »es ist ja abgesehen davon auch noch eine Art, Druck abzubauen, und auch sehr entspannend. Das hat man schließlich nicht mit besonders vielen Leuten, diese Art von Intimität«, schließt sie.

Ich komme zum nächsten Punkt. »Die Frage ist ja auch, ob man das am Leben halten kann – kann man dafür was tun?«

»Och, ich glaube, das kann man schon«, findet Julia. »Ich merke manchmal, dass ich mich so ein bisschen doof anstelle, bei dem Gedanken, dass ich jetzt jemanden verführen muss.«

»Meinst du, weil man zusammenwohnt und es dann schwieriger ist, den speziellen Augenblick abzugrenzen?«

Julia überlegt kurz. »Ich weiß nicht, ob es daran liegt. Es ist nur so, dass ich manchmal denke, jetzt wäre ein schöner Moment, aber mir gleichzeitig idiotisch dabei vorkomme, das jetzt gezielt anzugehen. Dann ziehe ich das oft auf so eine Witzchenebene, und da merke ich, dass ich da auch manchmal ungeschickt bin.« – »Mh, ich kenne das auch«, sage ich vorsichtig, »es bleibt ja immer eine Situation, in der man verletzlich ist.«

»Ich glaube, man kann ja zumindest auf den anderen zugehen und signalisieren, dass man theoretisch Lust hätte«, schlägt Julia vor. »Das ist ja schon was.«

Ich wende mich an Maren, die zweite Langzeitbeziehungsinhaberin in der Runde. »Was meinst du, kann man was dafür tun, dass es nicht einschläft?«

Maren legt den Kopf schief. »Ich glaube, es ist zum Beispiel nicht immer so wichtig, ob man zum Beischlaf selbst jetzt riesige Lust hat oder nicht. Man ist ja nicht immer gleich gepolt und hat zur gleichen Zeit gleich viel Lust. Und da kann man ja, wenn der Partner Lust hat, andere Mittel und Wege finden, und ... anders aktiv sein, ohne dass man ... einzeln aktiv ist.« Ich freue mich über die Umschiffung der verbalen Klippen; wir sind offenbar keine allzu offenherzige Versammlung. »Wenn man selbst nicht so viel Lust hat, kann man sich schon was einfallen lassen«, fasst Maren zusammen.

Die Runde verfällt in abwartendes Schweigen. Ich fühle mich bemüßigt, das Gespräch noch einmal anzuschieben. »Ich achte beispielsweise schon auf mich, körperlich. Wobei ...«, ich winde mich ein bisschen. »Ich bin da jetzt vermutlich nicht so strikt, wie ich es wäre, wenn ich jetzt wüsste, ich treffe mich gleich zum ersten Mal mit jemandem. Da ist man doch noch mal genauer, das kann man ja gar nicht aufrechterhalten, über Jahre und zu jedem Zeitpunkt ... Aber«, ich zucke die Achseln, »im Wesentlichen schon!«

»Na ja«, sagt Julia, »wenn ich weiß, Jan mag das eine oder andere Kleidungsstück besonders gerne, und ich es jetzt mal schön machen möchte, dann ziehe ich das eben an. Aber ob das dann zwangsläufig zur Kopulation führt ...«

Barbara meldet sich. »Ich habe gemerkt, dass ich es schwierig fand, das Maß zu finden, dass man sich einerseits wohlfühlt, aber sich andererseits trotzdem attraktiv fühlen und bleiben kann ... Bei Adrian war es extrem, dass ich immer dachte, ich müsste wahnsinnig attraktiv sein. Da bin ich dann nie aufs Klo gegangen.« Barbara muss selber lachen, was wie immer eine ansteckende Wirkung hat. »So total doofe Sachen!« Sie schüttelt den Kopf über die eigene jugendliche Verkrampftheit – Adrian ist seit ungefähr sieben Jahren Vergangenheit. Wenn auch Barbaras Schamgefühl nach wie vor durchaus legendär ist. »Das war mir unglaublich unangenehm«, erzählt sie, »ich habe nichts gemacht, was auch nur im Ansatz hätte unattraktiv sein können, und war ständig sehr darauf bedacht, in der Hinsicht zu genügen. Das hat die ganze Sache auch echt unentspannt gemacht. Und das war bei Simon eher genau andersrum, da hatten wir eigentlich eine ganz nette Vertrautheit, sodass man nicht die ganze Zeit am Stück erotisch sein musste.« Barbara begutachtet ihre Fingernägel. »Da hat es dann aber auch gelitten. Da waren wir nicht so auf einer Wellenlänge, würde ich sagen.«

»Ach? – Kannst du …«, ich suche nach einer nicht-drängelnden Formulierung, »andeuten, was das Problem war? Nicht im Detail …«

Barbara lacht. »Ich glaube, das Problem war, dass er sich für mich als Mann im Laufe der Zeit völlig unattraktiv gemacht hat. Es lag nicht mal unbedingt am Akt an sich. Es war eher, dass er durch sein übriges Verhalten für mich überhaupt nicht mehr anziehend war. Ich kam mir irgendwann vor wie seine Mutter.« Lachen und einhelliges Verständnis für Barbara.

»Okay«, sage ich, »das ist tödlich!«

»Ja«, Barbara schüttelt in komischer Fassungslosigkeit den Kopf, »das Antierotischste, was ich mir vorstellen kann! Es kam mir vor, als müsste ich mich dauernd um ihn kümmern und er wäre der hilflose kleine Junge, der nichts gebacken kriegt. Das war sexuell nicht so förderlich … Da ist einfach etwas Wesentliches schiefgelaufen, das sich dann auch auf dieser Ebene geäußert hat.« Sie grübelt. »Meine Beziehungen waren ja nie so wahnsinnig lang, dass ich an einen Punkt gekommen wäre, wo ich mich unglaublich hätte anstrengen müssen, das aufrechtzuerhalten.«

Anne schaltet sich ein: »Ich frage mich aber tatsächlich immer, wie man das dann macht, das zu ändern ... Redet ihr dann darüber?« Die Frage geht an alle.

»Es ist nicht so, dass wir uns ständig über Sex unterhalten«, antwortet Julia stellvertretend, »aber – na ja, manchmal gibt es dann schon so ein Gespräch. Ich muss mich manchmal auch tatsächlich ein bisschen dazu zwingen, weil mir Sexgespräche auch immer latent unangenehm sind.« Sie lacht. Barbara verdreht verständnisinnig die Augen. »Drüber reden finde ich auch schlimm!«

Da damit die Tendenz zur Verklemmtheit in unserer Runde final diagnostiziert ist, schiebe ich die frohe Botschaft noch einen Moment vor mir her, dass wir noch eine zweite Frage zum Thema vor uns haben. »Na ja«, schinde ich stattdessen Zeit, »ich würde es schon vermissen.«

»Macht ja auch Sinn«, sagt Barbara. »Es ist ja auch wirklich nett, dass man so was machen kann. Wäre ja schade, wenn man das nicht nutzen würde – so was Schönes.«

»Ist in jedem Fall ein spezielles Gefühl, das kann man nicht anders sagen«, ist Julia zum Schluss noch einmal zu vernehmen. »Das lässt sich durch Shoppen nicht ersetzen.«

DIE 6. FRAGE

Qualität

Ist Sex mit der Zeit immer besser geworden?

ICH LESE DIE FRAGE VOR. Barbara seufzt, in ihr Schicksal ergeben. – »Es ist auch die letzte Sexfrage, um euch zu beruhigen«, füge ich hinzu und erläutere: »Es geht darum, ob man mit der Zeit besser lernt, was man mag, ob man sich möglicherweise auch besser verständlich machen kann ... Ob die ganze Sexsache in einer längeren Beziehung besser geworden ist oder auch einfach insgesamt, wenn man mal ein paar Jahre zurückdenkt.«

»Ach ja, puh ...«, Maren zieht die Augenbrauen hoch, »also wenn man Jahre zurückdenkt, auf jeden Fall!«

»Ja, oder?«, frage ich, begeistert über die Bestätigung der These.

»Klar«, sagt auch Anne.

»Ja«, sagt Maren, »also, wenn ich daran denke: Ich möchte nicht mehr zwanzig sein!«

Ich nicke eifrig. »Genau, aber wieso? Liegt es daran, dass man früher so unentspannt war mit allem? Es gibt ja diese Idee, dass man später eher weiß, wie man funktioniert, oder sich eher traut, das zu äußern ...«

»Ja ...« Maren überlegt. »Zu einem Teil lag es wahrscheinlich auch an den Partnern ...«

»Stimmt ...«, über diesen Aspekt hatte ich gar nicht nachgedacht, »die anderen Zwanzigjährigen.«

»Zwanzigjährige Männer«, Maren runzelt die Stirn, »also, ich will das ja nicht pauschalisieren – aber ich glaube schon, dass

Männer mit ihrer Erfahrung auch eher … wachsen.« Auf der Stelle erhebt sich anzügliches Kichern. »Und dass es mit der Zeit auch schöner wird für die Frau. Also«, Maren schlägt einen Klartext-Ton an, »wenn ich so an ein paar Typen von früher zurückdenke, dann kann ich nur hoffen, dass sich da einiges getan hat.« Gelächter.

»Und zusätzlich«, beharre ich, »kann man sich wahrscheinlich auch besser verständlich machen, oder?«

»Ja, auf jeden Fall!«, stimmt Maren zu. »Wenn man eine Beziehung hat, wo man sich wohl genug fühlt, dass man sich auch traut, das auszusprechen – das hilft der Sache natürlich weiter.«

»Ja«, nickt Anne, »mit dem Vertrauen und mit der Vertrautheit wächst, das würde ich genauso sagen, schon auch die Qualität.«

»Und mit zwanzig habe ich nicht unbedingt darüber gesprochen, ob es wohl noch Alternativen zur Missionarsstellung gibt«, fügt Maren hinzu. Auch hier ist Anne einverstanden. »Mmh. Das hat schon gedauert.«

»Ich finde es vor allem erstaunlich, wie unterschiedlich es sein kann!«, meldet Julia sich zu Wort und bekommt einstimmig recht. »Und ich finde es erstaunlich, wie viel es damit zu tun hat, wie man sich selbst gerade fühlt.«

»Ja!«, stimmt Anne entschieden zu. »Stress spielt beispielsweise eine große Rolle. Manchmal dient zwar das Ganze auch herrlich dem Stressabbau, aber das funktioniert halt nicht immer. Das merke ich schon, dass das eine Rolle spielt: Wie beschäftigt ist man gerade so?«

»Gehen dir noch andere Dinge im Kopf rum?«, frage ich neugierig, weil das etwas ist, was ich mit wachsender Genervtheit an mir selbst beobachte, desto mehr, je mehr ich arbeite.

»Währenddessen?«, fragt Anne zurück. »Nö.«

»Mir geht es ja teilweise so«, gebe ich zu, »bevor es in die entscheidende Phase geht. Wenn mir vorher die ganze Zeit irgendwas im Kopf rumging, dann habe ich anfangs schon Schwierigkeiten, abzuschalten …« Ich rümpfe die Nase. »Dann denke ich irgendwann: Herrgott, hier spielt die Musik! Das finde ich wirklich furchtbar.«

Anne lacht. »Wir sind im Jetzt, nicht im Gleich, nicht im Vorhin. Ja klar, kenne ich auch.«

Ich bin beruhigt. »Schön ist ja, dass irgendwann doch das Geschehen die Oberhand gewinnt.«

»Stress – und dann«, fährt Julia fort, »gibt es auch Zeiten, wo ich bestimmte Positionen vielleicht doof finde, weil ich mich dann komisch fühle. Es schwankt halt.«

»Körperlich unwohl, meinst du?«, frage ich nach.

»Meinetwegen auch«, sagt Julia und findet nichts als Zustimmung in unseren Gesichtern, »dass man sich vielleicht gerade schwabbelig fühlt ... Und ich habe auch manchmal Phasen, wo ich eher unsicher bin. Ich finde, das macht einen Unterschied – das ist anders, als wenn man gerade einen lustigen Abend hatte und viel Blödsinn gemacht hat. Es ist ja auch die Art, wie man sich dann begegnet.«

»Das stimmt allerdings!«, stimme ich zu. »Es hat unglaublich viel damit zu tun, in was für einer Verfassung man ist und wie das Verhältnis zum Gegenüber ist. Vielleicht auch, was der einem vermittelt ... Was ich aber auch beobachtet habe, ist, dass sich ein paar Dinge über die Zeit verändert haben. Oder vielleicht sind es Entscheidungen, die man irgendwann trifft. Zum Beispiel, dass man nicht mehr versucht, den Eindruck zu vermitteln, als sei alles toll gewesen, obwohl es das nicht war, um jemandem ein Erfolgserlebnis zu verschaffen ... Das war etwas, was ich früher ...«, ich kratze mich verlegen am Kopf, »na ja, um des lieben Friedens willen ... oder vielleicht auch, um nicht den Verdacht aufkommen zu lassen, es läge an mir, getan habe.«

»Stimmt«, gibt Anne zu. »Das kenne ich von früher auch.« Auch sonst gibt es Nicken.

»Ja«, fahre ich fort, »darauf kam ich erst später, dass das völlig unökonomisch ist.« Leises Kichern. »Im Grunde tut man ja niemandem einen Gefallen damit.«

»Ja«, nickt Maren. »Würde ich auch nicht mehr machen.« Sie lacht. »›Schatz, da haben jetzt zirka fünf Minuten gefehlt ...‹«

»Oder: ›Du, an der Stelle, ich kann's dir jetzt schon sagen, es wird nichts bringen‹«, überspitze ich. »›Auch die nächsten zehn Minuten nicht.‹« Die anderen lachen; auf der launigen Zotenebene fühlen wir uns sichtlich wohler als beim Eingeständnis wirklicher oder vermeintlicher intimer Schwächen. Auch unter Freundinnen. »Es ist ja wirklich Unsinn«, werde ich trotzdem wieder zumindest halb ernst, »man zementiert ja damit Sachen, die man vielleicht gar nicht so will. Dabei ist das gemeinsame, äh ... Training ... ja auch eine Chance.« Ich schüttle kurz beschämt den Kopf über meine Unfähigkeit zu expliziten Worten. »Ehrlichkeit ist ja viel nachhaltiger, und da finde ich es schon enorm angenehm, wenn man mit der Zeit zumindest ein bisschen selbstbewusster wird. Oder vielleicht einfach selbst besser weiß, was gut geht. – Aber es ist ja auch noch was völlig anderes, ob man sich jetzt ewig auf jemanden einstellen kann oder ob es so eine Eine-Nacht-Sache ist. Mit diesem Typen hast du das ja wahrscheinlich auch nicht groß thematisiert, oder?«, komme ich auf Barbaras Enthüllungen von der letzten Frage zurück.

»Nee.« Barbara schüttelt den Kopf. »Nee, ich habe das relativ schnell aufgegeben und einfach hingenommen, dass das sowieso nichts wird.« Sie überlegt. »Ich glaube, bei mir ist es eher andersrum – früher war das für mich eher alles aufregender und spannender. Das so auszuprobieren ... alles neu, unterschiedliche Männer ...«

»Ah«, sage ich, sachte erstaunt, »und du würdest nicht sagen, dass das auf irgendeine Art besser geworden ist?«

»Nee«, antwortet Barbara, »aber das ist auch einfach ein persönliches Problem von mir, dass ich diese Sachen nicht besonders gut ausdrücken und nicht so darüber sprechen kann. Aber das ist, glaube ich, das, was Jule auch meinte: Wenn es mir nicht so gut geht, dann funktioniert es auch einfach nicht so gut. Wenn man mit mangelndem Selbstbewusstsein in so eine Situation reingeht und sich in der Tendenz eh schon ein bisschen unattraktiv fühlt, dann legt man sich da nicht hin und sagt«, Barbara schlägt einen Café-Bestell-Ton an: »›Mir gefällt übrigens besonders gut Folgendes.‹« Verständnisinniges Gelächter. »Ich merke, dass ich es auch immer gerne hätte, dass der andere einfach automatisch weiß, wie ich es gerne mag. Und dann bin ich eher frustriert, dass es ja in der Regel nicht so ist. Ich glaube, das habe ich noch nicht so gut gelernt, das auszudrücken.«

Das kann ich nachvollziehen. »Aber in längeren Beziehungen auch?«, frage ich trotzdem.

»Na ja, in längeren Beziehungen natürlich nicht so; klar entwickelt sich das dann auch«, relativiert Barbara. »Aber auch nicht unbedingt.«

»Ich rede lustigerweise auch nicht richtig gerne darüber«, schaltet Julia sich ein. »Ich weiß nicht, ob das was Gutes ist oder ein Vorwand, aber ich finde schon, dass man das auch ein bisschen erfühlen muss, und es kommt mir meist komisch vor, das in Worte zu abstrahieren. Ich mag das lieber so …«, sie sucht nach einem passenden Ausdruck, gibt dann aber auf, »ja, dass der andere eben erfühlt, was ich mir wünsche, auch wenn man das ja nicht unbedingt erwarten kann. Ich weiß nicht, ob ich mich dahinter verstecke, dass ich sage, man redet es damit kaputt. Aber ich tu es nicht gerne.«

»Klar, es gibt angenehmere Themen, bei denen man sich wohler fühlt.« Maren hebt die freie Schulter. Auf der anderen liegt das Köpfchen des schlafenden Peter.

Julia zuckt ebenfalls die Achseln. »Vielleicht bin ich auch einfach ein bisschen verklemmt.«

»Na ja«, wirft Anne ein, »aber es ist ja auch ganz angenehm, das nicht so ausufern zu lassen. Was ich ja so schrecklich fand aus früheren Erfahrungen …« Sie holt etwas weiter aus: »Es ist ja immer mal besser, mal weniger gut – auch mit demselben Menschen. Manchmal ist es bombastisch, sodass beide sich danach anschauen, den Kopf schütteln und sagen: Huh! Was war das denn gerade?« Lachen und nickende Köpfe. »Andere Male, na ja, halt nicht. Und dass das so ist, ist schon eine Gewissheit, die mit der Zeit kam und die auch ganz beruhigend ist.« Sie holt Luft, grinst kurz und kommt zum eigentlichen Punkt: »Aber ich hatte mal einen Freund, der war immer so irrsinnig bemüht und wollte das nachher dann auch immer sehr genau besprechen, was da jetzt besser und schlechter war. Und das hat alles immer nur noch schlimmer gemacht.« Der arme Mensch ist glücklicherweise nicht dabei, um den leichten, aber grausamen Spott in den Gesichtern zu sehen. »Wie, wann und wo – das muss man sich, glaube ich, auch gemeinsam erarbeiten und nicht so zerreden. Das zu sehr zum Thema zu machen kann am Ende nur kontraproduktiv sein. Dazu gehören halt auch Ruhe und Gelassenheit und Geduld, und die Zuversicht, dass es eben mal so und mal so ist.«

Julia legt den Kopf schief. »Es ist ja auch ein extrem sensibles Thema! Mit dem man Leute auch schnell verletzen kann. Ich finde das nicht so leicht, da so eine Lockerheit reinzubringen – na, im richtigen Moment dann vielleicht doch, aber ...«

»Das kenne ich auch«, ergänze ich. »Wenn man miteinander geschlafen hat, und es war vielleicht nett und schön, aber ... sagen wir, ich habe eine Anmerkung: Dann ist es natürlich unglaublich unsensibel, direkt danach den Evaluationsbogen vorzulegen. Beziehungsweise zu sagen: Danke. Das und das könntest du noch verbessern.«

Anne ist unentschlossen. »Na, sagen kann man das doch mal ...«

»Mmh«, sage ich und verziehe den Mund. »Mal. – Ich habe das mal versucht, nicht so grob natürlich, sondern etwas diplomatischer. Aber trotzdem: In diesem verletzlichen Moment kommt so eine Performancekritik einfach nicht besonders gut an, und das kann ich auch verstehen. Ich würde es auch nicht hören wollen.« Ich überlege. »Eigentlich finde ich es ja ganz gut, wenn man es währenddessen so integrieren kann. Und das geht ja auch – manchmal.«

»Ja. Manchmal geht es aber auch nicht«, bemerkt Julia lakonisch.

»Hm.« Anne ist nicht ganz zufrieden. »So eine gewisse Offenheit finde ich insgesamt schon wichtig, damit nicht beide im Dunkeln mit gekräuselter Stirn überlegen, was denn da gerade schiefgelaufen ist. Es muss die Möglichkeit geben zu äußern, was gefällt und was nicht ... Aber ihr habt schon recht, umgekehrt merke ich auch: Ich kann da nicht so gut einstecken; selber bin ich da nicht so kritikfähig. Es ist ein wunder Punkt. Wenn man dann gesagt bekommt, was sich nicht so gut anfühlt, das ist nicht sehr schön.«

»Ja«, bekräftige ich, »unter der Gürtellinie eben.«

»Im wahrsten Sinne des Wortes«, stimmt Anne zu. »Auf der anderen Seite ist das offene Gespräch aber doch etwas, das einen weiterbringt. Ich finde schon, dass das – nicht nur in dem Bereich – das Wichtigste ist.«

»Ja«, räume ich ein, »im richtigen Moment. – Aber mal wieder zur Sache«, fahre ich fort. »Wichtig ist ja auch, zuzusehen, dass man selbst auch Freude an der Sache hat, neben dem anderen. Der Klassiker ist ja, dass einem irgendwas am eigenen Körper nicht so gefällt oder man sonst wie gefallen möchte. Ich kenne das von mir noch, dass ich mir bei manchen Sachen so unsicher war und das Gefühl hatte, diesen oder jenen Eindruck vermitteln zu müssen.« – »Hm«, macht Julia. – »Davon habe ich viel abgelegt, aber da hilft es natürlich sehr, wenn man jemanden vor sich hat, der unbefangen ist und offen dafür, alles auszuprobieren – und wenn es einem nicht gefällt, dann lässt man es eben wieder.«

»Ja, das zum einen«, sagt Julia, »und dann denke ich auch: Es muss mir ja nicht immer hundertprozentig alles gefallen. Wenn ich denke, okay, der findet das toll – dann finde ich das auch in Ordnung, auch wenn das nicht unbedingt meine Lieblingsaktivität ist.«

»Ja, dann wechselt man sich vielleicht mal ab«, schlage ich vor.

»Der Weg ist ja das Ziel!«, hat Julia noch eine Binsenweisheit auf Lager.

»Ich finde«, sagt Maren, »beim Sex – auch wenn sich das in einer Beziehung ändert –, dass es, wie gesagt, am meisten mit der eigenen Selbstsicherheit zu tun hat. Und das ist es wahrscheinlich, was sich ändert: Man ist mit dreißig einfach selbstsicherer als zehn Jahre früher.«

»Das ist bei mir zum Beispiel nicht so«, hält Julia dagegen. »Bei mir ist es nicht so, dass ich sicherer bin, nur weil ich über dreißig bin. Aber ich finde das auch nicht schlimm: Es gibt mich verletzlich, es gibt mich stark, es gibt mich in vielen Situationen. Und es gibt Tage, da hat man Supersex und es gibt Tage, da denkt man: Na gut, wenigstens hat's ihm gefallen«, dafür gibt es spontanes Gelächter, »na, mein Gott!« Julia lacht auch. »Ich finde das nicht schlimm; ich mag daran auch diese Art von Kommunikation, die es ja auch ist, und ich mag daran die Innigkeit …«

Anne nickt. »Ja – gefallen tut mir das eigentlich auch immer! Ich kenne das von früher, dass ich manchmal dachte: Ach, Gott sei Dank ist es vorbei, es wurde jetzt auch echt mal Zeit … Und das habe ich mit dem gegenwärtigen … Gespielen wirklich noch nie gefühlt.«

Ich schließe mich an. »Nee, das kenne ich auch nicht so. Es hat ja immerhin jedes Mal auch so eine Nähe, das ist ja auch für sich genommen schon etwas sehr Schönes.«

»Ja!«, bestätigt Anne. »Und etwas sehr Exklusives!«

Maren ist der gleichen Meinung. »Vielleicht sind wir Frauen da auch so – ich brauche auch nicht jedes Mal einen Orgasmus. Manchmal ist es ja einfach nur schön, und ob es dann noch ein Super-Ende hat …«

»Genau!«, ruft Julia. »Muss ich nicht. Klar, freu ich mich darüber, aber …«

»Das spielt für mich auch manchmal überhaupt keine Rolle«, übernimmt Maren wieder. »Hauptsache, ich fühle mich in der Situation wohl.«

»Ja«, klopft Anne auf den Tisch. »Punkt.« Sie schüttelt den Kopf. »Das ist ja eh der Mythos bei Frauen; das ist ja das, was aus den Medien heraus die Sexualität so ein bisschen verdirbt, finde ich. Natürlich gibt es Frauen, die da vielleicht begnadeter sind – aber wenn ich sehe, was Frauen in Pornos so performen, das verfälscht doch auch einfach die Wirklichkeit. So sieht das dann ja nicht mal aus, wenn Frauen kommen!«

»In der Regel nicht, oder?«, vermute ich. »Nehme ich an – man hat ja leider meist gar kein Vergleichsmaterial!« Ich überlege einen Moment. »Aber die Typen ja schon. Die werden das dann im Zweifel ja relativ schnell rauskriegen ... Vielleicht lassen wir uns sogar mehr davon beeinflussen.«

»Ich finde schon«, sagt Anne, »das ist die größte mediale Lüge: die Darstellung von Sexualität in Film und Fernsehen.«

Es entspinnt sich eine kleine Debatte über sexuelle Höhepunkte und ihre Häufigkeit bei diversen Arbeitsmethoden. Das vielleicht aufschlussreichste Ergebnis ist, dass wir nach wie vor gelegentlich selbst lieber die mediale Lüge weiter reproduzieren als zuzugeben, dass beim reinen Geschlechtsverkehr gar nicht mal so zuverlässig ein Höhepunkt rausspringt – obwohl man sich angesichts der Alternativmöglichkeiten im Grunde nicht besonders daran stört.

»Und in Beziehungen«, greift Julia dann einen anderen Aspekt auf, »stellt man sich natürlich mit der Zeit aufeinander ein. Manchmal vielleicht auch zu sehr – dann macht man halt was anderes und weicht vielleicht mal auf die Küche aus, um die Rahmenbedingungen zu ändern. Dadurch ist es ja direkt anders. Dafür ist natürlich auch Urlaub super, wo man eh einfach woanders ist.« Maren nickt.

»Finde ich auch«, sage ich. »Dass man sich auch mal wieder neu betrachten kann und nicht nur Termine für den Pflichtakt einplant. Dann kann es ja auch immer wieder ganz schön aufregend sein, vielleicht sogar mehr als mit unterschiedlichen Männern. Barbara meinte ja, früher sei es sogar generell aufregender gewesen ...«

»Also, ich glaube, dass es jetzt sogar wieder so wäre!«, relativiert Barbara. »Ich glaube, ich war eine Zeit lang einfach ein bisschen abgeklärter.«

Julia nickt. »Das hatte ich aber auch, als ich kurz diese Affärenphase hatte – das hatte so einen faden Beigeschmack. Für mich spielt der romantische Gedanke auch eine sehr große Rolle. Die Intensität hängt für mich viel davon ab, wie verbunden ich mich da gerade fühle oder wie innig man das empfindet. Das ist für mich ein Riesenfaktor, diese innere Welt. Nicht nur der technische Ablauf.«

»Ja«, sagt Barbara. »Ich glaube, es wäre auch wieder was völlig anderes, wenn ich jetzt jemand Neues kennenlernen würde. Ich glaube eigentlich nicht, dass es dann weniger aufregend wäre. Aber ich weiß, dass ich früher, als ich jünger war, tatsächlich auch unbefangener war – und zur Zeit irgendwie nicht.« Sie denkt nach. »Aber das meinte ich wohl auch damit, dass es, wenn es einem nicht so gut geht, auch nicht so prima funktioniert. – Ich weiß nicht, wie es jetzt wäre. Ich glaube gar nicht, dass es einfach plötzlich langweilig oder total abgeklärt wäre – oder hoffentlich nicht, sagen wir's mal so.« Sie lacht ein bisschen. »Aber das ist ja auch je nach Partner sehr unterschiedlich.«

»Mmh«, stimme ich zu. »Dann kommt ja unter Umständen auch das ganze Drumherum des Verliebtseins dazu. Und das ist ja neben dem Sex auch sehr schön.«

»Das ist ja das Spannende«, sagt Julia, »wenn man sich daran erinnert, wie man so verknallt war und alles neu angefangen hat – wie man dann auch sofort wieder total aufgeregt sein kann! Das ist schon wirklich alles toll eingerichtet.« – Einhellige Zustimmung. – »Wie solche Sachen so spannend sein können! Das finde ich schön. Und dann gibt es ja auch immer zwischendurch wieder Momente, auch wenn man lange, lange zusammen ist, in denen sich alles ganz frisch anfühlt.«

Maren nickt versonnen. »Und wenn es plötzlich wieder aufregend ist, weil man sich selbst ganz anders fühlt und weil plötzlich so eine komische Situation entsteht, aus dem normalen Trott rausgerissen.« Sie lacht. »So: ›Huch! – Können wir das noch mal machen?‹«

DIE 7. FRAGE

Totale Intimität

Was bedeutet die gemeinsame Wohnung für die Beziehung?

AUF DEN SCHRECK DER SEXFRAGEN HABEN WIR erst mal gekocht und zu Abend gegessen. Jetzt gibt es Erdbeerbowle; in der kleinen Schüssel ist eine Sonderration für Maren angesetzt, denn wir haben ja wohlweislich alkoholfreien Sekt mitgebracht. Der Sommerabend ist immer noch lau und immer noch nicht wirklich dunkel. Ab und zu spazieren jetzt Leute vorbei, aber nun haben wir die heiklen Gebiete ja vorläufig hinter uns gelassen. Für die folgende Frage ist um den Terrassentisch reicher Erfahrungsschatz versammelt: Außer Anne haben alle von uns schon mal mit dem Partner eine Wohnung geteilt. Maren, Julia und ich tun das auch aktuell.

»Eigentlich können wir mit dem Nähe-Thema von vorhin gleich weitermachen«, leite ich über. »Es geht um den ganzen Komplex des Zusammenwohnens: Gehört es zur Vorstellung, dass man irgendwann mit dem Liebsten zusammenzieht, oder kann man sich auch getrennte Wohnungen vorstellen? Und was hat das Zusammenleben für Konsequenzen? Was aus dem ganzen Bett-und-Bad-Komplex teilen wir gerne und was lieber nicht?«

»Eieiei ...« Anne legt ein wenig besorgt die Fingerspitzen aneinander. »Ein großes Thema!«

»Zahnbürste nicht!« Marens Zugang zur Frage ist weniger kompliziert. »Bett auf jeden Fall.«

Barbara ist ihrer Meinung. »Das ist ja gerade so schön, nicht?«

»Das kann ich mir auch nicht anders vorstellen«, bestätigt Julia. »Aber abgesehen davon finde ich Zusammenleben auch deshalb sehr schön, weil alles andere extrem anstrengend ist. Ich weiß noch, wie es vorher war – da haben Jan und ich uns total viel gesehen, dann hat man zwei Jobs und nicht viel Zeit drumrum ... und in einem Kühlschrank verschimmelt das Essen, in der anderen Wohnung liegen die frischen Unterhosen. Das nervt einfach. Und ich mag es«, fügt sie den Ausführungen zur Logistik noch den romantischen Gesichtspunkt hinzu, »abgesehen davon, dass es praktisch ist, ist es auch einfach schön, neben ihm aufzuwachen und vielleicht zusammen zu frühstücken ...«

»Ich finde es ganz furchtbar, alleine im Bett aufzuwachen«, stimmt Maren zu. Barbara, von jeher nicht für ständige Zweisamkeit zu haben, lacht. »Stört mich jetzt nicht so.«

Julia besetzt die Grauzone. »Och, ich mag das manchmal auch ganz gerne, dann kann ich alleine *Bibi Blocksberg* hören, da steht Jan nicht drauf. Das mache ich ja auch oft, wenn ich jobbedingt mal wieder weg bin. Und sonst – dass man so einen Alltag teilt: Ich finde das toll! Ich liebe das, wenn einer nach Hause kommt und der andere ist schon da, und wenn man den anderen so beim Leben mitkriegt. Oder wenn einer früher ins Bett geht, und dann kommt der andere nach; ich finde das alles richtig schön.«

Ungeteilte Zustimmung, auch Anne nickt. »Ja, ich kann mir das auch gut vorstellen – ohne jetzt mitreden zu können, wie es ist, wenn es dann ernst wird. Ich frage mich manchmal, wie sehr ich das vielleicht auch romantisiere. Ich stelle mir das momentan schon sehr schön vor. Auch jetzt, wo ich oft einen anstrengenden Büroalltag hinter mich bringe: dass ich dann nach Hause komme und ins Bett gehe und weiß, dass dieser Mensch da ist, den ich wirklich gerne um mich haben möchte ... Andererseits«, kommt sie zuverlässig auch zur Kehrseite der Medaille, »glaube ich, dass einem viele Dinge auch verloren gehen können. – Ich weiß nicht, ob das so ist, denn was ihr jetzt sagt, klingt ja erst mal super! Ich stelle mir nur vor, dass die Qualität des Zusammenseins, wenn man sich verabredet oder extra den Weg auf sich nimmt, um diese Person zu sehen, ja eine andere ist, als wenn man zusammenlebt und den Alltag miteinander teilt.« Hier und da wird vorsichtig genickt, und Anne fährt fort: »Dann muss man ja zwangsläufig auch die ganzen Alltagsprobleme teilen, die dann auf einmal wahnsinnig gegenwärtig sind – zum Beispiel, dass das Tetra Pak schon wieder an der Stelle steht. Und einen damit wahnsinnig nervt.« – Das geht an mich, die ich in der Kochpause von meinem seit Jahren gleichbleibend erfolglosen Versuch berichtet habe, Sebastian dazu zu bewegen, leere Saftpackungen in den Müll zu schmeißen, statt sie auf der Arbeitsplatte in der Küche zu deponieren. »Oder dass der andere schon wieder die Klobrille hat oben stehen lassen«, fährt Anne fort. »Das kann einem ja vieles madig machen, und dass das jetzt so schnell kommt, darauf bin ich gar nicht so scharf. Aber ich glaube, das sind letztlich Dinge, in denen man sich auch sehr gut arrangieren kann. Das mag zwar wie in jeder guten WG auch einiger Konflikte bedürfen, bis man sich halbwegs aufeinander eingestellt hat, aber das ist, glaube ich, alles im machbaren Rahmen.« – Zuversichtliches Nicken bei den Zusammenwohn-Erfahrenen. – »Doch, ich würde schon wirklich gerne auch mit meinem Partner irgendwann eine Wohnung teilen«, fasst Anne zusammen.

»Und abgesehen von den Alltagsnervereien«, frage ich nach, gespannt auf die unvoreingenommenen Erwartungen oder Ängste, »glaubst du, dass sich das auf die Qualität der Beziehung auswirkt – positiv oder negativ?«

Anne hebt unentschlossen die Schultern und muss dann über sich selber lachen, als sie schon wieder mit »beides« antwortet. »Im Ernst: Ich glaube, sowohl als auch – da gibt es sicherlich Phasen, wo einem das wahnsinnig guttut, wo es ein richtiges Zuhause ist. Ein Ort, an den man kommt und an dem man sich wohl und geborgen fühlen kann, wo man Spaß haben und sich austauschen kann … Aber besonders, wenn man sich auch miteinander in einer angespannten Zeit befindet, kann es bestimmt genau das Gegenteil sein.« Sie guckt ratlos. »Und dazwischen gibt es sicherlich Abstufungen – wenn man nach Hause kommt und vielleicht weiß, dass man noch etwas miteinander auszufechten hat, wo aber gleichzeitig klar ist, dass es prinzipiell schon der Ort ist, wo man gut miteinander kann.«

»Klar«, sagt Julia, »die ganze Sache ist natürlich auch mit vielen Kompromissen verbunden, das habe ich auch gemerkt. Nachdem man dann wieder zwei Jahre alleine war, merkt man schon: Ui, es wird anders! Und das ist dann auch mit Bammel behaftet, weil natürlich auch eine Trennung anstrengender ist, wenn man vorher zusammengelebt hat.« Die Erfahrung des tränenverschleierten, erleichterten oder indifferenten Zusammenpackens eines halben Hausstands teilt Julia mit Barbara und – allerdings viele Jahre zurückliegend – auch mit mir.

»Ja«, ächzt Anne schon bei der Vorstellung, »das ist auch mein absolutes Horrorszenario – dann jedes Buch auseinanderzuklamüsern …«

»Ja, und dann dieses: ›Wie ist das, ziehst du jetzt ab heute aus?‹«, ergänzt Julia. »Das fühlt sich ja noch viel mehr nach Verlassenwerden an, als wenn es einfach heißt, okay, dann sehen wir uns halt nicht mehr. Und dann pennt jeder in seinem Räumchen, das er vorher auch hatte, wo auch immer. Das ist mit einer gemeinsamen Wohnung schon einschneidender. Und dadurch, dass ich da so ein bisschen ein gebranntes Kind war, hatte ich natürlich jetzt auch ein bisschen Schiss. – Aber ich find's echt gut!«, schließt sie zufrieden.

»Im Zweifel ist das vielleicht auch ein Argument mehr für die Beziehung«, überlege ich. »Ich weiß noch, dass kürzeste Zeit, nachdem Basti zu mir gezogen war, eine unserer übelsten Krisen über uns hereinbrach. Die nichts mit der Wohnsituation zu tun hatte«, merke ich an, »das war nur blödes Timing. Jedenfalls: Danach hätte ich die Entscheidung bestimmt nicht mehr getroffen, mit ihm zusammenzuziehen. Da aber jetzt nun mal schon Fakten geschaffen waren, hat uns das in dem Moment so ein bisschen gezwungen, uns miteinander auseinanderzusetzen. Da konnte sich dann keiner mehr so leicht entziehen. Mit dem Zusammenziehen schwört man sich halt noch mal mehr auf die ganze Sache ein.«

Anne nickt. »Vielleicht ist das auch ein ganz guter Testlauf. Ich glaube, bevor ich bereit wäre, mit meinem Partner ein Kind in die Welt zu setzen, würde ich doch vorher auch eine gewisse Zeit erlebt haben wollen, die mir beweist, dass wir auf so einer Ebene auch funktionieren.«

»Klar, man überprüft damit natürlich auch, wie man sich so zusammenraufen und arrangieren kann«, stimme ich zu. »Mit solchen Sachen – und auch im Kleinen mit dem normalen Alltagsstreit um das Tetra Pak auf der Ablage.«

»Die offene Zahnpastatube ...«, ergänzt Anne. »Ja.«

Ich zucke die Achseln. »Bevor die ganze Sache dann daran zerbricht, wer öfter die Windeln gewechselt hat und wer schon wieder einen Abend zu Hause beim Kind geblieben ist, während der andere aus war ... kann man das ja doch besser erst mal daran ausprobieren.«

Es wird noch einmal Bowle nachgefüllt, dann setzt Barbara neu an: »Als ich mit Simon zusammengezogen bin, habe ich gemerkt, dass es mir echt schwergefallen ist, dass man alles so im Kompromiss ausarbeiten musste.«

»Meinst du einrichtungsmäßig?«, frage ich.

»Einrichtungsmäßig ist es ganz schwer ...«, wirft Maren mit beredtem Gesichtsausdruck ein.

»Ja, einmal das«, sagt Barbara, »aber auch, in welchen Bereichen man sich eher für sich fühlt und was davon alles gemeinsamer Raum ist. Ich fand es unglaublich schwer, nur noch Sachen zu haben, die *beiden* gehörten, und wo beide Mitspracherecht hatten. Das fand ich doof. Da dachte ich gleich«, sie guckt leicht angewidert, »bäh, das ist gar nicht mein Zuhause.«

»Oh ja!«, falle ich ein. »Das kann ich allerdings gut verstehen. Als Basti zu mir gezogen ist, hatten wir ja aus genau solchen Ängsten heraus erst mal so eine WG-Struktur festgelegt – jeder sein Zimmer und sein Bett …«

»Wobei ich das Zusammen-Schlafen in einem Bett eigentlich sehr schön fand«, wendet Barbara ein.

»Ja, lustigerweise haben wir die beiden Betten auch nie genutzt! Eins war immer bis zur Unsichtbarkeit mit Papierstapeln oder Klamotten vollgeräumt, und im anderen haben wir beide geschlafen. Ich glaube, es ist in den zwei Jahren ungefähr zweimal vorgekommen, dass wir getrennt übernachtet haben, weil wir uns gestritten hatten. Wofür dann auch immer erst eine größere Aufräumaktion nötig war. Deshalb haben wir beim letzten Umzug den Umständen dann auch Rechnung getragen und das zweite Bett abgeschafft – wenn man sich ernsthaft verkracht, kann man ja immer noch aufs Wohnzimmersofa ausweichen.« – »Eben«, höre ich von meinen Freundinnen. – »Aber am Anfang waren wir mordsskeptisch«, erinnere ich mich. »Ui, ob wir das so können, so ganz zusammenwohnen – und *nur* zusammen? So eine Pärchenwohnung …« Die Erinnerung lässt mich nachträglich schlottern, obwohl das Zusammenleben seit nunmehr vier Jahren ganz prächtig funktioniert.

»Ich finde das echt schwierig«, meint auch Barbara.

»Hm«, macht Julia. »Ich glaube, bei uns war es eher für Jan sehr neu, weil er noch nie mit jemandem in der Form zusammengewohnt hat – ich kannte das ja schon. Und als er jetzt zu mir gezogen ist, habe ich mir mehr Sorgen gemacht, ob es für ihn nicht schwierig ist, in meinen Raum mit einzuziehen.« Sie zieht die Nase in Falten. »Aber wir haben uns dann geeinigt, dass er diesen Raum hinten für sich kriegt. Ich glaube, als er am Anfang ein bisschen Panik bekam: ›Oh, jetzt wohne ich hier …‹«, sie lacht, »da hat er schon noch ein paarmal allein in seinem Zimmer geschlafen, zum Akklimatisieren. Das machen wir jetzt eigentlich nicht mehr so. Ich weiß, er freut sich dann auch wieder, wenn er mal ein paar Tage allein sein kann – er ist immer ein Einzel-Mensch gewesen. Aber normalerweise schlafen wir schon eher zusammen.« Sie fischt eine Erdbeere aus dem Glas. »Wobei ich es auch gut finde, dass das Schlafzimmer eher mein Raum ist. Und da schleppe ich auch jeden Morgen brav Jans Klamotten raus, wenn sie da noch rumliegen, und schmeiße sie in sein Zimmer.« Sie lacht. »Da bin ich dann auch pingelig. Es ist dann *mein* Raum, und da motze ich auch schon mal, wenn es darin unordentlich ist.«

Ich wende mich noch einmal an Barbara. »Mochtest du denn eigentlich irgendwas am Zusammenwohnen?«

»Jaa ...«, antwortet Barbara gedehnt: »Also, ich fand es vorher immer total super, *nicht* mit meinem jeweiligen Freund zusammenzuwohnen.« – Gelächter; Barbara hat kein überbordendes Nähebedürfnis. – »Weil ich es auch«, erklärt sie, »immer wichtig und gut fand, dass ich irgendwann sagen konnte: So, jetzt geh ich nach Hause. Und bin alleine. Weil ich total gerne alleine bin. Und weil ich mich, glaube ich, wahnsinnig schwer hundertprozentig entspannen kann, wenn jemand bei mir ist.«

»Das wäre noch mal eine Erfahrung, oder?«, frage ich. »So jemanden zu treffen, mit dem das plötzlich geht – ich bin mal gespannt!«

»Jemanden, bei dem ich einfach genauso sein kann, wie ich will?«, wiederholt Barbara. »Ja, das weiß ich eben nicht. Bisher ist es noch nicht passiert. Was ja auch an mir liegt – ich habe das halt nicht gesucht. Aber ich habe es auch nie länger als drei Tage am Stück ausgehalten, bei jemandem zu sein. Dann wollte ich immer nach Hause und alleine sein.«

»Na ja, aber *bei* jemandem zu sein ist auch doof!«, hält Julia ihr entgegen. »Ich fand das auch anstrengend, wenn ich drei Tage hintereinander bei Jan war. Da fehlen dir auch deine Sachen, und ...«

»Nein, aber nicht deswegen«, unterbricht Barbara, »sondern weil ich weg und alleine sein wollte.« – »Hm«, macht Julia. – »Und als ich da mit Simon zusammengewohnt habe – gut, so lange war das gar nicht, dass man das groß hätte austesten können. Aber – ich fand es schon schön, in einem Bett zu schlafen und nebeneinander aufzuwachen.« Das scheint unbestritten der größte Trumpf der gemeinsamen Wohnung zu sein. »Da dachte ich auch: Ui, das werde ich ganz schön vermissen, wenn es nicht da ist.«

»Ah, das ist das Schönste, sich abends an Jan anzukuscheln!«, schwärmt Julia behaglich. Sie greift zur Kelle. »Noch jemand Bowle?«

Als die letzten Reste verteilt sind, bringt Julia den nächsten Punkt auf die Agenda. »Was ich auch nicht so einfach finde – ich glaube, das muss man auch erst wieder so ein bisschen lernen, wenn man zusammenwohnt, oder auch, wenn man relativ frisch zusammen ist – ist dieses Selbstständige. Bei uns bin ja entweder ich weg, oder wir sind beide da. Und dann passiert es oft, dass es morgens heißt: ›Ach komm, gehen wir frühstücken.‹ Und danach machen wir dies und das und verschlunzen so den Tag. Und dann bleiben Sachen liegen, oder ich mache Dinge nicht, die ich gerne machen würde, und Jan geht es, glaube ich, ähnlich. Dann muss man irgendwann wieder darauf achten, dass man auch seinen eigenen Kram nicht außer Acht lässt.«

»Stimmt, so was Ähnliches kenne ich auch«, fällt selbst Barbara ein: »Ich habe damals so einen richtigen Schub bekommen, dass ich immer kochen und alles immer nett machen wollte. Diese Vorstellung, dass man es sich zusammen schön macht, halt …«

Ich nicke: »Es ist ja auch schön, finde ich, zum Beispiel zusammen zu essen. Wobei jetzt meinetwegen auch keine Regel draus werden muss, dass jede Mahlzeit zusammen eingenommen wird.«

»Nö«, sagt Barbara, »aber ich mochte das, mir Sachen rauszusuchen, die ich dann für uns kochen wollte …« Sie macht eine

Pause, bevor sie lakonisch feststellt: »Aber es sich zusammen schön zu machen, beinhaltet ja auch, dass man im Ansatz ähnliche Vorstellungen davon hat.«

Anne sieht nachdenklich aus. »Ja, dieses Selbstständige – das ist sicherlich eine Lektion, die ich noch nicht so ganz verstanden habe«, bemerkt sie selbstkritisch. »Ich neige oft dazu, ein bisschen stur daran festzuhalten, dass wir die wenige gemeinsame Zeit jetzt auch nutzen sollten ... Obwohl es manchmal ja ganz gut ist, wenn man sich dann auch mal kurz trennt und sein eigenes Ding macht. Für mich sind diese Momente doch so kostbar, dass ich manchmal nicht so gut verstehe, dass ein bisschen Abstand es eher noch besser macht.«

»Das muss man aber auch ein bisschen üben, finde ich«, wendet Julia ein. »Wir haben teilweise schon extrem viel Zeit miteinander verbracht. Und irgendwann haben wir dann beide gemerkt, dass man schon zusehen muss, dass man seine Sachen auch so beibehält. Auch wenn es vielleicht jetzt gerade nett wäre, noch mal zwei Stunden rumzusitzen. Dann sagt man besser irgendwann einfach: ›So, jetzt will ich aber los.‹ Oder: ›Ich will noch was anderes machen.‹ Und dann ist es ja auch schön, wenn der eine in seinem Zimmer sitzt und der andere im Wohnzimmer und beide wühlen so rum; das mag ich auch gerne.«

»Oh ja, das finde ich auch super«, gebe ich ihr recht, »wenn jeder in seinem Arbeitszimmer sitzt und seinen Kram macht. Das ist wirklich schön an unserem Doppel-Freiberuflertum! Ich höre dann so ein bisschen, was Basti da drüben treibt, aber ich kann auch die Tür zumachen, wenn es mich nervt. Ich mag das morgens, wenn ich schon am Schreibtisch sitze und Basti irgendwann mit verschlafenem Gesicht in der Tür zu meinem Zimmer steht, nackt oder im Bademantel, und sich ratlos am Kopf kratzt, wo er sich denn wohl gerade befindet. Das ist schon sehr niedlich; ich freu mich jedes Mal. Insgesamt mag ich diese Atmosphäre, zusammen zu sein, aber sein eigenes Zeug zu machen. Und ab und zu gehe ich dann durch sein Arbeitszimmer und er zeigt mir vielleicht eine Szene, die er gerade vertont hat …«

»Och, das finde ich aber total schön!«, sagt Anne.

»Ist es auch«, stimme ich zu. »Und dieses Selbstständigkeits-Problem kenne ich zwar von früher, aber in der Zeit mit Basti war es eher das Gegenteil. Und da muss man halt auch wieder aufpassen – die Kehrseite ist nämlich, dass in arbeitsintensiven Phasen jeder immer nur vorm Rechner sitzt, gerne auch bis drei Uhr nachts; man redet kaum miteinander … Oder einer geht schon mal ins Bett, der andere kommt später nach; morgens steht der eine auf, der andere pennt noch entsprechend länger … Und dann geht es sofort wieder genauso weiter.« Ich rümpfe die Nase, weil diese Phasen in den letzten Jahren in ärgerlicher Regelmäßigkeit auftreten. »Da fehlt diese Unterscheidung zwischen bewusst miteinander verbrachter Zeit und so einem Nebeneinanderher-Leben. Dann heißt es: ›Wir wohnen doch zusammen, wir sehen uns doch dauernd.‹ De facto spricht man aber nicht miteinander. Und das ist so eine Sache, die dann vielleicht leichter mal flöten geht, weil es so selbstverständlich wird.« Ich nehme den letzten Schluck Bowle und stochere nach den Erdbeeren. »Keine Ahnung, ob das in getrennten Wohnungen besser wäre oder ob wir uns dann einfach gar nicht sehen würden. Ich finde nämlich andererseits das Zusammenwohnen auch gerade wegen dieser Arbeitssache gut; das war ursprünglich auch mal einer der Gründe, zusammenzuziehen. Vorher war es so, dass ich mich gerade zu Hause an den Schreibtisch gesetzt hatte, um noch was an meinem Unikram zu machen – und dann klingelte plötzlich Basti, der unangemeldet vorbeikam. Was mich ja gefreut hat und auch schön war!« – Julia, die sich über Besuche ihres Liebsten an ihrem jeweiligen Arbeitsort zwar ebenfalls stets sehr freut, andererseits dann aber auch immer zwischen allen Stühlen sitzt, nickt verständnisinnig. – »Aber gleichzeitig«, erkläre ich, »hatte ich dann quasi Besuch und hatte das Gefühl, dass ich mich jetzt irgendwie um ihn kümmern muss, auch wenn er sagte, ich solle ruhig mein

Zeug machen. Wäre er zu Hause gewesen, dann hätte er sich ja beschäftigen können, dann hätte er seinen Kram dagehabt und selbst irgendwas machen können. So aber habe ich mich dann immer unter Druck gesetzt gefühlt, na ja«, bremse ich mich, »nicht ihn zu bespaßen, aber …« – »Da zu sein«, ergänzt Maren, »klar.« – »Ja«, stimme ich zu, »oder jetzt zumindest nicht mehr so lange zu machen. Was blöd ist, wenn man gerade erst loslegen wollte. Irgendwann habe ich ihn mal vor die Tür gesetzt, was er auch völlig richtig fand, aber daraufhin kam irgendwann die Idee auf, dass Zusammenziehen vielleicht doch eine ganz schlaue Idee wäre. Dann kann ich auch in solchen Situationen sagen: Alter, ich brauch hier noch eine ganze Weile – mach doch so lange noch was anderes. Also«, fasse ich zusammen, »eine gemeinsame Wohnung ist schon sehr schön, auch aus solchen praktischen Gründen.«

»Ja, und ich liebe es auch«, gerät Maren ins Schwärmen, »sonntagmorgens zusammen zu frühstücken und sich gegenüberzusitzen und Zeitung zu lesen. Und nichts zu sagen. Bis um zwölf Uhr irgendwann der zweite Kaffee kommt, und dann heißt es: ›Brauchst du den Sportteil noch?‹ – ›Nein, gib mal den anderen …‹ Und dann gehen wir beide aufs Klo, weil wir ja zwei Toiletten haben.« Gelächter über die unaufgeregte Wochenendidylle. »Oder ich darf manchmal vor, wenn ich schneller bin und wir beide ins große schöne Bad wollen.«

»Ah, nacheinander, ist das kein Problem?«, frage ich mit ernsthaftem Interesse.

»Wenn ich zuerst dran bin, nicht«, erklärt Maren unverblümt. »Weil ich keine halbe Stunde brauche, um das zu zelebrieren.« Gleich ist die Stimmung wieder ausgelassen, und wir sind, nachdem wir es ausreichend vor uns hergeschoben haben, doch beim unvermeidlichen Thema der Intimität und – das gilt es zu besprechen – der möglicherweise allzu großen Vertrautheit angelangt.

»Erstaunlich finde ich das ja immer bei meinen Eltern«, plaudert Anne aus, »die wirklich auch voreinander auf die Toilette gehen …« Sie stellt ihr Glas ab. »Es gab bei uns immer eine große körperliche Unbefangenheit. Meine Eltern gehen abends gerne miteinander in die Badewanne – das ist so ihr Weg, gemeinsam den Tag zu beenden und sich auszutauschen. Dann wäscht sich der eine die Haare und der andere erzählt, wie es im Büro war … Das ist gar nichts Ultraromantisches, aber es zeugt doch sehr von Nähe, und das fand ich schon auf der einen Seite immer sehr schön; das habe ich in der Form auch noch nicht gehabt. Andererseits finde ich es wirklich außergewöhnlich – meine Mutter steht am Spiegel und putzt sich die Zähne, und mein Vater sitzt auf dem Klo und verrichtet sein Tagesgeschäft.« Anne lacht. »Das ist für mich so die größtmögliche Intimität – die ich aber wiederum für mich gar nicht so haben möchte. Ich halte es nicht für völlig ausgeschlossen, dass ich mich irgendwann mal jemandem so vertraut fühle, dass ich mich auch dessen nicht schämen würde …«

Maren zuckt die Achseln: »Och, ich finde es auch nicht besonders schlimm, wenn da jetzt mal die Tür aufgeht …«

»Ja«, sagt Anne, »aber tatsächlich kann oder möchte ich mir das gerade gar nicht so wünschen. Es steht nicht auf meiner To-do-Liste der Intimität.«

Ich muss lachen. »Stufe zehn: Gemeinsamer Toilettenbesuch. Schön.«

»Ja, das muss man vielleicht ausprobieren«, findet Anne, »wie viel man teilen möchte und wo es dann aufhört. Ich merke bei mir, dass die Schwelle der Scham in manchen Bereichen jetzt schon sinkt. Das begrüße ich aber auch: dass ich mich nicht mit dem Rücken zur Wand aus dem Zimmer bewege, damit er nicht meine mögliche Schwachstelle betrachten kann. Ich habe meinen Körper auch in dieser Beziehung ganz gut akzeptiert und finde das auch okay.«

»Ja, es ist ganz schön, wenn man sich mit solchen Dingen etwas entspannt.« Ich überlege einen Moment. »Vielleicht gibt es eher andere Dinge, die man lieber für sich hat. Gedanken … Tagebuch klassischerweise oder so.«

»Was ich nicht gerne mag«, steigt Julia darauf ein, »ist, wenn ich telefoniere und jemand sitzt daneben. Da kann auch meine Mama am anderen Ende sein – da bin ich wirklich gern alleine. Oder auch beim E-Mails-Schreiben – das kann ich nicht gut haben, wenn ich das Gefühl habe, da guckt mir jemand über die Schulter oder hört mit.«

»Stimmt!«, sekundiere ich. »Das kann ich ausgezeichnet verstehen. Was allerdings weder Basti noch mich hindert, das furchtbar aufdringlich zu praktizieren: ›Wem schreibst du da? Zeig mal …‹«

»Ja!«, ruft Julia entzückt. »So bin ich auch!« Sie lacht. »Ich bin auch unglaublich neugierig – aber man weiß ja auch, wie man selbst dann ist; es stört mich auch nicht, wenn Jan beim Telefonieren lieber allein ist. Da finde ich es blöder, wenn wir noch im Bett liegen und er dann irgendjemanden anruft und eine halbe Stunde quatscht, während ich danebensitze. Ich selber telefoniere lieber, wenn er gerade nicht da ist, oder ich geh raus, oder … beim Quatschen bin ich jedenfalls lieber ungestört. Ich sage ja dann nicht mal unbedingt was Spannendes – aber trotzdem!«

»Joah«, sagt Anne langgezogen, »es gibt bestimmt Themen, wo ich es auch nicht unbedingt gut finden würde, wenn er zuhört. Auf der anderen Seite bin ich gekränkt, wenn sein Telefon klingelt und er dann auch wirklich jedes Mal aufsteht, aus dem Raum geht und die Tür zumacht. Das finde ich überhaupt nicht lustig.« So wie sie guckt, müssen wir trotzdem lachen. »Ich kann dann auch meine Neugierde nicht im Zaum halten und muss fragen: ›Und? Wer war das?‹ – Also, ich finde das schon schön, wenn man sich da ein bisschen mitteilt …« Sie überlegt und relativiert dann: »Okay, wenn man zusammenwohnt, dann würde ich auch die Tür zumachen, klar. Aber wenn es jetzt was ist, was er nicht hören soll, dann würde ich das eher ein andermal erzählen und nicht gerade den Augenblick nutzen, aus dem Zimmer zu gehen und alles zu verbarrikadieren, damit er nicht hört, was ich auf der anderen Seite ins Telefon flüstere.« Gelächter in der Runde.

»Das hab ich noch nicht so richtig verinnerlicht«, sage ich, »mir fehlt da so ein bisschen die Vorsicht, fürchte ich. Und dann hört Basti im Nebenzimmer so halb mit.« Neugierige Blicke, und ich beeile mich, zurückzurudern: »Es gibt gar nichts Spannendes. Bloß habe ich neulich mit Heike geskypt und ihr von so einem kleinen Flirt erzählt. Gar nichts weiter, da ging es halt bloß darum, mal ein bisschen zu tratschen. Da habe ich zu dem Zweck die Tür zugemacht und dann erst losgelegt: ›So, jetzt erzähl ich dir mal …‹« Ich reibe mir verlegen die Nase. »Dann bin ich nach dem Gespräch in die Küche gegangen und hab mir einen Tee gemacht, und Basti summte an seinem Rechner vor sich hin: ›Katja hat Jungsgeheimnisse!‹ – Da hab ich ganz schön gestaunt und ihn gefragt, wie er denn darauf käme, und mich insgeheim gesorgt, ob er mir nicht doch den Gedankenübertragungschip ins Hirn gepflanzt hat. Aber er meinte: ›Och, meine Süße, du kannst doch nicht solche Anfängerfehler machen und dann erwarten, dass ich nichts mitkriege!‹ Darauf ich, ein bisschen schuldbewusst: ›Du meinst, die Tür zuzumachen?‹ Und Basti meinte fast schon entrüstet: ›Ja, mal ehrlich – erst die ganze Zeit mit Heike in deinem Zimmer ramentern, und irgendwann höre ich auf einmal nur noch ein leises: Klick …‹« Meine Freundinnen freuen sich sehr. »Das fand ich, ehrlich gesagt, saucool von ihm. Und es war ja auch, wie gesagt, nichts Besonderes, bloß halt auch nichts, was ich ihm jetzt so unter die Nase gerieben hätte.« Ich grinse. »Aber ich muss doch sagen: Es ist schwieriger, diskret zu sein mit solchen Dingen.«

Es gibt eine kleine Pause, in der wir abwägen, ob Rotwein nach Erdbeerbowle wohl zu furchtbaren Kopfschmerzen führen wird. »Ach, ist doch so schön grad«, fällt die Entscheidung pro Wein.

»Dieses Einrichtungsding haben wir bisher übergangen«, stelle ich fest, als alle versorgt sind. »Habt ihr da Erfahrungen … oder Befürchtungen?«, wende ich mich an Anne und vermute gleich selbst weiter: »Andererseits ist Nick Architekt; vielleicht hat er ja auch einfach einen hervorragenden Geschmack?«

»Ja«, sagt Anne zweideutig, »der hat schon sehr genaue Vorstellungen, was er gut findet und was nicht. Was auch hin und wieder zu kleinen Auseinandersetzungen führt. Aber das sehe ich nicht als Hindernis.«

»Da hatte ich ja nach Bastis gelbem Schlafzimmer ein bisschen Sorge …«, gebe ich zu. »Ich dachte schon: Oje, wie wird das werden? Er macht da gerne Witze drüber, wenn ich überlege, was man mit diesem Wohnzimmer machen könnte: ›Ich hätte da eine super Idee!‹«

Anne lacht. »Ja, solche Geschmacksdifferenzen habe ich auch schon bei anderen beobachten können. Dann hängt der eine an seinem hässlichen Sofa, und der andere – na ja.«

»Ja, man muss sich da vermutlich in Toleranz üben …«, konstatiere ich achselzuckend.

»Ich glaube eigentlich, dass man da einen ganz okayen Konsens finden kann«, findet Anne. »Wenn man sich nicht auf Möbelstück A einigen kann, dann gibt es ja vielleicht noch B, C und D, mit denen man einen Kompromiss finden kann, der beiden gefällt.«

»Im Zweifel ist es ja eh so, dass erst mal jeder seine Möbel mitbringt«, vermute ich. »Dann arrangiert man sich halt und tauscht sie notfalls mit der Zeit aus. – Was ich aber wirklich frappierend fand«, ich wende mich an Barbara, die ihre winzige Einzimmerwohnung, deren Potenzial man vor dem Einzug höchstens dunkel erahnen konnte, mit einem stilsicheren Händchen und haufenweise Krimskrams in ein Paradies verwandelt hat, in dem man, sobald man es sieht, auf der Stelle für immer bleiben möchte. »Ich finde es unglaublich, wie viel schöner deine jetzige Wohnung ist als die, die du mit Simon hattest!« Barbaras Exfreund hatte nicht ganz so einen exquisiten Geschmack, dafür aber viele Möbel in die Beziehung eingebracht.

»Na ja«, spielt Barbara den Kontrast herunter, »das war natürlich auch erst mal ein bisschen zusammengewürfelt …«

»Aber da sind auch zwei Ästhetikwelten aufeinandergeprallt«, widerspricht Julia. »Und Barbara mit ihrer filigranen Art hat sich da leider nicht so durchsetzen können, wie erhofft. Ich hatte ja noch auf Vögelchenbilder spekuliert ... aber die hat Simon ja strikt abgelehnt.«

»Ja«, sagt Barbara, »die Vögelchenbilder hängen immer noch nicht. Kein Platz ...«

DIE 8. FRAGE

Krisenmanagement

Wie sind wir aus Beziehungstiefs wieder herausgekommen?

FÜR DIE NÄCHSTE FRAGE WIRD noch einmal Wein eingeschenkt und sämtlicher verfügbarer Knabberkram auf die Terrasse geräumt. Wir sitzen immer noch in Sommerkleidern unterm tiefblauen Himmel und bis auf Julia, die bereits bei zwanzig Grad leichte Erfrierungen bekommt und die jetzt zusätzlich den warm eingemummelten Peter im Arm hat, haben wir keinerlei Verlangen, die Pullover rauszuholen, bevor wir in die Krisenthematik einsteigen.

Es braucht nicht mehr als die Kombination aus zwei verschiedenen Menschen, Gefühlen und Zeit, damit die ganze Mischung fast schon zwangsläufig irgendwann mit mal mehr, mal weniger Wumms in die Luft geht. In Beziehungskrisen – und wir reden hier nicht von der gemeinen Alltagskabbelei, sondern von den großen und existenziell bedrohlichen Unwettern – ist die Frage: Schnellstmöglich das Weite suchen oder in mühevoller Arbeit die Scherben zusammenklauben? Wie rutscht man in diese Tiefpunkte hinein, was sind die populärsten Auslöser? Wie kommt man wieder raus? Und ist das angestrebte Ziel die konfliktfreie Zone oder sind Krisen unweigerlich Bestandteil einer Beziehung?

Ich ahne schon, als ich die Frage vorlese, dass das zu weiten Teilen mein Kapitel sein wird – in Zusammenarbeit mit Sebastian habe ich mich zu einer veritablen Fachkraft auf dem Gebiet entwickelt.

»Meinst du mit Krise einfach einen Streit?«, fragt Maren nach. – »Hm, je nach Empfinden, würde ich sagen«, antworte ich. »Manchmal dauert so was ja auch länger ... Julia hat vorhin beim Kochen so schön erzählt, wie sie und Jan sich nach so einer ordentlichen Krise angucken und staunen: Hui, da haben wir aber wieder was überstanden!«

»Ja.« Julia, in deren Arm Peter friedlich schlummert, fasst auf knappstem Raum zusammen: »Das kommt schon mal vor: Ich zweifle manchmal, Jan zweifelt manchmal, dann kriegt man sich mal in die Haare und das Ganze wird ein großes Thema. Da stellt man vielleicht mal probeweise alles infrage, um das ganze Modell noch mal zu überprüfen, und wenn es dann vorbei ist, denkt man: Mensch, da haben wir aber was überstanden. Ist eigentlich ganz gut.« Sie lacht.

»Und, weil wir gerade davon sprachen«, sage ich, »dauert das dann auch länger – also meinetwegen mehrere Tage ... oder Wochen?«

»Länger«, Julia legt den Kopf schief, »eigentlich nicht, aber hatten wir auch schon. Klar, da war ich lange weg, kam wieder und hatte diesen Burn-out. Jan ging es auch nicht so toll ... Das war schon nicht so leicht.«

»Ah, da sind wir bei den Auslösern«, markiere ich den ersten Punkt: »In diesem Fall kam es aber eher von außen, als dass es ein Konflikt zwischen euch beiden gewesen wäre, oder? – Na ja«, ahne ich, »wahrscheinlich vermischt sich das meist ...«

Julia zuckt die Achseln. »Ich weiß nicht, ob man das so benennen kann. Manchmal tut man sich auch gegenseitig nicht unbedingt wahnsinnig gut. Das heißt: Meistens schon, aber sicherlich gibt es auch Situationen, wo man eigentlich ein bisschen mehr Platz bräuchte und das in dem Moment vielleicht nicht so merkt oder einfordert. Und dann kann es halt sein, dass man ein bisschen zickig wird, bis man selbst irgendwann schnallt, worum es eigentlich gerade geht.« – Barbara betrachtet Peters Köpfchen, das extraniedlich aus Julias Armbeuge rausguckt. – »Ich finde, es ist dann wichtig, das dann auch mal losgelöst von dieser emotionalen Ebene zu betrachten und zu besprechen, das auseinanderzunehmen und sich dann auch in den anderen einzufühlen. Und es natürlich auch entsprechend umzusetzen.«

»Toll«, sagt Anne, erneut beeindruckt von Jans und Julias Miteinander, »ich finde das wirklich toll, wenn ihr das so umsetzen und meistern könnt.«

»Oft sind es ja auch bestimmte Schemata, die sich wiederholen«, meint Julia. »Der eine hat vielleicht ein Problem mit zu viel Nähe, und der andere hat vielleicht eher ein Problem mit ...«

»Zu wenig Nähe?«, ergänze ich.

»Oder Angst vorm Verlassenwerden«, nickt Julia, »wenn ich nicht genügend Aufmerksamkeit bekomme oder was auch immer. So ist es bei uns manchmal, weil Jan ja immer schon viel allein war und das auch mag und braucht ...« Sie streichelt mit dem Finger über Peters Flaumkopf. »Ich bin ja auch gerne alleine, so ist es nicht. Aber bei ihm kommt es schon vor, dass er so ein bisschen verschlossen wird. Dann muss man erst mal begreifen, was eigentlich das Problem ist. Wenn man das entlarvt hat, kann man damit ja eigentlich ganz gut umgehen.«

»Das ist vielleicht das, was man so ›Zusammenraufen‹ nennen würde?«, mutmaße ich.

Julia winkt ab. »Nee, ›Zusammenraufen‹ hört sich so nach Kraftakt an. Es ist mehr ein Erkennen von Verhaltensmustern.«

»Okay«, räume ich ein, »vermutlich nenne ich es ganz gerne so, weil es bei uns mehr von einem Kraftakt hatte. Das hat ja ewig gedauert: Wir haben uns in einem Frühling kennengelernt, und in regelmäßigen Abständen von jeweils einem Jahr hatten wir eine Riesenkrise. Die dann auch nicht einfach ein Streit war, sondern an der das Ganze auch ohne Weiteres hätte in die Brüche gehen können.« Ich beginne die Aufzählung aus meinem Erfahrungsschatz: »Die erste Sache war dieser Irlandstreit, von dem ich erzählt habe – na ja, allgemein gesprochen beruhte eigentlich jeder ernsthafte Krach darauf, dass einer von uns irgendwas so tunnelblickmäßig und relativ egoistisch durchgezogen hat, ohne nach links und rechts zu gucken und auch einfach mal auf den anderen zu achten. Und bei dieser Geschichte waren es letztlich meine Freundinnen, die mir irgendwann gesagt haben: ›Also, ehrlich gesagt ...‹«

»›... geht das gar nicht‹«, ergänzt Julia.

»›... geht das gar nicht!‹«, wiederhole ich schuldbewusst. Julia lacht. – »Was mich wirklich überrascht hat, weil ich mich völlig im Recht gefühlt habe und mich gefragt habe, wieso zur Hölle ich nicht alleine in den Urlaub fahren kann! Wo Basti doch genauso immer darauf bedacht war, dass jeder schön selbstständig sein Ding macht. Ich habe es ganz ernsthaft nicht verstanden. Und als dann alle sagten: ›Ja, schon – aber du hättest vielleicht mal vorher Bescheid sagen können.‹ Und als alle verstehen konnten, dass es für Basti ein Problem sein könnte ... tja.« – Für mein ratloses Gesicht werde ich milde ausgelacht. – »Da dachte ich irgendwann: Hm, okay – niemand sieht es so, außer mir – und so musste ich dann notgedrungen irgendwann meinen Fehler einräumen. Aber ich war tatsächlich relativ stur, fürchte ich. Also«, fasse ich zusammen, »erste Krise: Egoismus, Verplantheit und Trampeligkeit.« Die anderen schmunzeln, und ich hole für Krise Nummer zwei aus.

»Im Jahr darauf kam die sogenannte Düsseldorf-Kontroverse: Da hatte Basti einen großartigen Job am Theater und war deshalb ein paar Monate dort. In Hamburg waren wir gerade zusammengezogen – er hatte quasi seine Sachen rübergetragen und war wieder verschwunden. Das hat sich später als etwas unglückliches Timing erwiesen, weil ich zu der Zeit auch gerade meine letzten Seminare hinter mich gebracht hatte und nicht mehr zur Uni ging, gleichzeitig meinen Nebenjob gekündigt hatte, und nun war da eben auch kein Mitbewohner. Es kam alles ein bisschen doof zusammen, und so bin ich über meinen letzten Hausarbeiten am Schreibtisch ein bisschen vereinsamt. Da strömten gleich die Glückshormone, sobald ich mit dem Drogerieverkäufer an der Kasse drei Worte gewechselt hatte.« Ich schüttle mich in Erinnerung an eine von vorne bis hinten ätzende Zeit. »Währenddessen war Basti durch diesen plötzlichen Erfolg nach der langen Durststrecke auf einem völlig anderen Trip; diese Anerkennung und Wertschätzung hat ihn total mitgerissen, und er war – für mich – komplett abgemeldet. Was ich erst so nach und nach gemerkt habe: Er war dann am Telefon immer kurz angebunden und tendenziell genervt. Und irgendwann habe ich ihn dort besucht, und es war schrecklich. Wir waren uns irgendwie fremd, und ich habe mich unter seinen Kollegen so gefühlt, als sollte ich besser nicht da sein. – Um das abzukürzen«, sage ich, »ich fühlte mich enorm im Stich gelassen und dachte: Ach guck mal, das passiert also, wenn Basti Erfolg hat.«

Barbara lacht. »Schöner Rückschluss!«

»Da bin ich abgemeldet«, formuliert Maren.

»Ja, wirklich!«, insistiere ich. »Was mich noch lange Zeit gewurmt hat: dass ich mich bei seinem ersten wirklichen Erfolg nicht richtig für ihn freuen konnte.« Die anderen nicken verständnisvoll. »Dazu kam noch diese blöde Geschichte – ich glaube, letztlich steckte gar nichts dahinter, aber damals sah es so aus, als hätte er sich da vielleicht ein bisschen verknallt. Und als sei da was auch immer gelaufen, oder halt auch nicht. Ach genau«, erinnere ich mich, »da waren wir abends aus!«

»Ja«, bestätigt Julia, »ich weiß auch noch wo …«, und wir lassen einen dieser Abende Revue passieren, an denen man so unglaublich froh um seine Freundinnen ist.

»Ja, abgesehen von euch war es ein fürchterlicher Abend«, resümiere ich, »und ich habe die ganze Nacht nicht geschlafen. Ja, doch, da habe ich mich schon sehr beschissen gefühlt.«

»Wie ist das eigentlich wieder ins Lot gekommen?«, fragt Anne interessiert.

»Hm«, sortiere ich, »in dem Moment, als da diese andere Frau ins Spiel kam – zumindest in meinem Kopf –, hat es mir nur geholfen, mich innerlich unabhängig zu machen … mich zu wappnen«, präzisiere ich auf die fragenden Blicke hin, »dafür, dass da alles passiert sein kann. Und ihm zu sagen: Okay, meinetwegen hast du dich da ein bisschen verknallt, kann ja passieren – aber trotzdem sind wir jetzt seit zwei Jahren zusammen, und ich erwarte schon von dir, dass du dich zumindest ordentlich mit mir auseinandersetzt und nicht nur genervt bist am Telefon.« – Anne sieht beeindruckt aus; ich relativiere: »Aber darüber hatte ich eine Nacht wachgelegen, mir den Text aufgeschrieben, Basti am nächsten Tag angerufen und ihm das alles so flüssig runtererzählt, wie ich das also jetzt sehe.« Meine Freundinnen lachen. »Da war er übrigens auch total beeindruckt!« Ich muss gleichfalls lachen. »Er sagte: ›Wow!‹«

»Ja«, sagt Anne in einem fließenden Übergang von amüsiert zu nachdenklich, »es ist doch wichtig, in solchen Momenten den eigenen Standpunkt klar zu artikulieren. Da hilft es nicht, wenn man sich aufgrund seiner eigenen Ängste einen Maulkorb verpasst und irgendwelche Dinge subtil versucht zu kommunizieren. Das führt dann eher zu Missverständnissen, nehme ich an. – Ja«, beschließt sie nach gründlicher Durchleuchtung, »finde ich gut!«

»Es war damit natürlich noch längst nicht zu Ende«, dämpfe ich das Lob, »überhaupt nicht. Aber ich hatte fürs Erste so eine Art Schutzschicht … und konnte mir dann sagen: Okay, ich warte noch ab, bis er wiederkommt, bis also dieser Ausnahmezustand beendet ist, und dann schauen wir mal, wie wir uns miteinander so schlagen.«

»Aber das habt ihr dann ja ganz gut«, stellt Anne fest.

»Haben wir«, muss ich zugeben, »wenn auch noch lange. Es hat – ähnlich wie bei mir ein Jahr vorher lustigerweise – ewig gedauert, bis bei ihm angekommen war, was genau ich eigentlich so ätzend fand. Ich habe das immer wieder aufs Tapet gebracht, über Monate, und es nervt einen ja irgendwann selber, immer die gleichen Dialoge: ›Ich hatte halt viel zu tun.‹ – ›Ja, aber das ist es nicht! Man kann ja trotzdem am Telefon mal ein paar liebevolle Worte finden, statt alles nur lästig zu finden.‹« Ich schnaube und schüttle den Kopf. »Na, es wurde dann irgendwann wieder. Irgendwann hatten wir so einen wahnsinnig schönen Tag miteinander, wo jeder viel seinen Gedanken nachhing, wir aber auch viel gesprochen haben, und wo man sich abends noch mal einen Kaffee machte, weil man noch nicht einschlafen mochte. Wunderschön. Und ab da habe ich das eigentlich als abgeschlossen betrachtet.« Ich hebe wieder die Hand. »Zweite Krise: Egoismus, Entfremdung, Vernachlässigung.«

»Ja, das ist so eine Sache«, sagt Julia, »ich merke das auch, wenn ich länger weg bin. Wenn beide in ganz unterschiedlichen Zusammenhängen unterschiedliche Sachen machen und man sich dann erst wieder annähern muss … Da ist man sich am Anfang erst mal wieder ein bisschen fremder.« Sie hebt die Schultern, ohne dabei Peter aus seiner Schlafposition zu bewegen. »So ist es ja, wenn man nicht wie normalerweise Situationen miteinander teilt und weiß, was der andere macht. Klar telefonieren wir dann auch, aber das ist was anderes, als sich zu sehen.« – Ich bin, zur Überraschung von niemandem, ganz ihrer Meinung. – »Und am Anfang fand ich dieses Fremdeln schon jedes Mal ein bisschen beängstigend, sodass es sich dann manchmal auch etwas hochgeschaukelt hat«, erzählt Julia. »Aber das ist inzwischen schon viel entspannter geworden.«

Da niemand Anstalten macht, einen neuen Faden aufzunehmen, beginne ich mit der dritten Geschichte. »Und dann kam im Jahr darauf die berühmte Alex-Geschichte. – Könnt ihr's noch hören?«, vergewissere ich mich. – »Klar«, sagt Anne und macht es sich mit einem neuen Glas Wein bequem.

»Das ist ja ein relativ klassischer Krisenauslöser«, bemerke ich vorweg, »wenn man sich anderweitig verliebt. So geschehen in der Bibliothek, als ich meine Magisterarbeit geschrieben habe. – Auch relativ klassisch, glaube ich«, füge ich hinzu, in Erinnerung an die fassungslose Bemerkung eines Bekannten, die Unibibliothek sei in allererster Linie eine gigantische Flirtbude. »Ich war jeden Tag da – und Alex, der an seiner Diplomarbeit saß, auch. Und er gefiel mir auch gleich, aber vorläufig habe ich mir noch nicht groß was dabei gedacht. Das erste Mal, dass ich da etwas unsicher wurde, war, als wir uns am Rechner gegenübersaßen und unter dem Tisch versehentlich mit den Füßen zusammenstießen – Turnschuh an Turnschuh, keine besonders erotisierte Ausgangslage, aber es fuhr mir so durch den Körper, und dann saß ich erst mal fünf Minuten völlig erschrocken mit dem Gesicht zwischen den Händen hinter dieser Arbeitsplatz-Trennwand versteckt und dachte: Ui, da hab ich wohl gerade mal ein bisschen überreagiert ... Nichtsdestotrotz: Ich wusste, dass er eine Freundin hatte, und ich hatte ja Basti, und so dachte ich, es wäre safe, mal mit ihm in der Pause Kaffee zu trinken. Was wir dann auch gemacht haben und was einfach bloß wahnsinnig nett war.« Ich lasse mir verschiedene Szenen aus diesem enorm warmen Frühling noch einmal durch den Kopf gehen. »Ich weiß eigentlich nicht, wie es kam, aber ehe ich's mich versah, war ich bis über beide Ohren verschossen in Alex. Und zu Hause war Basti, dem es zu der Zeit nicht besonders gut ging.« – Die ernsten Mienen meiner Freundinnen machen es unnötig zu erwähnen, dass die Dinge an dieser Stelle kompliziert wurden. – »Es war eine ganz merkwürdige und zwiespältige Situation«, fahre ich fort. »Auf der einen Seite hatte ich ja diese Arbeit zu schreiben, unter ordentlichem Zeitdruck. Und das war plötzlich sehr leicht: Dieses Verliebtsein hat eine ungeheure Energie freigesetzt; jeden Morgen stand ich um halb acht im Bett, bis obenhin voll mit Adrenalin, und war an der Bibliothek, sobald dort aufgeschlossen wurde. Und ich fand es sicher auch einfach schön, Alex zu sehen, der mich jeden Morgen freudestrahlend begrüßte, und manchmal lag eine Blume in meinem Spind ... wohingegen Basti mit schlechtgelauntem Gesicht zu Hause saß, wenn ich kam. Und da«, bemerke ich selbstkritisch,

»war ich natürlich auch nicht besonders hilfreich, denn ich habe nicht gerade sehr willensstark dagegengesteuert, und so waren wir irgendwann immer weiter voneinander entfernt.« – »Hm«, macht Julia, die die Geschichte seinerzeit hautnah miterlebt hat.

»Hat Basti das eigentlich gemerkt?«, fragt Anne.

»Klar«, sage ich und muss grinsen, »ich habe da allerdings wohl auch nicht besonders clever agiert. Erst habe ich ihm ganz arglos von Alex erzählt – ich hätte da so einen kleinen Bibliotheksflirt, sehr nett, unglaublich gutaussehend – und dann habe ich eines Tages komplett aufgehört, ihn zu erwähnen. Und einfach nichts mehr gesagt. Da wurde Basti dann verständlicherweise ein bisschen misstrauisch.« Das schallende Lachen der anderen ist fast schon befreiend.

»Und als ich dann eines Abends mit Alex im Kino war, in so einem Dokumentarfilm, und um halb sechs morgens nach Hause kam …« – Schweigen; die Gesichter sind schlagartig wieder ernst. – »Technisch betrachtet ist gar nichts weiter passiert«, sage ich. »Aber natürlich hatte es schon mächtig romantisches Potenzial, und bei Basti schrillten berechtigterweise alle Alarmglocken. Und ich selber war auch ratlos, weil es mich so umgehauen hat – ich dachte: Auweia, was mache ich denn jetzt – drei Jahre mit Basti, alles bestens, und jetzt kommt dieser Typ …« Ich schüttle kurz den Kopf, um das Seifenoperngefühl loszuwerden. »Und irgendwann hat Basti mich abends im Bett ganz direkt drauf angehauen: ›Sag mal, Katja – was ist da eigentlich mit dir und Alex?‹ Und ich bin auf der Stelle spontan in Tränen ausgebrochen und dachte – okay, jetzt kann ich wohl nicht mehr einfach sagen: ›Nichts – wieso?‹« – Die anderen müssen lachen: »Nein, das wäre vielleicht nicht so überzeugend gewesen.«

»Was Basti dann gemacht hat, fand ich unglaublich«, bewege ich mich Richtung Ende der Geschichte. »Er meinte: ›Weißt du, ich fahre jetzt mal zwei Tage weg, und du kannst in der Zeit in Ruhe darüber nachdenken, was du eigentlich willst.‹ Da war ich, wieder mal, schwer beeindruckt von ihm. Ich hätte das nie gekonnt; ich wäre viel zu verletzt gewesen. Was er natürlich genauso war. – Alex und ich haben uns dann allen Ernstes geeinigt, erst mal in unterschiedliche Bibliotheken zu gehen – er hatte ja immerhin selbst noch eine Beziehung zu retten. Und ich saß danach bitterlich heulend am Rechner. Dann war Basti weg und ich habe ganz viel mit euch geredet. Und ihr wart voll pro Basti.«

»Ja, natürlich!«, ruft Julia. »Habe ich dir eigentlich je erzählt«, sie grinst ein bisschen verlegen, »Daniela und ich hatten eine Wette laufen, wie du dich entscheidest. Du solltest es eigentlich nie erfahren, aber ich verrate es an dieser Stelle mal.« Lachen in der Runde. »Daniela hat gesagt, du bleibst bei Basti, und ich habe gesagt – es musste ja spannend bleiben –, ich bin natürlich total für Basti, aber ich bin unschlüssig; Katja kann da schon mal schwach werden. Also, für die Wette setze ich jetzt mal auf den anderen. – Es ging um ein Spaghettieis, *und* der Gewinner durfte dem Verlierer ein Spaghettieis aussuchen, das man nicht haben will – so was Grünes oder so.«

»Hast du ein grünes Spaghettieis gegessen?«, fragt Maren angewidert.

»Ja. Ich glaube, Kiwi.«

»Na, um die Sache zu Ende zu bringen«, schließe ich, »es hätte an der Stelle auch auseinandergehen können. Aber dadurch dass Basti einfach alles richtig gemacht und mich erst mal alleine gelassen hat, sich nach seinem Ausflug aber auch ohne Einschränkung zu mir bekannt hat …« Die anderen nicken beeindruckt. »Damit war natürlich nicht alles vorbei. Ich war mir zu dem Zeitpunkt gar nicht so hundertprozentig sicher, ob ich das weiter wollte … Es sind in dem Zuge nämlich auch viele andere Dinge ans Licht gekommen; kleine Lieblosigkeiten, die sich so eingeschlichen hatten, mit denen ich unglücklich gewesen war, ohne es groß zu merken, und die dann auch mit aufgearbeitet wurden. Und eine ganze Weile war ich auch noch tierisch aufgeregt, wenn ich Alex irgendwo gesehen habe – ich habe auch, das kannte ich nicht von mir, ganz körperlich reagiert; mir wurde schlecht und ich fing an zu zittern. Das fand ich schon besorgniserregend. Aber plötzlich konnte ich mit allem zu Basti kommen, weil eh schon alle Karten auf dem Tisch lagen ... Und ich hatte meine Augen wieder offen dafür, wie verletzt und getroffen er war, wie verschreckt er wochenlang aussah. Das hat mich ganz schön tief berührt. Er war so toll gewesen, und ich habe mich auch wirklich mit aller Kraft bemüht, meine Gefühle da wieder ins Lot zu kriegen. Mir war ja auch klar, dass ich, wäre ich drei Jahre mit Alex zusammen, seine Schwächen auch kennen würde.« Nachdenkliche Gesichter. – »Komisch, wie einen so was so hinterrücks aus den Socken hauen kann, oder?«, frage ich. »Ich habe natürlich auf der rationalen Ebene tausend Erklärungen dafür: dieser Magisterarbeitsautismus, der Frühling, das Drama, Bastis Stimmung, Alex als Projektionsfläche. Aber am Ende kann man doch nie genau sagen, was da mit einem passiert.«

»Wenn man sich verknallt, verknallt man sich«, stellt Julia nüchtern fest. »Klar, gefeit ist man davor nie.«

Ich nicke. »Am Ende des Tages hat es Basti und mir sogar eher genützt – dadurch, dass es sowieso nichts mehr zu verheimlichen gab, hat sich so eine totale Offenheit daraus entwickelt, die sehr schön war. Und irgendwann habe ich Alex gesehen und dachte: Ich glaube, jetzt verlasse ich Basti nicht mehr. Da war es irgendwie vorbei.« – Es ist fast ein kleines Aufatmen zu hören, obwohl der Ausgang der Geschichte ja vorhersehbar war. – »Und es hat zwar noch Monate gedauert und viel Arbeit erfordert, bis das Vertrauen wiederhergestellt war. Aber letztlich hat es der ganzen Sache noch mal einen richtigen Schub gegeben, und seitdem ist auch Ruhe gewesen. Mit dieser Geschichte haben wir noch mal ganz schön viel übereinander gelernt.« Ich lache. »Das war dann also Krise drei – die gefährlichste vielleicht, aber bis hierhin auch die letzte. Tatsächlich habe ich inzwischen das Gefühl – und ich würde sagen, auch durch diese großen Stürme, die wir überstanden haben –, dass Basti überhaupt nicht mehr zur Diskussion steht. Alles in allem haben wir das durch große Offenheit, durch Willen, und natürlich Liebe, ziemlich gut hingekriegt.«

»Aber«, konstatiert Julia nach einem kurzen Verdauungsschweigen, »all so was würde einfach nicht funktionieren, wenn man so eine Situation – auch wenn sie vielleicht unangenehm ist – im Ernstfall nicht auch in der Lage ist zu ertragen. Und viele machen das, glaube ich, auch nicht, sondern gehen dem dann lieber aus dem Weg. Die Leute, die eher nur kurze Beziehungen haben – gerade auch bei diesem Überangebot, das es ja oft gibt.«

»Oder von dem man zumindest den Eindruck hat, dass es das gibt«, sage ich, »ja. Absolut! – Und du hast ja mit Nils auch eine Reihe von Situationen überlebt, wo man dachte: Das hätte auch schon vorher mal auseinandergehen können. Bis es dann irgendwann nicht mehr ging, war das ja auch ganz schön gutes Krisenmanagement.«

»Ja, wir haben das eigentlich immer ganz gut hingekriegt«, bestätigt Julia. »Eigentlich. Hat zwar im Nachhinein auch nicht viel genützt; jedenfalls nicht genug, um zusammen alt zu werden. Aber stimmt – ich finde es auch wichtig, dass man dann halt mal die Köpfe aneinanderschlägt, und danach ist es wieder in Ordnung. So ein Umgang ist, glaube ich, ganz gut.« Sie denkt nach. »Besonders schön ist das natürlich nie. Ich merke aber auch, dass ich ab und zu so eine Dramatik brauche, um solche Sachen dann auch mal wieder zu fühlen. Dass ich manchmal, wenn ich mir der ganzen Sache nicht so sicher bin, das dann auch mal auf die Spitze treibe, um das ganze Gerüst zu überprüfen.«

Ich lache. »Das kenne ich auch – dass ich manchmal ein bisschen streitlustig bin, und es dann weiter und weiter treibe …«

»… und dann entgleist es einem irgendwann und wird ein bisschen unangenehm«, ergänzt Julia folgerichtig, und wir müssen lachen. »Ich finde es ja cool«, sagt sie, »wenn man mit so was auch umgehen kann – ich bin manchmal nicht so gelassen, wie ich gerne wäre. Das ist mein persönliches Ziel: Gelassenheit. Nicht nur in Beziehungen, sondern insgesamt.« Sie seufzt. »Es ist ein weiter Weg …«

Ich nicke in tiefer Sympathie. Dann wende ich mich an Maren. »Aber wie ist das zum Beispiel bei euch – ich finde dich ja unglaublich gelassen. Dieser Hang zur Dramatik …«

»Nee, dazu neige ich gar nicht«, bestätigt Maren. »In den meisten Situationen finde ich einfach alles nicht so schlimm. Alles nicht so ein Riesenproblem. Ich hatte immer Bekannte, die ich aufbauen musste, wenn sie in diversen Krisen steckten, und ich meinte immer: ›Ach, das wird schon wieder.‹« Sie lacht und wir mit: So einfach kann es auch sein.

»Aber hattet ihr überhaupt schon mal große Streitereien«, frage ich, »sodass man sich ernsthaft Sorgen hätte machen müssen?«

»Der Lichtstreit«, wirft Julia ein, die bei Marens Licht-anlassen-im-Bad-Geschichte offenbar gut aufgepasst hat.

»Der Lichtstreit ist eine unserer größten Krisen«, sagt Maren. »Ja. Im Ernst: Es ist wirklich furchtbar öde bei uns; wir sind beide überhaupt nicht streitsüchtig … Wir diskutieren und wir ärgern uns auch manchmal. – Und ich hatte jetzt auch das erste Mal in meinem Leben einen zornigen Ausbruch«, schiebt sie nach.

Julia lacht. »Wie sah der aus?«

Maren holt Luft. »So, dass mein Mann mal wieder Bier kaltgestellt hatte und es im Eisfach auf die eingefrorene Muttermilch gelegt hat. Und diese drei Bierflaschen sind geplatzt«, sie nimmt einen hochdramatischen Ton an, »auf meiner hart erkämpften, mühsam abgepumpten Muttermilch. Die Nahrung unseres Sohnes – mit Bier besudelt!«, ruft Maren.

Wir lachen: ungewohnte Töne von dieser sonst so entspannten Person. – »Und ich bin derart ausgeflippt …« Sie schüttelt den Kopf. »Ich weiß auch nicht – da sind wahrscheinlich alle gesammelten Supermuttergefühle aus mir herausgebrochen … Nicht dass es bei mir nicht noch mehr Milch zu holen gäbe und im Übrigen war sie ja auch schon in Tüten verpackt – wir haben sie nachher gemeinsam saubergemacht und wieder ins Eisfach gelegt ...« Großes Amüsement. »Ich glaube, ich bin so laut geworden wie in meinem ganzen Leben noch nicht. Ich habe richtig geschrien: ›Du dummer Mann, wie konntest du das tun!‹ Und er war ganz entsetzt und hilflos und meinte völlig schockiert: ›Oh nein, was habe ich getan? Ich habe dich noch nie so erlebt, es tut mir so leid!‹ – Also, es waren definitiv die Hormone, so bin ich ja eigentlich überhaupt nicht!«, versichert Maren wieder. »Bis ich mal ausraste und laut werde und schreie, ich weiß gar nicht, was da alles passieren muss; ich bin ja eher ein ruhiger Typ. Aber da habe ich mich selbst nicht wiedererkannt. Und ich bin ins Badezimmer gestürmt und heulend zu Boden gegangen.« – Die Stimmung ist auf dem Höhepunkt. Barbara lacht am lautesten: »Großartig!« – »Und habe alles angezweifelt«, berichtet Maren weiter. »Mit wem bist du da verheiratet! Wie geht dieser Mann mit dem Essen seines Sohnes um! Dein ganzes Leben – ein Irrtum! – Na ja, Markus ist natürlich dann ins Badezimmer gekommen und hat sich kleinlaut entschuldigt. Am Ende habe ich völlig verheult diese Dinger abgewischt, und Markus hat ganz still alles trockengemacht und wieder ins Eisfach gelegt. Nachher war alles wieder gut. Das ganze Drama hat nicht länger als zehn Minuten gedauert.« – Schallendes Gelächter bei uns.

»Das ist eine tolle Geschichte!«, freue ich mich.

»Ja«, sagt Maren, »irgendwann nach einer Stunde fragte Markus: ›Bist du mir noch böse?‹ – ›Nein, Markus, alles wieder gut.‹ – Es ist schon komisch, was so ein Kind mit einem macht, wenn dann dieser Beschützerinstinkt derart aus einem rauskommt. – Ja«, fasst sie zusammen, »ich glaube, das war unsere größte Krise.«

Wir lachen. Anne fragt belustigt bis fassungslos nach: »Das kann ich gar nicht glauben! Wie lange seid ihr jetzt zusammen?«

»So sieben Jahre«, rechnet Maren.

»Fast wie Basti und ich«, fällt mir auf. »Aber bei uns ist es deutlich wüster zugegangen.«

»Ich finde das erstaunlich«, sagt Anne, die immer noch ungläubig Maren anstaunt.

»Ja, ich auch«, sage ich, »aber bei meinen Eltern funktioniert es interessanterweise auch so. Die sind seit 35 Jahren zusammen und sagen von sich, dass sie tendenziell beide harmoniesüchtig sind, dass sie vielleicht alle fünf Jahre mal einen großen Streit haben und sonst eigentlich nichts weiter. Das geht auch, aber vielleicht erfordert es einfach mindestens einen sehr ruhigen Part ...«

»Ja, das geht«, bestätigt Maren. »Wir sind auch total harmoniesüchtig. Das hält bei uns nicht lange – irgendeiner kommt dann immer an.«

»Na, wenn beide so sind, geht das ja auch!«, sage ich.

Maren legt den Kopf schief. »Es gibt ja dann auch Menschen, die Krisen auskosten und auch ein bisschen leiden wollen. Darauf habe ich keine Lust.« Sie nimmt den letzten Schluck von dem halben Glas Wein, das sie sich gestattet hat.

»Ist vielleicht auch ein bisschen Typsache«, wägt Julia ab. »Man beschließt das ja nicht unbedingt.«

»Peter hat auch gerade eine Krise«, bemerkt Maren mit Blick auf ihren Sohn, der justament anfängt zu schreien. »Hunger.« Sie verabschiedet sich fürs Erste: »Ich mach mal eine Pause.«

Ich gucke Barbara an. »Und du? Du hast ja, schien mir, vor allem immer unglaublich viel Ruhe und Toleranz aufgebracht ... Bis es dann halt nicht mehr ging.«

Barbara rümpft die Nase. »Ich würde mal behaupten, ich habe überhaupt kein Krisenmanagement. In keinem Bereich. Ich kann damit überhaupt nicht umgehen.« – Wir müssen lachen bei diesem unbeschönigten Eingeständnis. – »Ich versuche immer, so was zu ignorieren, solange es geht. – Na ja, in Partnerschaften kann ich so was dann schon auch mal ansprechen.«

»Du bist aber«, merkt Julia an, » und das fand ich interessant, weil du in Freundschaften ja gar nicht so bist, in Partnerschaften schon auch motzig!«

»Ja, genau«, gibt Barbara unumwunden zu. »Ich werde dann eher zickig und motzig; ich kann rummosern und meinen Freund anmeckern. So kommt es halt dann aus mir raus, und das ist nicht besonders produktiv. Ich bin ganz schlecht darin, den Finger in die Wunde zu legen und zu sagen, wo genau das Problem ist.«

»Dafür braucht man aber auch einen Partner, der dazu in der Lage ist«, wendet Julia ein. »Das hatte ich erst mit Nils und mit Jan, vorher konnte ich das auch nicht!«

»Ich habe es aber nie versucht.« Barbara bleibt streng mit sich.

»Die Frage ist ja auch, ob es sich lohnt«, gebe ich zu bedenken.

Julia stimmt zu: »Ja, ob man denkt: Das ist der Mann, mit dem ich das schaffen will.«

Barbara nickt vorsichtig. »Ja, ich glaube, ich hatte noch nie dieses Gefühl, wir müssten das irgendwie gemeinsam hinkriegen. Dass ich Probleme hätte überwinden wollen, um die Beziehung zu retten. Stattdessen habe ich immer so lange mitgemacht, bis es dann überhaupt nicht mehr ging.«

»Die Entwicklung so einer Streitkultur«, überlege ich weiter, »hängt ja auch extrem damit zusammen, wie man das lernt – mit dem Gegenüber in einer Partnerschaft, aber auch schon in der Familie.«

»In jedem Fall«, sagt Julia entschieden. »Ich wäre früher gar nicht auf die Idee gekommen, einen Streit so konstruktiv und lösungsorientiert anzugehen. Das war für mich eher ein unreflektiertes Rauslassen von Emotionen. Und das liegt vielleicht auch daran – ich liebe meine Familie ja über alles, aber Streitkultur war da nicht so ausgeprägt.«

»Ich bin da auch einschlägig geprägt«, sage ich, »meine Mutter und ich haben uns oft und heftig gestritten, und anschließend gab es immer dramatische Versöhnungen im Badezimmer. ›Es tut mir leid!‹ – ›Nein, *mir* tut es leid!‹« – Die anderen lachen. »Das Badezimmer-Motiv …«, bemerkt Barbara. Julia nickt: »›Ich hab dich doch lieb!‹ – ›Ich dich doch auch!‹ – Ja klar, kenn ich!«

»Und das«, erkläre ich, »habe ich von Basti wohl irgendwie ähnlich erwartet; stattdessen gab es immer diese ganz großen Geschichten … Ich glaube, ich habe keine große Angst vor Streit und melde relativ frühzeitig an, wenn mir was nicht passt. Für mich ist es unkomplizierter – dann verträgt man sich eben hinterher wieder –, und ich glaube, Basti sieht das ganz anders. Vielleicht kam es deswegen immer so weit, dass man sich schließlich ewig lange über riesengroße Dinge auseinandersetzen musste.«

»Was diese familiäre Prägung betrifft«, sagt Barbara, »kann ich nur sagen, dass wir das zu Hause nie gemacht haben – streiten oder über problematische Sachen reden. Da war eher Totschweigen angesagt. Und ich versuche auch, alle Konflikte mit mir selber auszumachen – und entweder laufe ich weg und beschließe, dass es keinen Sinn mehr hat … Ja«, hält sie fest, »ich bin eher jemand, der ganz schnell das Handtuch schmeißt.«

»Echt, hast du das bisher so gemacht?«, frage ich, milde erstaunt.

»Bei Adrian hat es ja auch Sinn gemacht!«, findet Julia.

»Ehrlich gesagt habe ich das bei allen gemacht. Also«, schränkt Barbara ein, »ich hatte schon immer eine relativ hohe Schmerzgrenze …«

»Ja, oder?« Das passt schon eher in meine Wahrnehmung. »Ich hatte nicht den Eindruck, dass du bei der ersten Kleinigkeit …« – »Nee, die haben sich alle wirklich richtig dämlich benommen«, meint Julia auch.

Barbara nickt zustimmend. »Es waren dann schon immer Sachen, bei denen man sagen musste: Okay, jetzt geht es wirklich nicht mehr weiter. Aber auch vorher – klar haben wir dann gestritten, aber es war nicht so, dass ich klar Position bezogen und das dann durchgefochten hätte.« Sie überlegt. »Nein, ich glaube, ich halte Sachen relativ lange aus und trage sie mit mir selber aus – und da der Frust ja irgendwo hinmuss, lasse ich ihn dann mit so Sticheleien raus, aber eben nicht besonders konstruktiv. Und wenn es mir zu viel ist, dann wird das Ganze einfach beendet und der Sache aus dem Weg gegangen. Ich glaube, ich habe es noch nie geschafft, ein Problem zu bewältigen. Lösungsversuche sind in meinem Kopf einfach nicht wirklich existent.«

Anne nickt. »Ich bin ja auch immer ganz beeindruckt, wenn Leute gemeinsam einen guten Weg finden, sich auseinanderzusetzen. Ich kann ja aus eigener Erfahrung noch gar nicht so viel dazu sagen.« Sie zieht das Haargummi aus dem braunen Zopf und bindet ihn erneut zusammen. »Ich bin, glaube ich, überhaupt nicht konfliktscheu – wie mir kürzlich noch mal bestätigt wurde ...« – »Das glaube ich«, werfe ich ein und muss lachen; ich habe Anne im Büroalltag schon ein –, zweimal jemandem gehörig heimleuchten hören. Anne lacht mit. »Aber ich bin auch kein streitlustiger Typ«, sagt sie dann. »Ich glaube, ich neige prinzipiell dazu, in Krisen eher rational zu reagieren – ich bin da nicht so impulsiv, dass ich Teller an die Wand schmeiße oder mich heulend im Badezimmer einschließe. Aber ich bin aktuell noch dabei, in dieser Sache ganz viel über mich zu lernen. Ich beobachte, dass ich viele Dinge erst mal schlucke – die arbeiten dann eine Weile. Und dann explodiere ich irgendwann mal. Anschließend bin ich erst mal runtergekühlt oder vorsichtig-kontrolliert, aber meist wirkt es dann noch mal nach, sodass es später noch eine Art Nachbehandlung gibt.«

»Aber das klingt doch nicht so schlecht«, finde ich.

»Nee«, schließt Anne sich an, »ich glaube, es ist ganz okay.«

»Dass die Dinge auf den Tisch kommen und es nicht gleich zum Bruch führt«, sage ich, »ist doch alles, was man sich wünschen kann.« – Anne nickt.

Mir fällt noch ein Punkt ein. »Beherrschung ist etwas, was ich erst mühsam lernen musste. Ich glaube, wenn ich mich angegriffen gefühlt habe, haben mich früher die eigenen Gefühle oder Ängste oft einfach überwältigt, und ich habe mit so einem Beißreflex reagiert und verbal einfach um mich geschlagen. Dass man keinen Streit beenden kann, wenn man dem anderen keine Möglichkeit mehr lässt, auf einen zuzugehen oder etwas wiedergutzumachen, war eine meiner wichtigsten Lektionen. Ich weiß nicht, ob ihr das auch kennt?«

»Dass ich so richtig auskeile?« Anne überlegt. »Da kommt es natürlich auf den Grad der Frustration an, oder? Irgendwie klingt es ja ein bisschen nach Verzweiflung.« – Ich gebe ihr umstandslos recht. – »Grundsätzlich glaube ich, dass ich, wenn es hart auf hart kommt, schon die Fähigkeit habe, auch meinen Verstand eingreifen zu lassen. Aber ich kann mich auch an einige Momente erinnern, wo ich mich so hilflos in der Gegenwart gefühlt habe, dass ich Nick richtig rausschmeißen und die Tür hinter ihm zuschlagen musste. Obwohl mein gegenwärtiges Gefühl ein ganz anderes war.« – Allgemeines Verständnis: ein offensichtlich hinlänglich vertrautes Gefühl. – »Und ich finde, solche Ventile sind auch verzeihbar und okay, wenn man danach auch wieder darüber sprechen kann und wenn es den anderen in seiner Persönlichkeit nicht zu sehr angreift.« – »Ja«, stimmt Julia zu.

»Aber«, fragt Anne abschließend, »ich habe den Eindruck, dass diese Kämpfe eure Beziehungen rückblickend betrachtet auch gestärkt haben, oder?«

»Klar«, sagt Julia, und ich stimme ebenfalls entschieden zu: »Ja! Nicht, dass es jeden Streit unbedingt gebraucht hätte. Aber das Bewusstsein, dass man ein paarmal erlebt, wie man sich so sehr streiten und entzweien kann – und sich trotzdem nicht trennt. Dass man sich so wichtig ist, dass man sich diesem Stress aussetzt und das Vertrauen über Wochen und Monate wieder aufbaut. Das ist im Nachhinein natürlich toll, weil Streit allgemein ein bisschen den Schrecken verliert und nicht gleich eine Katastrophe bedeutet. Im Moment denke ich: Jetzt muss schon echt viel passieren, bis wirklich etwas zwischen uns kommt – weil einfach schon so viel passiert *ist*. Und wir uns ja nicht gerade geschont haben. Das ist wirklich schön.«

Anne nickt. »Das kann ich gut nachvollziehen: dass man durch diese Kämpfe die Beziehung zueinander immer wieder neu definiert und ihr automatisch immer wieder einen höheren Stellenwert gegeben hat. Das stärkt natürlich auch sehr.« Sie denkt einen Moment nach und fasst ihre Erkenntnisse zusammen: »Solche Krisen lassen sich ja oft ganz gut – bei mir zumindest – definieren als dieses: Geh weg, komm her!« – Zustimmendes Lachen bei uns. – »Dass man so zwischen diesen beiden Extremen gefangen ist und von seinen Ängsten gejagt wird – und den anderen am liebsten wegschubsen will, um sich damit nicht auseinanderzusetzen. Aber eigentlich ist es überhaupt keine Lösung und macht alles nur noch schlimmer, wenn man aufgrund seiner eigenen Ängste den anderen vielleicht sogar mutwillig verletzt, um damit eine gewisse Entfremdung herbeizuführen.« Sie zündet sich eine Zigarette an. »Also: Ich glaube, das kann passieren. Vielleicht ist es auch sehr menschlich, dass sich so was in bestimmten Situationen durch die Hintertür hereindrängelt. Aber dann muss man irgendwann auch wieder die Reißleine ziehen können und sich gemeinsam von außen beschauen und das besprechen können. Und ich glaube, dann hat die Beziehung auch die Möglichkeit, immer wieder über sich hinauszuwachsen.«

»Punkt!«, sage ich und staune über diese druckreife Quintessenz.

Anne breitet die Arme aus und lacht. »Würde jetzt so in meinem Beziehungsratgeber stehen!«

DIE 9. FRAGE

Game over – Start again

Spielt die biologische Uhr inzwischen eine Rolle bei der Partnersuche?

MAREN HAT SICH MIT DEM FRISCH GESTILLTEN PETER wieder zu uns gesellt, ihn auf gut Glück im Kinderwagen schlafen gelegt, und ich lese die nächste Frage vor – die nach der Eile in Liebesfragen. Das *You can't hurry love* scheinen wir ganz gut verinnerlicht zu haben: Kaum etwas gilt als unattraktiver als die Frau mit Torschlusspanik, die die Klauen ausfährt, jede potenzielle Liebschaft mit eisernem Griff umklammert und stante pede sämtliche Verträge aufsetzen lässt. Niemand will so sein. Und niemand möchte eine neue Liebe mit allzu großen Erwartungen ersticken.

Auf der anderen Seite stehen eventuelle Familienpläne, um uns herum sprießen die Kinder. Suchen wir allmählich doch nach mehr Verbindlichkeit? Und schaffen wir es dabei trotzdem, keine allzu große Hast aufkommen zu lassen?

Ich räuspere mich. »Wir befinden uns ja hier gerade größtenteils in relativ luxuriösen Ausgangsumständen«, fange ich an, »viermal glücklich verliebt, ein Kind schon fix und fertig, und bei Barbara waren ja bisher die Paarungs- und Fortpflanzungsambitionen auch nicht gerade erdrückend. Also müssen wir an dieser Stelle vielleicht mal ein bisschen hypothetisch überlegen oder uns zurückversetzen in das Gefühl nach der letzten Trennung.« Ich gucke meine Freundinnen nacheinander an: »Kennt ihr dieses Gefühl: Oje, jetzt bin ich schon soundso alt ... habe vielleicht vage Familienpläne und so einen leichten Druck, dass es demnächst eigentlich mal losgehen müsste?« Verhaltene Mienen. »Es ist ja Allgemeingut, dass es ein bisschen kontraproduktiv wäre, jemandem beim dritten Date die Pistole auf die Brust zu setzen. Aber wird man schon ein bisschen zappelig oder kommt das erst später, und kriegen wir es bisher ganz gut hin, jemanden noch in Ruhe kennenzulernen, statt sofort den Kinderplanungsmodus im Gehirn einzuschalten?«

»Ich kenne das nur von Markus' Seite«, sinniert Maren. »Als ich angefangen habe zu studieren – also mit 24, als ich ihn auch kennengelernt habe – und in dem Zuge nach Köln ziehen wollte, da war ich ursprünglich mit einer Freundin auf Wohnungssuche. Die lief ein bisschen schleppend, weil wir uns nicht so recht einigen konnten, und irgendwann fragte Markus, ob wir dann nicht vielleicht zusammenziehen wollten. Und ich bin kurz erschrocken: Jetzt schon? Aber dann dachte ich – ach, na gut.« Sie breitet die Arme aus. »Aber wie alt war er da? Dreißig. Und er meinte: ›Ach, in dem Alter kann man es dann schon mal versuchen.‹« Maren lehnt sich bequem zurück. »Ich selber hatte es da nicht so eilig – wie gesagt, ich wollte ja mit meiner Freundin zusammenziehen, und mit Markus, daran hatte ich überhaupt noch nicht gedacht. Aber er war insgesamt schneller in der Planung. Er hat mir ja auch den Heiratsantrag gemacht. Während ich dachte, ach Quatsch, solange ich studiere, heirate ich doch nicht.« Sie kratzt sich am Kopf. »Letztlich habe ich mitten im Studium geheiratet. Und eine Woche vor meiner Hochzeit noch eine Klausur geschrieben.«

»Ah«, sage ich, »schön, das mal von der anderen Seite zu hören! Wo ja gängigerweise eher Frauen unterstellt wird, dass sie es irgendwann eilig haben. Aber inzwischen sind wir die Dreißigjährigen ...«

»Ich glaube einfach«, erklärt Maren, »je älter man wird, desto schneller wird man in seinen Entscheidungen, wenn man weiß, dass man die Dinge so oder so will. Das sehe ich auch bei unseren Bekannten, die so …«, sie überschlägt, »… zwischen 32 und 38 sind. Da ist der Kinderwunsch inzwischen ganz schön dominant, und das Zusammenziehen geht auch unheimlich schnell – sodass man manchmal auch denkt: Na ja, ob das jetzt alles so eine gute Idee ist …« Sie lacht. »Bei einem Bekannten kann man das immer so lustig beobachten: Ach, da hat er wohl wieder jemanden kennengelernt … Ach, er zieht schon wieder mit ihr zusammen … Nachdem er ja neulich aus der Wohnung mit der Vorgängerin ausgezogen ist … Die neue Freundin kennt er jetzt seit einem halben Jahr, und da sie schon ein Kind hat, dachten sie, kriegen sie doch jetzt noch ein gemeinsames. Und bei dem Tempo denke ich schon: Ui! Seid ihr sicher? – Aber er ist 36, sie 37 …« Maren zuckt die Achseln. »Ich glaube, je näher es auf die vierzig zugeht, desto mehr steht man unter Druck, und da zieht man noch mal an.«

»Ich kann mir vorstellen, dass das kommen kann«, sagt Anne, »aber im Moment sehe ich das noch nicht so eng. Mit dreißig gehöre ich nicht zu der Fraktion, die jeden Eisprung auf der Strichliste vermerkt.«

»Nee, mit dreißig ist noch lange nicht Ende«, bestätigt Maren, beugt sich vor und raunt verschwörerisch: »Risikoschwangerschaft fängt erst mit 35 an.«

»Aber auch: *Schon* mit 35!«, bemerkt Barbara mit leichter Bestürzung im Blick.

»Ja, so weit ist das auch nicht mehr«, stimme ich zu und wundere mich: Hier sitzen wir und plaudern, als hätten wir alle Zeit der Welt, und währenddessen verfallen unsere Körper. »Wenn man überlegt, man müsste jetzt erst mal jemanden treffen, der einem gefällt, sich dann nett drei Jahre lang in Ruhe kennenlernen – und dann vielleicht wieder von vorne anfangen? Ich weiß nicht, ob da nicht Hektik aufkommen kann.«

»Aber so ratzfatz, wie es da manchmal geht«, meint Maren, »da denke ich schon manchmal: Holla!«

»Die alte Torschlusspanik – ich bin ja mal gespannt, wann sie uns ereilt«, sage ich, lehne mich behaglich zurück und bin für den Moment sehr glücklich, dass sie noch auf sich warten lässt. »Und du?«, frage ich Barbara. »Du hast ja diese Kindersache nicht so dringend auf dem Zettel …«

»Na ja«, wiegelt Barbara ab, »wenn ich so was höre wie ›mit 35 fängt die Risikoschwangerschaft an‹, merke ich schon, dass es auch nicht mehr so ist, als könnte man sich sagen: In zehn, zwanzig Jahren denke ich mal drüber nach.«

»Das ist mit zwanzig noch viel unverbindlicher«, finde ich auch, und Julia nickt.

»Ja, genau«, wiederholt Barbara. »Der Gedanke kommt mittlerweile schon: Wenn ich das vielleicht doch noch haben wollen würde, dann habe ich jetzt nicht mehr unendlich viel Zeit; nicht mehr dieses Gefühl, da müsste ich mir keine Gedanken machen …«

»Tick – tack …«, stichelt Maren gutmütig.

»Ja, da tickt schon was, keine Frage!«, gibt Barbara zu.

Anne, deren Blick schon seit Minuten grübelig in die Ferne gerichtet ist, meldet sich zu Wort. »Also, dieses ›Game over‹, um mal auf die Ausgangsfrage zurückzukommen«, sagt sie, »gehe nicht über Los – ziehe keine 200 Dollar … das trifft auf mich jetzt nicht so zu. Auch weil ich noch nie an dem Punkt war, dass ich mit jemandem zusammen gewesen wäre und konkret über Kinder nachgedacht hätte. Aber ich bin jetzt auch nicht mehr in dem Stadium, wo ich Spiele spielen und mich einfach nur mit so einem Toy Boy für ein paar Monate vergnügen möchte. Also, die vage Möglichkeit einer Familienplanung ist irgendwo schon immer auch gegeben, aber …« Sie streicht sich zögerlich durch die Haare und räumt dann ein: »Ja klar, ehrlicherweise schon. Aber halt mehr in der Potenz als ganz unmittelbar: Ich kann mir auch durchaus noch vorstellen, mit Mitte dreißig jemanden zu treffen. Und dann mag das, genauso ehrlicherweise, unter einem etwas zügigeren Planungsmodus geschehen.«

»Aber trotzdem«, überspitzt Julia energisch, »würde ich jetzt nicht auf die Idee kommen, loszuziehen und mir einen Samenspender zu suchen!« – »Nein!«, nehmen wir erschrocken Abstand. – »Aber es gibt Leute, die das so machen!«, beharrt Julia. »Und nicht so wenige! Denen der Kinderwunsch so wichtig ist, dass sie das auf die Art angehen ...«

»Aber eher später, oder?«, vermute ich. »Wenn sich abzeichnet, dass es knapp wird ...«

»Weiß ich nicht!«, widerspricht Julia. »Ich kenne eine, die ist nach Afrika gegangen und hat sich ...« Sie bremst sich. »Die hat jetzt ein Kind und ist alleinerziehend. Das würde ich nicht wollen. Ich möchte schon zumindest am Anfang das Gefühl haben, dass die Möglichkeit besteht, dass es irgendwie als Familie klappt – und was dann passiert, weiß man ja eh nicht.«

»Wie schade das ist, so was ganz alleine zu machen«, sagt Maren. »Und wie schön, morgens aufzuwachen und das Kind zwischen sich zu legen und zu denken: Das ist meine Familie!«

»Ja, ich mag auch gerne Freude teilen! So bin ich ja generell, und die hat man mit Kindern sicher nicht weniger«, fährt Julia fort. »Aber mir kam irgendwann auch der Gedanke, dass man es ja nie weiß. Du kannst jemanden zehn Jahre lang kennen und es geht in die Brüche, oder du kennst jemanden ganz frisch und es geht gut.« Da hat sie natürlich recht. »Ich meine: Es ist doch kein Parameter, jemanden lange zu kennen, und dann kann man mal über Kinder nachdenken!«

»Nee, gar nicht!«, bestätigen Maren und ich gleichzeitig.

»Und das ist es halt, was mir irgendwann so klar geworden ist: Sicher kann man nie sein. Auch nicht, wenn man Kinder hat. Und dementsprechend kann man ja nur darauf hören, wie es sich gerade anfühlt. – Klar wäre es ein bisschen komisch«, schränkt sie ein, »wenn man sich gar nicht kennt, völlig übereilt loszulegen ... Die Geschichte von Sabrina fand ich schon relativ extrem.« Es handelt sich um eine Freundin, die bereits wenige

Monate nach Kennenlernen ihres damaligen Freundes – wie man so sagt – einen Braten in der Röhre hatte. »Zumal man das Gefühl hatte, hätten die sich länger kennengelernt, wäre das vielleicht nicht so gekommen.«

»Mutig«, sagt Maren lakonisch. »Aber bereut sie das Kind?«

»Nö.«

»Und das ist es nämlich!« Maren hat offenbar nichts anderes erwartet. »Ich glaube, wir sind in einer Gesellschaft, in der wir uns für Kinder entscheiden und nicht unbedingt für Partnerschaften.« – Barbara nickt. »Stimmt.«

»Man fragt sich doch inzwischen viel eher: Kann ich mir vorstellen, mit diesem Menschen Kinder zu kriegen? Ehe und Heiraten ist überhaupt nicht mehr dieser Muss-Punkt, den man vorher erledigt haben sollte. Und wenn man sich sagt: Ich kann mir vorstellen, dass das passt ...«

»Oder auch«, fällt Julia ein, »kann ich mir vorstellen, dass man es schafft, im Fall einer Trennung trotzdem noch gut miteinander umzugehen? Das ist ja auch ein wichtiger Punkt.«

»Klar – absolut«, stimme ich zu, weil mir das unmittelbar einleuchtet, obwohl ich bis hierhin noch nie darüber nachgedacht hatte. »Wobei ich, wenn ich jemanden kennenlernen würde – auch wenn mir klar ist, dass es nicht halten muss«, schiebe ich obligatorisch ein, »immer noch eher im Blick habe, dass ich das, wenn möglich, lieber zusammen angehen würde. Und wenn es jetzt mit Basti wieder in die Brüche ginge – es sieht ja, toi, toi, toi, überhaupt nicht so aus ...« Ich finde kein Holz, um draufzuklopfen, und verlasse mich drauf, dass es auch so funktioniert. »Aber wenn doch, dann wäre ich doch ganz schön kalt erwischt, muss ich sagen. Und ich weiß nicht, wie ich dann meine Pläne der neuen Situation anpassen würde und könnte ...«

»Ja klar«, ergänzt Julia, »vor allem ist es ja auch nicht so, dass man, nachdem man sieben Jahre zusammen war, ein halbes Jahr später wieder frisch auf dem Markt steht und völlig optimistisch ist. Das legt einen ja auch erst mal lahm – mir ging es jedenfalls so.«

»Aber hat dich das in irgendeiner Form unter Druck gesetzt?«

»Unter Druck«, wiederholt Julia. »Hm, ich dachte mehr, als wir uns frisch getrennt hatten: Das ist jetzt ganz schön krass. Dafür, dass ich gedacht hatte, man hätte vielleicht irgendwann mal eine Familie ... und dann steht man da, und ich hatte schon im Gefühl, dass es erst mal eine Weile dauern würde, bis ich wieder klarkomme. Und da wurde mir das erste Mal bewusst, dass auch, wenn ich mir immer vorgestellt habe, eines Tages eine Familie zu haben, es sein kann, dass ich keine haben werde, weil es sich so nicht ergibt.«

»Ja, ich kann mir vorstellen, dass es relativ vielen so geht«, sage ich, »wenn sie in unserem Alter plötzlich überraschend wieder alleine sind, nachdem sie vielleicht schon Pläne gemacht hatten ...«

»Was heißt Pläne gemacht – ich hab ja da nichts festgehalten«, weist Julia die Formulierung von sich, auf die wir anscheinend leicht allergisch reagieren, »wir hatten da so drüber geredet, dass man sich das vorstellen kann, später mal – und es gab schon auch ganz klar gemeinsame Zukunftspläne«, sagt sie dann doch. »Ich habe mir das schon so ausgemalt, und Nils, glaube ich, auch – und damals hat es mich schon kalt erwischt: Was, wenn ich einfach nie eine Familie habe – kann ja sein! Dass man irgendwann zu alt ist oder vielleicht auch einfach niemanden findet. Das fand ich seltsam; irgendwie hat mich das schon überrascht. Es ging dann irgendwann – aber, na ja, Kinder haben ist sicherlich toll – hätte ich sehr gerne auch.«

»Ja, das ist ja auch schön!«, findet Maren. »Aber eine Trennung wäre für mich jetzt auch ganz schön überraschend. Partnersuche mit Kind ist noch mal eine ganz andere Geschichte. Also, ich glaube, ich kann es vergessen, in den nächsten zwei Jahren jemanden kennenzulernen. Einmal seelisch, klar – aber auch ...«

»Logistisch?«, frage ich.

»Logistisch auch«, wiederholt Maren. »Ich möchte gar nicht drüber nachdenken.«

»Wobei ich diese schöne Geschichte von einer Bekannten gehört habe, die nach der Trennung vom Vater ihres Kindes genau eine Party gebraucht hat, um jemand Neues kennenzulernen.«

»Schwupps«, macht Barbara und lacht ein bisschen in sich hinein. »Na, das ist wohl nicht besonders repräsentativ.«

Ich drehe mich zu ihr. »Aber mal abgesehen vom Kinderwollen oder Kinderhaben: Fühlst du dich im Moment unter Druck, jemanden kennenzulernen? Oder auch: Glaubst du, dass du, wenn du jemanden kennenlernen würdest, so locker wärst wie eh und je?«

Barbara legt den Kopf schief. »Also, ich merke, dass ich irgendwann generell so ein bisschen verkrampfter geworden bin, was Partnerschaften angeht. Dass ich manchmal einfach gerne jemanden finden wollte. Sodass ich irgendwann schon so weit war, nicht mehr richtig einschätzen zu können: Bin ich jetzt überhaupt verliebt oder will ich einfach nur gerne jemanden haben?« Sie lacht über sich selbst. »Aber da ging es dann nicht um Kinder, sondern generell um einen Partner. Und dass ich mir phasenweise einrede, ich fände jemanden toll und sei total verliebt, aber wenn ich einmal ein bisschen mit Abstand drüber nachdenke, dann bin ich schnell bei: Hä, was hast du denn da jetzt wieder gemacht? Da wolltest du aber wieder mal krampfhaft jemanden finden!« Wir lachen mit ihr; ich staune zum wiederholten Mal über Barbaras unglaubliche Fähigkeit, ihre kleinen Schwächen in Komik umzuwandeln. »Und das hatte ich so um die zwanzig nicht. Früher hat man ohnehin nicht so viel über alles nachgedacht. Da hat man aber auch öfter jemanden kennengelernt. Und da habe ich mich, glaube ich, auch verhältnismäßig schnell verliebt – aber dann auch wirklich!«

»Klar«, wirft Maren ein, »in dem Alter ist man sowieso mehr umhergeschweift und war nicht unbedingt so darauf fixiert, einen Menschen zu finden.«

»Ja, und ich finde«, fügt Barbara hinzu, »es ist schwerer geworden, jemanden so unverkrampft kennenzulernen. Ich denke jetzt öfter: Muss ich jetzt irgendwas machen, um jemanden kennenzulernen?« Sie lacht. »Und weiß gar nicht genau, wie ich das anstellen soll. Das war früher nicht so – weil man immer irgendwo war und immer über irgendwen jemanden kennengelernt hat, ganz automatisch.« – Ich nicke. – »Und das habe ich irgendwie gerade nicht.«

»Ja, aber du bist ja auch gerade erst dabei, dir dein Leben aufzubauen!«, gibt Julia zu bedenken.

»Es war ja im Grunde auch genau richtig, dass ich allein war! In den letzten zwei Jahren wäre es völlig albern gewesen, einen Partner zu haben, weil ich dermaßen mit mir selber beschäftigt war und null mit mir im Reinen. Ich hätte mich dann vermutlich begeistert darauf gestürzt und mich liebend gerne mit jemand anderem befasst als mir selbst.« – Wir müssen wieder lachen. – »Und das ist halt nicht die beste Idee, wenn man erst mal selbst ein paar Sachen mit sich klären muss«, schließt Barbara, »nicht besonders funktional.«

»Das finde ich aber auch total gut, erst mal wieder selbst klarzukommen«, sagt Julia.

»Ja, aber das Bedürfnis danach war nicht gerade von selbst da«, wendet Barbara ein.

»Das hatte ich irgendwann«, erklärt Julia. »Als ich mit Jan zusammengekommen bin, war ich gerade an einem Punkt, wo ich dachte, das passt mir gerade gar nicht so in den Kram – ich fand es da gerade richtig angenehm, mein Ding zu machen, mal abgesehen von den komischen Affären, in die man sich so verwurstelt hat. Und das ist, glaube ich, ein ganz guter Ausgangspunkt – alleine so ganz zufrieden zu sein.«

Stimmt, denke ich, es ist zwar eine Binsenweisheit, dass man desto eher findet, je weniger man sucht, aber sie erweist sich gar nicht selten als richtig.

»Aber noch eine Sache ist mir aufgefallen«, fügt Julia hinzu, »und zwar mehr, je älter ich werde: dass mich einfach nicht viele Männer interessieren.«

Ich nicke. »Ging mir auch so.«

»Ich lerne ja viele, viele Männer kennen«, erklärt Julia, »gerade beim Film. Ich kriege zirka alle zwei Monate dreißig neue präsentiert, mit denen man dann sechs Wochen zehn Stunden am Tag auf einem Haufen hängt, manchmal auch länger. Und ich merke einfach – die allermeisten interessieren mich nicht. Klar, es gibt dann welche, die sind mehr oder weniger interessant – aber es gibt auch relativ viele Ausschlusskriterien. Und dann wird es natürlich schwierig, jemanden zu finden, der auch den eigenen Vorstellungen gerecht wird.«

Da bin ich ihrer Meinung. »Ja, ich glaube auch, man wird nicht unbedingt anspruchsloser.« – »Ich glaube, das wird immer schlimmer«, schließt Maren sich an.

»Man hat so seine Spleens, die man immer weiter kultiviert, seine Vorstellungen, die vielleicht doch ein bisschen fester werden …«, überlege ich weiter. »Aber abgesehen davon lernt man ja auch, schneller hinzugucken, oder? Und zu merken, womit man gut klarkommt und was man wichtig findet …«

Anne nickt. »Und ob auch die Werte so übereinstimmen – um mal auf diesen Kanon der Familienplanung zurückzukommen –, die spielen dabei ja auch keine geringe Rolle. Und mit oder ohne biologischen Druck: Wenn man jemanden trifft, der da ähnlich tickt und sich auch in einer vergleichbaren Startposition fühlt, dann mag eine ernsthafte Beziehung ja sogar viel eher ins Rollen kommen. Aber es spricht ja auch nichts dagegen, das gemeinsam und langsam anzugehen. Ich sehe mit dreißig jedenfalls noch keine Notwendigkeit, eine Exceltabelle anzulegen, die 24 Monate umfasst.«

DIE 10. FRAGE

Treuepunkte

Was bedeutet uns der Exklusivvertrag?

DIE LETZTE FRAGE FÜR HEUTE ABEND und ein ziemlich emotionales Thema: Was denken wir über Treue?

»Du meinst, sich die Hörner abstoßen?«, fragt Maren.

»Genau!«, sage ich. »Das große ›Soll es das jetzt gewesen sein?‹ – kann ich mir das vorstellen, mit einem Mann? Und wie wichtig ist sexuelle Treue überhaupt?«

»Sexuelle Treue ist für mich wahnsinnig wichtig«, erklärt Anne sofort. »Ich würde das schon als Hochverrat empfinden, wenn man sich betrügt, und ich glaube, dass das auch der Anfang vom Niedergang einer Beziehung sein kann …« Nach kurzer Bedenkpause räumt sie ein: »Klar, solche Gefühle mögen einen schon mal überfallen, dass man ein bisschen schwärmt oder dass man sich meinetwegen auf einer Party etwas verrennt und vielleicht mal mit jemandem knutscht. Das sind aber schon Warnzeichen, finde ich, und ich glaube, wenn man letztlich wirklich mit jemandem schläft, dann würde das für mich nicht funktionieren. Es gibt sicher Paare, die das ganz gut miteinander handhaben, die vielleicht auch eine Art Open Agreement haben … Aber von meiner jetzigen Warte aus: Ich bin ein sehr treuer Mensch, und wenn ich so weit gehen würde, mich auf jemand anderen einzulassen, dann wäre das für mich ein Indiz, dass die Beziehung schon sehr zerstört ist. Und dann würde das großer, großer Mühe bedürfen, die wieder aufzubauen.«

Da kann ich gleich einen Kontrapunkt setzen. »Basti und ich haben ja tatsächlich so eine Art Vereinbarung, wenn auch kein Open Agreement in dem Sinne. Er meinte irgendwann: ›Du, ich kann mir vorstellen, dass wir noch jahrzehntelang zusammenbleiben, und da kann man vielleicht nicht ausschließen, dass man noch mal Lust auf jemand anderen bekommt. Und weil ich das gegenüber dem großen Ganzen dann nicht so wichtig nehmen will, aber auch nicht weiß, wie ich damit umgehen könnte, würde ich es, wenn dir so was passiert, gerne nicht wissen.‹ Und wir haben uns letztlich spaßeshalber drauf geeinigt, uns mit siebzig zusammenzusetzen und uns alles zu petzen.« Maren lacht. Barbara auch: »Uuh – dann wird sich getrennt …«

Anne ist skeptisch. »Aber betrügt man sich damit nicht auch ein bisschen selber?«

»Vielleicht«, gebe ich sofort zu. »Das ist ja lange her, dass diese Vereinbarung aus der damaligen Situation heraus entstanden ist … Also: Einerseits würde ich denken, dass ich mir was vormachen würde, wenn ich behaupten würde, ich fände niemals mehr jemand anderen attraktiv als Basti.« – »Ja klar!«, wirft Barbara ein. – »Und das weiß Basti auch.«

»Um Attraktivität geht es aber nicht zwangsläufig!«, sagt Julia.

»Aber auch«, gebe ich zurück, »und auch um Lust. Und das ist natürlich nett, dass Basti versteht, dass es neben dem ganzen Innigen – Liebe, Verständnis und Leidenschaft – auch noch so eine Kategorie wie Lust gibt. Ich habe nie so tun müssen, als wären solche Dinge nicht da. – Dass einen das«, komme ich zur Kehrseite der Medaille, »in der Praxis aber natürlich andererseits dann auch beschäftigt und man vielleicht mehr davon mitgenommen ist als gedacht, steht ja auf einem ganz anderen Blatt.«

»Gut«, meint Julia, »gefeit ist man davor nie. Und ich weiß auch nicht, ob das jetzt unbedingt ein Weltuntergang sein muss. Das ist ja auch ein sehr spannendes und aufregendes Gefühl, wenn man sich verknallt. Aber trotzdem – auch wenn du sagst, ich habe

Lust, denkt man ja gleichzeitig darüber nach: Was bedeutet das, wenn ich dem jetzt vielleicht nachgebe? Und was setze ich damit vielleicht aufs Spiel?«

»Genau«, gebe ich zu. »Und das ist halt die Sache …«

»Das ist halt die Sache, die man abwägt«, unterbricht Julia, »ich glaube, selbst wenn Basti das mal formuliert hat, ist es noch mal eine ganz andere Frage, wie das in der Realität aussieht. Ob man das wirklich so wegsteckt.«

»Wobei ich mal festhalten will«, sehe ich mich genötigt, klarzustellen, »er hat ja nicht gesagt: ›Du kannst machen, was du willst, ist mir scheißegal‹, sondern: ›Wenn es eben mal passiert, dann würde ich gerne nicht diese Bilder mit mir rumtragen.‹ Es geht ja auch nicht darum, meine Gefühle und meine Sexualität in der Welt zu verteilen, wie es mir beliebt, sondern darum, das nicht überzubewerten und automatisch in Konkurrenz zu der bestehenden Beziehung zu setzen, solange mit der im Grunde alles stimmt. Und der Tatsache Rechnung zu tragen, dass ohnehin jeder selbst entscheidet, ob er so was erzählt oder nicht, und dass man sich vielleicht freier fühlt, wenn man gar nicht erst versucht, das komplett zu kontrollieren.«

Anne ist mäßig überzeugt. »Ich finde ja auch, dass das sehr gut und gelassen klingt. Ich hätte auch Respekt davor, wenn das so funktioniert. Aber auf der anderen Seite glaube ich, dass man sich da in die Tasche lügt.«

»Im Übrigen«, ergänze ich, »de facto ist seitdem auch nichts passiert. Diese theoretische Freiheit ist für mich letztlich das beste Mittel, das in der Praxis nicht zu nutzen. Auch weil ich Basti gerade deshalb nicht aufs Spiel setzen will. Ich muss zugeben, dass die pure Moral mich nicht abhält, andere Leute prinzipiell auch mal interessant zu finden. Was sicher damit zu tun hat, dass ich selbst überhaupt keine schmerzvolle Erfahrung mit Betrug habe – das mag sich dann noch mal ganz anders anfühlen!«, gestehe ich an Julia und Barbara gewandt ein, die im Unterschied zu mir in früheren Beziehungen einschlägige Erfahrungen in diesem Bereich gemacht haben. »Der Effekt ist eher: Wenn ich über so was auch nur nachdenke – dann weiß ich, ich dürfte, aber er dürfte es nicht mitkriegen. Und dann fällt mir sofort alles Mögliche ein, was passieren könnte: dass ich an einen Psychopathen gerate, der mich entweder in seiner Wohnung abschlachtet – wie bitte schön erkläre ich das Basti?« Die anderen lachen. »Oder er steht plötzlich stalkermäßig vor der Tür … Das würde ich Basti nicht zumuten wollen, selbst wenn er sagt, dass er auch dann nicht sofort die Koffer packen, sondern erst mal schauen würde, was noch da wäre und wie es weitergehen könnte. Und dann«, schließe ich, »bleibt ja noch, dass diese Absprache ja auch jederzeit revidiert werden kann. Wir haben das mal so gesagt, weil es gerade ganz gut widerspiegelte, wie sich das anfühlte zwischen uns, aber natürlich kann auch immer einer sagen: Das stimmt so nicht mehr, was mich betrifft. Es ging nur darum, dass sexuelle Treue oder Untreue nicht den ersten Rang einnehmen sollte.«

»Ich weiß nicht.« Julia schüttelt den Kopf. »Gerade Fremdgehen in einer langen Beziehung ist doch so: Da ist man lange zusammen, hat eine enge, wertvolle Bindung. Da muss ja schon ein richtig toller, attraktiver, kluger Typ daherkommen und ernsthaftes Interesse wecken oder vielleicht vernachlässigte Sehnsüchte freilegen, damit ich mich darauf einlasse. Ich glaube auch bei euch nicht, dass ihr jetzt so wahllos irgendjemanden nehmen würdet.«

Ich klatsche in die Hände. »Das ist nämlich das Gefährliche!«

Julia ist in Fahrt. »Das ist nämlich das Problem: Die Leute, die man sich dafür aussuchen würde, sind ja dann hochgradig interessant für einen und eine ernstzunehmende Bedrohung für die Partnerschaft. Man geht ja nicht hin, hat einmal Sex und sieht sich nie wieder – sondern man geht eine Beziehung mit jemand anderem ein und auch eine sehr intime. Das lässt einen ja nicht total kalt! Das glaube ich nicht.«

»Stimmt«, gebe ich ihr recht, »wobei ich lustigerweise, das entwickelt sich gerade erst so in den letzten Monaten, das ein bisschen mehr trenne. Ich war immer genau aus diesen Gründen davon überzeugt, dass es für mich gefährlich wäre: weil ich dann auch schnell verliebt wäre, weil ich jemanden auch erst ein bisschen kennen mag … und er dann auch gleich als Ganzes interessant ist. Neuerdings kann ich mir aber ganz gut vorstellen, dass ich jemanden einfach nur attraktiv finde – ich würde nicht am nächsten Morgen feststellen wollen, dass er ein kompletter Vollidiot ist – aber nichtsdestoweniger sind die zwei Ebenen ein bisschen entkoppelt.«

»Ja, im Kopf ist es unkompliziert«, winkt Julia ab, »aber ob es dann in der Realität auch so ist, steht ja noch mal auf einem ganz anderen Blatt.«

»Ja«, ich muss lachen, »ich rede hier auch so schön daher, habe das seit vielen Jahren nicht gemacht – das ist schon alles sehr theoretisch. Stimmt.«

»Also ich weiß nicht, ob ich das könnte«, meldet sich Maren zu Wort. »Ich war immer schon so – gut, mittlerweile würde ich schon sagen: Fremdknutschen, na ja. Früher wäre ich da gleich weg gewesen, jetzt würde ich wegen Knutschen keine Ehe aufs Spiel setzen …«

Ich bin kurz verwirrt. »Für dich jetzt?«

»Nee, wenn Markus das machen würde. Ich persönlich würde es einfach nicht tun. Ich bin ganz schlecht in so was, ich bin noch nie fremdgegangen. Als ich zum Beispiel Markus kennengelernt habe, da hatte ich noch einen Freund. Da habe ich erst Schluss gemacht, und am nächsten Tag habe ich mit Markus geknutscht.« – »Hm«, macht Barbara nachdenklich. – »Ich habe immer, tja – die Form gewahrt, ganz komisch. Etwas anderes war für mich überhaupt nicht drin; es liegt einfach nicht in meiner Natur. Ich würde mich total furchtbar fühlen, und das, was es mir bringen würde, wäre, glaube ich, mehr schlecht als gut. Ich finde, ich habe mich definitiv genug ausgetobt«, resümiert Maren. »Ich habe überhaupt nicht das Gefühl: Hilfe, jetzt bist du verheiratet, bist an den Mann gebunden … Ich wollte das! Ich wollte mich so an diesen Mann binden, und ich möchte auch, dass er sich so an mich gebunden fühlt. So habe ich nicht annähernd solche Gedanken, wenn ich einen anderen Mann sehe. Ich denke vielleicht: Der sieht gut aus. Aber nicht: Cool – jetzt mal wieder ein bisschen Kribbeln. Dieses Verlangen, da noch mal was Abenteuerliches zu erleben, existiert überhaupt nicht mehr.«

Ich nicke beeindruckt. »Hat das mit Peter so abgenommen oder vorher auch schon?«

»Vorher auch schon.«

»Ist ja eigentlich auch schön, wenn man sich so entschieden hat«, finde ich und gerate ins Grübeln. »Ich weiß nicht, wieso das mal so, mal so ist. Vielleicht ist das auch eine Typfrage …«

»Ich könnte nicht Sex von Liebe trennen«, sagt Maren. »Das wäre mein Problem.«

»Das kann ich auch schlecht«, pflichtet Julia ihr bei.

»Also ich glaube, es gibt Leute, die können das super, aber ich kriege es nicht hin«, legt Maren nach. – Und Julia: »Glaube ich auch, aber ich bin bei Affären innerlich sofort so zerrissen, dass es mich viel mehr verunsichert als befriedigt.«

Wieder Maren: »Mich auch – ich möchte nicht mit jemandem schlafen, den ich nicht wirklich liebe. Da habe ich keinen Spaß dran.«

»Ich glaube, ich schon ein bisschen …«, unterbreche ich das Pingpong zaghaft; die anderen lachen. »Aber zugegeben, meist gab es zumindest eine sehr große Sympathie plus Anziehung, und ich würde es jetzt nicht Sex in Verbindung mit Liebe nennen, aber auch nicht völlig lupenrein getrennt und nur der kalte Akt … Und dieses ›Soll es das jetzt gewesen sein?‹«, komme ich zum Thema zurück, »im Moment habe ich das auch nicht; eigentlich ist alles fein. Aber in sehr großen Abständen überkommt es mich so ein bisschen, dass ich denke: Ach, ich weiß nicht, ob man nicht irgendwann noch mal neugierig wird …«

»Aber ›Soll es das jetzt gewesen sein?‹«, sagt Julia, »so weit denke ich gar nicht.«

»Oder ob man genug rumprobiert hat – na«, räume ich ein, »hat man ja vielleicht auch …«

»Ich glaube nicht, dass durch Rumprobieren irgendwas besser wird«, findet Julia. »Für meinen Geschmack habe ich erst mal genug Männer gehabt – im Moment habe ich keinen Bedarf.«

Anne stimmt zu. »Nö, ich glaube auch, dass ich da jetzt nicht mehr so wahnsinnig viel nachlegen muss. Aber die Vorstellung, dass das tatsächlich der Mensch sein könnte, mit dem ich für den Rest meines Lebens exklusiv intim sein werde – die ist natürlich ein bisschen merkwürdig.« Sie überlegt. »Ich mache mir darüber, ehrlich gesagt, gar nicht so große Gedanken. Wenn ich irgendwann mal nicht mehr zufrieden bin, mag das Thema mehr Präsenz kriegen. Aber dadurch, dass ich große Gefühle habe und die in erster Linie mit Zufriedenheit verbunden sind, spielt das gerade gar keine so große Rolle. Ich sage weder ›Oh Gott!‹ noch ›Gott sei Dank!‹. Das ist eher ein neutrales Gefühl – eine Option, mit der ich gut leben kann.«

»Und du?«, stupse ich Barbara, die vorher noch Peter von Julia übergeben kriegt und sich müht, ihn in Position zu bringen. – »Ich weiß es nicht so genau«, meint sie dann, »ich denke generell oft, ich könne mich nicht für irgendwas entscheiden, weil ich ja was verpassen könnte. Wobei diese Rechnung nie aufgeht, weil ich mich dann für gar nichts entscheide und nichts davon wahrnehme.« Lachen in der Runde. »Das ist total bescheuert. Aber trotzdem kenne ich dieses Gefühl, auch bei Männern. Das hat mir lange Angst gemacht, mich für einen zu entscheiden. Deswegen wollte ich das eher nicht so. Und ich merke, dass ich mich da langsam entspanne. Weil ich denke, wenn ich jetzt danach gehe – da könnte es ja noch was anderes geben – da kann man ja nie aufhören.«

»Das ist ja auch so ein Gesellschaftsphänomen«, fügt Anne hinzu, »dass wir immer alles erleben und alles mitmachen wollen. Überall mitreden … und alles abgehakt haben wollen. – Aber dieses Gefühl verlässt mich Gott sei Dank mehr und mehr, sodass ich eigentlich ganz zufrieden bin mit dem, was ich so erlebt habe.«

»Eben«, bestätigt Barbara. »Man kann sich sein Leben lang damit beschäftigen, immer was Neues, Aufregendes und vielleicht Besseres zu suchen und zu finden.« Allgemeines Kopfnicken. »Und ich merke, dass ich jetzt innerlich ein bisschen besser damit klarkomme. Natürlich verpasst man auch was, wenn man sich für irgendwas entscheidet, aber das liegt ja in der Natur der Dinge, und deshalb heißt es nicht, dass man das nicht tun kann oder sollte ...« Auch hier Zustimmung allerorten. »Und das sage ich jetzt rein theoretisch«, Barbara lacht, »wie das dann praktisch aussieht, weiß ich nicht so genau. Ich habe das Ausprobieren schon auch immer gemocht ... ich bin auch männlichen Reizen sehr schnell erlegen ... Und ich kann auch schwer verzichten, wenn mich irgendwas reizt. Da bin ich schon so, dass ich mich schwer bremsen kann.« Sie wird fast ein bisschen rot. »Das hört sich jetzt ein bisschen eklig an ...« – Mein Widerspruch erstickt in meinem Glas.

»Also, ich finde diese Angst, man würde was verpassen ...«, fängt Julia an. – »Ja, das hast du generell überhaupt nicht«, unterbricht Barbara. »Aber ich habe das ziemlich.«

»Ja, das finde ich so komisch«, sagt Julia, »man verpasst doch genauso viel, wenn man nur einen oberflächlichen Quatsch nach dem anderen abreißt. Das andere, diese Nähe und dieses Innige, was ja ein viel tiefgreifenderes Erlebnis ist, das ist ja wirklich sehr speziell – und mit Affären so nicht zu erleben.« – »Ja«, gibt Barbara zu. – »Da bleibt ja nichts, außer so einem ... *uäh*!«, setzt Julia fort, »ich fühle mich dann wirklich leicht befremdet.«

»Also ich habe überhaupt nicht das Problem, mit jemandem Sex zu haben, in den man nicht total verknallt ist«, entgegnet Barbara. »Aber das ist natürlich nicht dasselbe und auch lange nicht so nett – eine andere Art von Sex, würde ich sagen. Und ich habe schon auch oft gedacht, ach, irgendwie war das nicht nötig. Aber es trotzdem wieder gemacht ...«

»Das ist wie zu viel trinken«, findet Julia. »Am Abend denkt man noch: Wie witzig! Und am nächsten Tag ...« Sie macht ein kritisches

Gesicht. »Ich weiß nicht, immer wenn ich das so beobachte, diese Fremdgeherei – hauptsächlich geht's doch um Selbstbestätigung.«

Ich nicke. »Ich glaube auch, dass das oft ein großer Teil ist.«

»Diese Selbstbestätigungssucht« – harte Worte von Julia – »man wird noch toll und attraktiv gefunden …« Barbara und ich nicken schuldbewusst.

Maren stimmt zu. »Wenn auch der Partner einem oft sagt: ›Du siehst heute gut aus – ich liebe dich total. Du bist meine Frau.‹ Das ist doch das Schönste, dass das jemand sagt!«

»Ja, wenn man diese Verbindlichkeit fühlt und sich irgendwie geliebt und verstanden fühlt«, findet Julia, »ich persönlich habe dann das Bedürfnis auch nicht.«

»Ja, ich glaube, das geht bei mir schon teilweise auch damit einher …«, gebe ich zu.

»Und klar«, räumt Julia ein, »wenn man eine Zeit lang vernachlässigt wird oder es gibt eine Krise, dann ist man sicherlich anfälliger dafür. Deswegen kann man das ja auch nie ausschließen. Aber ich glaube, dass das die Situationen sind, wo man darauf mehr anspringt und diese Bauchpinselei halt für sein eigenes Ego braucht.«

Anne schaltet sich ein. »Ich finde nicht, dass man nicht rausgehen und spielen darf. Das mache ich selber auch gerne; ich bin dann offen und ein Stück weit auf Bestätigung aus. Ich mag das, wenn andere Männer mich anschauen und wenn ich flirten und ein bisschen Spaß haben kann. Und ich kann auch verstehen, gerade wenn es mal kriselt, dass man sich dann noch mal anderweitig Bestätigung holt. Das ist bis zu einem gewissen Grad eine Strategie, die vielleicht ganz gesund und akzeptabel ist.«

Julia überlegt weiter. »Ja, und auch umgekehrt ist es vielleicht mal ganz gut, wenn man merkt, andere Leute sind attraktiv für den anderen, dass man sich auch mal fragt: Hat man sich selbst vielleicht ein bisschen gehen lassen?«

»Dass so ein bisschen Eifersucht auch produktiv sein kann?«, frage ich.

»Ja, so ein bisschen, dass man denkt: Vielleicht muss man mal wieder was füreinander tun oder für sich – dass man sich selbst wieder wohl und attraktiv in seinem Körper fühlt, das ist ja auch für den Partner das Attraktivste.«

Anne nickt nachdenklich. »Aber dann Ernst zu machen«, kommt sie zum Treuethema zurück, »ich glaube, dass ich von so einem Erlebnis oder meinem schlechten Gewissen dann so zermürbt wäre, dass ich damit gar nicht klarkommen würde.«

»Ja, das ist eine Angst, die mich letztlich auch abhält«, muss ich meinen doch eher schwachen Nerven Rechnung tragen. »Dieses Abkommen mit Basti ist eine nette Theorie; ich finde den Gedanken auch schön, um ihn so im Hinterkopf zu haben. Aber in Wirklichkeit vermute ich, dass mich das mehr mitnimmt, als ich denke.«

»Ich glaube schon, dass das Konsequenzen auch bei einem selbst nach sich zieht«, grübelt Anne. »Sei es, dass man sein Verhalten verändert, weil man ein wahnsinnig schlechtes Gewissen hat ... Ich glaube, man schadet sich am Ende immer auch selber.«

»Ich würde das gerne vermeiden«, konstatiert Julia. »Ich weiß, dass das viel kaputt macht. Und ich weiß, dass ich am allerwenigsten mir damit einen Gefallen tue. Weil mich das wirklich in krasseste moralische Konflikte bringt ...« Sie klingt plötzlich richtig mitgenommen. »Ich kann nicht denken: Ist doch egal, weiter geht's. Mich haut das richtig aus der Bahn! Das kann ich doch nicht ernsthaft wollen! Und vor allem nicht für jemanden, wo ich denke – ich kann mit dem so unglaublich viel teilen; ich weiß nicht, mit wie vielen Männern das sonst noch auf diesem Planeten geht! Das steht für mich nicht im Verhältnis.« Sie atmet kurz durch und wird wieder nüchterner. »Aber gut, selbst da – Theorie ist immer eine andere Sache als Praxis. Ich schließe nicht aus, dass man sich doch irgendwie mal verknallt. Ich hoffe, dass ich dann damit irgendwie cool umgehen kann. Aber wissen tu ich's nicht.«

Ich bin nachdenklich geworden. »Ich könnte es nicht sagen«, stelle ich fest, »es gibt ja auch so große Gefühlsschwankungen innerhalb einer Beziehung. Gerade wenn sie lange besteht. Auch in all den Krisen hätte ich nie gesagt, ich liebe Basti nicht mehr. Obwohl ich mir manchmal gar nicht so sicher war. Aber letztlich war und ist da immer auch so viel Tolles und Schönes – wenn ich mir vorstelle, ihn nicht mehr zu haben, fände ich das richtig schlimm! Aber manchmal verzweifle ich auch ein bisschen. Und ich bin, glaube ich …«, meine Stimme klingt ein bisschen traurig, »auch für mich selbst manchmal ein bisschen unberechenbar in so einer Stimmung …«

»Das wäre ja auch wahnsinnig langweilig, wenn du immer alles vorausahnen könntest.« Bei Anne schwingt eine Ladung Trost mit. »Vielleicht lehrt einen ein Seitensprung wirklich etwas. Aber wenn man eine Beziehung exklusiv miteinander führt und dann diesen Hochverrat begeht, kommt mir das auch wie ein Akt der Respektlosigkeit vor. Ich finde, wenn man sich schon betrügt«, bringt sie einen neuen Aspekt ins Spiel, »dann muss man auch die Eier haben, das zuzugeben. Zu sagen: ›Du, ich hab das Gefühl, bei uns geht gerade richtig viel den Bach runter – ich bin fremdgegangen, aber eigentlich liebe ich dich sehr: Wie kommen wir da wieder raus?‹ Dann kann das natürlich eine Grundlage für was Neues sein, und es hängt dann vom Partner ab, ob das funktioniert.«

»Hm, dieses Beichten …« Ich bin skeptisch. »Ich würde es echt von der Situation abhängig machen. Mir ist das ja – sehr viele Jahre her – auch mal passiert, dass ich meinen Freund betrogen habe. Und hinterher hatte ich ein tierisch schlechtes Gewissen und dachte: Mann, was hab ich da jetzt gemacht? Da habe ich meine Großmutter angerufen, um sie um Rat zu fragen – die war nicht da. Dann habe ich meine Mutter angerufen – da war auch meine Großmutter. Und sie meinten: ›Oje – geh nicht weg, wir rufen dich gleich zurück!‹ Dann haben sie sich besprochen und eine Viertelstunde später wieder angerufen: ›Also wir sind uns einig – wir meinen: nichts sagen.‹« – Schallendes Lachen bei meinen Freundinnen. – »›Es sei denn, du hättest dich verliebt, dann doch!

Aber so schmeißt du ihm bloß einen Stein ins Feld, und was soll er dann damit machen? Also behalt es für dich.‹ – Und so hab ich's gemacht, und es war okay. – Das aber auch nur«, schränke ich ein, »in der Situation, dass mein damaliger Freund nicht ständig vor Ort war und ich genug Zeit hatte, das in meinen Hinterkopf zu verbannen. Hätte ich ihm am nächsten Tag ins Gesicht gucken müssen – ich weiß nicht, ob ich die Nerven gehabt hätte.« Ich überlege. »Das ist überhaupt die Sache mit Basti, der mir jede Regung an der Nasenspitze ansieht – ihn anzulügen, wäre echt eine Herausforderung. Wir sind mal einem Typen, mit dem ich lange vor Bastis Zeit ein einziges Mal geschlafen habe, begegnet …«

»Ja, aber Katja, du bist da auch wirklich ziemlich schnell zu durchschauen«, bemerkt Julia.

»Ja, das ist das eine«, gebe ich bereitwillig zu, »ich bin einfach keine gute Lügnerin. Aber das war da gar nicht nötig: Er hat Hallo gesagt, ich habe Hallo gesagt, und hinter der nächsten Ecke fragte Basti: ›Hattest du mal was mit dem?‹« – Große Belustigung. – »Da war ich sprachlos. Und Basti meinte: ›Der hat so ernüchtert geguckt, als er mich hinter dir sah.‹ Ich hatte das nicht mal bemerkt. Basti ist da unheimlich, und auch deshalb weiß ich nicht, ob ich mich das trauen würde! – Abgesehen davon übrigens, dass die Versuchung auch echt nicht oft da ist.«

»Mir ist das tatsächlich auch zweimal passiert, dass ich meinem jeweiligen Freund fremdgegangen bin«, meldet sich Barbara, »aber das ist jetzt schon lange her, und ich musste es auch jedes Mal sofort erzählen. – Bei David«, spezifiziert sie auf die neugierigen Blicke hin, »habe ich einmal mit jemand anderem geknutscht, und dann bin ich – noch betrunken – mit dem Auto heulenderweise bei ihm vorgefahren …« – Gelächter in der Runde – »Das einzige Mal, dass ich betrunken Auto gefahren bin. Ich musste ihm einfach erzählen, dass ich jemand anderen geküsst hatte.« – Ich muss gerührt lachen: »Ooch!« – »So viel zum Thema schlechtes Gewissen und für sich behalten. Und bei Adrian war es schon fast ein persönlicher Rachefeldzug, um mal zu gucken, wie er das denn so findet.« – »Und?«, frage ich neugierig. – »Also, ich habe es nicht als Retourkutsche geplant. Ich hätte es wohl auch so gemacht. Aber ich fand es ganz schön, dass sich die Gelegenheit ergeben hat. Und er fand es natürlich nicht gut.«

»Echt?« Ich bin bass erstaunt.

»Natürlich nicht! Er meinte zwar: ›Ja, hatten wir ja so gesagt ...‹ Aber ich habe schon gemerkt, dass ihm das nicht gepasst hat. Er war dann nicht total eifersüchtig; er hat sich da schon sehr kontrolliert, aber – gut fand er es trotzdem nicht. Das fand ich dann aber wiederum gut.« Barbara lacht.

»So sollte es auch sein«, findet Maren.

»Würdest du so was noch mal machen wie bei Adrian?«, will ich wissen.

»Ob ich noch mal eine Beziehung haben wollen würde, wo ich weiß, dass mir der andere permanent fremdgeht?«, fragt Barbara zurück. – »So gesehen ...«, ich muss lachen. »Na ja, oder wo man sich geeinigt hat ...« – Barbara schüttelt den Kopf. »Nee, würde ich nicht noch mal machen. Es hat sich ja auch so eingeschlichen – wir sind nicht zusammengekommen und haben gesagt: Ach, wir zwei machen jetzt mal eine offene Beziehung.« Ein kleines Lachen. »Es kam dann irgendwann das erste Gespräch: ›Wie ist das denn so für dich?‹ Und irgendwann kam dann die erste Beichte. Und dann ...« Sie zuckt die Achseln. »Für mich war es schon jedes Mal ein totaler Schock, wenn er mir das dann gebeichtet hat. Es war ja nicht so, dass er jede Woche fremdgegangen ist. Aber ...« – »Jede zweite ...«, schiebt Julia süffisant ein. – »... es ist schon mehrmals passiert, und er hatte dann auch welche, mit denen er mir öfter fremdgegangen ist. Der ist nicht losgegangen und hat sich abends eine Frau gesucht. Sondern er hat welche kennengelernt und mit denen auch öfter mal ...«, Barbara sucht nach einer eleganten Umschreibung, »sich getroffen. Da hatte er dann immer mal eine oder zwei oder drei, wo es dann mehr oder weniger lange ging. Und ich fand vor allem die Vorstellung verletzend«, wiederholt sie, was sie schon zuvor festgestellt hat, »dass er der anderen Aufmerksamkeit schenkt und Zeit mit ihr verbringt ... Dieses Nahsein. Er hat mir das zwar immer so verkauft, dass das eine ganz andere Sache ist, Sex und Liebe getrennt und so ... Aber es gab auch immer welche, die er gerne mochte.«

»Na, macht ja irgendwie auch Sinn!«, bemerkt Julia.

»Ja, er hat aber andererseits diese Frauen auch immer so ... krass körperlich betrachtet«, wendet Barbara ein. »Dass er zwar gesagt hat, er mag sie gerne, aber andererseits auch immer Sätze fielen, wo ich dachte: Mein Gott, ist das menschenverachtend! Aber das ist auch das Interessante an Adrian gewesen, dass das nur ein Teil war, der dann mal so rausgekommen ist, und wir uns trotzdem echt gut verstanden haben. Mit Adrian habe ich wirklich gute Gespräche geführt und mich sehr verstanden und insgesamt sehr wohlgefühlt. Und das andere war ein Seitenaspekt – der aber definitiv ein wichtiger und einnehmender Teil von ihm war, den man auch nicht einfach beiseiteschieben konnte. Ich glaube, das war das Problem«, schließt sie.

Julia nickt. »Ich dachte früher, ich könnte das *nie* ertragen, wenn ich betrogen werde. – Und es ist wirklich richtig scheiße«, stellt sie klar. »Aber ich finde nicht, dass es ein Trennungsgrund ist. Es kommt ja immer auf die Situation an – ich weiß nicht mal, wie es jetzt wäre. Ich bin ja vorher betrogen worden, gut – irgendwann konnte ich halt kein Vertrauen mehr aufbauen und es ging nicht mehr. Wenn es jetzt wieder passieren würde, vielleicht wäre ich auch schon früher weg. Damals war es für mich kein zwingender Trennungsgrund, weil das ja auch nur ein Teil von vielen ist, und das muss sich ja erst mal die Waage halten. Die Frage ist ja, wie dann damit umgegangen wird. – Es ist auf jeden Fall extrem verletzend; es geht sehr viel Vertrauen verloren, was dann über Monate oder Jahre mühsam wieder aufgebaut werden muss. Und es ist definitiv scheiße fürs Selbstwertgefühl.« Julia hält inne und schlägt den Bogen: »Und wenn ich das jetzt alles weiß, will ich halt versuchen, das umgekehrt auch nicht zu tun, weil ich einfach weiß, wie viel kaputtgeht, auch wenn man«, sie trieft vor Sarkasmus, »total liberal ist und sagt: ›Ich habe dafür Verständnis, und es gibt so was wie Lust, und es gibt so was wie Verknallen.‹ Klar, weiß ich, dass es das gibt! Aber trotzdem weiß ich auch, dass es sehr gefährlich ist, wenn einem wirklich was an dem anderen liegt und an der Beziehung – dass das extrem tiefe Schneisen reißen kann, die unter Umständen nicht mehr zu kitten sind. Man weiß nie, wie der andere reagiert. Man kann das nicht abschätzen, auch wenn man sich da geeinigt hat. Man weiß ja nicht mal, was es für einen selbst bedeutet.«

Meine theorielastige Anschauung gibt sich der Lebenserfahrung geschlagen. »Ja, das wären auch meine Bedenken. Ich würde aktuell auch sagen, dass ich nicht von heute auf morgen alles hinschmeißen würde, wenn Basti das jetzt einmal passieren würde. Aber wie sehr es einem nahegeht … Ich habe ja gemerkt, wie es mich schon mitgenommen hat, als Basti bei dieser ihn anflirtenden Frau im Bett geschlafen hat. Und das war nur nach einer Party, wo jeder irgendwo pennt – aber ich dachte trotzdem: Warum ausgerechnet *er* bei ausgerechnet *ihr*? Mir war dann tatsächlich das Detail wichtig: unter einer Decke oder nicht? Und diese Vorstellung: morgens zusammen aufwachen, sich verpennt angucken, vielleicht noch ein bisschen quatschen, dann steht man auf – das hat mich schon richtig gequält. Obwohl da nichts war – so sagt Basti. Glaube ich ihm auch.«

»Das wäre auch schlecht, wenn man es nicht glauben würde«, sagt Maren, »da muss man sich schon auf das Wort des anderen verlassen können.«

»Ja, und ich bin ja auch willens«, stimme ich zu. »Deshalb meine ich, dass am Ende *er* entscheidet, was er mir sagt oder nicht, weil ich ihm dann auch bereitwillig glaube. Und nicht nach Beweisen für irgendwas suchen will. Das heißt, wenn er etwas macht und ich weiß es nicht – dann kann ich auch nicht deswegen gehen. Und umgekehrt. Das ist aber auch genau der Gedanke, der mich daran am meisten stört – dass ich mit jemand anderem so eine Komplizenschaft eingehen würde. Weniger dieses Körperliche, sondern: Der und ich wissen was, was Basti nicht weiß und nicht wissen soll. Und das ist es, was ich vielleicht am verletzendsten finde an diesem ganzen Betrugsthema – dass man sich gegen denjenigen verbündet, den man eigentlich liebt. Ich glaube, dass das auch das schlechte Gewissen verursacht und die Offenheit zerstören würde, die bei uns sehr groß ist. Und das ist der Punkt, wo ich nicht weiß, ob ich das könnte.«

»Ja, Ehrlichkeit ist schon der Grundpfeiler einer Beziehung«, findet Anne auch.

Maren nickt. »Ich glaube nicht, dass ich das ertragen könnte – dass man den Partner aus bestimmten Sachen einfach ausschließt. Es ist schwierig, zu sagen, was wäre, wenn ...« Die Abneigung gegen den bloßen Gedanken steht ihr ins Gesicht geschrieben. »Ich würde auch nicht sofort alles hinschmeißen, aber ich kann mir einfach beim besten Willen nicht vorstellen, dann einfach so weiterzumachen. Ich würde mich wahrscheinlich verweigern – ich weiß es nicht! Ich finde diese Vorstellung ganz furchtbar! Ich wüsste gar nicht, wie ich darauf reagieren würde.« Sie schüttelt den Kopf. »Gut, und ich würde auch noch denken: Du hast uns beide betrogen. Ich weiß nicht, ob ich so was verzeihen könnte.«

»Sehr nachvollziehbar!«, stimmt Anne zu. »Klar, da setzt man ja nicht nur die Beziehung zur Partnerin aufs Spiel, sondern kann auch die zum Kind maßgeblich beeinträchtigen ...« Sie denkt nach. »Ich wurde auch mal betrogen – als Teenager, aber trotzdem hat das ganz schöne Kerben hinterlassen. Das hat mich sehr mitgenommen: dass jemand die Entscheidung trifft, dass ich nicht gut genug bin ... dass das, was wir haben, nicht hochwertig genug ist ... Das wird man nicht so schnell wieder los. Und darum – wäre das für mich schon ein Grund für die Trennung.«

Ich kratze mich am Kopf. »Das würde ich jetzt nach all der Zeit nicht so strikt sagen. Aber es kann schon sein, dass dieses Abkommen zwischen Basti und mir auch viel Theorie ist – vielleicht auch etwas, das uns beiden eine Illusion von Freiheit aufrechterhält …«

»Ja, das klingt so edel, nicht?«, meint Anne. »Ich glaube aber, dass das in der Praxis schwer machbar ist.«

Die Frage hat uns geschafft – es wird noch der letzte Wein ausgetrunken, dann fallen wir in die Betten.

Die harte Schule der Verflossenen

Was aktiviert in einer Beziehung unseren Schleudersitz?

AM NÄCHSTEN MORGEN BEIM FRÜHSTÜCK, die Butter schmilzt in der Sonne und die zweite Runde Kaffee wird aufgesetzt. In der ersten Frage des Tages geht es um allergieauslösende Erfahrungen mit Exfreunden, um eigene Fehler und ihren Lerneffekt.

»Oh, großes Thema!«, seufzt Anne. »Da hättest du das Aufnahmegerät mal letzten Sommer mitlaufen lassen müssen …« Zu dem Zeitpunkt hatte sich ihre letzte Liebschaft aus nicht restlos geklärten Gründen aufgelöst, was zu langwierigem Rätselraten führte.

Auch Maren kratzt sich am Kopf. »Schwierig …«

»Ich habe interessanterweise zu keinem meiner Exfreunde noch Kontakt«, grübelt Anne laut. »Und es gibt auch keinen, bei dem ich mir das wirklich wünschen würde. Ich habe mir schon oft genug die Finger verbrannt, und zwei –, dreimal war das auch ziemlich nachhaltig. Aber ob ich aus den schlechten Erfahrungen dann klug geworden bin, weiß ich gar nicht …«

»So Eigenschaften«, versuche ich, der Runde auf die Sprünge zu helfen, »bei denen man, wenn man sie bei einem potenziellen Partner spürt, sofort denkt: Nee! Davon hatte ich jetzt genug?«

»Also«, meldet sich Barbara – die im Unterschied zu Anne mit allen ihren Exfreunden bei Facebook befreundet ist – und greift das Thema vom Vorabend auf, »ich habe tatsächlich gelernt, dass es mit solchen Fremdgehsachen nicht funktioniert, wenn man eifersüchtig ist. Das hatte ich auch schon bei David, dass sich dieses Misstrauen entwickelt hat und ich tatsächlich dann auch ab und zu angefangen habe, ihm hinterherzuschnüffeln – was aber tödlich war. Das funktioniert nicht.«

»Sondern stattdessen?«, frage ich interessiert.

»Stattdessen muss man sich dafür oder dagegen entscheiden. Und wenn man sich dafür entscheidet, dann muss man das auch durchziehen und Vertrauen haben und darf nicht anfangen, alles zu hinterfragen und dem Partner ständig hinterherzuschnüffeln. Und wenn man merkt, das geht nicht – dann kann man es halt nicht machen.«

»Ich fand es auch sehr schwer«, setzt Julia an, »dieses missbrauchte Vertrauen von mir – mich da sicher zu fühlen …« Dann bricht sie genervt ab. »Ehrlich gesagt bin ich dieses Exfreundthema auch so richtig leid!«

Fünf Jahre Beziehung, zwei Jahre Trauerarbeit – es ist nicht so, als könnte ich das nicht verstehen. »Na, hat dich ja auch lange genug beschäftigt.«

»Es hat mich lange beschäftigt, ich bin damit durch, und ich mag nicht mehr darüber nachdenken und vergleichen! Ich finde auch wichtig, dass man irgendwann damit zum Ende kommt und nicht immer die alten Geschichten …« Julia redet sich in Rage. »Klar gibt es Phasen, da denke ich mehr drüber nach, und klar gibt es da viele Zusammenhänge, gerade auch in meiner Geschichte – aber ich merke auch, dass ich gar keine Lust mehr habe zu sagen: Damals war es so und jetzt ist es aber so. Das ist jetzt was Neues, und man muss doch auch, gerade wenn es vorher eine intensive Beziehung war, irgendwann sagen: Gut, das ist ein abgeschlossenes Kapitel. Ich glaube, das ist auch für den neuen Partner sehr schwierig, wenn das immer wieder aufgegriffen wird: Damals ist mir aber das und das passiert … Also, dass das in

Stresssituationen auch mal wieder durchschlägt, ist ja normal, aber am wichtigsten finde ich, das immer mehr auch abzulegen. Das ist eine andere Person, und nur weil der eine so reagiert hat, muss der andere das nicht auch tun!«

»Aber das ist doch auch eine Erfahrung, oder?«, versuche ich, etwas Konstruktives rauszuschlagen. »Dass man merkt: Es sind unterschiedliche Menschen. Es ist ja gar nicht mal so leicht, dieses Vergleichen abzulegen.«

»Na klar«, sagt Julia, etwas besänftigt, »es dauert. Fünf Jahre sind eine lange Zeit, und wir hatten eine sehr intensive Beziehung, weil wir uns extrem viel miteinander auseinandergesetzt haben – das ist schon speziell. Aber ich merke, dass es jetzt auch mal gut ist damit. Es ist einfach nicht mehr so der Rede wert, finde ich.«

»Fünf Jahre – ich weiß gar nicht, wie das ist, wenn man so lange zusammen war«, sinniert Anne. »Ich hatte das nie – früher habe ich selbst relativ schnell die Flinte ins Korn geworfen ... und später wurde ich dann auch mal übel verabschiedet. Woran ich mich übrigens deutlich besser erinnern kann als an die umgekehrten Fälle; diese Kränkung hat sich doch ganz schön tief eingefressen. Und hört auch erst auf, wenn ich wieder Ruhe finde – und eigentlich am ehesten in einer neuen Partnerschaft. Ich merke, dass ich jetzt mit den Leuten, die mir solche Verletzungen zugefügt haben – wenn man es mal so dramatisch sagen will –, viel mehr im Frieden bin. Aber vorher ...« Sie schüttelt belustigt den Kopf. »Bei einem war ich da zeitweise so zartbesaitet, dass ich nicht wusste, wie ich ihm abends in der Kneipe begegnen könnte. Ich habe gedanklich zahllose Rachefantasien durchgespielt, von gefrorener Hundekacke im Briefkasten über einen Tritt ans Schienbein oder das beliebte Bier über den Kopf – bis ins Detail! Das war ein innerer Kampf, den ich mit mir selbst über viele Jahre ausgefochten habe. – Der hatte mich wirklich gemein sitzen lassen«, erklärt sie auf die fragenden Blicke hin, »und nachdem ich mein Herz an ihn verloren hatte, per SMS Schluss gemacht. Er hatte mich immer so ein bisschen auf Abstand gehalten; eigentlich hätte ich ahnen können, dass er gar nicht wirklich so interessiert war. Aber ich wollte das in dem Moment wohl nicht erkennen oder wollte vielleicht auch um ihn kämpfen. Und dann ist er irgendwann einfach nicht mehr ans Telefon gegangen, die feige Sau! – Das bitte so schreiben!«, ordnet sie an. »Und so habe ich ihm eine SMS geschickt, in der ich ihn gebeten habe, doch jetzt mal die Karten auf den Tisch zu legen, damit ich wenigstens anfangen könnte, damit abzuschließen. Das funktioniert ja nicht, wenn man einfach so hängen gelassen wird.« Zustimmung allerseits. »Und daraufhin schrieb er eine *unverschämte* SMS zurück mit dem Tenor, er könne sich keine Beziehung mit mir vorstellen; ein Gespräch mit mir«, Anne zitiert spitz, »stelle er sich schwer erträglich vor und deswegen wähle er jetzt diesen feigen Weg, es täte ihm sehr leid. Und dieses ›Es tut mir wirklich sehr leid‹, das hätte er sich auch einfach rektal einführen können. Weil es ihm nicht wirklich leidtat! Er war einfach sehr mit sich beschäftigt und das habe ich lange nicht gesehen; ich habe das sehr persönlich genommen und das ewig mit mir rumgeschleppt. Das hat mich auch lange gehemmt gegenüber anderen ... Ich habe ihm Jahre später eine Mail geschrieben – und da hat er dann viel reflektierter geantwortet: dass er damals auch nicht so recht gewusst habe, was er eigentlich suchte; dass das, was er bei mir gefunden habe, ihn eine Weile befriedigt, aber er dann gemerkt habe, dass er eigentlich was ganz anderes wollte. Und das ist, finde ich«, schließt Anne, »eine kleine Tragödie im Stadtleben – dass es da oft nicht zur Auseinandersetzung kommt. Weil nur die ja hilft, das auch mal abzuschließen. Und dass ich das nicht sehen wollte, dass er irgendwann so anders war – das war vielleicht ein Fehler von mir. Aber das gehört wohl auch zum Lernprozess dazu.«

»Und glaubst du, dass der Lernprozess Früchte getragen hat?«, frage ich. »Es gab ja ein paar solche Geschichten – meinst du, du wärst mittlerweile schneller, so was zu sehen oder einzufordern?«

»Ich glaube, dass ich resoluter werde«, sagt Anne, »dass ich durch diese Erfahrungen vielleicht auch schneller wütend werde und sage: ›Mensch, tanz mir nicht so auf der Nase rum; entweder hast du Lust oder nicht ...‹ – Das vielleicht schon, ja.« Sie überlegt. »Und wenn ich merke, dass zweigleisig gefahren wird – das löst vielleicht wirklich den, wie du sagtest, Schleudersitz aus. Darauf hab ich gerade überhaupt keine Lust.«

»Also, zu wenig Auseinandersetzung war bei mir nicht das Problem ...«, setzt Julia Annes Geschichte mit einem halben Lachen entgegen. »Insofern war das natürlich ganz anders. Mich hat diese Beziehung stark geprägt und dann die Trennung und der damit verbundene Schmerz. Ich war danach extrem desillusioniert. Auf einmal hat sich alles so vergänglich angefühlt. Ich habe nur noch überall Tod und Enden gesehen – ich hatte das wirklich eine ganze Zeit!« – Ich nicke; ich erinnere mich gut. – »Aber ich glaube«, fährt Julia fort, »es ist vor allem wichtig zu sagen: Okay, das ist jetzt was Neues. Das Alte ist dann immer noch ein Teil von mir, der mich geprägt und geformt hat – aber dann versucht man eben, das, was vielleicht noch intakt ist oder was man gelernt hat, mitzunehmen. Aber auch nicht immer unter dem Gesichtspunkt: Das habe ich jetzt daraus gelernt. Das ist ein Teil der Entwicklung, die einen halt ausmacht und über die Jahre formt. Wie eine Narbe, die man hat, oder wie die runzlige Haut, die man irgendwann kriegt, und die hängenden Beine.«

»Hängende Beine?!« Maren guckt befremdet.

»Ja«, sagt Barbara, »ich glaube, es ist schwer, so ein Resümee zu ziehen und zu sagen: Aus der und der Beziehung habe ich das und das gelernt ...«

»Ich meine mehr, was sich so ansammelt«, präzisiere ich. »Vielleicht ist ›Entwicklung‹ wirklich das bessere Wort. Ich habe zum Beispiel aus meinen ersten Erfahrungen gelernt, dass ich jemanden brauche, der für sich selbst steht und der sich nicht so an mich dranhängt. Und dass es, bei aller Eitelkeit, ein bisschen wenig ist, wenn das Ganze nur von der Bewunderung für mich lebt – das war eine relativ frühe Erkenntnis.« – Barbara und Maren lachen. »Nach dem ersten Freund …«

»Ungefähr!«, bestätige ich belustigt. »Oder auch jemand, der überhaupt nicht selbstständig ist – grauenvoll! Das würde ich mir nun wirklich nicht mehr geben; ich möchte jemanden, der sich selber einen Kaffee machen und auch gerne eine eigene Meinung haben kann. Bei Tobias, der ja wirklich eine ernst zu nehmende Liebe war, da waren es eher meine eigenen Sachen, die ich im Anschluss noch mal überdacht habe. Zum Beispiel, dass ich ganz schön viel von ihm erwartet habe, dass ich viel mit Vorstellungen aus meiner Familie da herangegangen bin, wie man sich zu zeigen hat, dass man sich liebt und so weiter. Das hat er nicht erfüllt, und ich habe, glaube ich, ganz schön gezerrt und gezogen. Und es nicht geschafft, ihn einfach so sein zu lassen, wie er eben war. Er war eher so klassisch norddeutsch, hat nicht so viel geredet – er war nun mal nicht so. Und das habe ich ihm streckenweise zum Vorwurf gemacht, und ich kann mir vorstellen, dass das für ihn ganz schön schrecklich war. Das hat auch dazu beigetragen, dass es dann auseinandergegangen ist.«

»Ja, man kann Leute nicht verändern«, wiederholt Maren die alte Weisheit.

»Genau, man liest das ja immer«, sage ich, »aber ich hab's einfach nicht begriffen, bis es dann irgendwann ankam. Und ich glaube, das ist auch ein Grund, warum jetzt mit Basti das im Grunde gleiche Problem besser zu ertragen ist. Und sich sogar bessert, weil man sich einander dann in Ruhe ein bisschen annähern kann, wenn man für sich selber bereit ist, das erst mal so hinzunehmen. Insofern war das schon ein Lerneffekt. Oder eine Entwicklung in der Persönlichkeit, wenn es das besser trifft.«

»Hm, Lernen aus den Beziehungen meines Lebens«, Maren ist unschlüssig, »weiß ich nicht. Ich glaube, das Einzige, was ich immer mitgenommen habe, ist, mehr auf mein eigenes Gefühl zu hören.«

»Komisch, dass man das nicht automatisch macht, oder?«, wundere ich mich.

»Ja«, überlegt Maren, »am Anfang traut man den eigenen Gefühlen vielleicht noch nicht so und macht sie nicht zur Entscheidungsgrundlage. Aber mit jeder Beziehung – auch Freundschaften; ich hatte Freundinnen, die sich immer nur gemeldet haben, wenn sie was wollten. Das sind für mich keine Freundinnen. Das merkt man einfach irgendwann – solche Leute muss ich nicht mein Leben lang mitziehen. Da muss man dann ein bisschen mehr auf sich hören: Was ist das für mich? Ist das eine Beziehung, die einen auffrisst? In die man immer nur reinsteckt, und es kommt nichts wieder? Und dafür ist mir meine Zeit viel zu kostbar, als dass ich sie verschwenden würde mit Menschen, die nur auf sich selbst bezogen sind. Die immer nur was wollen.« Ihr Sohn, mit perfektem Timing, ruft sich durch lautes Aufschnarchen in Erinnerung und sorgt für schallendes Gelächter. »Mit so was verschwendest du nicht mehr deine Zeit, wie?«

»Nee – da höre ich mehr auf meine Gefühle.« Maren muss lachen. »Tja. Aber aus Beziehungen an sich hab ich jetzt nicht so viel gelernt, außer mal ein Kochrezept vielleicht. Das sind alles total verschiedene Menschen, und dabei ist es egal, ob es Freunde oder feste Freunde sind oder der Ehemann – alle Beziehungen entwickeln einen ja auch, sodass man vielleicht später merkt: Dies und das geht gar nicht ... Ich finde, dass man viel mehr auf sich hören sollte, und ich weiß, dass ich das früher nicht getan habe. Sondern mich auch mal zu Beziehungen habe überreden lassen: ›Aber wir verstehen uns doch so toll und machen so viel zusammen!‹ Und natürlich die Erpressung: ›Ich weiß nicht, was ich ohne dich machen soll. Ich bin so verzweifelt, ich liebe dich doch so.‹ – ›Äh, okay, versuchen wir es halt noch mal ...‹ Bis dann in drei Monaten das nächste genau gleiche Gespräch ansteht: ›Guck doch mal, was wir alles erlebt haben!‹« Maren schnaubt. »Nein, das gibt es nicht mehr, Gott sei Dank. Kein Überreden – auch beim

Sex: Wenn man keine Lust hat auf Sex, hat man keine Lust auf Sex, und dann kann man es auch sagen. – Einfach man selbst sein«, fasst sie zusammen. »Und den Partner natürlich auch so lassen.«

»Ja, dafür hab ich ein bisschen länger gebraucht«, räume ich ein.

Maren nickt. »Ich glaube, dafür braucht man einfach ein bisschen Zeit.«

DIE 12. FRAGE

Attraktivität

Wurmen uns Falten oder die ersten grauen Haare?

WEIL JULE GERADE SCHON VON DEN HÄNGENDEN BEINEN angefangen hat …« Ich lese die Frage vor.

»Puh – schöne Frage«, stöhnt Julia, »sie ist auch genauso schwierig zu beantworten wie alle anderen.«

»Aber meist hast du ja dann doch was zu sagen«, bemerke ich. Die anderen lachen, Julia eingeschlossen. »Ich hab immer was zu sagen. Also wenn ich so drüber nachdenke: Attraktivität – in den letzten Wochen ist es doch häufiger vorgekommen, dass ich in Adiletten und Jogginganzug Fußball gucken war und auch nichts anderes anhaben wollte. Das Lustige ist aber, dass, wenn ich das mache und mich dabei wohlfühle, das dann auch sehr gerne total attraktiv gefunden wird – diese Entspanntheit damit. Deshalb: Was ist denn schon Attraktivität – die besteht ja nicht darin, dass ich glatt rasierte Beine habe.«

»Und ein Cocktailkleid an«, ergänzt Maren.

»Genau«, freue ich mich. »Darum geht es. Aber – ist das neu?«

Julia legt den Kopf schief. »Ich weiß nicht, es sind eher Phasen: dass ich mich wohl oder unwohl fühle. Und Phasen, in denen ich mich schick anziehe, hatte ich immer mal – ich hatte eine Zeit, da habe ich nur schicke Kleider gekauft und mich häufiger geschminkt. Jetzt schminke ich mich ungefähr nie. Manchmal laufe ich am liebsten sieben Tage am Stück im Jogginganzug rum, manchmal mag ich gerne hier und da ein Kleidchen kaufen, das ist sehr unterschiedlich.«

»Ich finde aber auch, bei dir ist das nicht so krass, dass, wenn du einen Jogginganzug anhast, man gleich denkt: Oh, was für eine Schlampe!«, meint Barbara. »Aber vielleicht ist es auch dieses Wohlfühlding ...«

»Ja, im Jogginganzug fühle ich mich wirklich sehr wohl«, bestätigt Julia. »Aber es gibt so Momente, wo ich nach acht Monaten Winter irgendwann denke: Ich kann diesen verfilzten Wollmantel nicht mehr sehen, den ich morgens, mittags, abends, nachts trage! Und dann ist es immer ganz niedlich, wenn ich mir ein neues Kleid hole oder eine andere Farbe anziehe, und Jan dann sagt: ›Ach, es ist so schön, wenn du mal andere Sachen anhast, dann bist du nicht immer nur die Julia in dem grauen Mantel.‹ Dann mach ich das auch gerne.«

»Kann ich verstehen«, seufze ich. »Was Basti betrifft, um es zum dreißigsten Mal zu sagen, verschwindet ja alles, was ich für meine Attraktivität tue, in einem großen schwarzen Loch. Immerhin«, tröste ich mich, »kann ich mit Fug und Recht behaupten: Ich mache es jedenfalls offenbar nicht für Basti.«

»Ich mache mich auch gerne schick, manchmal«, schlägt Maren sich auf Julias Position. »Und manchmal ist es halt egal. Morgens Brötchen und die Zeitung kaufen – ich mach das auch im Schlafanzug, nur mit Pantoffeln und einer Jacke drüber. Bei uns in der Ecke ist das nicht so gang und gäbe, ein bisschen komisch wird dann schon geguckt, wenn ich an den schicken Autos vorbeigehe.« Sie überlegt. »Das hätte ich, glaub ich, früher nicht gemacht. Wobei ich auch nie jemand war, der nicht ohne Make-up die Post aus dem Briefkasten holen konnte ...«

»Das ist die Sache beim Arbeiten zu Hause«, sage ich, »es ist natürlich schön, dass ich immer aus dem Bett gleich an den Rechner stolpern kann und da dann den ganzen Tag im Bademantel sitze. Es wird dann komisch, wenn der Postbote klingelt, mit einer

DHL-Lieferung um 16 Uhr, und ich immer noch in der Bekleidung aufmache.«

»Den ganzen Tag nicht angezogen«, nickt Maren, »stimmt. Was ich daran schwierig finde, ist, dass die Zeit so vorbeigeht und man am Ende gar nicht das Gefühl hat, es sei ein Tag gewesen … Aber ich kann Leute nicht verstehen, die Jogginganzüge ablehnen, weil das zu asozial sei.«

»Basti bemerkte tatsächlich irgendwann, als ich immer in Jogginghose einkaufen ging, ich hätte mich ja schon ganz gut angepasst«, erinnere ich mich. »Bei mir in der Ecke ist das ein bisschen der lokale Schick, wenn alle vormittags mit Bier auf der Straße rumsitzen. Aber ansonsten: Wenn ich nette Klamotten habe, ziehe ich die auch gerne an. Und ich freue mich auch, wenn man dann mal ein bisschen die Figur sieht, und ich trage mittlerweile sogar lieber kurze Kleider als früher. Ich glaube, es liegt daran, dass meine Beine weniger trainiert sind. Früher musste immer alles mindestens bis zum Knie gehen, wegen dieser Muskelpakete am Oberschenkel. Die sind jetzt einfach komplett weg.« Ich überprüfe meine Beine und finde mich bestätigt. »Und offen gestanden finde ich es auch ganz schön, auf die letzten Meter noch mal die Kurze-Kleider-Phase auszunutzen.«

»Also, meine Kleider werden eher länger«, entgegnet Julia. »Ich würde nicht sagen, ich stehe auf Kriegsfuß mit meinen Beinen; sie leisten mir ja ganz gute Dienste, aber …« – Peter schreit, das erste Mal an diesem Morgen, weshalb es ihm gerne nachgesehen wird, und bekommt den Schnuller. – »Es gibt schon Momente, wo ich mich nicht wohlfühle in meiner Haut«, fährt Julia fort. »Im Moment ist es so. Nach dem Urlaub – da waren wir viel wandern, viel schwimmen, viel an der frischen Luft – habe ich mich total wohlgefühlt. Dann sind wir nach Hause gekommen; ich habe mich ungefähr zehn Tage lang nicht bewegt, habe nur gegrillt, zwischendurch immer mal ein Bier getrunken und ich habe mich direkt ein bisschen schwabbeliger gefühlt und dann bin ich auch so – *uäh*!« Sie schüttelt sich. Maren lacht.

»Das geht bei dir aber auch ganz schnell, oder?«, bemerkt Barbara. Julia nickt. »Das geht bei mir sehr schnell; ich habe da ein ganz sensibles Körpergefühl. Aber gleichzeitig bin ja ein bisschen faul. Nehmen wir mal an, man könnte sich auf so ein Powerplate stellen, zwanzig Minuten am Tag, und hätte total schlanke Beine, dann würde ich das machen. Aber mich da durchquälen und ins Fitnessstudio gehen, was ich hasse – das mache ich halt nicht. So wichtig ist es mir dann doch nicht.«

»Aber Sport machst du doch?«, frage ich.

»Ja, aber ich gehe ja nicht ins Fitnessstudio und sage: ›Ich hätte gerne einen total schön geshapeten Arsch.‹ Sondern ich tue eher was, wo mein Körper einmal komplett durchgedehnt wird und ich mich danach beweglich fühle. Es geht mir mehr darum, diese Beweglichkeit zu erhalten und eine gewisse Grundmuskulatur, damit man nicht so hängt …«

»Und damit man keine Rückenschmerzen hat«, ergänzt Maren und wundert sich: »Man macht sich ja plötzlich eher über so was Gedanken.«

»Genau«, meint Julia, »es ist beinahe eher was Medizinisches. Und wenn ich zum Yoga gehe, ist diese Ruhe auch ganz gut, und dass man sich so ein bisschen auf sich konzentriert.«

»Ich habe auch keine Lust, mich zu quälen, indem ich auf irgendwas verzichte«, stellt Maren fest und schiebt sich untermalend einen Schokoriegel am Stück in den Mund.

»Eben, dafür esse ich zu gerne«, sagt Julia. »Ich bin ja auch ein totaler Genussmensch. Und so Sachen wie in die Sauna gehen – das mache ich ja nicht unbedingt, weil ich davon einen strahlenden Teint kriege, sondern weil ich mich dann wohlfühle. Und als ich letztens mit Barbara zum ersten Mal bei der Pediküre war – ich muss sagen: mit so einer blöden Zeitschrift auf dem Schoß – das hat Spaß gemacht! Da geht man weichen Fußes wieder raus …« Sie macht eine kapriziöse Handbewegung. »Ich hab's genossen.«

»So wie jetzt«, sagt Maren, die tatsächlich ihr Nagelnecessaire ausgepackt hat und sich die Nägel feilt, »ich weiß gar nicht, wann ich das das letzte Mal gemacht habe. Ich dachte noch: Das Nagelzeug muss ich unbedingt einpacken – jetzt komme ich endlich mal dazu!« Sie lacht. Nach kurzem meditativen Feilen fährt sie fort: »Ich glaube, dieser Diätwahn, den es mal gab, als man so 23, 24 war – von Kohlsuppe bis …« Sie macht eine umfassende Geste. »Das ist verschwunden. Gefastet habe ich da auch nur, um ein bisschen abzunehmen.«

»Ach, machst du das gar nicht mehr?«, fragt Julia erstaunt.

»Doch, doch – ging ja nur im letzten Jahr nicht.« Maren deutet auf ihr Baby. »Nur war früher der Beweggrund noch anders: Juhu, ein bisschen dünner werden! Und heute mache ich das, weil ich dann unglaublich energiegeladen bin und so viel schaffe wie sonst nie. Wahrscheinlich müsste ich ein halbes Jahr fasten und hätte meine Diplomarbeit in der Tasche. Weil man wahnsinnig viel Zeit hat für sich und für tolle Sachen. So was habe ich früher eher aus anderen Gründen gemacht; das ändert sich schon, finde ich.«

Anne stimmt zu. »Ich faste auch gerne ein –, zweimal im Jahr, aber vornehmlich mit dem Gedanken, dass das so eine Zeit der Besinnung sein soll, in der ich mich und meinen Körper mal wieder abfrage auf das, was ich so brauche, in puncto Ernährung und Bewegung.« Respektvolles Schweigen; Barbara guckt komisch-resigniert gen Himmel. »Ich habe ja schon mehrere Diäten hinter mir …«

»Die *Brigitte*-Diät …«, assoziiert Julia frei.

»Die *Brigitte*-Diät«, wiederholt Barbara.

»Aber haderst du mit dir oder bist du eher entspannter geworden?«, will ich wissen.

»Ich bin mit anderen Sachen entspannter geworden«, meint Barbara. »Früher hatte ich mit allem, was mir nur im Ansatz nicht gefallen hat, mehr Probleme. Es gab eine Phase, wo ich meine Ohren ganz, ganz schlimm fand.«

»Die Ohren?« Ich staune.

»Ja, weil die so ein bisschen abstehen. Und meine Cousine hat irgendwann meinen schönen Bauernzopf kommentiert: ›Nee, Barbara, das kannst du aber mit deinen Ohren nicht tragen!‹ Von da an war es aus, und ich habe, glaube ich, bis 18 keinen Zopf getragen, weil ich immer dachte, meine Ohren sind so hässlich. Damit habe ich mich ein bisschen entspannt«, schließt sie. – Lachen in der Runde. – »Stehen sie halt ein bisschen ab! Aber sich körperlich wohlfühlen, das ist immer noch nicht so der Fall. Wenn ich vor dem Spiegel stehe, denke ich immer noch oft: Uah ... nicht so schön.« Sie verzieht das Gesicht und muss lachen. »Ich habe eine Zeit lang noch gedacht, irgendwann werde ich mal sportlich, und dann werde ich das alles abtrainieren. Aber das wird einfach nicht eintreten. Weil ich dafür viel zu faul bin und viel zu gerne andere Sachen mache, die dem entgegenwirken. Zum Beispiel essen und trinken.« Verständnisinniges Gelächter. »Ich habe die Idee aufgegeben, dass ich das alles mal ändern werde; insofern habe ich mich vielleicht entspannt. Aber ich fühle mich schon gerne attraktiv, und ich merke, dass ich abhängig davon bin, wie ich denke, dass andere mich finden. Ich bin relativ verkrampft, wenn ich über die Straße gehe und mich gerade völlig unattraktiv fühle. Und ich weiß noch, ich habe früher immer nur Pullover getragen, die über den Hintern gingen. Das war so die Muss-Länge: Der Po muss verdeckt sein. Phasenweise habe ich das mal mehr, mal weniger, je nachdem, wie es mir geht. Wenn ich echt schlecht drauf bin, dann kann ich auch keine Sachen anziehen, wo man mehr von mir sieht. Ich hülle mich dann gerne ein.«

»Aber man empfindet sich selbst ja auch total unterschiedlich«, wirft Julia ein. »Es gibt Tage, da denke ich: Man will es ja so kaum sagen, aber ich sehe echt gut aus. Und manchmal laufe ich an einem Spiegel vorbei und denke: Oh, du siehst irgendwie ganz seltsam aus – so ein dünnes Gesicht und *uäh*«, wiederholt sie und zuckt die Achseln. »Tagesform.«

»Also, ich merke schon, dass mir das was ausmacht, ob andere mich attraktiv finden oder nicht«, setzt Barbara ihren Gedankengang fort. »Aber jetzt gerade versuche ich, nicht immer drüber nachzudenken, was andere von mir denken. Ich glaube, das war halt eine Zeit lang so ein Faktor, wo männliche Aufmerksamkeit rüberkam – über Attraktivität. Und das war mir schon wichtig ...« Sie überlegt. »Ich bin auch gerne so, dass ich mich überhaupt nicht zurechtmache und total schlabberig rumlaufe. Aber dann bin ich demonstrativ darin. Dann fühle ich mich nicht attraktiv und will das auch nicht. Auf der anderen Seite mag ich das dann auch wieder gerne: schminken, Haare machen ... das macht mir durchaus Spaß! Dann fühle ich mich auch anders, wenn ich rausgehe. Ich mag beides ganz gern. Es kommt immer so auf die Stimmung an, wonach mir gerade so ist. Aber ich finde das schon angenehm, wenn dann so Reaktionen kommen.« Sie kichert ein bisschen verlegen. »Das finde ich schon gut.«

»Ich auch.« Ich nicke, Anne auch: »Klar – wir würden ja lügen, wenn wir sagen würden, das ließe uns vollkommen kalt.«

»Aber weißt du«, wendet Julia ein, »ich mag das gerne, aber ich hatte auch schon das Gefühl, dass ich mich manchmal extra nicht so style, weil mir sonst zu viel Resonanz entgegenkommt und zu viel Aufmerksamkeit, die ich dann gar nicht unbedingt wollte. Ich glaube, das ist auch ein Grund, warum ich mich selten schminke: Dann werden meine Augen einfach noch größer ... Ich fand das zeitweise anstrengend; ich will nicht das laufende Sexsymbol sein.«

»Nee, eben«, sagt Barbara. »Deshalb finde ich das auch schön – obwohl es mir fast noch lieber ist, positive Aufmerksamkeit zu bekommen –, zwischendurch auch mal gerade *nicht* so zu sein: in so einer Schlabberhose und ungeschminkt. Dann will ich vielleicht auch mal männlich aussehen und finde es dann gut, so ein T-Shirt und eine Jeans anzuziehen, die maskulin wirken.« – »Ja.« Julia nickt.

»Ich war früher auch abhängiger«, überlege ich. »Ich glaube, ich habe mich mehr verglichen, und seit ich mir das weitestgehend abgewöhnt habe, geht es mir besser. Weil ich früher«, erkläre ich vor allem für Anne, die mich noch nicht so lange kennt, »schon unter meinem Aussehen gelitten habe und gehänselt wurde – ich zitiere: ›hässliches Schwein‹ …« – Anne macht netterweise ein ungläubiges Gesicht, bevor ich weitererzähle: »Und das habe ich ewig mit mir rumgetragen. Diese Unzulänglichkeiten habe ich dann meinen jeweiligen Freunden erst nach ganz langer Zeit erzählt, um nicht die Aufmerksamkeit auf die falschen Stellen zu lenken.« – Barbara lacht; ich muss auch grinsen: »Keine schlafenden Hunde wecken … Sie kamen auch lustigerweise nie von selbst drauf; da sieht man mal, wie viel Substanz so was hat.« Ich schüttle den Kopf. »Aber auch sonst – ich war zum Beispiel immer eher unsicher mit meinen Haaren. Und mittlerweile gucke ich da nicht mehr groß in den Spiegel, und das finde ich für mich viel entspannter. Letztlich glaube ich sogar, dass es am Ende eher besser rüberkommt, weil sowieso kein Mensch so sehr auf meine Frisur achtet, wie ich es früher getan habe.«

»Ja, das ist eigentlich eine ganz gute Erkenntnis«, sagt Anne und lacht. »Stimmt.«

»Das hat sich irgendwann von selbst gegeben«, ergänze ich. »Aber ich bin ganz froh, dass es mir egaler ist. – Eigentlich finde ich Frauen immer dann wunderschön und attraktiv, wenn sie so in sich ruhen und ganz zufrieden wirken.«

Anne stimmt zu. »Ja, da ist was dran – wenn man sich zu sehr bemüht, dann kann das auch den gegenteiligen Effekt haben …« Sie zündet sich eine Zigarette an und bläst den Rauch vom Tisch weg. »Ich hatte Nick neulich, als wir auf eine Hochzeit gegangen sind, gefragt, ob er das eigentlich gut findet, wenn ich mich schminke … ob ihm das auffällt. Und er meinte: ›Ach, manchmal siehst du einfach ganz wunderschön aus, wenn du gar nichts im Gesicht hast.‹ Das fand ich irgendwie auch ganz gut.«

»Ja – super!«, falle ich eifrig ein. »Ich hatte auch so einen Moment – das ist ehrlich gesagt fast ein bisschen beschämend«, unterbreche ich mich, »dass ich mich sofort davon habe beeinflussen lassen … Ich habe früher fast immer Wimperntusche benutzt, und an einem Tag, als ich sie mal weggelassen hatte, sagte Basti: ›Du sieht heute wirklich gut aus!‹ Und vermutlich weil Komplimente von Basti so rar sind, habe ich auf der Stelle aufgehört, welche zu benutzen – mit wenigen Ausnahmen bis zum heutigen Tag. Instant-konditioniert. So ganz frei vom Gefallen-Wollen bin ich wohl doch nicht.«

Anne lacht. »Aber es spart dir bestimmt einiges an Ausgaben für Kosmetik!«

»Wobei ich ja neulich auf der Stelle Hyaluronsäurecreme kaufen musste, als ich auf einem Foto von mir diese Falten an der Nasenwurzel gesehen habe. Das war ein ungünstiger Lichteinfall; es gab so Schlagschatten …« Ich rümpfe die Nase.

»Und, hat es funktioniert?«, fragt Anne belustigt.

»Nein, wie ihr seht, sind sie noch da. Ich bin auch etwas inkonsequent in der Benutzung; der Kauf ist wohl mehr dem dramatischen Moment entsprungen. Es ist halt doch kein Riesenproblem. Ähnlich wie die grauen Haare, obwohl ich da anfangs etwas erschrocken bin. Ich habe sie ausgerissen, dann kamen neue – gut, es sind nicht viele, aber …«

»Oh, aber bei schwarzen Haaren sieht man es natürlich auch am meisten«, trifft Maren den wunden Punkt.

»Genau!«, sage ich. »Und sie lagen alle vorne oben!« – Maren lacht. – »Und da plötzlich so fünf weiße Haare leuchten zu sehen … Ich sah mich noch vor der ersten Schwangerschaft komplett ergraut. Und dann mit einem Riesenbauch und eisgrauen Haaren rumlaufen – diese Vision hat mich ein paar Tage verfolgt …«

Maren nickt. »Ja, bei meinem ersten grauen Haar dachte ich auch: Oh! Geht jetzt wohl los, was? Aber schlimm fand ich es nicht, und Falten finde ich auch eigentlich attraktiv.«

»Aber du *hast* auch einfach keine Falten, oder?«, sage ich leicht vorwurfsvoll.

»Doch, ich hab auch Falten«, widerspricht sie. »Zur Hochzeit habe ich ein Foto geschenkt bekommen: nur meine Augen. Und ich dachte: Wow! – Dann habe ich das nicht retuschierte Foto gesehen. Und dachte: Oh … – Also: Man sieht sie nicht so, aber sie sind definitiv nicht mehr wegzureden. Ich finde das aber prinzipiell ganz schön. Wenn ich so hutzelige alte Damen sehe – ich möchte auch so werden! Ich finde das süß!«

»Lustig ist ja auch«, sagt Julia nachdenklich, »dass wir im Moment noch in einer Phase sind, wo man sich im Prinzip noch als jung empfindet, aber älter wird – ich glaube, diese Übergangsphase, daran muss man sich gewöhnen! Dass man erst sagt: ›Ach, Falten finde ich überhaupt nicht schlimm‹, und plötzlich merkt man: ›Oh, ich hab Falten!‹«

»Man hat aber auch noch nicht so viele …«, wirft Maren ein.

»Ja, genau«, sagt Julia. »Man merkt, es verändern sich Dinge – bei mir ist es so, die Spannkraft lässt etwas nach, man bekommt trockene Haut …« Sie zuckt die Achseln. »Letztlich liegt es ja auch bei einem selbst – zumindest, soweit man da was tun kann.«

»Ja – ich möchte schon auf meinen Körper achten; ich möchte irgendwann das Rauchen aufgeben«, sagt Anne mit Seitenblick auf ihre Zigarette. »Aber alle Falten, die jetzt so kommen, die bereiten mir keine Sorgen. Natürlich kommt die Schwerkraft hier und da mal dazwischen – aber das gehört einfach dazu.«

»Und ja auch bei allen«, bemerke ich. »Ehrlich gesagt machen mich die paar winzigen Makel bei Basti ein bisschen entspannter. Dann kommt mir dieses Bild, wie wir gemeinsam verschrumpeln. – Ich hatte eine Bekannte im Studentenwohnheim, die mit so herzerfrischender Ehrlichkeit gesagt hat, es freue sie so, wenn ihr Freund zugenommen hat, weil sie dann für sich selber dachte: Ach super, dann muss ich auch nicht so aufpassen.« Große Freude in der Runde.

»Vor der nächsten Frage – Zehennägel lackieren?«, schlage ich an die Nicht-Pedikürten unter uns gewandt vor.

DIE 13. FRAGE

Erfolg

Wie wichtig ist er uns?

»TOTAL.« MARENS WENIG SUBTILER IRONIE folgt spontanes Gelächter, dann die überraschte Feststellung, dass das Aufnahmegerät schon läuft. Vor weiteren Schnellschüssen wird erst mal gemeinschaftlich nachgedacht. Dann bricht wieder Maren das Schweigen, mit der knappen Zusammenfassung: »Also, ich fühle mich nicht erfolgreich, und es ist auch nicht schlimm.«

»Es war gar nicht so weit oben auf der To-do-Liste?«, vermute ich angesichts Marens relaxter Gesamthaltung.

»Nee. Wobei«, sinniert sie, »ich früher Anwältin werden wollte und ganz hoch hinaus.«

Barbara bricht mit ihr in Gelächter aus: »Toll! Ich hab mich auch immer als Architektin gesehen. In einem Cabrio.«

Ich bin begeistert. »Wunderschön! Und einen Modelmann an deiner Seite?«

Das wischt Barbara mit leichter Hand weg: »Nö. Ich war allein in dem Auto, in meiner Fantasie. – Aber da war ich wirklich richtig jung.«

Nach einem kurzen Moment der Besinnung auf jugendlichen Ehrgeiz und die Frage, wo der sich wohl aufhält und was er so macht, setzt Maren wieder an: »Das hat sich so schrittweise abgeschwächt: Ach, es reicht ja vielleicht, wenn ich das und das mache … oder vielleicht reicht es auch, wenn es dies und jenes wird … oder – vielleicht ist es auch jetzt schon genug.« – Große Belustigung bei uns. – »Aber es ist alles gut. Es ist wirklich so: Der ganze Erfolg ist mir gar nicht mehr wichtig. Die Prioritäten haben sich irgendwie verändert. Jetzt sowieso«, bestätigt Maren mit einem Blick auf Peter alle Klischees. »Ich würde jedenfalls nie die Kinder abgeben, um Karriere zu machen.« Ich registriere beiläufig den Plural.

»Was meinst du mit ›abgeben‹?«, frage ich, vor meinem inneren Auge einen zitternden Peter im Binsenkörbchen an einer Autobahnraststätte.

»Na, am besten mit drei Monaten abstillen und dann zur Kinderfrau. Dafür setze ich keine Kinder in die Welt!«

»Okay, drei Monate ist vielleicht sehr früh«, gebe ich zu. »Aber in den Kindergarten …«

»Na ja«, sagt Maren, »es gibt ja mittlerweile auch U3-Plätze, sodass man sie wirklich schon mit einem Jahr oder anderthalb tagsüber abgeben kann.«

»Das ist schon noch mal was ganz anderes als mit drei Monaten, oder?«, frage ich.

»Ja …« Maren ist nicht überzeugt. »Aber …« Sie zuckt die Achseln.

»Ich finde, Peter kannst du jetzt aber langsam mal abgeben!«, bemerkt Julia. Peter zappelt unkontrolliert, Maren lacht. »Keine Frage, ist bald so weit.«

»Aber«, schiebe ich ein, »muss man sich zwischen Familie und Erfolg zwangsläufig entscheiden? Immer noch? Ich hoffe es für mich persönlich nämlich nicht …« Ich gucke in die Runde, angesprochen fühlt sich Anne.

»Ich glaube – und das unterscheidet sich vielleicht so ein bisschen von dem Modell, das meine Eltern gelebt haben und von dem wir ja in der Gesellschaft auch immer mehr wegkommen –, dass es immer weniger Frauen geben wird, die einfach nur Mütter sind.« Ich bin beeindruckt von Annes Fähigkeit zum Schachtelsatz im lockeren Plausch. »Den Luxus können wir uns heute nicht mehr leisten – oder wollen es nicht mehr. Ich bin schon mit der Idee der Selbstverwirklichung der Frau groß geworden, und das hat mittlerweile so ein großes Gewicht, dass ich mich davon schwer freimachen könnte. Ich müsste lügen, wenn ich sagen würde, mir wäre beruflicher Erfolg nicht wichtig. Ich brauche schon einen Bereich, in dem ich das Gefühl habe, dass ich mich fortbewege. Ich strebe immer an, weiterzukommen; ich möchte mich zumindest immer selber ernähren können.« – Maren nickt. »Klar, das war mir auch immer wichtig.« – »Ob das letztlich immer geht«, fährt Anne fort, »steht wahrscheinlich auf einem anderen Blatt – und ist auch abhängig davon, wie viele Kinder man hat, nehme ich an. Und wenn Frau von der Leyen, ich weiß nicht, fünf Kinder hat …?« – »Ich glaube, sieben …«, werfe ich ein. – »Sieben sogar«, Anne schnaubt und setzt dann ihren angefangenen Satz nahtlos fort: »… hängt das natürlich auch mit ganz anderen Umständen zusammen.« – »Haushälterin, Tagesmutter …«, zähle ich hinlänglich Bekanntes auf. – »Eben, ich meine: Wer kann sich denn so eine Betreuungsform leisten? Wie auch immer«, kommt sie zurück auf die Ausgangsfrage, »beruflicher Erfolg und die Möglichkeit, arbeiten zu können, sind mir schon wichtig.«

»Interessant ist ja dann auch«, grüble ich weiter, »wie man damit umgeht, wenn es nicht so klappt – oder nicht so schnell oder momentan nicht. Maren könnte ja auch furchtbar unterm Zuhausebleiben leiden, aber kann es auch genauso gut bleiben lassen. So eine Gelassenheit fällt mir, auch sehr formabhängig, manchmal weniger leicht, wenn ich so meine Bilanz angucke.«

»Ich würde mich, glaube ich, auch in die Fraktion einordnen, die mehr hadert«, sagt Anne bedächtig. »Aber da kommen wir wieder auf dieses Maß zurück, mit dem man sich misst. Ich finde mich nicht erfolgreich …« – »Ich finde dich ja ziemlich erfolgreich …«, widerspreche ich sofort. – »Ja, das ist komisch: Wenn ich mir meinen Werdegang rückblickend aufschlüssle, dann bin ich auch ganz froh über den Weg, den ich beschreiten konnte. Aber mit jedem Schritt, den man vorwärtsgeht, verändern sich auch die Ansprüche an sich selber. Und da bin ich ganz schön streng mit mir und neige dazu, mich kleiner zu machen, als ich bin. Mein Selbstbewusstsein ist da gar nicht so positiv ausgeprägt. Und ich messe mich natürlich gerne an genau den Personen, die mir die Selbstkritik am leichtesten machen.«

»Ja«, mein Verständnis kommt aus vollstem Herzen, »das ist auch mein Problem ... Als Basti plötzlich so durchstartete, da kam neben der Freude für ihn zugegebenermaßen auch ganz schön mein Minderwertigkeitskomplex hoch.«

»Hm.« Anne legt skeptisch den Kopf schief. »Okay, Komplexe sind das eine. Dass dich das unter Druck gesetzt hat, dass Basti auf einmal so einen Erfolg hatte, kann ich ein Stück weit nachvollziehen. Man hat ja schon ein bisschen das Gefühl, irgendwie mithalten zu müssen. Aber wenn es dann in regelrechten Neid ausartet, kann das eine Beziehung, glaube ich, richtig zerfressen. Da bin ich total froh, dass das bei mir keine Rolle spielt ...«

»Ihr seid ja auch auf völlig unterschiedlichen Feldern unterwegs«, bemerke ich. »Ja – ich kann auf der Baustelle wahrscheinlich nicht mal einen Nagel auf den Kopf treffen und das überlasse ich dann auch gerne ihm.« Anne lacht.

»Es war, glaube ich«, überlege ich, »auch weniger Neid, als dass ich mich plötzlich mit anderen Augen gesehen habe ... Ein bisschen unheimlich. Es kam mir so vor, als hätte ich den Punkt erreicht, an dem man bitte schön so weit zu sein hat. Weil der Erfolg eben in meine unmittelbare Umgebung gerückt war. Und was mich selbst betrifft ...« Ich schüttle ein bisschen resigniert den Kopf.

»Na, gerade läuft's doch nicht so schlecht!«, stellt Maren fest.

»Stimmt«, räume ich ein. »Und trotzdem – ich schwanke dauernd zwischen einem an Größenwahn grenzenden Alles-ist-möglich-Gefühl und kompletter Verzweiflung, in der ich mich frage, was ich eigentlich hier soll, auf diesem Arbeitsmarkt und in dieser Welt. Mal sehe ich meinen guten Studienabschluss, mal die tausend Jahre, die ich dafür gebraucht habe; mal den relativ reibungslosen Übergang ins Berufsleben und dann wieder die ewige Springerei zwischen halbwegs qualifizierten Jobs und mehr oder weniger absurden Nebenbeschäftigungen ... oder den Umstand, dass ich ja nie einen riesigen Haufen Geld verdient habe. Mein Problem mit Bastis Erfolg war eher, dass sich plötzlich die Frage aufdrängte: Wo bleibt meiner?«

»Aber ihr seid ja genauso auf Feldern tätig, die gar nicht vergleichbar sind«, schlägt Anne mich mit meinen eigenen Argumenten, »er ist nun mal Komponist, und du hast ganz andere Qualitäten ... und bist Journalistin ... oder Dokumentarfilm...« – »Ja, was auch immer«, ich muss lachen, weil der gut gemeinte Trost versehentlich so zielsicher meinen wunden Punkt getroffen hat, »ich habe mir ja neulich sagen lassen, mein Problem sei, dass ich keine Berufsidentität habe.«

»Ja, aber das ist doch Quatsch!«, entgegnet Anne trocken. »Du veröffentlichst, dann kannst du ruhig mal Autorin sagen.«

»Das fand ich, glaube ich, immer komisch, solange ich keine nennenswerten Veröffentlichungen hatte«, hadere ich. »Nur weil ich Sachen in der Schublade habe.«

»Aber die Lesungen, Artikel, die Magisterarbeit, das ist ja nicht nichts«, betreibt Anne unermüdlich Aufbauarbeit, und ich bin ihr wahnsinnig dankbar dafür. »Das musst du dir auch mal klar vor Augen halten.«

»Ja, die Berufsidentität kann jetzt langsam mal kommen. Ich glaube, mein gefühlter Erfolgsmangel hat gar nicht so wenig damit zu tun, dass ich zwischen den verschiedenen Jobs bisher nicht so richtig wusste, was ich eigentlich tue und in welche Richtung es mittelfristig geht. Man muss sich echt Mühe geben, seinen Lebenslauf immerzu entsprechend umzumodeln.« Ich lache. »Bei Maren zum Beispiel fand ich das immer so mördermäßig straight – erst diese Ausbildung, dann das passende Studium ...«

Maren amüsiert sich. »Ja, wenn man meinen Lebenslauf von außen anguckt, sieht das alles so aus, als wäre es komplett durchdesignt gewesen. In Wirklichkeit war kein einziger Schritt geplant. Es fing schon damit an, dass ich überhaupt nicht wusste, was ich nach dem Abi machen sollte. Ich hab mich so auf gut Glück beworben, dann hat dies nicht geklappt, das aber doch … Und jetzt kann ich es so verkaufen, als sei von Anfang an alles aufeinander abgestimmt gewesen.« – »Guck mal einer an …« Ich bin milde erschüttert. Maren hebt die Schultern. »Aber in der Gesamtschau: Zielstrebigkeit kann ich in meinem Leben nicht erkennen. Ich wollte nie im Verkauf arbeiten und plötzlich war ich Deputy Store Manager. Wie auch immer das passiert ist. – Gut, jetzt kann ich es in meinem Lebenslauf als zweites Standbein verkaufen, in dieser Krisenlage.« Sie lacht ein bisschen. »Aber beabsichtigt war es nicht. Und klar ist das ein beruflicher Erfolg, den ich zwar nicht groß angestrebt habe, der mich aber schon irgendwie stolz macht. Dass ich als kleine studentische Aushilfe angefangen, alle übersprungen und dann den Laden stellvertretend geleitet habe … Das war schon ganz gut. Aber es ist auch nicht das, was ich mir für mich selbst so vorgestellt habe. Ich glaube, das Leben treibt einen oft sowieso irgendwohin, wo man gar nicht geplant hatte zu landen.«

»Bei mir lief es genauso!«, freut sich Julia. »Es fing alles damit an, dass ich keine Ahnung hatte, was ich machen wollte. Dann hab ich am Theater so Statistenrollen gemacht, dann ein paar Fotokurse … dann Mediendesign – und jetzt eben … quasi ›Filmdesign‹.«

Maren nickt. »Da plant man irgendwas, nimmt sich vielleicht vor, ich würde gern dies oder das erreichen … aber dann driftet man total ab …«

»Stimmt«, sage ich, »bei mir war es letztlich ähnlich, bloß andersrum. Ich dachte immer: Erst muss ich Geld verdienen, dann kann ich schreiben und habe dauernd nach Brot-Jobs ohne Schreiben gesucht. Und plötzlich habe ich immer mehr geschrieben und getextet, einfach weil es sich so ergeben hat und ich damit Geld verdienen konnte. Das ist schon super, speziell weil ich das als Beruf für relativ unrealistisch gehalten habe.« Ich muss lachen. »Da kommt wohl das bürgerliche Elternhaus durch. Aber wenn es jetzt so rund läuft, umso besser.« Ich lasse mein noch kurzes Berufsleben Revue passieren. »Das erste halbe Jahr als Freiberuflerin war am schlimmsten. Regelmäßig alle sechs Wochen überkam es mich: Was hab ich mir bloß dabei gedacht? Und auch: Wie kann es sein, dass ich doch wirklich gut ausgebildet bin, gerne auch sehr viel arbeite ... und da so gar kein Geld rausschlagen kann?«

»Na ja, hättest du ja vielleicht gekonnt«, springt diesmal Julia in die Bresche, »aber du wolltest halt einfach andere Dinge tun. Du hättest ja auch Übersetzerin werden können, da gibt es sicherlich ein paar Jobs, wenn man sich ein bisschen reinhängt. Es geht dir doch auch um das Ideelle an der ganzen Sache.« – »Eben«, meint Maren, »eher als dich in irgendeinem Büro nach oben zu kämpfen ...«

»Ja«, räume ich ein, froh um meine Superheldenfreundinnen, die angetreten sind, um mir im Kampf gegen den Selbstzweifel beizustehen. »Vielleicht bedeutet Erfolg was anderes. Ich hätte gerne ein paar Dinge, sei es auch nur alle paar Jahre, von denen ich sagen kann: Das habe ich gemacht und das finde ich auch echt gut. Dass ich beruflich stolz auf mich sein kann. Und ich muss nicht unbedingt steinreich werden. Nur selbst dahinterstehen können will ich.« Ich kratze mich am Kopf. »Und da schwanke ich extrem in meiner Selbsteinschätzung. Ich neige zeitweise sehr zum Schwarzsehen und dazu, Dinge zu vergessen. Irgendwann Mitte des Jahres habe ich morgens beim Aufwachen aufs Datum geguckt, kurz überschlagen, was ich dieses Jahr so verdient und geschafft hatte, und dann hab ich angefangen zu heulen, weil es so schrecklich war. Dann sagte jemand: ›Aber hast du nicht gerade dies oder jenes gemacht?‹ Und erst dann fiel es mir wieder ein.« Ich schüttle den Kopf. »Dass mich das so beschäftigt, liegt jedenfalls schon daran, dass ich einen gewissen Ehrgeiz habe. Beruflicher Erfolg steht immer noch auf dem Zettel. Natürlich weiß ich nicht«, ich gestikuliere zu Maren, »inwieweit das weiter nach hinten rückt, wenn zum Beispiel mal eine Familie da ist. Und ich nehme auch an, dass ich mich, würde ich sehen, dass es einfach nicht klappt, damit abfinden könnte, bevor ich mich deswegen völlig unglücklich machen würde.«

Ich nehme den letzten Schluck Kaffee, bevor ich ehrlicherweise relativieren muss: »Wobei mir zugegebenermaßen auch Anerkennung und materieller Erfolg nicht unwichtig sind. Ewig für die Schublade zu schreiben und völlig zufrieden damit zu sein – ich weiß nicht, ob ich da idealistisch genug bin. Ein Bekannter von mir hat mit seinem Drehbuch Preise gewonnen, es ist super, aber er findet keinen, der es verfilmt; niemand traut sich ran. Da bleibt bei aller Anerkennung letztlich doch auch Frust …«

»Na ja, aber das ist ja das Problem«, sagt Julia, »so was wundert mich nicht. Komplizierte Sachen haben im Fernsehen eben kaum Abnehmer, das ist ja ähnlich wie bei guter Musik. Und innerhalb von diesem System ist es dann gar nicht so einfach, erfolgreich zu sein und einen ideellen Wert in der eigenen Arbeit zu sehen.«

»Aber du selber?«, hake ich nach. »Findest du dich erfolgreich beziehungsweise ist Erfolg dir wichtig?«

Julia wägt ab. »Na ja, einerseits, andererseits. Von dieser ganzen Voltigiersache früher weiß ich ja schon, dass Erfolg auch echt Spaß machen kann.« Julia hat die Randsportart leistungsmäßig betrieben und einst mit ihrer Gruppe den Weltmeistertitel eingefahren. »Das pusht einen schon und gibt Selbstbewusstsein, und man wird auch cooler mit sich. Ob ich mich erfolgreich finde – ich glaube, es kommt drauf an: Ich fühle mich persönlich dann erfolgreich, wenn ich mit mir zufrieden bin und auch mit meinem Job.«

»Es wissen doch viele Leute von dir, dass du gut arbeiten kannst, oder?« Ich habe Julia in ihrem Filmmetier immer als ziemlich gut aufgestellt empfunden.

»Ja, aber erst mal ist es mir egal, ob Leute von mir denken, dass ich gut bin, wenn ich selbst meine Arbeit nicht gut finde!«, gibt

Julia zurück. »Ich kann Sachen nur so lange gut, wie sie mir Spaß machen. Wenn ich auf etwas Lust habe, dann bin ich, glaube ich, sehr, sehr gut. Und wenn Sachen anfangen, mich zu langweilen, so wie es jetzt bei der Innenrequisite war – das hab ich ja jetzt ein paar Jahre gemacht – dann finde ich auch, dass ich nicht mehr so gut arbeite. Dann bin ich nicht mehr so mit dem Herzen dabei, und das wiederum ist mir sehr wichtig. Es kommt wahrscheinlich drauf an, von welcher Warte aus man das betrachtet. Von außen ist es vielleicht schon beachtlich, wenn man irgendwie Fuß gefasst hat in so einer unsteten Branche wie beim Film. Stimmt ja vielleicht auch, zumal ich vorher wirklich gar nichts damit zu tun hatte und mir das alles selbst geschaffen habe. Aber ob ich mich jetzt erfolgreich finde, pff ...« Sie zuckt die Achseln. »Keine Ahnung. Ich glaube, ich strebe auch gar nicht unbedingt klassischen kommerziellen Erfolg an – denn ich habe ja diesen Polanski-Film abgesagt, weil ich dachte, mit Freunden im Ausland zu arbeiten sei netter. Wäre mir Erfolg wichtiger, hätte ich alles getan, damit dieser Film hinterher auf meiner Vita steht.« Julia hält kurz inne und nimmt sich ein Stück Käse. »Obwohl ich natürlich jetzt Richtung Szenenbild gehe; das wäre ja dann auch eine leitende Position. Und da bin ich schon stolz, wenn ich eine Wohnung aus dem Nichts wirklich gut eingerichtet habe. Das macht mir Spaß, und das empfinde ich auch als Erfolg. Aber nicht, weil jemand sagen würde: ›Ich finde das gut.‹ Ich muss es selbst gut finden, sonst ist es für mich nicht wirklich ein Erfolg.« Sie zieht das Haargummi aus dem Zopf und bindet ihn energisch neu zusammen, bevor sie den Rest abhakt. »Und materiell: Ich hab's halt relativ leicht, weil ich davon ganz gut leben kann und trotzdem sehr viele Freiheiten habe. Ich habe alles, was ich brauche, und ich habe sehr viel Zeit. Das ist schon angenehm.«

Nach einer kurzen Pause gibt Barbara sich einen Ruck: »Nummer fünf?« Sie lacht und wird angefeuert.

»Gut, als erfolgreich würde ich mich nicht gerade bezeichnen«, fängt sie an. »Im Vergleich zu vor ein paar Monaten ist es akzeptabel, aber das hat ja nichts mit Erfolg zu tun. Es ist vielleicht ein persönlicher Erfolg, dass ich es geschafft habe, mir zwei Jobs zu suchen, die auch gleichzeitig auszuüben und damit Geld zu verdienen. Aber erstens verdiene ich nicht besonders viel, zweitens sind das nicht besonders anspruchsvolle Jobs und drittens ist es nicht das, was ich dauerhaft machen möchte.«

»Ist Erfolg dir aber prinzipiell wichtig?«, frage ich.

»Ja, offensichtlich schon«, meint Barbara lakonisch, »ich setze mich ja immerhin seit etwa zwölf Jahren mit diesem Thema auseinander.« – »Stimmt.« Ich muss lachen. – »Wenn es mir egal wäre, würde ich ja einfach irgendwas machen, um über die Runden zu kommen, und alles wäre gut.«

»Dann wärst du vielleicht Friseurin«, überlege ich.

»Dann wäre ich halt irgendwas – vielleicht ja auch Kellnerin, und es wäre okay. Aber irgendwie scheint es mir ja wichtig zu sein, was ich tue – nicht unbedingt finanzieller Erfolg und auch nicht unbedingt diese Art von Anerkennung, dass alle sagen: ›Toll, was du machst!‹«

»Wobei das ja bei allem Handwerklichen zum Beispiel doch alle sagen …«, schiebe ich ein. Barbara hat unter anderem mal nebenher ein paar Taschen genäht, die auch sofort der erste Laden ins Sortiment nehmen wollte.

»Ach, das ist ja Quatsch«, wehrt Barbara ab. »Unterm Strich – was hab ich denn da schon gemacht?«

Julia setzt sich auf. »Barbi, du hast ganz viel gemacht!«

»Nein – ich will's jetzt gar nicht hören!« Barbara hält sich die Ohren zu. Maren lacht. »Fakt ist jedenfalls«, beendet Barbara die Debatte, »Erfolg im Sinne einer Karriere habe ich nie angestrebt und auch keinen Reichtum oder so eine oberflächliche Anerkennung aus der Gesellschaft – wobei es mich total wurmt, dass man danach beurteilt wird, was man macht, und einfach nach fünf Sekunden gefragt wird: ›Und was machst du?‹ Und dann muss man sich rechtfertigen. Zumindest denke ich das immer; natürlich ist das auch in meinem Kopf. Ich merke, dass es mir wichtig ist, dann was sagen zu können: ›Ich mache das und das.‹ Dann bin ich schon beruhigt.«

»Das war während des Studiums ganz toll!« Maren wird nostalgisch.

»Ja, das war super«, schließt Barbara sich an.

»Und was möchtest du damit machen?«, zerstört Maren die Stimmung.

»Genau – das war die nächste Frage und auch schon die falsche.« Barbara seufzt. »Na, jedenfalls merke ich jetzt wieder, dass es eine entspannende Wirkung hat, dass ich sagen kann, ich arbeite im Café und mache diese Betreuung – das reicht mir schon für den Small Talk. Und meine Mutter ist beruhigt, dass ich überhaupt irgendwas habe.« Sie lacht. »Von daher ist es schon eine Erleichterung und es tut ja auch gut, wenn man an irgendwas teilnimmt und etwas machen muss, sich mit Sachen auseinandersetzt … Aber Erfolg ist das natürlich immer noch nicht. Nicht so, dass mich das persönlich befriedigen würde, und das wäre wohl der für mich wichtigste Erfolgsfaktor. Dass ich selber zufrieden bin mit dem, was ich mache, dass ich darauf stolz bin und dass ich sagen kann: Das ist das, was ich mache.«

»Aber die Sachen, die du ohne Weiteres als Erfolg wahrnehmen könntest, beziehst du ja nicht ein«, gebe ich zu bedenken.

»Na gut«, räumt Barbara ein, »ich war auch als Friseur nicht besonders schlecht, aber es war trotzdem nicht so, dass mich das irgendwie befriedigt hätte. Wobei mich eine Eins im Abschluss natürlich mehr gefreut hat, als wenn ich es mit einer Vier gemacht hätte.«

»Die Ausbildung hat für uns alle nicht so viel gezählt, oder?«, fällt Maren ein. »Ich habe meine auch gut abgeschlossen, aber es irgendwie nicht als Erfolg oder Karriereschritt wahrgenommen. Ich erinnere mich, dass es von der IHK damals so eine Ehrung für die Besten gab, da bin ich am Ende schon gar nicht mehr hingegangen.«

»Stimmt«, erinnert sich Julia. »Ich habe mein Zeugnis von der Berufsschule gleich aufs Autodach gelegt, dann wäre es weggeflogen, wenn ich nicht noch draufgetreten wäre. Jetzt ist es dreckig und hat einen Schuhabdruck quer drauf.« Erheiterung bei uns. »Man hat sich da vielleicht einfach nicht so gefordert gefühlt«, überlegt Julia dann.

Maren nickt. »Ja, man empfindet es einfach nicht so als Erfolg, weil das Gefühl fehlt: Da hab ich mich echt durchgekämpft!«

Ich nicke versonnen; dass ich seinerzeit stolz wie Bolle mein Zeugnis von der Uni abgeholt habe, mag durchaus an den vorhergegangenen Kämpfen gelegen haben.

»Eine Herausforderung ist schon wichtig!«, fasst Julia zusammen. »Klar hat man im Büro auch mal einen schwierigen Kunden oder so, aber mir hat das Gefühl gefehlt, dass etwas vielleicht hart war, man es aber geschafft hat und es gut ist.«

»Interessant, wie man sich anscheinend aber doch über Erfolg definiert«, bemerke ich. »Vielleicht kommen wir da gleich mal zur nächsten Frage …«

DIE 14. FRAGE

Selbstverwirklichung

Welche Rolle spielt der Beruf für unser Leben?

WIE SEHR DEFINIEREN WIR UNS ÜBER DEN BERUF? Ist der richtige Job wichtig für unser Glück? Und bedeuten Prestige, Freude, Engagement bei der Berufswahl mehr als praktische Erwägungen?

»Eine Herausforderung scheint ja schon mal wichtig zu sein«, fange ich an, »statt einfach irgendwas zu machen und um vier nach Hause gehen zu können.«

»Oder auch gar nichts machen«, entgegnet Julia, »das ist das Allerschlimmste! Einfach Zeit totschlagen zu müssen ist wirklich Horror.« – Ich nicke düster in Erinnerung an abgesessene Tage im Büro. – »Na gut, sich völlig totarbeiten ist auch nicht so schön«, relativiert Julia.

»Uns treibt noch ein gewisser Idealismus«, finde ich. »Bei dir zum Beispiel«, wende ich mich an Barbara, »sonst würdest du dich ja nicht seit zwölf Jahren kasteien.«

Barbara lacht, überlegt dann. »Ich weiß nicht mal, ob man das unbedingt unter Selbstverwirklichung verbuchen kann. Ich weiß nur noch, dass ich bei meinen ersten Arbeitsversuchen nach der Schule völlig schockiert war – dass sich das *so* anfühlt und ich immer nur dachte: Mein Gott! Wenn das so viel Zeit und Raum in meinem Kopf einnimmt, dann möchte ich doch bitte schön nicht irgendwas machen, was ich völlig behämmert finde.« Sie schaudert. »Ich kann es nicht nachvollziehen, wenn jemand sagt: ›Na, irgendwo muss das Geld ja herkommen – dann geh ich halt da und da hin und mache das und das, und als Befriedigung habe ich dann quasi‹«, etwas angewiderter Tonfall, »›das Geld in der Hand …‹ Das kann ich überhaupt nicht. Aber *Selbstverwirklichung …*«, das Wort klingt bei ihr ein bisschen fremdkörperartig. »Das hat immer gleich den Touch von ›etwas in sich selbst suchen, was raus will, seine Bestimmung finden‹.« Sie zuckt etwas ratlos die Achseln.

»Gut, dieser Eso-Klang«, räume ich ein. »Aber man kann das doch auch praktischer sehen, oder? Im Sinne von Zufriedenheit oder auf der Jobebene mit sich im Reinen sein …«

»Wichtiger als der Beruf ist mir tatsächlich, dass es mir gut geht«, sagt Julia. »Lustigerweise ist beim Film arbeiten aber der Beruf, mit dem ich mich bisher am besten arrangieren konnte. Obwohl es als ›guten Job, der mir Spaß macht‹ zu bezeichnen auch sehr hoch gegriffen wäre«, sie lacht, »es ist mal so, mal so. Manchmal ist es toll, das letzte Projekt hat mir wirklich viel Spaß gemacht, aber davor war ich ein Jahr lang bei jedem Film heilfroh, wenn er vorbei war. – Aber klar, ich möchte natürlich gerne etwas machen, was mir Spaß macht. Es ist ja meine Zeit, und wenn ich mich da nicht wohlfühle, dann werde ich unausstehlich. Ich kann es einfach nicht ertragen, genau wie in Beziehungen, wenn ich merke: Ich fühle mich nicht gut dabei. Dann kann ich damit auch nicht weitermachen.«

»Aber hast du je einen Film abgebrochen?«, fragt Maren dazwischen.

»Nie.« Julia schüttelt den Kopf. »Letztlich ist das ja auch immer ein relativ kurzer Zeitraum; im schlimmsten Fall kann ich denken: die paar Wochen noch, dann ist es vorbei. – Wäre es ein Jahr oder so, das ginge nicht. Manchmal stehe ich am Set und denke: O Gott, noch zehn Tage, ich weiß nicht, wie ich das aushalten soll! Zuletzt war das so. Aber da kamen noch andere Faktoren hinzu, fast unmenschliche Arbeitsbedingungen zum Beispiel. Und danach hatte ich ein Burn-out – vielleicht wäre es also besser gewesen, das abzubrechen. Aber irgendwie«, wundert sie sich ein bisschen, »ging mir das gegen mein Ehrgefühl.«

»Sehr preußisch«, bemerke ich und nicke. »Ich bin ja auch so, dass ich immer alles auf Teufel komm raus durchziehe. Finish it or die trying.«

»Aber man muss schon sagen«, fährt Julia fort, »dass es ein sehr spannender Beruf ist, und es passiert auch sehr, sehr viel. Ich komme mit vielen Menschen in Kontakt – und es sind wirklich interessante Situationen, in die man so geworfen wird. Man kriegt Einblicke in ganz viele Berufsfelder, weil wir an verschiedenen Orten drehen: Mal ist man auf einer Werft, dann im Leichenschauraum ... Man lernt die Leute kennen, die da arbeiten, und wird von ihnen eingewiesen. Wir sind vor der Drehzeit da, das heißt, man landet in deren Alltag. Das ist toll.« Sie hält inne. »Manchmal ist es fast ein bisschen zu viel, sodass man das gar nicht mehr verarbeiten kann. Ich merke, dass ich hin und wieder Leerlauf brauche, um wieder runterzukommen. Das habe ich mir in den letzten Jahren zu wenig gegeben – dieses Jahr mache ich das ganz gut, und so habe ich mittlerweile tatsächlich auch Lust, wieder einen Film zu drehen, was letztes Jahr gar nicht klar war.«

»Interesse«, notiere ich als ersten Punkt für einen erfüllenden Beruf.

»Ach«, sagt Maren gedehnt, »ich würde schon gerne eines Tages in einem Beruf arbeiten, der mir was gibt.« Sie legt den Kopf schief. »Der Flughafen war im Grunde schon das richtige Themengebiet für mich. Aber nicht in der Position, in der ich nach der Ausbildung letztlich aufgehört habe – das hat mich überhaupt nicht befriedigt. Ich hätte nicht als ausführende linke Hand von irgendeinem Fuzzi weitermachen wollen, der selbst nicht mehr davon verstand als ich. Da arbeitet man manchmal für Leute, die von Tuten und Blasen keine Ahnung haben, die aber aus irgendeinem Grund über einem stehen und einem sagen, was man zu tun hat. Obwohl sie offensichtlich nicht wissen, wovon sie reden. Das frustriert mich total.« – Mehrfaches verständnisvolles Nicken. – »Deshalb dachte ich am Ende: Ich muss unbedingt studieren, damit *ich* dann über *denen* stehe und selbst entscheiden kann.« Maren zuckt die Schultern und grinst. »Aber im Lauf der Zeit hat sich das auch relativiert.«

»Ganz guter Ansatz.« Anne lacht. »Ja, wenn ich merke, dass die Dinge, die ich tue, zu oft in Sinnlosigkeit verpuffen, oder wenn ich zu oft hinterfrage, ob das denn richtig ist, was ich gerade mache ... Aber das liegt ja in der Natur der Dinge, dass einem das den Spaß an der Arbeit so ein bisschen vergällt.«

»Finde ich auch«, sage ich, »wenn man nicht das Gefühl hat, mit dem, was man kann, was zu bewegen ... Ich bin meist unglücklich in Situationen – vielleicht ist das ähnlich –, wo ich Dinge machen muss, die mir nicht liegen, auch wenn man das ja kann, wenn es sein muss. In einem meiner Jobs habe ich vor allem Organisatorisches gemacht – das geht zwar, aber es kostet mich so viel Energie, und so ist es dementsprechend anstrengend, wenn das mein Hauptaufgabenfeld ist. Andererseits konnte ich das, was mir tatsächlich liegt, da nicht wirklich entwickeln. Ich war an den falschen Punkten gefordert, und das war vielleicht das Frustrierende.«

Anne nickt vorsichtig. »Klar würde ich das auch unterschreiben – meine Frustgrenze ist vielleicht ein bisschen höher; ich kann schon auch Sachen machen, die an sich nicht die Erfüllung sind. Aber ich muss dann zumindest das Gefühl haben, dass das, was ich im Kleinen an Frustpotenzial auf mich nehme, am Ende im Großen zu einem Produkt beiträgt, das mich befriedigt. Dann ist so was auch machbar.« Sie überlegt. »Aber mal zum Kern der Frage – Karriere ist mir schon wichtig. Ich bin schnell frustriert, wenn ich zum Beispiel merke, dass ich nur zuarbeite und sich das auch über einen langen Zeitraum nicht ändert. Ich kann mit Zuarbeiten leben; ich kann auch damit leben, nicht Head of Department zu sein – obwohl der stille Wunsch schon immer da ist. Mein Problem ist, dass ich weiterkommen möchte, bisher aber noch nicht die Funktion gefunden habe, in der ich mich letztlich sehe. Ich werde nicht Produzentin werden …«

»Das ist sicher?« Aus irgendeinem Grund erstaunt mich das.

»Das ist für mich ziemlich sicher. Obwohl ich mich in dem Rahmen ja gerade bewege. Mir macht es wahnsinnig viel Spaß, mit Menschen zu arbeiten – und das ist auch das, was mir wichtig ist. Da ist der Status meines Jobs gar nicht so entscheidend, aber ich mag mit Menschen zusammenarbeiten, mit denen mir das auch Freude bereitet. Denn eine meiner Hauptfähigkeiten ist, glaube ich, dass ich gut mit Menschen umgehen kann …« – »Ja!«, bestätige ich spontan. – »Und weil es mir Spaß macht, Dinge zu kommunizieren und zu besprechen. Natürlich hat man auch mal Menschen, mit denen das nicht gut funktioniert. Aber ich merke, dass ich Kontakt und Zusammenarbeit schon echt dringend brauche. Und dann stelle ich auch andere Dinge gerne in den Hintergrund. Sowohl das Finanzielle als auch das Ideelle oder Statusbezogene.«

»Spielraum und ein passender Rahmen«, füge ich zur Job-Wunschliste hinzu. »Stimmt – ich hätte nie gedacht, dass ich das mal sagen würde, aber ich bin tatsächlich richtig glücklich damit, allein an meinem Schreibtisch zu sitzen.« Ich überlege kurz, bevor ich resümiere: »Ich bin wohl am zufriedensten, wenn ich Dinge mache, die mich fordern, mir aber im Grunde entsprechen. Sodass ich ackern muss, aber auch etwas Gutes schaffen kann und diesen befriedigenden Moment habe. Das ist wohl das klassische Selbstverwirklichungsding: Ich möchte gern auf etwas stolz sein, was ich gemacht habe.«

»Es ist interessant«, meldet sich Julia, »dass das, was ich suche, eigentlich nicht so sehr damit zu tun hat, dass ich stolz auf meinen tollen Job bin, sondern dass ich als Mensch zufrieden sein kann. Ich bin eher froh, wenn mich das glücklich macht.«

»Ja, aber so geht es mir ja auch«, halte ich dagegen, »und mich machen eben Ergebnisse und auch die Arbeit selbst glücklich. Und dann«, setze ich einen weiteren Punkt obendrauf, »ist Anerkennung von außen noch ein Bonus – zumal ich oft den Abstand zu meiner Arbeit nicht mehr habe, sodass ich da objektiv draufgucken könnte. Wenn dann jemand anders sagt, es taugt was, dann beruhigt mich das schon. Ich bin mir da oft nicht sicher.«

»Klar, so ähnlich, wie wenn man gesagt bekommt, dass man heute besonders gut aussieht«, gibt Julia zu. »Natürlich freut man sich über jeden Zuspruch, und je mehr man bekommt, desto sicherer wird man ja auch in seinem Tun. Ich merke beim Arbeiten oft, dass ich am Anfang relativ vorsichtig bin, auch wenn ich vielleicht sehr gute Ideen habe. Aber ich glaube, dass es, wenn man sich mal traut, dann auch cool ist. Dann kommen Dinge dabei raus, die niemand anders hätte machen können. Und angenommen, ich wäre irgendwann mal Szenenbildnerin und hätte dann bei einem Film auch ein paar gestalterische Freiheiten – bei einem Heimatfilm sind die natürlich begrenzt –, dann traue ich mir schon zu, dass ich da etwas Tolles machen könnte.«

»Aber das ist es doch!«, glaube ich herauszuhören: »Etwas machen können, hinter dem man voll steht, wo man die eigenen Fähigkeiten entwickeln kann und das einem Freude macht: Ist dir das nicht wichtig?« Julia schüttelt den Kopf. »Nicht zwangsläufig. Es ist so: Sobald ich etwas mache, finde ich den Jetzt-Zustand ganz gut und bin ganz froh. Und sobald es mir zu langweilig wird, entwickle ich mich weiter. Aber ich habe nie ein bestimmtes Ziel angestrebt. Das hat mehr mit Lust zu tun: Dass ich Szenenbild machen will, ist relativ neu.« Sie denkt kurz nach. »Was mich stört an meinem Job, ist, dass ich gerne Filme machen würde, die mir persönlich besser gefallen. Aber es läuft ja nicht so, dass ich erst das Drehbuch lese und mich dann bewerbe, sondern ich sage zu und kriege dann das Buch, und meistens finde ich's nicht so toll. Und bestimmt bin ich da sehr kritisch – aber das ist was, wo ich nicht so ganz mit mir oder meinem Job zufrieden bin.«

»Und ihr?«, wende ich mich noch mal an Barbara und Maren. »Irgendwelche Einschätzungen, wie wichtig der Beruf im Leben ist?«

Maren lacht. »Mein Ziel war eigentlich vor allem, irgendwo zu arbeiten, wo ich günstig in den Urlaub fliegen kann.« – Allgemeine Erheiterung. – »Da ging es letztlich, wie heute auch, eher darum, glücklich zu sein außerhalb des Berufs und die Zeit, die man *nicht* mit Arbeit verbringt, gut zu gestalten. – Klar, dass die Arbeit auch Spaß macht und man nicht sagt: ›Mist, schon wieder neun …‹« Sie streckt sich. »Ich glaube, man guckt halt so links und rechts und sucht sich die Sachen, die irgendwie zu einem passen.«

»Mir war es zum Beispiel gar nicht so klar, dass meine Arbeit zu mir passt«, wirft Julia ein. »Es hat sich wirklich einfach ergeben. Es hat mich halt interessiert.«

»Genau«, sagt Maren, »man stößt auf die Sachen, die einen interessieren. Und nachher passt irgendwie alles zusammen.«

»Oder auch nicht«, murmelt Barbara sehr leise. Ich bin auch skeptisch: »Ehrlich gesagt, konnte ich das nicht durchgehend so verkaufen …« Barbara schüttelt den Kopf: »Ich auch nicht.« Weil sonst keine etwas sagt, erklärt sie weiter: »Mein Ziel war halt, etwas zu machen, wovon ich denken kann: Das finde ich okay, dass ich da jetzt so viel Zeit investiert habe; dahinter kann ich stehen. Was ich gar nicht so hatte, war dieses Spaßhaben. Das war immer sehr im Hintergrund …«

Sie horcht in sich hinein und bekräftigt: »Ich habe mir nie vorgestellt, dass ich zur Arbeit gehe und den ganzen Tag Spaß habe.« – Kichern in der Runde; kurz bricht etwas Albernheit aus: »Juhu! Ar-bei-ten!« – Barbara wird wieder ernst. »Nein, aber dass ich mich unterhalten fühlen müsste oder freudig zur Arbeit gehe … Vielleicht auch, aber ich habe mir vor allem so wahnsinnigen Druck gemacht, indem ich dachte: Es muss etwas sein, was ideelle Werte erfüllt.« – Ich nicke; das kenne ich auch. – »Und das«, überlegt Barbara, »war vielleicht auch mein Problem der letzten Jahre. Es war sicher auch die Gegenbewegung zum Friseursein – weil mir das so oberflächlich vorkam, dass ich dachte: Ich kann doch nicht den ganzen Tag über Haare nachdenken!«

Lachen bei uns, weil Barbara in ihrem Hadern immer noch so viel Komik aufbringt.

»Und dann hast du mit Philosophie angefangen«, fasse ich den schönsten Berufswechsel, der mir je begegnet ist, zusammen.

»Und dann habe ich mit Philosophie angefangen!« Barbara schüttelt leicht fassungslos den Kopf. »Tja, das habe ich ja nicht besonders lange durchgehalten, was? Paar Semester – dann musste ich erkennen, dass das für mein Gehirn nicht so gut war.«

»Zu hart«, vermutet Maren.

»Nein, ich habe es einfach nicht besonders gut verkraftet«, stellt Barbara fest. »Ich hab das zu persönlich genommen. Das hat mich in eine kleine Krise gestürzt. – Na, es war ja schon so eine Gegenreaktion. Ich glaube, die war auch der Grund, warum ich irgendwas mit Bedeutung machen wollte; etwas, das nicht nur mir nützt und irgendeinen ideellen Wert verkörpert. Wo auch immer dieser Anspruch hergekommen ist.«

»So ein Weltverbesserergedanke, oder?«, schließe ich von mir auf sie.

»Vielleicht – dass ich es als schlecht betrachte, mich um mich zu kümmern, und als besser, andere zufriedenzustellen. Ich weiß es nicht, das versuche ich gerade rauszufinden. Aber ich definiere mich ja offenbar schon über meine Arbeit und kann nicht sagen, dass mein Glück anderswo liegt. Ich scheine es ja da zu suchen.« Sie runzelt die Stirn und lacht. »Wahrscheinlich ist es völlig bescheuert, weil es ja auch gar nicht so sein muss.«

»Aber vielleicht ist das ja auch schon eine sehr gute Erkenntnis«, schiebt Julia ein.

Barbara zuckt die Achseln. »Ich glaube, wir haben das doch alle irgendwie vorgelebt bekommen, dass man sich darüber definiert, oder?«

Maren nickt. »Klar, es ist ja schon so, wie du vorhin sagtest: Wenn man Leute kennenlernt, dann fragt man zuerst: ›Wie heißt du?‹ Und dann: ›Was machst du?‹ Man *wird* ja auch darüber definiert.«

»Ja, weil es ja auch das ist, womit man sich so befasst und womit man einen großen Teil seiner Lebenszeit verbringt«, meint Barbara.

Maren lacht. »Die meiste, das ist ja das Schreckliche!«

Barbara nickt. »Und deshalb ist es ja auch klar, dass man darüber definiert wird – aber ja nicht ausschließlich. Und ich glaube, ich habe mir lange eingeredet, dass es relativ ausschließlich ist. Dass man, wenn man einen Beruf hat, das ist, was man macht.«

»Ja: Man muss was werden«, werfe ich ein.

»Das hat meine Mutter – ich möchte noch mal betonen, dass mich das ganz schön schockiert hat«, entrüstet sich Barbara, »vor ein paar Wochen zu mir gesagt: ›Na, vielleicht wird aus dir ja auch noch mal was.‹« Sie erntet mitleidiges Stöhnen. »Da dachte ich: Was bin ich denn jetzt? Nichts? Nur weil ich keinen Job habe?«

»Aber das ist auch so eine komische Gesellschaftskrankheit«, findet Julia.

»Stimmt«, sage ich. »Ich merke aber auch, dass ich mich extrem darüber definiere. Dass ich ein gutes Verhältnis zu mir habe, wenn ich mit dem, was ich tue, im Reinen bin – und wenn nicht, dann auch gar nicht.«

Barbara nickt. »Ich habe das echt gemerkt, in den letzten Monaten, als ich keinen Job hatte: dass ich das Thema total vermieden habe. Ich habe auch niemanden mehr angerufen, um dieser Situation auszuweichen. Das fand ich schon belastend.«

»Kann ich verstehen«, bemerke ich. »Jetzt geht es langsam, aber lange fand ich es jedes Mal schrecklich, wenn ich gefragt wurde: ›Und was machst du so?‹ Meist hab ich ein bisschen verzweifelt gelacht und dann ausgeholt ... Da sind wir wieder bei der Berufsidentität: Ich habe ewig versucht, eine kurze Antwort auf diese Frage zu finden.«

»Um das Thema schnell abzuhaken«, ergänzt Maren.

»Und um die Gesprächspartner zu schonen!«, sage ich. »Die wollen es ja meistens auch einfach gar nicht so genau wissen.«

»Wollen sie auch nicht, das ist einfach eine totale Standardfrage!«, bestätigt Barbara. »Man könnte auch einfach irgendwas sagen.«

Nachdem wir die psychologischen Gefilde des Berufslebens ausgelotet haben, gehen wir jetzt zu den handfesteren Seiten über.

DIE 15. FRAGE

Geld

Wie wichtig ist es uns?

»ICH MÖCHTE MAL ANFANGEN!«, kommt es überraschend von Barbara, was mit allgemeiner Zustimmung quittiert wird. »Ich habe immer behauptet, Geld wäre mir überhaupt nicht wichtig. Und vor Kurzem ist mir bewusst geworden, dass ich das nur sagen kann, weil ich immer welches hatte.« Sie lacht ein bisschen auf Barbara-Art in sich hinein. »Ich fand es immer total verwerflich, wenn Leute so nach Geld streben – oder«, bremst sie sich und bekräftigt dann, »ja, doch, verwerflich: Ich stempel das immer gleich als geldgeil ab. Ich finde das als Charakterzug total unangenehm. Und ich behaupte immer, ich brauche überhaupt kein Geld – ich gebe aber wahnsinnig viel Geld aus!«

Sie lacht, Julia und ich stimmen ein, Barbaras mit tausend Kleinigkeiten dekorierte kleine Wohnung vor Augen. Barbara spricht weiter: »Und ich musste noch nie auf irgendwas verzichten, obwohl: Ich habe kein Auto, ich habe eine Miniwohnung, ich habe Secondhand-Möbel und ein Bett umsonst ... Aber ich bin letztes Jahr in den Urlaub gefahren, ich kann mir Essen kaufen, ich kann Kaffee trinken gehen. Und zur Not weiß ich immer, dass da noch irgendwer ist, der einem hilft. Ich war noch nie in einer Notsituation oder hatte einen wirklichen Wunsch, den ich mir nicht erfüllen konnte. Was vielleicht auch daran liegt, dass ich mir nicht total teure Sachen wünsche. Aber ich habe einen Computer, ich habe einen iPod.« Sie kichert frivol. »Und so ist es eigentlich ein bisschen ungerecht zu sagen, Geld wäre mir überhaupt nicht wichtig – weil ich eben immer genug hatte, um über die Runden zu kommen«, schließt sie, und wir nicken. »Aber das reicht auch. Ich muss nicht mehr haben.«

»Bei mir ist es ähnlich«, sage ich. »Es gab zwar Zeiten, in denen es echt knapp war, aber ich wusste dabei immer, dass ich zur Not meine Eltern anpumpen kann. Und neuerdings kann ich ja auch Basti anpumpen. Was auch ein ganz schön ungewohntes Gefühl ist. Wir hatten vorher ziemlich gut gelernt, es uns mit enorm wenig Geld enorm nett zu machen. Da hilft es ja schon, wenn man gut kochen kann, dann kann man auf dem Markt kurz vor Schluss billig einkaufen und super essen. Aber es hat natürlich tierisch genervt, dauernd drüber nachdenken zu müssen. Wenn einen dieses ewige Mittagessen-Gehen mit Kollegen schon halb ruiniert.« Ich rümpfe die Nase. »Alles nur für Miete und Essen auszugeben und null Euro für ein bisschen Luxus übrig zu haben ... Zeitweise hatte ich so eine Ausgabensperre in meinem Gehirn eingebaut – da war ich ein richtiger Sparfuchs. Sobald mir irgendwas gefiel, gerade so kleiner Schnickschnack, dachte ich: Zwei Euro für so ein Döschen – muss ja nicht sein. Noch ein Kaffee – ach nein, lieber nicht. Und sich immer alles versagen, darauf habe ich überhaupt keine Lust mehr.«

Anne nickt. »Ich kann mit Geld ja nicht so wahnsinnig gut umgehen. Das gehört nicht zu meinen Talenten. Insofern ist der Status von Geld, ehrlich gesagt, auch gar nicht so unwichtig für mich ...«

»Das war bei mir auch wirklich hart antrainiert«, werfe ich ein. »Und wenn ich mal mehr habe oder jetzt, wo Basti plötzlich Geld verdient – da merke ich richtig, wie es mich entspannt. Mal im Supermarkt sagen zu können: ›Hach, jetzt mal einen guten Käse!‹ Das ist wirklich schön.«

Julia meldet sich zu Wort. »Bei mir ist es so ähnlich wie bei Barbi. Ich würde auch behaupten, ich brauche nicht so viel Geld, aber mache wirklich nicht gerne Schulden, und wenn mein Konto gegen null geht, dann finde ich das unentspannend. Und dementsprechend mache ich ja auch Jobs, die nicht unbedingt ideell sind, sondern die Geld bringen. In kurzer Zeit viel Geld am besten«, ergänzt sie, »damit man dann wieder frei ist. Wobei ich jetzt auch nicht die ganze Zeit ganz viel arbeiten würde, um dann *noch* mehr Geld zu haben – weil ich mir damit meine Entspannung und mein Leben ja auch nicht erkaufen kann. Aber es ist schön, einen Verdienst zu haben und damit über die Runden zu kommen. Ich habe jetzt einen Grundstock an Dingen, die ich mag, und ich habe die Möglichkeit, wenn ich denke: Dieses Jahr kaufe ich mir mal ein neues Bett oder ein Auto ... Wobei«, relativiert sie, »ein Auto kaufen bei mir ja auch nicht bedeutet, einen Neuwagen für ich-weiß-nicht-was, sondern eine olle Schrottmühle, die nur 3000 Euro kostet, wo man dann aber unendlich viel Geld in Benzin und Reparaturen investiert. Das rechnet sich auch nicht wirklich. Aber die Schwelle ist halt nicht so hoch.«

»Ich weiß noch, dass ich unfassbar neidisch war, als du dir nach irgendeinem Film sechs Paar Schuhe gekauft hast«, entsinne ich mich.

»Ja, ich weiß, das war im Osten«, grinst Julia, »und ich hatte ewig keine richtigen Schuhe. Dann habe ich da meinen ersten Geldverdien-Job gemacht, und es gab da Chucks für zwanzig Euro. Die habe ich mir gleich gekauft und dann auch ein paar gute Schuhe. Es ist schon schön, mir ab und an was leisten zu können.« Sie zwirbelt den Zopf und räumt ein: »Ich finde, manchmal ufert es ein bisschen aus, dann gehe ich von morgens bis abends Kaffee trinken und im Kleiderladen denke ich: Ach, das eine Kleid und – na, vielleicht noch ein zweites dazu ...« Sie schiebt nachdenklich die Unterlippe vor. »Ich weiß nicht, es ist halt so: Wenn ich Geld habe, dann gebe ich's auch aus. Ich bin niemand, der groß was zurücklegt und spart. Ich mag aber das Gefühl, davon gut leben zu können und mir auch leckere Sachen zu essen kaufen zu können.« – Sehnsüchtiges Nicken von mir. – »Und in den Urlaub zu fahren oder meine Eltern zu besuchen«, fährt Julia fort, »dass das ohne Probleme geht, ist schön. Ich gehe nicht davon aus, dass das mein ganzes Leben so weitergehen wird; im Moment habe ich mit meiner Situation auch einfach viel Glück, und wer weiß, wie das alles so weitergeht mit diesem Land und dem Geld. Ich weiß nicht, wie das später wird. Ich kann mir durchaus vorstellen, dass auch noch mal harte Zeiten kommen und dass man dann eh automatisch zurückstecken muss. Dementsprechend genieße ich das jetzt. – Ich hatte dann auch gerne mal Freunde, die ich unterstützt habe.« Julia lacht. »Ich würde nicht sagen, dass ich Jan aushalte, weil er ja sein Geld hat. Aber wenn ich gerne mit ihm in den Urlaub fahren möchte und er sich das nicht leisten kann, dann zahle ich den Flug, das mache ich gerne – oder mal ein Essen mehr. Das finde ich schön und das ist mir das Geld wert, da häng ich dann nicht so dran. Oder wenn ich euch dann mal zum Essen einladen kann, das tu ich gerne.«

Ich nicke und weiß, was sie meint. »Ja. Es ist ja auch einfach schön, es sich mal ein bisschen nett machen zu können. Und auch im Alltag – selbst wenn die Ansprüche nicht riesig sind, fände ich es mittlerweile schon schön, mal einen Tisch im Wohnzimmer zu haben, der nicht wackelt. Irgendwann fände ich es schön, mal aus dem Alter raus zu sein, wo immer alles provisorisch ist und man sich nichts leisten kann. Wobei ich es lustigerweise früher – wie du auch«, wende ich mich an Barbara, »schon fast unmoralisch fand, wenn Basti meinte, er wolle mit seiner Musik vor allem Geld verdienen. ›Du bist Künstler, du musst die Welt verbessern wollen! Es muss doch alles von Herzen kommen!‹ – Aber inzwischen kann ich ihn besser verstehen, speziell, wenn man sieht, wie diese Haltung oft vorgeschoben wird, um Leute in Kreativberufen einfach nicht oder schlecht zu bezahlen. Und mir wird es auch wichtiger.«

Es entsteht eine kleine Pause, dann meldet sich Anne zu Wort. »Ich finde es jetzt merkwürdigerweise schwieriger – mein Verhältnis zum Geld ist nach dem Studium ganz anders geworden«, fängt sie an. – »Inwiefern?«, frage ich. – »Zum einen, weil ich jetzt alleine mein Geld verdienen muss«, sagt sie, »und dann: Die Anforderungen als Student – und auch die Möglichkeiten – sind ja ganz andere! Du hattest als Student ein Semesterticket, du bist ermäßigt überall reingekommen ... Und das fällt dann natürlich komplett weg, zusätzlich zu der Unterstützung von den Eltern. Insofern muss es ja die logische Konsequenz sein, dass man die Geldmenge, die man zur Verfügung hat, in seinem eigenen Rahmen eben erweitert. Die Zeit der Studentenfilme zum Beispiel, wo ich bereit war, für wenig Geld viel zu arbeiten, die ist vorbei. Das ist eine neue Wendung – aber ich bin da kompromissloser geworden.«

»Ja – klar«, sage ich – beeindruckt von der treffenden Zusammenfassung und erschüttert von der Erkenntnis, dass meine Konsequenz die umgekehrte war, nämlich sich auf weniger Geld einzustellen. »Ich dehne meine Studentenzeit in der Hinsicht ja unbegrenzt aus. Und das finde ich selbst total furchtbar. Andererseits – auf berufliche Erfüllung ganz zu verzichten, um des Geldes willen ... Ich glaube«, beschließe ich, »dass ich dem Geld im Moment einen zu geringen Stellenwert einräume und dass sich das nicht lange halten lässt. Aber mit dem Gegenteil wäre ich sicher auch unglücklich, und das wäre im Zweifel wohl noch dümmer.«

Anne legt den Kopf schief. »Hm, Geld oder schöne Jobs – also zu schade bin ich mir, glaube ich, nicht, anzupacken und auch wirklich beschissene Jobs zu machen. Ich habe auch früher mit 17 oder 18 mit Häubchen in einer Fabrik am Fließband gestanden, nur um mir mein Feriengeld aufzubessern. Aber das war auch alles noch zu einer ganz anderen Zeit. Und jetzt so abzuwägen – na ja, wir wären ja beide nicht so die Charaktere, die jetzt doch noch mal versuchen würden, in eine ...« Sie gestikuliert auf der Suche nach einem passenden Beispiel. »Bank?«, versuche ich, und Anne nickt. »Ja, Bank oder ein Versicherungsunternehmen oder eine Immobilienfirma reinzurutschen. Insofern – klar nehme ich Jobs in Kauf, die eher geringer bezahlt sind. Aber auch nur bis zu einem gewissen Punkt.«

»Ja, ich glaube, man muss da irgendwann eine Grenze ziehen«, stimme ich zu. »Das ist auch so ein Punkt, wo ich denke, wenn ich irgendwann eine Familie habe …« Mir wird ein bisschen bange. »Ich finde zwar, dass man es sich mit wenig Geld auch immer noch sehr schön machen kann. Es gibt Zelturlaube, Kinder müssen auch nicht alles haben und so weiter – aber natürlich wäre es schön, wenn es auch kein ständiges Sorgenthema wäre und wenn man an ihnen nicht so knapsen müsste wie an sich selbst.«

»Ja, das ist tatsächlich ein Thema, bei dem mir noch rätselhaft ist, wie das irgendwann funktionieren soll«, sagt Anne. »Wenn ich über eine Elternschaft in der Zukunft nachdenke: Wie machen die Leute das, wie schaffen die das? Keine Ahnung!« Sie guckt ratlos. »Wie schafft eine alleinerziehende Mutter das, ohne dass sie wahnsinnig gut verdient, ihrem Kind irgendwann ein Fahrrad zu kaufen? Oder neue Turnschuhe?«

»Lustigerweise habe ich gerade so eine Debatte verfolgt – über die Mütter gerade in Berlin-Mitte, die sich irgendwann mal mit Partner hier eingerichtet haben, dann kalt erwischt wurden von der Trennung und die sich jetzt den Latte Macchiato nicht mehr leisten können.«

»Das war der Tenor?«, fragt Anne.

»Der Tenor war, dass sie sich alles verkneifen müssen. Natürlich rechnet man nicht damit, dass die Familie in die Brüche geht …«

»›Wirtschaftlicher Ruin Familie‹?«, formuliert Anne die Schlagzeile. »Hm, Familie selber wohl nicht, aber je nachdem, wie man sich so einrichtet … und wenn man dann plötzlich wieder zwei Haushalte hat …« – »Also heißt die Gleichung dann eher: ›Wirtschaftlicher Ruin alleinerziehende Mutter‹?«

»Ich glaube, ja«, bestätige ich. »Es heißt ja immer, dass die allermeisten Hartz-IV-Empfänger alleinerziehende Mütter sind und dass die auch sonst wirtschaftlich am schlechtesten dastehen.«

»Ja. Und denen jetzt auch noch zusätzlich das Geld gestrichen wird.« Anne schaudert. »Hart, oder, wenn man sich das vorstellt? Das ist doch einfach nicht richtig!«

»Nee, finde ich auch!«, stimme ich zu. »Zumal man ja doch eingeschränkt ist im Wiedereinstieg in den Job. Das ist wohl das, was man einen Teufelskreis nennt ... Und das wäre mir schon wichtig – mir über Geld spätestens zu dem Zeitpunkt nicht mehr solche Sorgen machen zu müssen.« Ich überlege, ob das realistisch ist, und wende mich an die einschlägig bewandertste Person in der Runde. »Geld?«

Maren lacht. »Geld ... Tja, ich hab ja auch mal was verdient, kurzzeitig. Bevor ich dann in den Mutterschutz gegangen bin. Aber es ist auch toll, in der Zeit, in der man sich um das Kind kümmert, vom Mutterschutzgeld leben zu können, das einem die Krankenkasse bezahlt und der Arbeitgeber.«

»Toll, oder?« Barbara und ich lachen. »Eine wirkliche Option.«

»Dafür musst du allerdings einen Arbeitgeber haben und zwölf Monate vorher regulär verdient haben«, schränkt Maren ein. – »Mist«, sage ich. »Und bei Selbstständigen?«

»Ja, da gibt's halt dieses Elterngeld. Aber in den Mutterschutz kannst du nur gehen, wenn du einen Arbeitgeber hast. Sechs Wochen, acht Wochen.« Sie zuckt die Schultern. »Und ja, es war schön, mal wieder ins Geldverdienen zu schnuppern. Auch schön, dass es mal nicht der 400-Euro-Job war. Na, ich habe ja immer schon gearbeitet, und dann habe ich ja auch noch einen Mann, der gut verdient und einen festen Job hat, sodass die Versorgung sowieso gesichert ist. Aber ich hätte deshalb nie gesagt: ›Ach, dann brauche ich den Minijob jetzt auch nicht.‹ Ich bin dafür ja sogar immer anderthalb Stunden gependelt, nur um auch mein eigenes Geld zu haben. Aber dass ich in einer schönen Wohnung in einer guten Gegend wohne, nett eingerichtet, das liegt bestimmt nicht an meinem 400-Euro-Job, sondern natürlich daran, dass mein Mann das Geld nach Hause bringt. Aber es käme mir nicht in den Sinn, mich darauf auszuruhen oder zu denken: ›Fein, dann studiere ich jetzt mal ein bisschen und zappe mich ansonsten die Fernsehprogramme hoch und runter.‹ Ich wollte immer mein eigenes Geld haben, und ich habe auch immer noch mein eigenes Konto, nicht nur, damit ich mich zur Not allein ernähren kann. Sondern auch, wenn ich shoppen gehe – dann zahle ich das von meinem eigenen Geld. Ich will mich nicht rechtfertigen müssen, wenn es mal zwei Paar Schuhe geworden sind, sondern das soll dann meine Sache sein. Das war mir auch immer wichtig. Ich finde es schön, ein bisschen Geld zu haben. Und es war gigantisch, zwischendurch auch mehr Geld zu haben – ich muss mich leider ja gerade wieder davon verabschieden. Auf jeden Fall macht es die Sache viel entspannter.«

Meerzeit, Trödelzeit und am Nachmittag finden wir uns klassisch bei Kaffee & Kuchen wieder zusammen.

DIE 16. FRAGE

Netzwerk

Haben wir eins und nutzen wir es bei der Jobsuche?

JULIA FÄNGT AN. »HAB ICH, KANN ICH NUTZEN – aber auch nicht immer.« Sie holt Luft. »Ich hatte ja schon gesagt, dass meine Jobs nur über Beziehungen funktionieren, und dementsprechend habe ich natürlich ein Netzwerk und werde immer von den Leuten angerufen, die mich schon kennen oder denen ich empfohlen wurde.« Sie lacht. »Kreuze ich auch immer brav an, wenn ich mich zwischendurch arbeitslos melde: ›Wie haben Sie den Job bekommen?‹ – ›Habe mich selbst gekümmert/über Kontakte.‹«

»Das heißt, Beziehungen helfen schon«, halte ich fest.

»Fast nur«, sagt Anne, »Beziehungen sind – speziell schon auch im Film – das Wichtigste.«

»Und andere Wege?«, frage ich pro forma, »diese Jobbörsen zum Beispiel?«

Julia rümpft die Nase. »Na, ob ich darüber jetzt schon mal an einen Job gekommen bin, das würde ich mal bezweifeln. Ich glaube, es ist schon so, dass die Leute sich eher kennen. Ich kriege zwar manchmal Anrufe und werde gefragt, ob ich hier und dort mitmachen kann – aber da sage ich auch öfters ab, wenn ich die Leute nicht kenne. Oft bin ich ja auch schon verplant.«

Auch Anne schüttelt den Kopf. »Als ich das erste und einzige Mal bei dieser Arbeitsvermittlerin saß, hat die auch gleich freimütig zugegeben: Die können einen überhaupt nicht vermitteln. Die sind völlig illusionsfrei, wenn man als Produktionsassistenz oder Regieassistenz oder so was tätig ist, dass die einem zu einem Arbeitsverhältnis verhelfen können.« Sie hebt die Schultern. »Und dadurch wächst dann natürlich auch der Druck auf einen selbst. Ich habe ein Netzwerk, ich habe wahrscheinlich auch ein großes Netzwerk, aber mit den wenigsten bin ich wirklich *so* verbunden, dass ...«, sie macht ein ratloses Gesicht, »und dann kommt wahrscheinlich das Gefühl der eigenen Austauschbarkeit dazu – ich habe jetzt ja auch nichts gelernt, was kein anderer kann.«

»Ein verbreitetes Problem«, mutmaße ich ins Blaue hinein.

»Und da wird einem natürlich schon etwas anders zumute«, schließt Anne.

»Bei mir ist es aber auch so«, fügt Julia hinzu, »Netzwerk hin oder her, dass wenn ich mich nicht so reinhänge, ich auch nicht so viele Jobs bekomme wie sonst. Teilweise liegt es daran, dass die sich ja untereinander auch kennen – dann weiß die eine Szenenbildnerin schon, dass ich mit der anderen zum Arbeiten verabredet bin, und dann fragt sie mich eben nicht mehr an.«

Anne nickt. »Ich habe jetzt auch gemerkt: Man muss mit den Leuten auch immer im Gespräch bleiben!«

Das kommt mir bekannt vor. »Stimmt, damit sie einen auf dem Zettel haben. Das war auch lange Bastis Problem – selbst sein Vater, der beim Fernsehen arbeitet und Leute kennt, die öfter mal Musik suchen, hat da nicht eins und eins zusammengezählt. Oder dessen Kollegen, die Basti alle seit Jahren kannten und wussten, dass er Filmmusik macht. Aber«, ich zucke die Achseln, »diese Kopplung war irgendwie nicht da.«

»Ja«, bestätigt Anne, »diese Leute muss man dann echt noch mal anrufen! Und dann auch ganz realistisch sein – das meiste davon versandet trotzdem. Ich habe mit vielen Leuten gesprochen, die gesagt haben: ›Klar, schick mir mal deinen Lebenslauf, ich schicke den dann rum ...‹ Und das mögen einige auch gemacht haben, aber – na ja, da darf man sich auch nicht zu schade sein, da dann hinterherzutelefonieren.«

Ich bin erneut beeindruckt. »Das klingt alles super, finde ich. Ich bin leider wahnsinnig schlecht darin, merke ich immer wieder. Weil ich zwar Leute kenne, auch in verschiedenen Bereichen – aber es noch mal eine ganz andere Nummer ist, das für mein Berufsleben zu aktivieren und auf sie zuzugehen, weil ich was von ihnen will. Ich lerne die Leute leicht kennen, aber ich habe nie den Eindruck, in einer Position zu sein, wo ich mich wohl dabei fühlen würde, sie um irgendwas anzuhauen.« Ich mache ein ratloses Gesicht und spreche es der Ehrlichkeit halber aus: »Ich empfinde das fast als Missbrauch« – obwohl mir in einem anderen Teil meines Gehirns durchaus klar ist, dass das ganz schön idiotische Skrupel sind. »Ich frage mich auch«, grüble ich, »ob es so ein Frauending ist – Beziehungen nicht nutzen können, und dass einem das gleich so unangenehm ist?«

»Glaub ich nicht«, sagt Julia. »Es gibt doch auch Frauen, die das super können.«

»Es gibt auch Frauen, die einfach jeden um einen Gefallen bitten und sich bei allem helfen lassen«, ergänzt Maren. »Da frage ich mich immer: Wer kommt jetzt schon wieder zu dir und regelt dies und das für dich?«

»Aber es ist natürlich leichter«, räumt Julia ein, »wenn irgendwo eine Stelle frei wird, man sich darauf bewirbt und genommen wird, und dann merkt, es klappt ganz gut – leichter als es wäre, wäre diese Stelle nicht ausgeschrieben. Und danach ist der Kontakt halt da.«

Sie überlegt. »Ich habe bisher auch selten den Weg gewählt, dass ich mir ein Projekt ausgeguckt habe und gesagt habe: Das will ich machen. Normalerweise werde ich angerufen. – Oder, was ich auch mache«, schiebt sie nach, »ist, meine Freunde beim Film zu fragen, was sie gerade machen, und dann zu sagen, da hätte ich Lust mitzumachen.«

»Das finde ich ziemlich elegant!«, sage ich. »Bei mir sind es immer dieselben zwei Freunde, die mir die meisten Jobs zuschustern. Und wenn sie's tun, fühle ich mich immer gleich wie der dicke Junge im Detektivfilm, den seine Freunde durch das Fenster drücken müssen.«

»Also immerhin ein kleines Netzwerk«, findet Maren den positiven Aspekt.

Ich muss lachen. »Ein sehr kleines. Und dann gibt es noch meine wenigen bisherigen Arbeitgeber, die mich zumindest teilweise immer mal wieder auf dem Zettel haben, wenn es was Entsprechendes zu tun gibt. Aber sonst …« Ich hebe die Arme und lasse sie resigniert fallen. »Ich fühle mich sehr wohl dabei, Leute kennenzulernen, aber sofort furchtbar unwohl, wenn ich den Eindruck habe, ich *müsste* jemanden kennenlernen, weil er mir vielleicht irgendwie weiterhelfen könnte. Es gibt wenig schrecklichere Situationen als dieses gut gemeinte: ›Ach, den solltest du mal kennenlernen, der kann dir bestimmt helfen!‹, und dann die erste Unterhaltung – in der sich meist herausstellt, dass die Person gar nicht in der Position ist, irgendwas für mich zu tun, und wenn doch, dann bin ich so zaghaft … Ich finde es echt schwer, mich selbst zu vermarkten.«

»Ja, aber da geht es ja auch nicht um einen konkreten Job«, gibt Julia zu bedenken, »das ist natürlich schwieriger. Bei mir ist dann halt die Stelle frei – da kenne ich die Leute auch nicht, aber habe zumindest einen konkreten Grund, sie anzusprechen. Und entweder es klappt und alles ist gut, oder es klappt nicht gut – dann wäre man ja blöd, wenn man sich noch mal anrufen würde.«

»Und Beziehungen«, sagt Anne, »lassen sich auch schnell aufbauen, durch kurze, kleine Projekte. So bin ich ja auch da reingekommen.«

»Wo kommt das Netzwerk eigentlich her?«, frage ich interessiert.

»Das ist eigentlich über den Freundeskreis entstanden. Das erste Filmprojekt – da wollte ich, glaube ich, während des Studiums ein Praktikum machen, Erfahrungen sammeln. Ich hatte einige Freunde, die auf der Filmhochschule waren und die ich schon von vorher kannte. Und dann war ich bei einem Brunch bei Lutz, der damals mit Inga zusammengewohnt hat, und da habe ich Inga vielleicht das zweite Mal gesehen. Mit Lutz war ich schon lange befreundet und hatte ihm gesagt: ›Wenn du jemanden kennst, eine Filmproduktion oder so, die eine Praktikantin brauchen, dann sag Bescheid.‹ Und am nächsten Tag standen Lutz und Inga in der Küche, und Inga sagte tatsächlich: ›Mensch, mir wächst das Projekt gerade über den Kopf – ich brauche wirklich Unterstützung, kennst du nicht jemanden?‹ Und er meinte: ›Ja, Anne, ruf sie doch an!‹ Dann hat sie mich angerufen, und so kam es, dass ich während der Semesterferien für sie gearbeitet habe. Und ein halbes Jahr später hat meine Freundin Lina ihren Individualfilm gemacht, ihren Dreißig-Minüter, und da habe ich dann auch wieder während der Semesterferien drei Monate den Film mitgemacht.« Anne zieht die Augenbrauen hoch. »Da zeigt sich wieder: Student sein, mit der Unterstützung durch die Eltern halbwegs finanziell abgesichert, da hat man dann auch die Möglichkeiten, so was zu machen. – Jedenfalls: Darüber hat sich dann so ein Netzwerk gebildet. Ich habe später wieder für Inga gearbeitet; währenddessen wuchsen die anderen auch aus ihren Kinderschuhen raus. Carolin hatte dann ihren zweiten Langfilm, und über sie und Carmen bin ich dann an Amelie geraten. Und so strickte sich das alles zusammen.«

»Klingt total gut!«, wiederhole ich zum fünften Mal und grüble nach, wieso es sich bei mir nicht so flüssig gestaltet. »Ich konnte, glaube ich, nie so gut Bekanntschaften unter beruflichen Gesichtspunkten pflegen. Darum bleibt es bei meinen Freunden und damit sind die Leute, die mir potenziell Arbeit in meinem Bereich verschaffen können – ›*verschaffen können*‹«, unterbreche ich mich, »das klingt ja, als müssten sie bloß mit dem Finger schnippen – so ist es ja nicht; keiner ist in der Position, mich einstellen zu können. Aber mir Kontakte vermitteln – und das sind, nur auf mein Berufsfeld beschränkt, echt wenige. Es gibt dann verschiedenste andere Leute …« Ich zucke die Achseln. »Aber wer weiß – vielleicht findet sich auch alles genau so, wie es eben passt.« Mit meiner Weisheit vorläufig am Ende, wende ich mich an die beiden anderen in der Runde: »Und ihr?« Maren und Barbara lachen. »Ich habe kein Netzwerk«, konstatiert Barbara nüchtern.

»Ich auch nicht«, meint Maren. »Aber wir haben ja auch nicht unbedingt Berufe gewählt, bei denen das so wichtig wäre, oder?«

»Eher nicht«, bestätigt Barbara. »Gut, ich habe natürlich ein paar Jobs über Zufälle bekommen und auch über Leute. Aber es ist nicht so, dass ich Leute hätte, die ich ansprechen würde, wenn ich mal wieder was brauche.«

»Na ja«, wendet Julia ein, »aber letztlich hast du über mich mal ein Filmpraktikum gemacht, dich über Arne zumindest mal bei dieser Kneipe beworben …« – »Stimmt«, gibt Barbara zu. – »Also, auf jeden Fall hast du Leute, die wissen, dass du was suchst, und die dich drauf aufmerksam machen, wenn mal jemand gebraucht wird oder wo du nachfragen kannst.«

»Ja, aber meistens mache ich das dann gar nicht«, sagt Barbara.

»Aber warum?«, frage ich.

»Ich weiß nicht, irgendwie ist mir das auch eher unangenehm.« Barbara rümpft die Nase. »Zu Leuten zu gehen und nachzufragen. Das mag ich nicht.«

»Das finde ich interessant«, sage ich, »ich kenne das ja auch, aber eigentlich ist es so dumm!«

»Aber ich kann das auch nicht«, schaltet sich Maren ein. »Ich habe mich unglaublich schwergetan, den Nachbarn unter uns zu fragen wegen meiner Diplomarbeit. Ich habe nämlich durch Zufall erfahren, dass er mal Landesminister für Verkehr war.«

»Aber so was!« Ich haue auf den Tisch. »Wieso ist so was so schwer?«

»Ich hab ihm dann irgendwann einen Brief vor die Tür gelegt, weil ich mich nicht getraut habe«, beichtet Maren. Barbara lacht:

»Süß!« – »Und vorher hatte ich zwei Wochen gezögert und mir Ausreden ausgedacht: ›Der ist eh nie da; ich glaube, das Licht ist aus – was soll ich da jetzt klingeln?‹ Und dann zu Markus: ›Ja, ja, ich habe geklingelt, er war nicht da!‹ – Der meinte immer: ›Jetzt stell dich nicht so an, geh da runter!‹«

»Aber das ist auch eine Routinesache!«, findet Julia. »Ich fand das am Anfang auch schwer; ich hatte schon Schwierigkeiten, irgendwo anzurufen und eine Runde Pizza zu bestellen. Aber dann muss man eben: ›Kannst du mal eine Musikanlage klarmachen? Ruf mal in ein paar Geschäften an.‹ – ›Okay …‹ Und dann sitzt man im Büro und merkt: Ich muss das jetzt wohl machen.« Sie lacht. »Dann sucht man vielleicht erst zwanzig Jahre lang Nummern raus und starrt sie an, während man so tut, als könnte man auf dem Papier jetzt schon ein bisschen selektieren. Und letztlich muss man doch anrufen, und da macht Übung den Meister, würde ich sagen. Aber Leute um einen Gefallen bitten finde ich auch noch komisch, das ist noch mal was anderes. Selbst Patti, die eine gute Freundin von mir ist, bettle ich ungern um Jobs an. Ich mag es lieber, wenn die Leute auf mich zukommen.« – »Ja, das ist natürlich schöner!« Darauf können sich alle einigen. – »Das ist der schönere Weg – und wenn es nicht anders geht, dann versuche ich es halt, aber auch nicht gerne.«

»Ja«, sage ich. »Ich glaube, ich jammere tendenziell gerne breit gestreut in die Welt und dann …« – »Irgendjemand hört's«, sagt Maren und lacht.

DIE 17. FRAGE

... mit Ihren Gehaltsvorstellungen

Wie stellen wir uns bei Verhandlungen an?

»OH GOTT«, FLÜSTERT MAREN, als ich die Frage vorlese. »Widersprecht mir gerne«, sage ich, »aber das scheint mir so ein Frauending zu sein – jedenfalls kam es mir in manchen Gesprächsrunden so vor. Es ist ja auch bekannt, dass Frauen weniger verdienen als Männer – aber eben auch, weil Frauen immer allzu bescheiden sind und gerne – ich schließe mich da ein – sagen: ›Ach, überhaupt kein Problem, ich arbeite gerne auch für weniger Geld.‹ Oder dass sie auf die Frage, wie sie sich denn ihr Gehalt vorstellen, überhaupt nicht vorbereitet sind und nur stammeln: ›Ich weiß nicht, was meinen Sie denn? – Na, das ist doch völlig in Ordnung ...‹«

»Ich habe noch nicht so viele Gehaltsverhandlungen hinter mir«, stellt Maren fest. »Um genau zu sein: eine.«

»Und? Wie war die so?«, frage ich.

»Ich habe mich vorher viel mit Bekannten und Freunden unterhalten und besprochen, wie viel man denn bei so einer Stelle verdienen sollte. Und mit Markus darüber geredet.« – »Find ich super!«, sage ich, ehrlich angetan. – »Man wird ja einfach immer gefragt, was man sich so vorstellt. Darum dachte ich, dass ich da schon spontan was sagen können muss. Und ich hatte meine Vorstellung, habe sie so gesagt und habe sie bekommen.«

»Toll«, sage ich wieder. Barbara lacht über mein beeindrucktes Gesicht.

»Ja, aber ob das gut bezahlt ist, keine Ahnung!«, sagt Maren. »Hätte ich da noch mehr rausschlagen können?«

»Das ist halt die Sache«, stimmt Julia zu. »Das weiß man dann ja doch nicht.«

»Das Gespräch war eh irgendwie komisch«, sinniert Maren, »die meinten, wir fragen mal so nach. Und dann wurde mir einfach der Vertrag mit der Summe zugeschickt.«

»Also war es nicht wirklich eine Verhandlung«, befindet Barbara streng.

»Ich muss das ja alle zwei bis drei Monate machen ...«, setzt Julia an. »Und ich muss sagen, ich bin jedes Mal einfach erleichtert, wenn das Thema abgehakt ist und ich wieder auflegen kann. – Also, ich sehe Fortschritte, aber die sind«, sie senkt theatralisch den Kopf, »marginal. Was ich jetzt schon hinkriege, ist, wenn mich ein Produktionsleiter anruft, zu sagen: ›Einen Moment, ich stehe gerade an der Kasse, es passt mir im Moment nicht so gut – ich rufe dann gleich zurück.‹ Ich habe das früher auch schon zwischen den Supermarktregalen gemacht: ›Äh ... ja, nee, ist in Ordnung. Alles klar! Tschühüs!‹ – Wie viele Tage, wann, wie und wo? – Keine Ahnung, kein einziges Mal nachgefragt. Auch irgendwie Mist.« Sie lacht. »Ich bin auch immer noch froh, wenn ich Unterstützung habe – letztes Mal beispielsweise wurde ich über die Szenenbildnerin eingestellt, und da hat die mir vorher gesagt: ›An deiner Stelle würde ich sagen, du kriegst soundso viel – und sag ruhig noch mal fünfzig Euro mehr, falls der dich drücken will.‹ Wenn man weiß, da steht jemand hinter dir und deiner Arbeit – das finde ich leichter.« – »Wahnsinnig hilfreich!«, bestätigt Anne. – »Und ich bin auch ein bisschen besser im Verhandeln – aber ich bin ...«, Julia hebt hilflos die Hände, »schlecht. Nach wie vor schlecht. Und ich merke oft: Geldsachen sind mir nicht so wahnsinnig wichtig. Auch bei Abrechnungen denke ich schnell: ›Ach, zwanzig Euro mehr oder weniger …‹ Aber das rächt sich dann irgendwann, und vor allem ärgere ich mich später, wenn ich merke: Ich mache hier echt einen Knüppeljob, und eigentlich ist das im Verhältnis nicht so viel Geld! Das ist schon ein Grund, warum man besser werden müsste im Verhandeln. Und dafür ist es elementar wichtig zu wissen, was man verlangen kann, und auch zu wissen, wie die Rechtslage ist. Ich nehme mir jedes Mal vor: Diesmal lese ich mir wirklich den Tarifvertrag durch, dann hat man wenigstens irgendwas in der Hand, und ich erkundige mich dann auch mal … Aber wenn es dann so weit ist, habe ich es schon wieder vergessen oder habe gerade keine Lust, mich damit auseinanderzusetzen. Insofern bin ich da auch selbst schuld. Und ich verdiene ja anscheinend genug, dass ich mich damit zufriedengebe – aber ich könnte definitiv noch mehr rausschlagen und bessere Verträge aushandeln.« Julia lehnt sich zurück.

Zeit für meine Beichte: »Ich bin tendenziell noch schlechter. Ich hatte das Glück, gleich anfangs an eine sehr faire Chefin zu geraten, die von sich aus fair bezahlt, weil ihr das lieber ist, als – wie ungefähr alle anderen – zu knapsen, und dann springen die Leute auch mal zwei Tage vorher ab, wenn doch noch was Besseres kommt. Da hat sie wohl auch ihre Erfahrungen gemacht. Das ist der einzige Grund, warum ich gleich normal bezahlt wurde, ohne dass ich auch nur im Ansatz hätte verhandeln können. Die einzige Gehaltserhöhung, die ich mal angestrebt habe, endete ja damit, dass ich gekündigt habe, weil sie meinten: ›Können wir nicht.‹ Das war also nicht so erfolgreich. Aber sonst …« Ich zucke resigniert die Achseln. »Bei meinem letzten Honorarvorschlag habe ich drei Tage nichts gehört – was völlig normal war –, und jeden Tag saß ich nägelknabbernd am Rechner wie bei einem komplizierten Date und wäre am liebsten sofort wieder eingeknickt: ›Vergesst alles, was ich gesagt habe, ich mache es doch sowieso!‹ Obwohl es echt keine unverschämte Forderung war. Das ist wirklich blöd.« Ich seufze. »Ich habe neulich eine halbe Stunde für eine dreizeilige

Mail gebraucht, nur um zu fragen, ob bei Ausstellungstexten, die ich geschrieben und übersetzt hatte, eigentlich mein Name drunterstehen wird. Da dachte ich auch: Erstens hätte ich das vorher klarmachen müssen … Und zweitens sollte es auch einfach kein Problem sein, so was im Zweifel einzufordern.« Ich schüttle den Kopf. »Es war dann auch überhaupt kein Problem …«

»Aber aus den Erfahrungen lernst du ja auch«, sagt Anne, was ich tröstlich finde.

Barbara meldet sich zu Wort: »Ich habe noch nie verhandelt, würde ich sagen. Ich habe einfach immer akzeptiert, was mir angeboten wurde.«

»Aber hast du mal Vorschläge gemacht?«, frage ich.

»Nee, ich habe immer nur in Jobs gearbeitet, wo von vornherein klar war, du kriegst soundso viel. Und ich habe das immer so hingenommen – und gesagt«, Barbara schlägt die hohe Mädchenstimme an: »›Okay!‹«

Ich muss lachen. »Und findest du das selbst doof?«, will ich dann wissen.

»Ich finde es halt immer total unangenehm, das überhaupt anzusprechen. Mir ist bei meinem letzten Vorstellungsgespräch im Nachhinein aufgefallen, dass wir überhaupt nicht darüber gesprochen haben.« Sie schüttelt ungläubig den Kopf. »Ich habe es einfach mal komplett unter den Tisch fallen lassen, wie viel Geld ich bekomme. Was wahnsinnig blöd ist, denn …«

»Darum macht man das, hm?«, werfe ich ein.

»Darum macht man das!«, wiederholt Barbara und lacht sich selber aus. »Besonders in meinem Fall im Moment: Ich habe mir ja einfach nur einen Job gesucht, um Geld zu verdienen, und habe nicht gefragt. Es hat mich dann später jemand drauf angesprochen: ›Und, wie viel bekommst du da?‹ Und ich meinte: ›Oh! Danach habe ich gar nicht gefragt.‹ – Bloß nicht über so was reden!« Große Belustigung in der Runde.

»Warum ist das so, glaubt ihr?« Eins meiner großen Rätsel.

»Also in meinem Fall weiß ich das genau«, sagt Julia, »weil die Leute, mit denen ich darüber sprechen muss, da eingestellt sind, weil sie Geld sparen können. Und weil sie sich extrem gut auf dem Gebiet auskennen, weil sie Leute drücken können und wissen, wie sie was formulieren müssen. Weil die einfach viel mehr Ahnung haben, und ich die ganze Zeit denke: Oh, ich habe einfach keine Ahnung!«

Anne nickt. »Die Leute pokern natürlich auch, und ich habe bei Produktionen selber miterlebt, dass die einen immer erst mal unterbieten. Ich bin sonst von der Haltung auch lieber diejenige, die drauf wartet, bis der andere zuerst sagt, was er einem dafür geben möchte – weil ich mich auch nicht immer traue, so was sofort rauszuhauen, und man einfach abhängig ist.« Sie überlegt und stellt dann fest: »Aber in allererster Linie muss man sich über seinen eigenen Wert im Klaren sein – und dann ist es ja auch schon wieder egal, wer was zuerst sagt.«

»Den eigenen Wert kennen«, wiederhole ich, »das ist genau das Problem. Ich hatte ja oft so schwammige Aufgaben; da finde ich es echt schwer, das festzumachen. Aber ich habe mit mehreren Leuten darüber gesprochen, Männer wie Frauen. Die allerdings versicherten mir, es sei eher eine Freiberuflersache als eine Geschlechtersache – und alle kannten auch das Gefühl: ›Oh Gott, hoffentlich hab ich mich da nicht zu weit aus dem Fenster gelehnt‹ und das alte ›Wenn ich's nicht mache, macht es ein anderer‹.« Ich kratze mich sorgenvoll am Kopf. »Dass man sich der eigenen Austauschbarkeit so bewusst ist, das ist wirklich ungünstig. Denn man verdirbt sich ja erstens selbst die Preise – man kann ja nicht in einer Firma ewig billig arbeiten, dann plötzlich in die Höhe schießen und erwarten, dass es klappt – und zweitens auch allen anderen! Bei Basti konnte ich den Prozess ganz gut verfolgen; das fand ich super: Irgendwann hat er sich gesagt, dass er das nicht mehr macht – und seitdem läuft es ziemlich gut.« Ich runzle die Stirn. »Das sollte auch mal mein Lerneffekt sein; ich bin gespannt, wann es durchsickert.«

»Ich kann's verstehen«, sagt Julia. »Ich wusste als Innenrequisiteurin am Ende ganz gut, was ich wofür kriegen kann. Aber wenn ich jetzt als Szenenbildassistentin neu anfange – dann bin ich halt wieder Assistentin. Da brauche ich wieder neue Richtwerte. Für mich ist es super, sich mit anderen Kollegen austauschen zu können.« – »Oh ja«, stimmt Anne entschieden zu. – »Es gibt sogar einen Requisitenbund«, sagt Julia, »wo man sich ein bisschen abspricht, wie die Gagen sind. Damit man sich eben die Preise nicht verdirbt.«

»Du musst dir einfach vorher ausgerechnet haben«, fügt Anne hinzu, »wie viel brauche ich zum Leben, um zufriedenstellend klarzukommen? Ich lebe jetzt schon die ganze Zeit im Dispo – das soll jetzt auch mal aufhören!«

»Ja!«, bestätige ich. »Auch dass Eltern einen immer noch so lange unterstützen – das ist ja keine Seltenheit. Aber das kann es doch nicht sein!«

Nach kurzer Grübelpause meldet sich Barbara mit der Erkenntnis: »Ich glaube, ich habe auch diese Macke, als wäre Bescheidenheit so eine tolle Tugend. Was in dem Fall einfach total unangebracht ist!«

Julia lacht. »Na ja, klar, um Fuß zu fassen, muss man ja auch mal schlechtere Bezahlung in Kauf nehmen, bis man etwas routinierter ist. Aber irgendwann fängt auch die Phase an, wo man guten Gewissens mehr verlangen kann. Am Anfang dachte ich: Na ja, ich hab einfach auch noch nicht so viel Ahnung … Aber je sicherer ich werde, desto besser kann ich auch verhandeln.«

»Ja, das ist das Ding!«, sagt Barbara. »Dass man, wenn man das Gefühl hat, man hat es drauf, auch mehr verlangen kann. Aber ich habe auch so oft Sachen neu angefangen und hatte dann eben noch keinen Schimmer.«

Ich nicke. »Ich kann mich auch überhaupt nicht gut breitbeinig hinstellen – weil ich immer das Gefühl habe, es gibt so viele andere …« – »Natürlich gibt es viele Leute, die so was machen können«, unterbricht mich Anne. »Aber es *macht* halt kein anderer! Und je länger du im Gespräch bleibst, und je mehr Arbeit du zum Beispiel für so eine Ausstellung schon vorlegst – das kostet die doch ewig Zeit, dann wieder jemand Neues zu finden. Das ist auch nicht in deren Interesse, das muss dir klar sein.« Der Blick, den ich ihr zuwerfe, beinhaltet wohl neben Dankbarkeit auch eine Portion ›Du hast leicht reden‹, denn Anne lacht und bemerkt gedankenleserisch: »Ich finde es so lustig, dass du mich immer als die siehst, die da so knallhart ist und die das kann – weil ich das eigentlich überhaupt nicht kann.«

»Ja, aber du hast es gemacht!«, entgegne ich. »Und das, finde ich, ist das Bewundernswerte.«

»Stimmt«, sagt Anne, »aber lustigerweise stand ich jetzt am Wochenende neben Carolin; die hat mir zu meinem neuen Job gratuliert, und sagte dann: ›Und ich habe auch schon gehört, du bist ja so wahnsinnig teuer.‹ – Und das – puh!« Anne schüttelt den Kopf. »Glücklicherweise stand Carmen direkt daneben und sagte gleich: ›Na ja, aber schon angemessen!‹ Carolin meinte das auch gar nicht böse und sagte dann sofort: ›Nein, natürlich angemessen, du musst ja auch irgendwie leben.‹ Aber das war eine Sache, über die ich noch ewig nachgedacht habe – oh shit, herrscht jetzt die Meinung, dass ich mich völlig überteuert da reingebracht habe? Aber auf der anderen Seite: Wir leben in Berlin, und das ist hier ein Gehaltskosmos, der es einem wirklich schwer macht; die Leute unterbieten sich in Kreativberufen aufs Bitterste. Und ich finde, man muss – auch aus Verantwortung den anderen gegenüber – dann auch einen Schlussstrich ziehen und sich einfach nicht so unter Wert verkaufen. Das Leben wird teurer; wir merken es ja jetzt schon: Das Miet-Mekka von vor zehn Jahren ist Berlin auch nicht mehr. Und wir sind jetzt auch keine Praktikanten mehr; wir sind zum Teil schon an Erfahrung reich. Und dann muss man sich auch einfach hinstellen«, Anne klopft energisch auf den Tisch, »und sich zumindest nicht unter dem verkaufen, was man beim letzten Job gekriegt hat. Das war mir das Wichtigste. Ich hatte das Glück, dass ich vorher mit Inga eine Arbeitgeberin hatte, die meine Arbeit immer sehr angemessen und sehr fair wertgeschätzt hat. Das hat mich auch immer sehr an sie gebunden, weil das, finde ich, das Wichtigste ist, dass man seinen Angestellten nicht nur verbal, sondern auch materiell das Gefühl gibt, dass sie das Geld wert sind, das man in sie investiert. Denn am Ende des Tages ist das Team das, was so einen Film in der Qualität steigert.«

»Ich finde das super«, wiederhole ich in uneingeschränkter Bewunderung. »Ich fand es wirklich toll, dass du gesagt hast: ›Zu dem Preis mache ich es nicht.‹ Und es dann ja auch über Wochen ausgehalten hast!«

Anne nickt. »Man muss das dann, finde ich, natürlich auch den Leuten ordentlich und freundlich präsentieren können. Dass man sagt: ›Ich hätte wirklich Lust, mit euch zu arbeiten, das klingt nach einem spannenden Job‹ – man muss ihnen ja nicht das Blaue vom Himmel runterlügen. Ich hatte ja wirklich Lust, mit ihnen zu arbeiten. Aber das geht so nicht mehr.« Sie lacht. »Wo kommen wir denn da hin?«

DIE 18. FRAGE

Andere Frauen

Konkurrenz
oder Solidarität?

DAS KLISCHEE WEIBLICHEN KONKURRENZVERHALTENS ist ein Allgemeinplatz. Gibt es das noch? Oder hält man inzwischen mehr zusammen – im Job und anderswo?

»Ich finde es tatsächlich schön, mit Frauen zusammenzuarbeiten«, fange ich auch gleich an.

»Weil mir Stutenbissigkeit oder das, was man so nennt, nahezu gar nicht begegnet ist. Unglaublich selten. Wenn ich mit Frauen zusammengearbeitet habe, fand ich das – nur in meiner persönlichen Statistik – immer super und angenehm, und tendenziell fand ich sie wohl auch immer eher fairer und mehr an der Sache orientiert – weniger profilneurotisch vielleicht und mit weniger Bossgehabe.«

»Oh, aber da«, hält Maren mit skeptischem Gesicht dagegen, »kommt es wirklich sehr auf die Branche an. Flughafen: Horror. Bekleidungsindustrie: Ekelhaft!« Die anderen lachen.

»Echt wahr?«, staune ich. »Im Dokumentarfilmbereich habe ich so viele tolle Frauen getroffen und hatte den Eindruck, dass sie eher die Faireren sind, teilweise auch die Straighteren …«

»Aber das sind dann, glaube ich, auch andere Frauen«, gibt Maren zu bedenken. »Weil das vielleicht auch nicht die typischen Frauendomänen sind.« – »Hm, vielleicht …«, murmle ich.

»Stimmt«, findet Julia und lacht. »Da hält man ein bisschen solidarischer zusammen, sonst wird man von den harten Männern plattgemacht.«

»Ja«, sage ich, »ich habe tatsächlich ein paar dieser – wirklich tollen – Frauen das Wort ›Solidarität‹ benutzen hören und fand es total super. Die haben das aber auch wirklich beherzigt.«

»Also, ich kann sehr gut mit Frauen zusammenarbeiten«, stellt Anne fest, »ich habe dabei sehr gute Erfahrungen gemacht – muss dazu aber auch sagen, dass die meisten Jobs, die ich gemacht habe, eher mit Frauen in Führungs- und Schlüsselpositionen waren.« Sie überlegt. »Das Einzige, was in meiner Erfahrung vielleicht etwas problematisch war: Ich glaube, wenn es zwischen Frauen richtig knallt – wenn man das jetzt mal so auf alle Frauen der Welt ausdehnt«, schiebt sie ein, »ich finde es ja immer ein bisschen bescheuert, so zu verallgemeinern. Aber ich glaube, vielen Frauen fehlt dann eher die Fähigkeit, die emotionale Komponente auszuklammern. Ich habe das bei einem Filmprojekt erlebt, wo das Geschrei wirklich ohrenbetäubend war – es wurde völlig unsachlich rumgekeift, und das war schon ganz schön anstrengend. Und vielleicht streiten Männer da anders – die sind vielleicht auch nicht einfach in ihrer Art, aber ich kann mir vorstellen, dass die dann eher nicht so krass emotional werden. Also: Es ist für mich schwer vorstellbar, dass ein Herstellungsleiter anfängt zu heulen.« Sie lacht. »Da mögen einige Sympathien einfach nicht gegeben gewesen sein, und der Anlass war vielleicht auch ein wunder Punkt. Aber da werden, finde ich, Sachen zusammengebracht, die man im Berufsleben ganz klar voneinander trennen muss. Und da kann so ein Streit zwischen Frauen – nach meinem Eindruck«, schränkt sie ein, »auch mal ganz schön heftig werden.«

»Hm«, mache ich nachdenklich. »Ja, wo du es sagst, war es bei mir auch nicht nur eitel Sonnenschein. Ich habe auch Frauen erlebt, die alles an sich gerissen haben, die sich vielleicht in der Männerbranche profiliert haben und dann aber auch davon lebten, dass sie einem das Gefühl gaben: Ich bin echt eine Ausnahme, dass ich das hier geschafft habe. Und die dann auch niemand anderen rangelassen haben. Andererseits gibt es auch welche, das finde ich richtig toll, die erfolgreich sind und dabei andere mit reinholen und fördern. Das habe ich beides erlebt – und auch einfach nette Zusammenarbeit. – Was ich selten erlebt habe«, bedaure ich, »war: ›Mach doch einfach mal, das ist super, was du da tust.‹ Das gab es bisher nur in der Uni.«

»Ja, das finde ich auch schön«, stimmt Julia zu. »Bei meiner letzten Chefin war es cool: Wir haben diesen Film zusammen gemacht; sie hat aber dabei auch Wert auf meine Meinung gelegt. Das ist super – weil es nicht selbstverständlich ist, dass jemand die Assistenz fragt, wie sie das findet. Obwohl das ja eigentlich produktiver ist – und auch sehr klug, weil Leute, die selbst motiviert sind, besser arbeiten. Und es ist ja auch toll, wenn man seine Energien zusammentut. Es entstehen schönere Sachen dabei!«

»Hm, in diesen Branchen«, sagt Maren, »da ist das vielleicht anders. Aber sonst … im Klamottenladen, dieses …« Ihr fehlen die Worte. »So Tratschweiber?«, mutmaßt Barbara. – »Es war lustigerweise«, schiebt Anne ein, »auch eine Kostümbildnerin bei diesem heftigen Streit involviert …«

Maren schüttelt den Kopf. »Dieses auf Äußerlichkeiten gucken! Da fangen sie an: ›Wie viel wiegst denn du?‹ – Ist doch völlig egal! – Oder: ›Du musst auch mal wieder zum Friseur.‹«

»Ja, das wird dann schnell biestig«, sagt Barbara.

»›Hast du Knoblauch gegessen?‹«, fällt Maren noch ein Beispiel ein.

»Ich habe mich wirklich gefragt, ob es so was noch gibt«, sage ich, leicht erschüttert. »Aber es ist wohl branchenspezifisch.«

»Ja!«, bekräftigt Maren entschieden. »Es ist branchenspezifisch.«

»Interessant, dass es dann aber auch auf dieser Attraktivitätsebene stattfindet«, überlege ich, »dass man da schnell mal ein bisschen Minderwertigkeit suggeriert kriegt.«

»Oh Gott, ja!«, sagt Julia. »Manchmal auch sehr subtil. Schön war, als ich in einer Umkleide stand; ich hatte eine Jeans anprobiert und mich krankgelacht, weil sich rausstellte, dass es eine Röhrenjeans war und ich nicht reingepasst habe. Und die Verkäuferin draußen fragte: ›Soll ich dir was anderes bringen? Was hast du denn da, eine 36?‹ Und ich meinte: ›Nein – eine 38!‹ Und sie: ›Oh ... äh, das tut mir leid!‹« Julia lacht. »Völlig bescheuert – ist mir doch egal, ob mir eine 36 oder eine 38 nicht passt – und sie hat sich so gefühlt, als wäre sie jetzt total ins Fettnäpfchen getreten.«

»Ja, das sind solche Augenblicke, wenn man Sachen anprobiert und Leute einen vor der Umkleidekabine mustern und dann irgendwas sagen«, erzählt Barbara. »Da bekommt das plötzlich so eine große Bedeutung ... Wenn ich versuche, eine Jeans zu kaufen, und es heißt: ›Oh, in der Größe habe ich jetzt hier aber nichts mehr liegen, da muss ich mal in den Keller gehen.‹ Da sind sie auch so ein bisschen peinlich berührt.«

»Umgekehrt finde ich es immer unglaublich«, werfe ich ein, »wenn Verkäufer einem, ohne mit der Wimper zu zucken, ins Gesicht lügen: ›Sieht süß aus!‹ – Und man sieht selber im Spiegel: Ich kann so nicht auf die Straße gehen!«

Maren nickt. »Ich fand das auch schlimm. Ich habe immer gern Leute beraten, damit ich ehrlich meine Meinung sagen konnte. Ich kann nicht so verkaufen: ›Hach, Sie sehen aber wunderschön aus, drehen Sie sich noch mal um für mich!‹« Sie zieht die Augenbrauen hoch. »Ich habe dann immer gesagt, wenn jemand meinte: ›Seien Sie mal ehrlich!‹ – ›Ehrlich? Legen Sie's zurück.‹« Sie lacht. »Ich möchte doch auch, wenn ich mal alleine einkaufen gehe und niemanden habe, der mir ehrlich seine Meinung sagt, dass das wenigstens die Verkäuferin tut, die doch auch dafür bezahlt wird, guten Rat zu geben. Ich mache das auch: ›Also mir steht der Rock da vorne besser, der kaschiert super die Hüften.‹ Oder: ›Ich trage zum Beispiel die, und die weitet sich noch total gut.‹«

»Die sympathische Verkäuferin«, bemerkt Barbara.

»Eben, das ist doch viel besser«, sage ich. »Aber sonst muss ich sagen, bin ich von Tag zu Tag glücklicher über die großartigen Frauen, denen ich so begegnet bin. Darunter zum Beispiel meine Freundinnen – da spielen Konkurrenzgefühle einfach keine Rolle. Insgesamt gibt es da einen tollen Zusammenhalt, das finde ich schön. Ich glaube, es gibt da auch Beziehungen, wo das anders ist.«

Maren nickt. »Ja, es gibt welche, die nur mit jemandem befreundet sind, damit sie wissen, dass es jemanden gibt, der schlechter dran ist als sie.« Sie schüttelt ein bisschen ungläubig den Kopf. »Es gibt ja ernsthaft Leute, die sich solche Beziehungen aussuchen. Aber das Schöne ist, dass man selbst auch noch ein Wörtchen mitzureden hat. Und da kann man sich ja auch sagen: Gut, funktioniert vielleicht nicht so gut.« Sie überlegt. »Lustig, jetzt geht manchmal diese Mütterkonkurrenz los! ›Und – schläft er schon durch?‹ – ›Nein. Tut er nicht.‹ – ›Meiner ja schon. Quasi seit der Geburt‹ ... Was soll man da sagen? ›Ach, dann hast du ja nie erfahren, wie schön es ist, morgens um halb vier stillend aus dem Fenster zu gucken und die Vögel zu beobachten!‹« – Lachen in der Runde.

»Das finde ich auch interessant!«, sagt Julia. »Wenn die Kinder plötzlich zum eigenen Verdienst werden!«

»Ja, dieses: Was kann denn deiner schon?«, bestätigt Maren mit genervtem Blick.

»So ein Qualitätsmaßstab«, murmelt Barbara. – »Ja!«, ruft Julia. »Und: Accessoire Kind. Das ist in unserer Generation auch nicht so wenig verbreitet – dass die Kinder in schicken Klamotten präsentiert werden, und man denkt: Mensch, jetzt lass das arme Kind doch mal Kind sein!« – Allgemeine Zustimmung bei uns, die wir eher mit Pottschnitt aufgewachsen sind.

»Ich finde, man kann eigentlich nur mit Frauen befreundet sein, die zumindest ein bisschen so ticken wie man selbst«, konstatiert Maren. »Deswegen finde ich es immer so verwunderlich, dass man früher eine beste Freundin hatte, mit der man nichts mehr zu tun hat. Das hat ungefähr jede Frau! Das finde ich so krass – und wenn ich darüber nachdenke, dann ist das eine Frau geworden, die das absolute Gegenteil davon ist, wie ich jetzt bin.«

»Ja.« Julia nickt. »So ganz früher, oder?«

»Gut, da ist man ja auch selber noch ganz anders«, wendet Barbara ein.

»Ja, aber euch kenne ich ja auch schon ewig«, sagt Julia. »Es ist nie diese Distanz da: ›Und, was machst du so?‹«

»Das, finde ich«, sagt Maren, »ist das, was Freundschaft ausmacht! Dass man sich jahrelang nicht sehen kann – und wenn man dann zusammen ist, sich versteht. Oder wenn irgendwas ist und man jemanden anrufen müsste – dann wüsste ich ja, dass ihr da wärt. Auch wenn wir uns länger nicht gesehen haben.«

»Und jemanden so vollständig wahrzunehmen«, fügt Julia hinzu. »Ich finde es toll, dass man sich gegenübersitzt und sich so wahrnimmt und annimmt, auch mit den vielleicht komplizierteren Seiten. Dass es nicht darum geht, dass eine erzählt: ›Ich mache das und das und das‹ und sich so profiliert. Da gibt es gar nicht diese Erwartungen oder diese Konkurrenz. Und das finde ich sehr besonders.«

DIE 19. FRAGE

Krisenkrise

Wie fühlt sich Arbeitslosigkeit an?

»ARBEITSLOSIGKEIT IST MEINE LIEBLINGSBESCHÄFTIGUNG!«, ruft Julia sofort und lacht. »Muss ich wirklich sagen – aber bei mir ist das natürlich ein bisschen anders«, relativiert sie dann, »ich habe das ja ständig, und bei meinem Job geht das ja auch gar nicht anders, weil ich in meinem Bereich gar nicht selbstständig arbeiten kann. Aber Hartz IV würde ich nicht beantragen wollen. Das wäre jetzt tatsächlich aktuell; mein Anspruch auf ALG I ist verbraucht – aber ich weiß nicht, was dafür passieren müsste. Da lebe ich lieber von meinem Ersparten.«

Anne macht auch ein unbehagliches Gesicht. »Also, das Gefühl, zum Arbeitsamt zu gehen und ihnen Rechenschaft schuldig zu sein, das fand ich schon sehr unangenehm. Das hat mich zu meiner eigenen Überraschung richtig nervös gemacht. Man muss sich da ja sehr transparent machen, um Anspruch auf Unterstützung zu haben – selbst wenn schon klar ist, dass die einem im Grunde nicht helfen können.«

»War das eigentlich schlimm für dich?«, frage ich neugierig.

»Hm«, macht Anne unentschlossen. »Es ist halt Papierkram, es nervt. – Doch, es war irgendwie schon schlimm«, meint sie dann. »Was mich am meisten genervt hat, war, dass man sich rechtfertigen muss, wenn man während der Arbeitslosigkeit mal für eine Woche wegfahren will. Du musst ja Gewehr bei Fuß stehen; wenn die heute anrufen, musst du morgen für den Termin bereitstehen können. Das ist eine Verpflichtung, die ich anstrengend finde.«

»Ja, oder?«, frage ich. »Wenn man arbeitet, kann man das ja auch nicht ohne Weiteres machen. Da könnte man meinen, man nutzt die Zeit ... Na ja.«

»Es nervt halt, sich da immer an- und abzumelden«, findet Julia auch. »Aber der Zustand an sich – den hab ich, wie gesagt, öfter mal.«

»Dann kannst du damit ja wohl ganz gut umgehen, wenn es schon Routine ist?«, vermute ich.

»Na, es ist aber auch immer absehbar!«, wendet Maren ein.

»Ja, es sind dann mal zwei Wochen«, bestätigt Julia, »über die Winterzeit dann auch mal ein bisschen länger ... Aber da hab ich kein schlechtes Gewissen – das ganze Land macht nichts anderes, als jeden Tag vor der Glotze zu hängen, und für die Leute, die das Programm füllen, gibt es kaum eine andere Möglichkeit, als dieses Kurzzeitangestelltenverhältnis zu führen. Und dann denke ich: Das ist nicht mein Problem! Das geht in dieser Branche fast nicht anders. Als Regisseur kann man selbständig sein – manchmal noch als Szenenbildner, aber es ist nicht üblich. Man ist kurzfristig angestellt, und dementsprechend bin ich auch immer mal wieder kurzfristig arbeitslos.«

»Und merkt ihr einen Unterschied durch die Wirtschaftskrise?«, frage ich. »Die Krise«, sagt Julia, »nö, ich persönlich merke das nicht wirklich. Letztes Jahr, als das alles losging, hatte ich die meisten und bestbezahlten Jobs überhaupt. Na ja, in der Filmbranche heißt es ja ohnehin immer: sparen, sparen, sparen. Und die Bedingungen sind vielleicht schlechter. Das heißt, die Gagen sind nicht niedriger, aber man merkt es halt an solchen Dingen, wie dass Drehtage gekürzt werden. Man muss dann für dasselbe Geld vielleicht schneller und mehr arbeiten. Das merkt man schon. Aber das ging auch schon vorher los, dass immer mehr immer schneller und für weniger Geld gemacht wurde.«

»Das ist wahrscheinlich der normale Erfolgsdruck in unserer Gesellschaft«, mutmaßt Maren; Julia nickt. »Genau.«

»Ich selber habe von der Wirtschaftskrise auch nicht wirklich was gemerkt«, übernimmt Maren. »Ich höre zwar immer wieder von Kurzarbeit, auch bei Freunden, aber ich persönlich habe davon nicht wirklich viel mitgekriegt.«

»Ja – da habe ich als sporadisch Arbeitende fast schon Glück«, sagt Julia, »weil ich mir ja sowieso immer einen neuen Arbeitgeber suche. Da bin ich ja nicht an eine Firma gebunden, die dann vielleicht pleite geht. Das ist mir ja relativ ... egal«, sagt sie ein bisschen verhalten. »Ich glaube, die Angst davor ist auch wesentlich größer, wenn man jahrelang im selben Beruf arbeitet ...«

»Und dann werden Stellen gekürzt«, ergänzt Maren, »ja.«

»Ich glaube, da ist man dann hilflos, weil die Situation, dass man sich bewerben musste, ewig her ist«, sagt Julia, »aber ich mache das ja eh ständig wieder neu.«

»Ich glaube auch«, meint Maren, »wenn man gerade fertig ist mit der Ausbildung – ich sehe das ja bei meinen Kolleginnen, die sich jetzt neu bewerben –, dann ist es im Moment vielleicht schwieriger, sich auf dem Arbeitsmarkt zu behaupten.«

»War es ja für uns auch«, meint Julia.

»Stimmt«, räumt Maren ein. »Wahrscheinlich ist es ohnehin schwierig, weil in dieser Gesellschaft Sparen nun mal ein Haupt-Firmenmotto ist. Sparen, sparen und für möglichst wenig Geld möglichst viel Arbeitskraft kriegen. Vor dem Hintergrund finde ich das mit der Wirtschaftskrise auch nicht mehr so ...«, sie zuckt die Schultern, »dick. Der Unterschied war jetzt weder bei mir noch bei mir in der Familie so dramatisch.«

»Bei mir auch nicht«, schiebt Barbara ein.

»Bei mir im Grunde auch nicht«, stimme ich zu. »Mein Berufsleben war ja eh noch kaum angelaufen, und kompliziert wäre es sowieso geworden. Neu ist vielleicht, dass alle jetzt lieber so viel wie möglich selber machen und keine Neuen einstellen, das aber auch nicht an Freie abgeben. Zumal meine Jobs ja oft nur darin bestehen, mein Gehirn anzuschalten, ich aber im Prinzip relativ austauschbar bin. Es ist nicht so – das hatten wir ja schon«, sage ich zu Anne gewandt, »dass ich etwas Hochspezialisiertes gelernt hätte, was mich dann unverzichtbar macht.« Ich grüble kurz, bevor ich zugebe: »Aber ich muss sagen, dass es mich – krisenunabhängig – schon beschäftigt. Wenn ich so gar keinen Job in Aussicht habe, verfalle ich gelegentlich in Panik, das schon.«

»Ja, ich auch!«, fällt Julia ein. »Ich habe zuletzt sogar Jobs abgesagt, denke aber jetzt: Okay, einen habe ich noch, aber ui …«, sie macht ein ratloses Gesicht, »dann muss ich auf jeden Fall noch einen vorm Winter machen – sonst wird es eng!«

»Und wenn dann keiner mehr kommt …«, ergänze ich.

»Dass mich keiner mehr anruft, glaube ich zwar nicht«, sagt Julia, »aber es könnten vielleicht Projekte kommen, die sich zeitlich überschneiden und die ich dann nicht wahrnehmen kann. Ich bin auch eigentlich schon lose verabredet für ein Winterprojekt – aber …« Sie zuckt die Achseln und verstummt.

Anne ist auch nachdenklich geworden. »Ich fand diese Unabwägbarkeit, wie lange dieser Zustand jetzt andauern wird, schon ein bisschen quälend.«

»Ja«, frage ich, »hast du sehr mit dir gehadert?«

»Als ich wusste, dass mein letzter Job ausläuft, und ich danach arbeitslos sein werde für eine gewisse Zeit, bin ich davon ausgegangen, dass sich – was in der Vergangenheit auch immer so war – bis dahin irgendwas ergeben wird«, erzählt sie. »Man muss natürlich selber Mühe investieren und sich ins Gespräch bringen, seine Kontakte nutzen – das ist mir am Anfang nicht so leichtgefallen. Und nach ein paar Wochen habe ich ein bisschen Panik bekommen. Was vielleicht auch damit zusammenhing«, sie lacht ein bisschen, »dass bei einem gemütlichen Essen zu Besuch bei meiner Familie auf einmal der Grundtenor herrschte, alles würde immer nur noch schlimmer, und die Krise hätte gerade erst begonnen. Und wenn man gerade frisch arbeitslos ist, ist das nicht unbedingt das ...« – Mitfühlendes Lachen bei uns. – »Klar, man muss aufgeklärt sein, dass es gerade keine einfachen Zeiten sind«, fährt Anne fort, »und dass man im Zweifel vielleicht eher den Strohhalm greift, der in Reichweite ist. Aber da bin ich richtiggehend ausgerastet und habe irgendwann heulend auf den Tisch gehauen und gesagt: ›Mann, wenn wir jetzt diese Stammtischgespräche führen, in denen nur noch gejammert wird, dass alles immer nur schlimmer wird und die Welt sich total konspirativ verhält und sich permanent gegen einen verschwört – dann gehe ich jetzt nach Hause, darauf habe ich keine Lust!‹« Anne lacht. »Was ich meine, ist: Man muss sich, glaube ich, seinen Optimismus schon erhalten. Und das ist manchmal leichter gesagt als getan. Ich hatte schon ein paar verzweifelte Momente. Aber prinzipiell habe ich doch eine positive Grundhaltung und glaube, dass einem immer auch neue Wege aufgezeigt werden. Jetzt wo ich weiß, dass es in den nächsten Tagen wieder akut losgeht mit den Jobs und dass Leute auch total interessiert sind, mit mir zu arbeiten, ist das natürlich leichter. Zum Beispiel sagte neulich jemand: ›Die fangen demnächst mit diesem Dreh an, da stelle ich dich mal dem Herstellungsleiter vor.‹ Das fand ich super. Klar, wer weiß, ob das längerfristig Bestand hat, aber die Aussicht macht es schon leichter.«

»Wie lange warst du arbeitslos?«

»Es waren drei Monate.« Anne hat die Zeit sofort parat. »Drei Monate – das ist im Verhältnis nicht so wahnsinnig viel, aber das hat auch damit zu tun, dass Film so ein schnelllebiges Geschäft ist. So schnell man da Jobs verlieren kann, schießen dann auch wieder Sachen aus dem Boden. Es sind zwar im Moment weniger, aber – wäre ich jetzt Verkäuferin oder so, dann wäre es vielleicht schwieriger.«

Nach einer kurzen nachdenklichen Pause wende ich mich an Barbara: »Hast du eigentlich je Arbeitslosengeld gekriegt?«

»Ich hab's gar nicht erst beantragt«, antwortet sie. »Ich habe das eine Zeit lang nach der Schule mal kurz bekommen, nach meinem ersten Job, aber auch nur kurz, und dann war ich ja auch gleich in der Mühle drin – im Programm für arbeitslose Jugendliche und so, was total grausam war.«

»Stimmt, da muss man so Fort- und Weiterbildungen machen, oder?«, fällt Maren ein,

»Ja, das war so ein Auffangkurs …«

»Auffangbecken«, frotzelt Julia, »für sozial Schwache.«

»Ja wirklich, das war grauenvoll!«, sagt Barbara. »Und als mich dann beim dritten Mal jemand beim Arbeitsamt mit Namen begrüßt hat, da dachte ich: Okay, ich will hier nie wieder hin!« – Wir müssen lachen. – »Und auch jetzt – obwohl ich ja letztes Jahr sehr wenig gearbeitet habe; ich habe nur zwei Praktika gemacht, davon eins unbezahlt –, theoretisch hätte ich mich vielleicht irgendwann arbeitslos melden können. Aber dann dachte ich, ich habe ja auch dieses geerbte Geld … Ich wollte das für mich nicht; ich wollte da nicht hinlaufen. Keine Ahnung, ob ich was bekommen hätte; ich hatte es schon vorher in meinem Kopf abgehakt, und letztlich wollte ich es auch nicht haben.«

»Aber dieser Druck war ja schon ganz schön stark bei dir, oder?«, frage ich. »Dass man denkt: Man muss jetzt langsam aber auch wirklich mal wieder was verdienen?«

»Total, den hatte ich ja die ganze Zeit! Ich war zwar schon erleichtert, dass dieses Geld da war, weil ich dachte, mir kann in den nächsten Jahren zumindest nichts ganz Schlimmes passieren, weil ich weiß: Ich habe das und ich kann da ran. Das hat mir schon eine Zeit lang eine gewisse Entspannung verschafft – aber ich habe natürlich permanent ein schlechtes Gewissen gehabt, weil ich dachte: Oh Mann, das ist doch jetzt nicht dafür da, dass ich so davon lebe!«

Maren nickt. »Ja, das ist doof, wenn man das einfach so verbraucht …«

»Ja. Ich habe mir dann zwar auch Sachen gegönnt – dass ich beschlossen habe: So, jetzt kaufe ich mir einen Computer! Und habe auch bewusst diesen Urlaub dann noch mal davon bezahlt – das wollte ich auch, weil ich das davor die ganzen Jahre nicht gemacht hatte. Aber ich dachte schon die ganze Zeit: Mist, ich muss arbeiten; Mist, ich muss Geld verdienen!« – Ich nicke; das kommt mir bekannt vor.

»Und zum Thema Arbeitslosigkeit«, fährt Barbara fort. »Ich habe mich schon die ganze Zeit unter Druck gesetzt gefühlt – habe es aber überhaupt nicht geschafft, meine Situation zu ändern. Ich habe gemerkt, dass mich das belastet hat, nicht zu arbeiten und kein Geld zu verdienen. Weil ich ja offensichtlich meinen Wert daran bemessen habe – und weil es mir wirklich unangenehm war, das zu erzählen. Aber auch nur, weil ich, glaube ich, nicht sagen konnte: ›Ich habe den und den Beruf, ich habe zwar gerade nichts, suche aber das und das.‹ Das wäre noch mal was anderes gewesen, so eine Perspektive entwickeln zu können. Das Problem war eher, dass ich so orientierungslos war.«

Julia lehnt sich nach vorn. »Hattest du eigentlich das Gefühl, dass dir das Geld teilweise auch im Weg gestanden hat, dadurch, dass du auch immer welches hattest und der Druck nicht so groß war, jetzt Gas zu geben?«

Barbara überlegt. »Also, es wäre bestimmt anders gewesen, wenn ich überhaupt kein Geld gehabt hätte – dann hätte ich einfach viel schneller wieder arbeiten müssen. Aber ich war andererseits froh, weil ich dadurch so runtergefahren bin und ...« – »Noch mal zu dir gekommen bist?«, ergänzt Julia.

»Ja, ich hatte viel Zeit, mir Gedanken zu machen. Jetzt bin ich umgekehrt gerade froh, dass ich wieder arbeite, weil ich merke, dass mir die Tätigkeit guttut.«

»So ein Tagesrhythmus ist gar nicht schlecht«, stellt Maren fest.

»Allerdings«, stimme ich zu, »das ist ärgerlich, wenn man die Zeit so verdödelt ...«

Maren nickt. »Und merkt, es haut so gar nichts hin und man kriegt nichts geschafft. So eine leichte Struktur – die muss ja nicht völlig starr sein – ist, glaube ich, schon ganz gut.«

»Vor allem ist man lustigerweise viel produktiver«, sagt auch Julia unter allgemeiner Zustimmung. »Wenn ich arbeite, kriege ich so viel mehr geschafft, als wenn ich frei habe.«

»Ich auch«, sage ich, »wenn ich mehr zu tun habe, kriege ich immer noch alles Mögliche reingequetscht.«

»Ja, genau – wenn man im Tritt und der Kreislauf oben ist, ist man auch voller Tatendrang …« Julia nickt.

»Und wenn man nicht wirklich was zu tun hat, kriegt man nicht mal die paar Sachen unter, die man sich für den Tag vorgenommen hat«, stelle ich fest. »Einkaufen geht dann erst kurz vor Ladenschluss … davon, eine Sprache zu lernen, wollen wir gar nicht reden.«

Julia lacht. »Puh … Ich muss noch einen Brief abschicken …«

»Das baut dann aber auch noch mehr Druck auf!«, sagt Barbara. »Dass man immer denkt, man hat doch jetzt so viel Zeit, man könnte dies machen und das machen – macht dann aber eher gar nichts. Weil dann auch alles nicht das Richtige ist – man ist ja unentspannt, wenn man weiß, man hat jetzt nicht wirklich was geleistet, man kann sich dann auch nichts gönnen. Man ist entspannter, wenn man weiß: Ich habe jetzt was getan, ich kriege mein Geld dafür – jetzt habe ich Zeit, jetzt kann ich was Schönes machen.« Sie überlegt. »Ist eigentlich komisch konditioniert – ist aber wirklich so, merke ich gerade wieder.«

Geld & Liebe

Was passiert, wenn man vom Liebsten finanziell abhängig ist?

Ausbildung, eigenes Einkommen: gut. Ökonomische Abhängigkeit vom Ehemann: schlecht. So kann man die Einstellung unserer Generation zu diesem Thema vielleicht zusammenfassen. Und wir wollen's ja nicht anders. Nur gibt es da noch das alte Familiengründungsproblem – und die Frage, wer zu Hause bleibt, wenn es so weit ist, wird immer noch gerne mit dem Verweis auf unsere Brüste beantwortet.

Aber auch so kommt es schon mal vor: Ein Partner hat mehr Geld, der andere weniger. Was, wenn es nicht mehr darum geht, wer öfter den Kaffee zahlt, sondern um die Miete? Kommt das Thema in verbindlicheren Beziehungen nicht fast zwangsläufig irgendwann auf die Agenda? Und wie gehen wir damit um?

»Ja, das ist für mich immer noch so ein Mysterium …« Anne sieht ratlos aus und zündet sich erst mal eine Zigarette an. »Ich kann dazu eigentlich auch gar nicht mehr sagen, weil die Lösung der Frage sich vermutlich nur in der Praxis erweisen wird.« Sie kratzt sich am Kopf. »Das ist schon eine Sache, die mich wirklich fasziniert, wie andere Leute das lösen. So genau habe ich mich damit noch nicht auseinandergesetzt – weil das ja komischerweise auch ein Thema ist, das man nicht so oft diskutiert. Bei allen meinen Freundinnen, die jetzt Kinder bekommen haben, standen eher die unmittelbaren Schwangerschaftsprobleme – von Übelkeit bis zu postnatalen Depressionen – im Vordergrund. Wie aber letztlich der finanzielle Rahmen geregelt wurde«, sie schüttelt den Kopf, »das haben wir eigentlich selten besprochen.« – Es ist komisch, aber sie hat recht: So schwierig es sein mag, über Sex zu reden – das Thema Geld meidet man noch mehr.

»Ich finde es schon schön, auch selber was beizusteuern«, macht Maren den Anfang der Erfahrungsberichte. »Aber gleichzeitig sehe ich es auch so: Ich bin im Moment fast 24 Stunden zu Hause. Da mache ich ja auch Sachen und ziehe natürlich noch ein Kind groß. Und das zahlt mir keiner. Da bleibt nicht mehr viel Zeit für ich weiß nicht was – obwohl ich da natürlich Sachen tue, die als selbstverständlich nebenher laufend betrachtet werden. Das ist ja ein uraltes Problem: dass es keinen Geldwert hat, wenn du Hausarbeit machst, die Steuern machst, Sachen abheftest und kontrollierst ...«

»Da fällt mir dieser wunderbare Song ein, den ich neulich auf YouTube gehört habe«, freut sich Julia, »*Tausend Frauen,* den muss ich dir mal vorspielen, Maren! Da heißt es«, sie singt: »Ich bin Hausfrau, ich bin Mutter, ich bin Arzt, ich wasche den Waha-gen ... Und so weiter. So ein Schlager – komponiert für die Hausfrau.«

»Ja, da sind wir wieder bei der schönen Frage: ›Und was machst du so?‹« Maren zieht die Augenbrauen hoch. »Ich räume auf, wasche Wäsche, kümmere mich um die Kinder ...«

»Ich leite ein sehr erfolgreiches kleines Familienunternehmen«, ploppt es in mein Gehirn und auch gleich raus.

»Genau. Ich bin jedenfalls froh, auch noch mein eigenes Geld verdient zu haben, und ich finde es gut, sich nicht in eine vollständige Abhängigkeit zu begeben. Wir sind ja doch ein bisschen emanzipiert, das ist ja überholt.«

»Und du hast ja eine Ausbildung«, sage ich, »du könntest ja ...«

»Ja, ich könnte immer irgendwo unterkommen, das ist natürlich schön.« Maren nickt. »Im Moment wüsste ich allerdings nicht, wie ich das hinkriegen sollte. Und ich darf jetzt eh erst mal zwölf Monate Pause machen – wenn man in dieser Zeit Geld dazuverdient, wird einem das andere sowieso wieder gestrichen, super …« – Lachen bei uns. – »Also tut man das dann wohl auch nicht. Ja, das unterstützt nicht gerade die Berufstätigkeit der Frau.«

»Aber Markus und du, ihr habt ja darüber gesprochen und euch geeinigt, dass es so laufen wird, oder?«, vergewissere ich mich.

Maren bejaht. »Ich bin da auch sehr klassisch eingestellt, muss ich sagen, und Markus eigentlich auch. Im Scherz hat er früher immer gesagt: ›Hach, es ist so schön, dass du bald immer zu Hause bist, wenn ich heimkomme!‹ Da dachte ich auch, na toll … Aber im Grunde mögen wir es beide so, wie es ist. Markus ist auch keiner, der sagt: ›Mein Gott, ich halte die ganze Zeit die Frau aus!‹«

»Es hilft wahrscheinlich, wenn der andere es einen nicht so spüren lässt«, vermute ich. »Gibt's ja auch.«

»Wenn einem jemand gegenübersitzt, der jeden Euro notiert …« Anne macht ein angewidertes Gesicht. »Ja, schrecklich!«

Maren nickt. »Wenn ich das manchmal höre, da gibt es verheiratete Paare, und der Mann schenkt seiner Frau zu jedem Geburtstag ein Jahr mietfrei Wohnen.«

Ein vierstimmiges entsetztes »*Waaas*?!«, schockierte Pause, dann fassungsloses Hohoho-Gelächter. »Wie romantisch!« Wir ringen noch eine Weile um Fassung. »Das meine ich mit Spürenlassen«, bemerke ich dann. Anne nickt. »Der Gönner … Grässlich! Da würde ich durchdrehen!«

Maren freut sich über unsere Anteilnahme. »Und Markus witzelt dann immer: ›Na, du weißt ja, was du von mir zum Geburtstag kriegst …‹« Sie lacht. »Bei so was denke ich immer, das kann doch nicht wahr sein! Das verstehe ich nicht unter einer Beziehung. Obwohl es natürlich ein sehr nützliches Geschenk ist, das kann man nicht abstreiten.« – Wir kichern sofort wieder los. – »Nein«, winkt Maren ab. »Wir haben ein Gemeinschaftskonto, wir teilen alles, und wir entscheiden gemeinsam über unser Geld.

Und wir haben auch keine getrennten Hausstände und werden auch später mal nichts mehr auseinanderklamüsern können, weil wir einfach mit Haut und Haaren in dieser Beziehung stecken. Wir sind eins, was finanzielle Dinge angeht, egal wer das Geld nach Hause bringt. – Gut, würde ich das jetzt tun, dann wäre es für Markus wahrscheinlich nicht so einfach.« Sie lacht. »Aber Markus wird eh immer mehr Geld verdienen können als ich. Und ich komme damit klar, und ich glaube auch nicht, dass Markus das Gefühl hat, er würde mich aushalten. – Abgesehen davon«, fügt sie hinzu, »würde er, wenn er mich nicht hätte, viel mehr Geld ausgeben, weil er eigentlich ganz schön verschwenderisch ist. Er ist zum Beispiel der Mittagesser. Und ich sortiere dann die Rechnungen ein« – sie macht sich selbst nach: »›Oh, Schatz, fünf Mal diese Woche? Das wird jetzt aber mal wieder gestrichen, das ist zu teuer.‹ – Ich bin da die Finanzbuchhalterin, und ich kaufe auch Schnäppchen ein. Da bin ich wie meine Mutter. – Fertig!« Maren klatscht in die Hände und lässt sich zurück in den Sessel fallen.

Ich bin nicht schlecht beeindruckt ob dieser alle Aspekte abdeckenden Antwort und muss mich einen Moment sammeln, bevor ich erkläre: »Ich fand diese Frage ja unter anderem interessant, weil die Situation für mich gerade so neu ist – diese finanzielle Abhängigkeit von Basti. Na ja, noch ist es ja so«, schränke ich ein, »dass er mir Schulden zurückzahlt. Ich habe ihm ja vorher auch ausgeholfen. Insofern ist es nicht so schlimm. Aber ich muss sagen, als er diesen großen Job gekriegt hat, habe ich allen Ernstes angefangen zu heulen … Ich war überrascht, wie sehr mir das zu schaffen gemacht hat, dass ich da nicht mithalten konnte. Ich dachte sofort: Tja, vielleicht war ich die Freundin für die schlechten Zeiten – wenn jetzt nicht bald was passiert, dann werde ich wohl bald abgeschossen. Da kamen echt Egoprobleme hoch; ich kam mir vor wie ein Sechzigerjahre-Mann, der totale Angst hat, dass seine Frau zu unabhängig wird und ihr am liebsten den Job kündigen würde.« Die anderen schmunzeln sachte über den Vergleich. Ich fahre fort: »Dann habe ich ihn drei Tage lang vollgeheult – und Basti, gewohnt hilfreich, meinte immer nur relativ trocken: ›Na ja, was soll ich dazu sagen? Ich hab nicht vor, dich zu verlassen.‹« Ich muss lachen. »Ich fand es jedenfalls ganz interessant, dass es für mich total selbstverständlich war, ihm auszuhelfen – aber der umgekehrte Fall in meinem Kopf gar nicht als Option angelegt war. Daran habe ich echt geknabbert. Nach langen Gesprächen war es dann okay – aber erst jetzt, und nach wie vor versuche ich trotzdem alles, um da wieder rauszukommen. Ich fand das nicht so einfach – aber vielleicht auch nur, weil es so neu ist, dass Basti Geld verdient.«

»Aber es löst doch auch viele Probleme«, wendet Anne ein.

»Klar«, sage ich, »aber ich hatte nie das Gefühl – und das ist vielleicht auch bezeichnend für unsere Generation, dass der Gedanke nicht mehr so selbstverständlich ist: ›Hurra, jetzt sind wir sorgenfrei!‹ Mein Gedanke war eher: *Er* ist jetzt finanziell sorgenfrei; ich habe das überhaupt nicht auf mich bezogen. Und das nach immerhin sechs Jahren und mit zumindest groben Plänen, dass man doch eine Zukunft zusammen haben möchte. Das fand ich erstaunlich, weil doch eigentlich klar ist – gerade in unseren Berufen, aber heutzutage letztlich auch in allen Berufen –, dass man nicht mehr irgendwann den einen festen Job hat, womit man dann für immer safe ist. Sodass, wenn man denn zusammenbleiben möchte, diese Situation auf jeden Fall jederzeit drin ist, dass mal einer vom anderen abhängig ist.« Ich überlege, ob ich mich verständlich ausgedrückt habe. »Was ich meine, ist: Ich fand das eine interessante Entwicklung in dieser ganzen Debatte um die Geschlechtergleichheit. Einerseits dieses klassische Modell – und plötzlich denke ich völlig entsetzt: Wie?! Ich verdiene nicht mehr mehr als du? Und breche gleich in Tränen aus ...« – Die anderen lachen. Maren wirft mir auf die Geschichte fürsorglich einen Schokoriegel zu.

»Also, ich teile sehr gerne mein Geld«, fängt Julia an, und ich unterbreche, um nicht vorzugreifen. »Ich weiß, das ist die häufigere Situation für dich, aber umgekehrt?«

Julia legt den Kopf schief. »Ich weiß nicht. Wenn es andersrum wäre und ich das Gefühl hätte, da bezahlt jemand permanent für mich – dann würde ich das, glaube ich, immer ein bisschen komisch finden. Aber es kommt ja auch auf die Situation an: Wenn ich keine Lust habe oder zu faul bin, mich selber aufzuraffen, dann finde ich es doof. Aber wenn ich gerade eine riesige Krise habe oder krank bin und mich dann jemand«, sie deutet Anführungszeichen an, »›durchfüttert‹ – dann finde ich das natürlich extrem toll.«

»Ich glaube, für einen befristeten Zeitraum hätte ich keine Egoprobleme, unterstützt zu werden«, stimmt Anne zu. »Aber für mich steht schon fest, dass ich immer mein eigenes Geld verdienen will.« Ihr Blick besagt irgendwas zwischen Neugier und Skepsis. »Der Aspekt einer fortgeschrittenen Beziehung ist mir tatsächlich noch ein Rätsel: Wie ist das später, wie einigt man sich da? Ich hätte immer ein schlechtes Gewissen, wenn ich Geld ausgebe, das genaugenommen nicht mir gehört. Vielleicht hat man sich einen mit Großzügigkeit gesegneten Milliardär an Land gezogen – aber meist ja nicht. Das ist für mich unvorstellbar.«

»Och, wenn ich einen Partner hätte, der Geld wie Heu hat und das vielleicht auch noch mit etwas verdient, was er gerne tut«, meint Julia, »dann ist das auch noch was anderes, als wenn ich das Gefühl hätte, jemand legt sich krumm für mich. Aber wenn jemand einfach so viel Geld verdient und er das dann mit mir teilt, dann würde ich mich darüber natürlich freuen.« Sie steht auf und gießt sich Wasser nach. »Ich finde es auch beispielsweise schön, dass Jan darauf bedacht ist, dass wir uns die Waage halten. Das ist schon angenehm, dass er, auch wenn er nicht viel verdient, sein Einkommen beisteuert.« Sie setzt sich wieder. »Ansonsten ist alles von mir zu dieser Frage ja sehr hypothetisch.« – Ich nicke. Bei Julia laufen die Dinge bisher eher umgekehrt. »Und du?«, wende ich mich an Barbara.

»Ich habe das ja so auch noch nie gehabt«, schickt sie voraus und denkt einen Augenblick nach. »Ich habe jedenfalls kein Problem damit, wenn mich mal jemand zu etwas einlädt. Aber ich kann mir auch nicht vorstellen, mich – ja, *aushalten* zu lassen.« Sie fasst das Wort quasi mit spitzen Fingern an. »Im Sinne von: davon ausgehen, dass ich nichts tun muss, und der andere zahlt einfach alles. So eine Partnerschaft: Der eine hat Geld und der andere nicht.«

»Och, ich weiß nicht«, wendet Julia ein. »Nehmen wir mal an, Jan würde jetzt richtig Asche verdienen und wir kriegen vielleicht ein Kind … Da würde ich nicht sagen: ›Ich muss aber jetzt arbeiten!‹«

»Das ist was anderes!«, findet Barbara.

»Eigentlich ist es aber ja nichts anderes!«, entgegnet Julia. »Wenn es immer heißt: Die ist ja ›nur‹ Hausfrau, diese Sprüche hört man ja manchmal …« – Maren nickt wissend – »… das ›nur‹ finde ich Quatsch, und außerdem würde mir das auch gefallen. Mich beschäftigen kann ich auch so, dafür muss ich nicht unbedingt arbeiten gehen. Ich glaube, man kann auch viele schöne Dinge machen. Na ja, und wenn es dann nicht reicht …« Sie überlegt. »Ich glaube, in der heutigen Zeit muss man eh ganz schön flexibel sein und sich jeweils der Situation anpassen.« Das trifft es ziemlich gut, finde ich. Julia tagträumt gelegentlich von einem Hausfrauendasein – aber wenn das Geld nun mal nicht reicht, schmeißt sie den Laden auch ganz pragmatisch selbst. »Es ist mir sowieso ein völliges Rätsel, wie bei all den Ausgaben, die man so hat, eine Person alleine eine komplette Familie ernähren soll«, sagt sie jetzt. »Da muss man schon richtig dick verdienen.« – Erneut allgemeine Zustimmung zu dieser Feststellung.

»Gut, aber dafür sind wir auch ein Sozialstaat«, wendet Maren ein. Anne nickt vorsichtig. »Klar leben wir immer noch in einem Staat, der einem zumindest zu einem geringen Teil noch ein Back-up gibt. Aber ich glaube, wir müssen uns vom Sozialstaat mehr und mehr verabschieden.«

»Also, was du als Familie als Unterstützung kriegst, das ist schon immens«, meint Maren. – »Ja?«, frage ich überrascht. – »Na ja, nicht immens, aber es ist schon einiges. Wenn man bedenkt, dass jeder, egal ob reich oder arm, Kindergeld bekommt, unabhängig davon, wie viel man sonst verdient …«, sie überschlägt im Kopf, »du kriegst, ich weiß nicht, 174 Euro im Monat dafür, dass du ein Kind geboren hast. Und das so lange, bis es seine erste Ausbildung abgeschlossen hat.«

»Aber deckt das denn die Kosten?«, frage ich. »Gut, bei Peter im Moment …« Ich lache, Maren auch. »Aber warum kriegen reiche Leute da auch noch Geld?«, fragt sie dann. »Die brauchen das doch eigentlich nicht.«

»Hm, das Elterngeld sollte doch noch ein Anreiz sein, Kinder zu kriegen«, entsinne ich mich. »Für die richtigen Leute, also Gutverdiener. Ich glaube, das wollen sie ganz gerne so haben.«

»Ja, wahrscheinlich«, sagt Maren. »Ich finde das immens. Also, Elterngeld ist Wahnsinn! Da kriege ich jetzt mehr als früher – mein 400-Euro-Job stinkt dagegen ganz schön ab. Das finde ich krass, dass das noch so unterstützt wird: Wenn du ein Jahr lang ordentlich verdient hast, kannst du zwölf Monate zu Hause bleiben und wirst dabei vom Staat unterstützt. Und danach kriegst du auch noch Geld für die Betreuung der Kinder, ich weiß nicht, wie lange …«

»Ich weiß nicht«, wendet Barbara ein, »bei einer Freundin von mir war es schon relativ knapp!«

»Voraussetzung ist ja, man hat einen qualifizierten Job«, sagt Julia. »Vorher gehabt.«

»Ja, aus dem man dann aussteigen muss!«, sage ich. »Das heißt, man muss Kinder kriegen, wenn gerade alles super läuft. Tss …« Ich schüttle den Kopf. »Aber noch mal zurück: Man muss sich ja in diesem Fall natürlich einigen, wer pausiert! Da wüsste ich jetzt nicht …«

»Na ja«, sagt Maren, »wenn du mal die Hauptverdienerin warst … Ich wusste zum Beispiel schon von Anfang an, dass ich niemals in die Situation kommen werde, auch nur annähernd so viel zu verdienen wie Markus – insofern war es bei uns einfach schon immer klar.« Sie lacht.

»Ja – jemanden zu haben, der immer mehr verdient«, werfe ich in die Runde, »fändet ihr das schwierig?«

»Fände ich, glaube ich, nicht so schlimm«, sagt Barbara. »Obwohl – wenn es ein Riesenunterschied wäre, weiß ich nicht …« Sie überlegt. »Was ich total unangenehm fände – noch mal zu dieser Abhängigkeit –, wäre, wenn ich das Gefühl hätte, der andere gibt zwar etwas, aber will es eigentlich nicht. So Almosen …« Sie schaudert. »Wenn man was von jemand anderem annimmt, dann nur, wenn man merkt, dass das auch gerne getan wird. Ich würde auch ungern um so was bitten. Wenn es von alleine kommt oder wenn es einfach so abgesprochen ist, dann ist es ja gut. Aber ich wäre ungerne abhängig und müsste darum bitten.«

»Ich frage mich auch«, sagt Anne, »ob Männer sich in Beziehungen eigentlich dieselben Gedanken machen. Komischerweise ist das ja ein Punkt, über den mit am wenigsten gesprochen wird. Da kommt vielleicht mal die hypothetische Frage nach einer Schwangerschaft: Oh Gott, was wäre, wenn … und wäre man prinzipiell pro oder kontra Kind – das ist so der eine Schritt. Aber wie das dann finanziell gelöst wird – das ist, glaube ich, ein Thema, vor dem alle ganz schön Angst haben.«

»Ja«, sage ich, »interessant, dass wir doch so aufgewachsen sind, dass es da kein selbstverständliches Modell gibt. Ich nehme an, dass man sich in der Realität halt irgendwie absprechen muss – und dann, wenn der eine beruflich doch zurücksteckt, der andere entsprechend halt eine Weile mitbezahlen muss.«

Anne nickt. »Ja – wobei andersrum ich das Problem lustigerweise gar nicht so habe …«

»Super«, unterbreche ich, »dann geht's weiter mit dem umgekehrten Fall.«

DIE 21. FRAGE

Die moderne Frau

Können wir die Ernährerinnen sein?

ANNE MACHT DEN ANFANG UND SETZT IHREN GEDANKENGANG FORT. »Ich, obwohl ich auch nicht so viel Geld habe und auch immer eher über meine Verhältnisse lebe, teile das, was ich habe, total gerne. Wenn Nick und ich gemeinsam irgendwo hingehen, macht es mir nichts aus zu zahlen. Wohl wissend aber«, betont sie, »dass es genauso auch zurückkommt. Irgendwie funktioniert dieses Modell bei uns, finde ich, ganz gut, dass jeder immer versucht, das zu zahlen, was er kann und wie er es halt gerade hat. – So wie du das aber gemacht hast«, wendet sie sich mir zu, »wo dann über Monate der Bogen immer weiter gespannt wird – das finde ich ganz beachtlich. Weil du das mit einer Ruhe gemacht hast, wo ich, glaube ich, schon lange durchgedreht wäre. Das ist ja auch gerne mal der Nährboden für die größten Konflikte: Wenn man den anderen so durchfüttert und dabei das Gefühl hat, der initiiert aber nicht genug selbst, der könnte mehr machen … Da verfällt man ja leicht mal automatisch in so eine Nörglerrolle.«

»Kann passieren«, stimme ich zu. »Es ist aus irgendeinem Grund nicht passiert, aber wieso?«, frage ich mich selbst. »Ich glaube, weil Basti sowohl in meiner als auch in seiner eigenen Wahrnehmung ganz gute Chancen hatte, die dann durch Pech nichts geworden sind. Ich hatte nie das Gefühl, dass er sich zurücklehnt oder dass ihm das nicht auch bewusst gewesen wäre, dass ich da gerade mehr gebe. Das war sehr klar – und ich fand, wenn überhaupt, nur blöd, dass insgesamt wenig Geld da war. Aber nicht das Teilen. – Ich weiß nicht, wie ist das bei euch?«, wende ich mich an die anderen. »Könnt ihr euch das vorstellen? Glaubt ihr, es gäbe auf der anderen Seite Egoprobleme? – Jule sagte ja eben schon, dass sie gerne teilt.«

»Ja, ich teile gerne, aber das heißt ja nicht, dass es meinem Partner deswegen gut geht«, sagt Julia. »In diesem Fall ist Jan, glaube ich, schon froh, dass er seinen Teil einbringt und sich das so ein bisschen die Waage hält ... Er hat sich das natürlich auch ein bisschen so ausgesucht. Ihm ist extrem wichtig, dass er das, was er macht, gerne macht und dass er Zeit für sich und zum Musikmachen hat. Er hat sich das eben so eingerichtet – und nimmt dafür klar in Kauf, dass er nicht so viel verdient. Ich kann ja hier nicht für ihn sprechen«, schiebt sie ein, »aber ich nehme an, dass er sich zwar sicherlich freuen würde, wenn er mit seiner Arbeit mehr Geld verdienen würde – er hat ja nichts gegen Geld, sondern freut sich über Gelegenheiten, wo er mal einen Schwung einkassieren kann, weil er auch gerne großzügig lebt. Aber es ist nicht so, dass er sich dafür ein Bein ausreißt. Er setzt sich auch nicht unter Druck, mit Musik Geld zu verdienen; es ist insgesamt nicht das angestrebte Ziel, Geld zu haben. – Was ich dabei ganz lustig finde, ist, dass es zwischen uns manchmal so ein Telefonat gibt: ›Jan, ich hab ein Jobangebot bekommen.‹ – ›Und, hast du's angenommen?‹ – ›Nee, ich hab abgesagt.‹ – ›Ach, gut!‹« Sie lacht. »Bevor ich zu viel arbeite, denkt er halt – weniger ist mehr. Das finde ich eigentlich auch. Klar ist es wichtig, über die Runden zu kommen. Aber ich finde es gut, dass er mich darin bestärkt, auch mal weniger zu verdienen – on top of sein Weniger-Verdienen. Das mag ich.« Sie gluckst ein bisschen. »Er hat ja auch eigentlich eine sehr buddhistische Einstellung und mag es reduziert«, sagt sie dann ernster. »Das finde ich ebenfalls schön; ich mag ihn ja genau so, wie er ist. Er wäre ein anderer Mensch, wenn es anders wäre.«

»Klar, man kriegt immer das Gesamtpaket«, wiederhole ich unsere frühere Erkenntnis. »Ich finde es interessant: Basti hatte schon leichte Egoprobleme in dieser Sache – nein, vielleicht ist ›Egoproblem‹ nicht das richtige Wort«, korrigiere ich mich. »Es ging nicht darum, dass er mich nicht ernähren kann oder so. Aber es war anfangs schon nicht einfach für ihn, immer zu sagen: ›Du musst mir bitte noch was leihen.‹ Da schwang natürlich auch die Verzweiflung über den ständigen Misserfolg mit und das ewige Kurz-Davor hat auch gezehrt. – Lustigerweise haben wir das tatsächlich immer noch so getrennt gehalten: Alles, was ich ihm gegeben habe, war nominell ›geliehen‹, statt dass wir einfach zusammengeschmissen hätten. Und er zahlt mir das jetzt nach und nach zurück – weswegen ich das Jahr überhaupt bis hierhin überlebt habe.«

»Kredit in den Freund investiert«, bemerkt Anne belustigt.

»Ja!«, triumphiere ich, »und meine Rechnung ist aufgegangen! Da bin ich allerdings wirklich froh. Gar nicht so sehr wegen der Finanzen – aber sich irgendwann ein Scheitern einzugestehen, wäre schon richtig schlimm für ihn gewesen. Und davor hatte ich schon etwas Angst: davor, mit einem unglücklichen Menschen zusammen zu sein.« – Verständnisvolles Nicken. – »Und klar, auch familienplanungstechnisch kann es jetzt entspannter losgehen«, füge ich hinzu. »Ich fand es interessant – und ehrlich gesagt in letzter Konsequenz, glaube ich, auch ganz gut, dass Basti eine Zeit lang gesagt hat, es wäre für ihn eine Katastrophe, wenn ich jetzt schwanger würde, weil er dann überhaupt nichts …« Ich suche nach Worten. Anne hilft aus: »… der Familie bieten kann?«

»Richtig«, sage ich, »weil er – so sagte er – seinen Egotrip nicht auf dem Rücken seiner Kinder austragen will und deshalb das Gefühl hätte, dass er sich dann auf der Stelle einen Job suchen müsste, mit dem man eine Familie zuverlässiger finanzieren kann. Und ich fand eigentlich nie, dass es so sein müsste, dass er dann den Ernährer geben muss, aber ich fand das Verantwortungsgefühl, das dahintersteht, ganz beruhigend. Dass ich nicht den Eindruck hatte, er schießt einfach mal so in die Gegend und macht sich hinterher die Gedanken.«

»Ja.« Anne nickt. »Ja, das kann ich verstehen.«

»Okay«, stimmt Julia zu, »das ist auch etwas, wovor Jan schon Angst hätte, wenn wir jetzt Kinder kriegen würden – wie das geldmäßig klappt, weil er halt auch nicht viel verdient. Aber andererseits haben wir beide entschieden: ›Ach, das kriegen wir irgendwie hin. Das wäre doch gelacht!‹« Sie hält inne. »Ja, ich weiß schon, dass ihm das Sorgen machen würde. Aber einen Weg gibt es immer, auch wenn man das jetzt noch nicht so genau planen kann. Glaube ich«, schiebt sie nach, »ich bin da immer so blauäugig – bin aber bisher auch immer ganz gut damit gefahren. Man soll erst schreien, wenn's brennt, hm?« Sie hebt die Schultern.

»Und bei euch«, wende ich mich an Maren, »ihr habt ja jetzt vereinbart, dass es so rum läuft. Meinst du, dass Markus Schwierigkeiten hätte, wenn es andersrum wäre? – Gut, das ist sehr hypothetisch«, räume ich gleich ein. Maren antwortet trotzdem geduldig. »Ich glaube, dass wir da einfach sehr klassisch sind. Auch Markus. Ich kann mir schon vorstellen, dass er damit sehr unzufrieden wäre. Und ich weiß auch nicht, wie das gehen sollte«, sie lacht, »ehrlich gesagt, habe ich ihn das noch nie gefragt. Die Vorstellung ist im Moment einfach abstrus. Außerdem – die Vorstellung, er zu Hause mit dem Kind und den Steuern …« Sie guckt skeptisch und winkt dann energisch ab. »Nee: Es ist schon alles ganz gut so, wie es ist.«

Ich muss lachen; an Barbara gewandt vermute ich dann: »Du hast dir auch nicht die Ernährerinnen-Rolle vorgestellt, oder?«

»Nee«, bestätigt sie. »Ich hatte das ja mit Simon.« – Ein allgemeines »Ach ja!« und »Oh Gott!« setzt ein. – »Da war ich diejenige, die mehr beigesteuert hat«, fährt Barbara fort. »Und ich habe gemerkt, dass mir das ganz schön schwergefallen ist, was aber auch daran lag, wie er damit umgegangen ist.« – »Absolut!«, hagelt es wiederum; Simon hätte die Geduld jedes normalen Menschen überstrapaziert. – »Es wäre mir bestimmt leichter gefallen, wenn er mich gebeten hätte: ›Mensch, tut mir leid, ich gebe mir Mühe, aber es klappt gerade nicht, und ich hab nicht so viel Geld – kannst du mir bitte aushelfen?‹ Dann hätte ich es bestimmt ganz gerne gemacht. Obwohl ich, was Teilen angeht ... ich lade auch mal gerne jemanden ein, weil es gerade schön ist, aber ich bin nicht unbedingt jemand, der für andere Leute die ganze Zeit Geld rausschmeißt.«

»Ich finde dich extrem großzügig«, widerspricht Julia.

»Finde ich ja überhaupt nicht.« Barbara lacht. »Also, wenn ich etwas haben will, dann will ich das auch für mich haben. – Klar, ich mache das auch als Geste, weil es einfach nett ist. Aber nur in einem bestimmten Rahmen. Wenn ich mir vorstelle, dass ich die ganze Zeit arbeiten gehe und der andere liegt zu Hause und rührt keinen Finger, dann wäre ich nicht unbedingt bereit, mein ganzes Geld da abzugeben oder andere freizügig mitzufinanzieren.«

»Aber nichts anderes hast du bei Simon doch gemacht!«, entgegnet Julia. »Er ist saufen gegangen, und du hast die Miete bezahlt.«

Barbara zieht die Augenbrauen hoch. »Ja, das war ja auch das Problem, hm?«

»Aber zum Beispiel jemand wie Maren«, frage ich, »der zu Hause dann entsprechend die anderen Aufgaben übernimmt, oder jemand, bei dem es einfach nicht so klappt?«

»Wenn man das Gefühl hat, dass sich das irgendwie ausgleicht – auf welche Weise auch immer – und es auf irgendeiner Art von Gleichberechtigung beruht, dann ja!«, sagt Barbara. »Aber nicht wie Simon, der einfach überhaupt nichts dafür tut, der noch nicht mal sagt: ›Tut mir leid‹ oder ›Ich weiß das zu schätzen‹ ...«

Julia schnaubt. »Der fragt ja auch noch nicht mal: ›Kannst du mir was leihen?‹ – Der bezahlt ja einfach nur nicht!«

»Genau! Der hat es einfach immer komplett unter den Tisch fallen lassen und es als völlig selbstverständlich hingenommen, dass alle um ihn rum ihm immer den Arsch retten!« Ein kleines Barbara-Lachen über die Unglaublichkeit der Dinge. »Und das fand ich richtig scheiße!«

»War es ja auch«, sage ich, »das kann man mal so stehen lassen. Ganz objektiv.«

»Sobald ich das Gefühl habe, dass jemand das ausnutzt, finde ich es richtig scheiße«, resümiert Barbara. »Und wenn es auf Gegenseitigkeit und Nettigkeit beruht und man das gerne geben möchte, finde ich es natürlich gut. So.«

»Genau«, sagt Anne, »unter den richtigen Umständen hätte ich auch überhaupt kein Problem damit, jemanden streckenweise durchzufüttern. Und wenn man das Projekt Familie gemeinsam angeht, dann ist es irgendwann ja unvermeidbar, dass der eine den anderen unterstützen muss. Aber ja – es ist schon irgendwie ...« Ein bisschen skeptisch ist der Tonfall immer noch.

»Es ist wahrscheinlich einfach wichtig, dass beide darauf achten und beide ein Bewusstsein dafür haben, was sie – und dass sie überhaupt irgendwas – in die Beziehung reingeben«, versuche ich, eine Zusammenfassung zu formulieren.

Barbara nickt. »Ja, wenn man das als selbstverständlich hinnimmt ...«

»Oder es sogar aggressiv einfordert«, ergänze ich. »Als würde es einem zustehen. Ich fand es bei uns auch immer wichtig, dass beide wissen, dass der andere auch merkt, was man tut. Dass ich weiß: Ich gebe das jetzt, Basti sieht das aber auch. Und ich weiß wiederum, er würde das umgekehrt genauso tun. Oder tut es dann eben.«

»Ja«, sagt Barbara. »Das ist wahrscheinlich eine wichtige Voraussetzung.«

DIE 22. FRAGE

Prioritäten

Was tun wir, wenn Job und Beziehung konkurrieren?

WENN DER JOB EINE RÄUMLICHE TRENNUNG ERFORDERT oder andere Opfer abverlangt – wie setzen wir die Prioritäten?

Julia, durch häufige jobbedingte Abwesenheit erfahren in der Frage, legt sofort los: »Also, wenn ich einen Job toll finde und ihn gerne machen möchte, der dann aber erst mal Nachteile für unsere Beziehung hat, weil man sich vielleicht weniger sieht – so ist es ja bei mir fast immer –, dann bespreche ich schon mit Jan, ob er das in Ordnung findet oder nicht. Und wenn er das richtig blöd findet, dann reden wir entweder sehr lange drüber und klären das – oder ich würde den Job dann unter Umständen auch absagen. Weil es mir das nicht wert ist. Ich habe ja mit diesem Film in Asien die Beziehung schon ganz schön belastet – nicht so sehr, weil ich so lange weg war, sondern auch, weil ich hinterher so fertig war. Das war eine harte Zeit. Auch währenddessen, als man sich drei Monate lang gar nicht gesehen hat und auch in meinem Kopf für ihn überhaupt kein Platz mehr war, weil ich fast zwanzig Stunden am Tag gearbeitet habe.« Sie schüttelt sich. »Das möchte ich so nicht mehr. Und darum versuche ich jetzt schon, eher Jobs anzunehmen, wo man sich zumindest am Wochenende mal sieht. Oder jetzt – da drehe ich auf Sylt. Da habe ich gefragt: ›Sylt, was meinste?‹ Und er meinte: ›Sylt ist doch super, da komme ich, wenn ich Zeit hab, einfach mal zwei Wochen mit.‹ Also alles cool – aber ich mag so was schon gerne absprechen. Da ist mir die Beziehung doch wichtiger.« – Nicken in der Runde, bevor Julia präzisiert: »Ich möchte niemandem im Weg stehen, und ich will auch nicht, dass Jan mir im Weg steht. Und wenn es jetzt etwas gibt, wo es für ein paar Wochen eine blöde Zeit wird, aber für meinen Job wäre das wichtig – dann weiß ich auch, dass er mich da nicht abhalten wird. Er meldet dann vielleicht Bedenken an, aber sagt letztendlich: Das musst du entscheiden. Und ich entscheide dann – aber dabei rechne ich ihn auch mit ein. So. Und andersrum sehe ich das genauso.«

»Hm, wahrscheinlich halten wir es da alle irgendwie ähnlich«, vermute ich.

»Sollte man auch, oder?«, bemerkt Maren.

»Sollte man«, stimmt Julia zu. »So Alleingänge finde ich idiotisch – so kann man keine Beziehung führen. Aber dann würde man wohl auch keine Beziehung führen, weil man es dann auf anderen Ebenen wahrscheinlich ähnlich machen würde, und dann klappt es ja eh nicht.«

»Klar«, sagt Anne, »da würde ich total zustimmen. Es ist halt immer noch eine Partnerschaft, und da ist es eben wichtig, dass man sich gegenseitig den Rücken stärkt und so was kommuniziert. – Ja«, nickt sie bekräftigend. »Ich würde, glaube ich, meinen Job auch keineswegs über die Beziehung stellen … und auch eine Long-Distance-Kiste würde ich, denke ich, nur befristet mitmachen.«

»Ich muss sagen, ich könnte es auch nicht«, sagt Maren. »Ich fand fünf Wochen schon …« Sie schüttelt den Kopf. »Horror.«

»Ach«, sagt Anne erstaunt. »Das ist interessant. In meiner Vorstellung ist es immer so, dass ich – vielleicht auch fälschlicherweise – glaube, wenn man länger zusammen ist, ist so eine Vier- oder Sechswochentrennung nicht mehr so groß. Weil man dann die Gewissheit hat, man ist einander zugehörig. Aber wahrscheinlich«, relativiert sie, »ist das eine Illusion.«

»Ja.« Maren nickt. »Ich war vor meiner Spanischprüfung noch mal fünf Wochen in Spanien. Und das ist für uns beide nix. Dieser Zeitraum war auch echt die Obergrenze, da dachte ich am Ende schon immer nur: Zurück, zurück, zurück! Und dann komme ich nach Hause und sehe, dass mein armer Mann sich mit der Kinderzahnpasta seiner Tochter die Zähne putzt, weil er es nicht schafft einzukaufen.« Sie lacht. »Mit Erdbeerzahnpasta, muss man dazu sagen!« – »Iih!« Wir lachen etwas angewidert. – »Und ich meinte: ›O Gott, wie verzweifelt musst du gewesen sein!‹«, ergänzt Maren.

»Immerhin hatte er noch Klopapier«, merkt Julia an.

»Nein«, muss Maren sie enttäuschen. »Nur noch Küchenrolle, und die Taschentücher waren auch schon fast alle.«

Julia lacht. »Also, bei Klopapier hört der Spaß auf!«

»Aber mal abgesehen von solchen praktischen Dingen«, meldet sich Anne wieder, »ist es nicht so, dass, wenn man mit dem anderen die Wohnung teilt, dann immer noch eine gewisse Nähe da ist? Dass auch, wenn die Person gerade selbst nicht gegenwärtig ist, sie irgendwie doch da ist? Das ist aber vielleicht«, rudert sie wieder zurück, »eine Illusion, die ich habe, dass sich mit dem Zusammenwohnen ein ganz anderes Gefühl einstellt.«

»Hm.« Ich überlege. »Das mag im Großen und Ganzen stimmen – aber in dem Moment, wo der andere länger weg ist, merkt man die Leere dann ja eher noch mehr.«

»Ja.« Anne nickt. »Aber ist es dann nicht gerade so«, kommt sie nach kurzem Nachdenken mit einer neuen Idee, »wie ich das von anderen Leuten kenne: dass sie dann gerade in die Hände klatschen und sagen: ›Cool! Endlich mal sturmfreie Bude!‹«

»Ja!«, bestätige ich sofort. »Finde ich auch super, für ein paar Tage – dann nehme ich den Rechner mit ins Bett und haufenweise Bücher, bis es aussieht wie die Staatsbibliothek, und es stellt sich ein ganz anderer Rhythmus ein, weil ich bis spät nachts arbeite ... Basti ist umgekehrt auch mal froh, die Wohnung für sich alleine zu haben. Alles für kurze Zeit – vier Wochen sind dann schon mal etwas mehr, und das kann schon ein doofes Gefühl sein, je nachdem.« Ich rekapituliere unsere bisherigen Phasen der räumlichen Trennung. »Bei uns ist es mal so, mal so gelaufen. Als ich letztes Jahr häufiger in Palästina war – mal vier Wochen, mal zwei, mal drei –, war eigentlich alles gut, selbst wenn ich ihn manchmal vermisst habe. Für Basti war es vielleicht sogar ein bisschen blöder – gegen Ende meinte er, jetzt sei es aber auch genug. Aber das ist es wahrscheinlich immer für den, der zurückbleibt. Man selbst ist ja schön beschäftigt.«

»Und es ist ja auch alles neu und aufregend«, fügt Maren hinzu, »dauernd passiert was, man erlebt viel, und es ist nicht so wie zu Hause, wo man immer im selben Bett schläft und ungefähr weiß, was jeden Tag passiert.«

Ich nicke. »Umgekehrt war es wirklich schrecklich«, führe ich das Gegenbeispiel an, »als Basti diesen Traumjob in Düsseldorf hatte und drei Monate dort war. Da hat es überhaupt nicht geklappt, gut in Kontakt zu bleiben, und wir wurden uns so krass fremd. Das würde ich nicht mehr wollen. Andererseits war es der erste Erfolg nach sehr langer Zeit, und das hätte ich ihm auf keinen Fall – na ja, ich weiß nicht«, unterbreche ich mich, »was gewesen wäre, hätte ich geahnt, wie das Ganze ausartet ... Aber nein«, bekräftige ich dann doch, »ich hätte ihm das unter keinen Umständen ausreden können oder wollen. Und ich würde es auch weiterhin nicht tun. – Ich glaube, es ist einfach ein Grundsatz; unsere Beziehung lebt auch von enorm großer Offenheit und großem Verständnis für so was. Vielleicht auch, weil wir beide in dieser Freiberuflersituation sind und beide ziemliche Durststrecken hatten. Sodass wir wissen: Wenn ein wichtiger Auftrag oder eine tolle Arbeit kommt, dann müssen wir das jeweils auch machen. Und da ist es eher eine Frage der Gestaltung, würde ich sagen – mittlerweile achten wir viel mehr darauf, in Kontakt zu bleiben, und wir bemühen uns sehr, dass unser Verhältnis so wenig wie möglich in Mitleidenschaft gezogen wird.«

Anne nickt. »Ja, da muss man dann wohl Wege finden, um diese Nähelosigkeit durch andere Sachen zu füllen, sei es durch Telefonate oder Briefe oder so. Aber ich finde es schon ganz wichtig, dass es dann eine andere Form von Input gibt!« – Ich stimme entschieden zu. – »Einfach gesagt in der Theorie«, schiebt Anne nach.

»Oder ob der andere mitkommen kann oder mal zu Besuch kommt ...«, überlege ich weiter. »Dass man das dann eben mit einplant und mehr aufeinander achtet – da hätte ich beim nächsten Mal größere Erwartungen, und das würde ich auch selbst tun wollen, wenn ich in der Situation wäre. Auch wenn ich einen super Job wohl immer eher machen wollen würde – aber Basti ist ja wirklich kein Bremser. – Das ist nicht so einfach«, fällt mir ein, »ich habe Basti ja in Düsseldorf besucht, und da war es total furchtbar. Aber klar, es passt auch einfach nicht immer.«

Julia lacht. »Das habe ich mir mit Jan mal ganz schön vorgestellt, dass er seine Sachen mitnimmt und dann immer mit mir reist. Als Hausmann ... Begleiter ... Roadie ... – Nein, im Ernst, ich finde es zwar super, wenn er mich besucht, und ich sage auch immer: ›Komm doch vorbei!‹ – Aber andererseits ist es auch nicht so leicht. Man ist dann so in dieser Filmwelt drin ...«

»Ja, und außerdem arbeitest du ja auch!«, fällt Maren ihr ins Wort. »Und man ist ja nicht zu Hause; der andere sitzt dann die ganze Zeit irgendwo rum und wartet.« – »Ja, schrecklich!«, sind wir uns einig. – »Dann seid ihr ja beide unter Druck«, ergänzt Maren. »So verbringt man keine schöne Zeit miteinander.«

Julia nickt. »Also, wenn der andere sich eine Aufgabe mitnehmen kann«, sagt sie, »oder sich irgendwie wirklich beschäftigt – dann ist es, glaube ich, cool.« – Damit ist Maren einverstanden. – »Und wenn nicht«, Julia zuckt die Achseln, »ist es schon ein bisschen schwierig: ›Wann kommst du nach Hause?‹ – ›Ich weiß nicht, das kann ich dir sagen, wenn wir Drehschluss haben. Kann in einer halben Stunde sein, kann in sieben Stunden sein.‹ Da ist es schwer, sich um alles gleichermaßen gut zu kümmern.«

Anne hat aufmerksam zugehört und nickt jetzt. »Ja, ich bin gespannt«, sagt sie, »auch wenn ich euch so höre, ob sich das Bedürfnis nach Nähe verändert. Gerne würde ich in fünf Jahren all diese Interviews noch mal abhören und sehen, ob sich da irgendwas verändert hat. Weil«, sie legt den Kopf schief, »ich merke schon, dass ich wahnsinnig nähebedürftig bin und auch die Bestätigung in der Beziehung für mich so einen hohen Stellenwert hat – gerade weil das für mich eben noch so neu ist. Diese Sicherheit zu gewinnen ist für mich echt noch ein langer Weg. – Also«, relativiert sie, »wahrscheinlich werde ich das nie ganz ablegen.«

»Glaube ich auch«, sage ich. Julia stimmt zu. »Jedenfalls nicht endgültig. Aber ich glaube schon, dass die Frage irgendwann weniger im Vordergrund steht. Aber kommen wir doch zu einem unmittelbar verwandten Thema …«, schlage ich vor.

DIE 23. FRAGE

Heiraten

Warum sollten wir?

»DAZU WISSEN ALLE WAS!« Ich lese die Frage vor. »Fertig!«, ruft Maren eine Sekunde später. – Gelächter. »Also Heiraten ja, nehme ich an?«, vermute ich naheliegenderweise. »Aber wieso?«

»Der hat mich gefragt«, kommt es wie aus der Pistole geschossen, wieder zu unserer großen Freude. »Ich hab Ja gesagt – zack, verheiratet! – Weil es gut ist«, fährt Maren den Albernheitslevel dann etwas runter. »Weil es Spaß macht. Weil es eine tolle Feier ist …«

»Es ist schon auch die Feier, oder?«, finde ich meine Ahnung bestätigt.

»Ja!«, sagt Maren. »Auch. Und es ist einfach ein tolles Gefühl, zu sagen, man ist verheiratet. Wobei ich Ewigkeiten gebraucht habe, besonders an der Uni, bevor ich ›mein Mann‹ gesagt habe.«

»Aber jetzt sagst du's ganz routiniert«, finde ich.

»Total«, bestätigt Maren. »Aber am Anfang, unter lauter Studenten mit der Haltung ›Heiraten? Was?‹, war die Reaktion, wenn ich ›mein Mann‹ gesagt habe, immer: ›Was, du bist verheiratet? Wie alt bist du denn?‹« Sie lacht. »Also hab ich erst immer ›mein Freund‹ gesagt, damit sie mich nicht für so alt halten.«

»Toll«, ich lache. »Mir kommt es lustigerweise jetzt langsam albern vor, ›mein Freund‹ zu sagen. Das macht irgendwie nicht mehr den Unterschied zu einem so halb verbindlichen Techtelmechtel.«

»Und Heiraten ist auch einfach schön«, findet Maren. »So wahnsinnig aufgeregt zu sein wie noch nie zuvor im Leben. Ich hätte am liebsten gekotzt; ich wusste gar nicht mehr, wohin mit mir. Und ich habe ganz zittrig den Finger von diesem Pastor verfolgt, als ich das Eheversprechen lesen musste …«

»Aber du warst so locker!«, staunt Julia.

Maren kann darüber nur lachen. »Das war das weiße Kleid, das abgelenkt hat. Und die Entfernung. – Der Pastor hatte mir versprochen, dass er den Text mit dem Finger entlanggeht, damit ich weiß, wo ich bin. Und Markus guckte mir voll in die Augen und sagte alles auswendig her. Während ich hektisch rumgestottert habe: ›Ja, ich möchte – hä? – dich, äh …‹ – Im Nachhinein hätte ich ihn umbringen wollen. Er war es nämlich, der das komplette Versprechen haben wollte; mir hätte ›Ja, ich will‹ gereicht. Beim Standesamt musst du ja nur sagen: ›Ja.‹ Das ist nicht so schlimm. Aber mein Mann wollte unbedingt das ganze Ding.«

»Die alte Quasselstrippe«, bemerke ich.

»Echt!«, entrüstet sich Maren. »Der findet es schön, vor vielen Leuten zu reden. Ich nicht. Und ich dachte nur: Das mach ich nicht noch mal. Vielleicht war das sein Plan …«

»Aber du wolltest schon auch den ganzen Sums, oder?«, frage ich, »mit weißem Kleid und allem Klimbim – was in der Vorstellung ja auch immer dabei ist.«

»Ja, das gehörte für mich zu dieser kirchlichen Zeremonie total dazu. Die war mir an sich gar nicht so wichtig, ich hätte auch nur standesamtlich geheiratet; ich bin nicht so kirchenbezogen. Aber da Markus jetzt die kirchliche Trauung unbedingt wollte, musste ich es dann auch komplett haben: Dann will ich auch mein Kleid!« Maren lacht.

»Ich war in den letzten Jahren auf vielen Hochzeiten«, erzählt Anne, »die mir immer sehr viel Freude bereitet haben – unter anderem auch deshalb, weil derjenige, der einen einlädt, einem da so viel preisgibt: die Familie, die Zusammenhänge; wer mit wem kann und wer nicht; wo es angespannt ist – und was man auch für herrliche Peinlichkeiten bei Hochzeiten sieht!« Sie lacht. »Ich bin da oft ganz gerührt und genieße auch diese Unterschiede bei Hochzeiten. Aber ich für meinen Teil weiß gar nicht, ob ich das so preisgeben möchte. Ich bin schon bei meinen Geburtstagspartys angespannt – dass es allen gut geht, alle Gesprächspartner finden ... Wenn ich mir darüber Gedanken mache, wen ich einlade und wie diese Leute miteinander klarkommen, dann stresst mich das im Vorfeld so sehr, dass ich gar nicht weiß, ob ich das möchte.« Sie schaudert halb lachend. »Puh ... Und dazu kommt der finanzielle Aufwand«, überlegt sie dann, »da habe ich schon alle möglichen Modelle gesehen; bei einer Hochzeit wurden, ich weiß nicht, 20.000, 30.000 Euro ausgegeben – ich will es gar nicht wissen. Es war auf jeden Fall eine Rieseninszenierung. Die, das hoffe ich für das Paar, vielleicht auch der schönste Tag in ihrem Leben war. Aber ich möchte gar nicht das Schönste in meinem Leben in so ein geldwertes Maß setzen.« – Allgemeine Zustimmung.

»Das ist interessant«, grüble ich. »Ich hatte Heiraten in meiner Vorstellung über lange Zeit ziemlich unreflektiert einfach eingeplant. Und Basti findet es nun richtig blöd. Ich glaube, er sagt, dass man sich damit irgendwelche Sicherheit vorgaukelt, die man nicht hat ...«

»Ja«, sagt Barbara, »als Kind war das immer so selbstverständlich Teil der Geschichte. Und später war ich eigentlich eine ziemliche Heiratsgegnerin. Weil ich immer gedacht habe«, sie schlägt einen aggressiven Ton an: »Das ist eine totale Lüge! Das kann man sich doch nicht versprechen; wie kann man sich da hinstellen und das behaupten?! Das fand ich völlig heuchlerisch. Eigentlich so, wie du das von Basti sagst: dass man sich da gegenseitig irgendeine Illusion verkauft, die ja einfach nicht stimmen kann.«

»Na ja«, sage ich, »es ist natürlich wichtig, dass man sich vom Heiraten nicht verspricht, dass die Beziehung davon irgendwie besser wird.«

Barbara nickt. »Ja, ich glaube, ich habe vielen Leuten auch unterstellt, dass sie das aus so komischen Gründen machen. Dass sie das nicht bewusst tun, und dass sie gar nicht wissen, was sie sich da versprechen.« – Maren lacht ein bisschen. – »Ich habe ihnen prinzipiell unterstellt, dass sie jemanden sicher haben wollen: Die wollen eben das ›für immer‹ hören und dann ist gut – und wollen natürlich die Party haben. Und dass viele einfach diese schöne Fantasie im Kopf haben, die man eben erlebt haben möchte.« Barbara zieht die Nase kraus. »Von daher war ich ganz lange überzeugt, dass ich das nie machen würde. Aber mittlerweile merke ich, dass ich es doch schön finden würde, wenn das jemand«, sie betont, »*versuchen* würde zu versprechen. Nicht versprechen. Und ich glaube, ich fände es dann schöner, wenn man sich zu zweit irgendwo hinsetzen würde und sich sagt: Wir wollen das versuchen. Ich finde diese romantische Idee daran schon auch schön. Aber diese rechtliche Sache – weiß ich nicht, ob ich das unbedingt haben müsste. Und kirchlich sowieso nicht, weil ich eh ausgetreten bin, mit Kirche überhaupt nichts zu tun haben möchte und dementsprechend auch nicht kirchlich heiraten will. Aber die Vorstellung«, sie guckt zu Maren, »so wie du das jetzt sagst: dass man das auch ernsthaft versuchen möchte …«

»Die Vorstellung, dass man sich das verspricht und an sich glaubt«, wirft Julia ein, »das ist ja schon …«

»Ja!«, sagt Barbara. »Das finde ich ja auch schön.«

»Aber mehr kann man ja auch gar nicht versprechen, als dass man es wirklich versuchen möchte«, wende ich ein. »Niemand kann sagen, dass fünfzig Jahre später alles toll sein wird.«

»Aber so geht der Text!«, ruft Julia.

»Ja!« Barbara nickt. »Und ich habe mich auch total an diesem Text aufgehängt!«

»Das kann man ja auch, das ist das Problem«, meint Julia. »Aber das ist vielleicht auch generell ein Problem mit der Kirche.« – Zustimmung allerorten.

»In guten und in schlechten Zeiten«, zitiert Barbara.

»Ja, das finde ich ja wieder schön«, entgegnet Julia, »aber …«

»Bis dass der Tod euch scheidet«, führe ich an.

»Da wird es nämlich problematisch. Also meinetwegen gerne, aber …« Julia lacht.

»Klar, das kann man nicht versprechen«, stimme ich zu. »Ich glaube, den Umstand, dass Basti so ein vehementer Heiratsgegner ist – und tatsächlich wird er mit der Zeit auch weniger vehement –, finde ich prinzipiell gar nicht so schlimm. Es ist mir nicht wahnsinnig wichtig. Außer, und dann wird's schwierig, dass ich es gelegentlich persönlich nehme. Ich denke dann, er will *mich* nicht heiraten.«

Anne lacht. »Ja. Das kann ich verstehen.«

»Aber ansonsten muss ich sagen, dass es nichts ist, was mir zu meinem Glück fehlt«, resümiere ich. »Obwohl ich mich umgekehrt sicher auch sehr daran freuen könnte. An der Feier, an dem Gefühl, an dem Ja-Sagen zueinander …«

Anne nickt. »Meine Mutter hat neulich etwas gesagt, was ich sehr schön fand. Ich hatte gesagt – ähnlich wie du«, schiebt sie zu Barbara gewandt ein, »dass ich, wenn ich mit meinem Partner beschließe, für immer zusammenzubleiben, das doch auch in trauter Zweisamkeit so sagen kann und dafür nicht den ganzen Rummel mit Verwandtschaft und Amt brauche. Aber sie meinte, das sei doch so was Schönes und Besonderes, wenn man einmal im Jahr so einen Tag hat, an dem man sich sagt: Heute vor x Jahren haben wir uns überlegt, dass wir diesen Bund der Ehe eingehen und dass wir ewig an ihm festhalten möchten. So einen Tag zu haben, der symbolisch für die Liebe steht. Und sie sagte auch: Um hinterher einfach zur Tagesordnung überzugehen, dafür ist diese Entscheidung doch viel zu groß! Das muss man feiern.« Anne legt den Kopf schief und zuckt die Achseln. »Meine Meinung ist da nicht in Stein gemeißelt. Aber gegenwärtig sehe ich noch keine Notwendigkeit.«

»Ja, das zu feiern finde ich schon auch super«, sage ich. »Und ich stelle es mir schön vor, dass die Leute eine Hochzeit als Termin auch ernst nehmen und dann tatsächlich kommen.« Ich lache. »Zu einem Geburtstag kann man ja auch eine große Party machen, aber da kommt eher die Ausrede, dass es nächstes Jahr ja wieder einen gibt. Eine Heirat nimmt man dagegen doch als einmaliges Ereignis wahr.«

»Definitiv«, sagt Maren.

»Na ja, es spricht einiges fürs Heiraten, einiges dagegen«, sagt Julia unentschlossen. »Ich weiß nicht. Ich war auch eine Zeit lang eher Heiratsgegnerin, bin ich zum Teil auch immer noch – aber auch nicht wirklich überzeugt. Wenn mich jemand romantisch bittet, das ist ja auch sehr stark dieser Moment ... Da kann ich mir einfach nicht vorstellen, dass ich dann Nein sagen würde.« Sie lacht. »Ich glaube aber tatsächlich, dass ich eigentlich gerne gefragt *werden* möchte. Ich möchte nicht fragen.«

»Ich glaube, ich auch«, stimme ich zu. »Vor allem, weil ich mir über Bastis Haltung so unsicher bin. Ich hätte dann Schiss, dass ich ihn sonst unter Druck setze mit genau diesem Moment.«

»Vielleicht würde es mir sogar reichen, wenn ich gefragt werde«, überlegt Julia, »so als Liebeserklärung – und man dann diese ganzen Festlichkeiten gar nicht einleitet.«

»Wobei wir lustigerweise«, fällt mir ein, »schon ziemlich viele Details unserer in ferner Zukunft möglicherweise stattfindenden Hochzeit geklärt haben. Wir wissen, welche Blumen, welche Torte, welche Musik ...« – »Na dann ...«, wirft Maren ein. – »Nur *ob*, das ist noch nicht klar. Bisher geht es ausschließlich um Gestaltungsfragen. – Hach«, gerate ich ins Schwärmen, »und dass man so Sachen haben kann wie Blumen! Der Strauß im Arm ... Über Blumen freu ich mich immer wahnsinnig, aber ich hab so selten welche.«

»Katja, der Strauß ist das Schlimmste an dem Tag«, teilt Maren ihre Erfahrungen mit, »du weißt niemals, wohin damit!«

»Würd ich früh schmeißen!«, sage ich unbeirrt. »Dann hat ihn jemand anders …«

»Oh ja, das Brautstraußwerfen!« Julia gluckst. »Als es auf der letzten Hochzeit ans Brautstraußwerfen ging, hat eine Freundin von mir ganz aufgeregt alle weggeschubst.«

»War auf Marens Hochzeit auch so«, bemerkt Barbara.

»Allerdings«, bestätigt Maren, »da war viel Ehrgeiz im Spiel.«

Ich muss lachen. »Anne meinte auch, dass ihr vorne zu viel Ellenbogen ist«, erinnere ich mich.

»Da stehe ich gerne in der letzten Reihe!«, bekräftigt Anne und lacht. »Und es gab tatsächlich zwei Hochzeiten, wo ich erlebt habe, dass sich Frauen mit Körpereinsatz nach vorne geschmissen haben. Aber ich betrachte das gerne – ich glaube, deswegen stehe ich gerne hinten –, wie sich andere Frauen da …«, sie zieht die Augenbrauen hoch, »bewegen.«

»Dieses breitbeinige Aufstellen«, nicke ich, »in Ringerhaltung …«

»Und sich gegenseitig wegreißen …« Anne lacht schallend, »ja. Sehr genieße ich auch die erschrockenen Gesichter der Partner, die dann kreidebleich am Rand stehen …« Große Freude. Es folgen weitere Details vergangener Hochzeiten.

»Aber ich finde es auch super, dass wir eine Familie sind«, sagt Maren, als wieder Ernst eingekehrt ist, »dass es einen Namen gibt. Einen Doppelnamen fände ich doof.« Die Blicke gehen naturgemäß zu mir. Ich, mit doofem Namen per Geburt, gucke etwas pikiert, was meine Freundinnen nicht davon abhält, diverse Namenskombinationen durchzuprobieren, die ich durch eine Heirat erwerben könnte.

»Tripelnamen sind verboten«, mache ich der Sache irgendwann ein Ende. »Offen gestanden war es in meinem Kopf immer ein ganz guter Grund für mich zu heiraten, diesen unhandlichen Namen loszuwerden. – Na, ich würde das letztlich an der Ästhetik ausrichten. Aber mal weg von den Äußerlichkeiten«, drängle ich, »da hängt ja auch einiges an rechtlichem Kram dran! Ihr seid ja richtig verantwortlich füreinander«, wende ich mich an Maren. Die nickt. »Markus weiß auch schon, dass ich ihn später ins Heim schicke.« Sie lacht; ich auch. »Aber im Ernst: Im Zweifel könntest du das tatsächlich tun, wenn es so weit ist, oder?«

»Ich denke schon«, sagt Maren und zu unserer Belustigung leise zu Peter: »Hör nicht hin!«

»Und das Finanzielle«, überlege ich weiter, »gemeinsames Vermögen, Ehegattensplitting ... Aus steuerlichen Gründen heiraten ist ja eigentlich ganz cool, sofern es nicht der einzige Grund ist«, finde ich. Maren guckt verschmitzt. »Standesamtlich haben wir das ja wohlweislich noch im Dezember gemacht.«

»Vielleicht ist es bei uns auch deshalb noch kein ernsthaftes Thema«, erwäge ich, »da ist einfach noch nicht besonders viel zu holen.«

»Ja.« Maren nickt. »Ich hab mir darüber auch überhaupt keine Gedanken gemacht, aber es müssen ja nur mal Kinder in die Welt gesetzt sein ...«

»Ich weiß auch gar nicht«, schiebt Barbara ein, »wie es im Moment aussieht, wenn man wirklich ein Kind miteinander hat und nicht verheiratet ist. Die rechtliche Seite.«

»Das wird doch alles immer mehr gleichgestellt«, sage ich.

»Aber es ist schon anstrengender«, findet Maren.

»Anstrengend, wenn es in die Brüche geht oder auch schon vorher?«, fragt Barbara.

»Auch schon vorher. Alleine die unterschiedlichen Namen.« Maren rümpft die Nase. »Mit Heiraten geht es halt gar nicht erst los, dass der Vater einen anderen Namen hat als das Kind. Und das Sorgerecht muss man ja sonst auch erst eintragen lassen ... Für jede Sache ein Gang zum Amt.«

»Aber hat man als Vater sonst auch alle Rechte für das Kind?«, will Barbara wissen.

»Ja, wenn man es eintragen lässt, schon. Markus hat auch das halbe Sorgerecht für Emma, das haben sie direkt so festgelegt.«

»Ich glaube, mittlerweile sogar wenn man's nicht einträgt«, meine ich mich zu erinnern.

»Kann sein, das weiß ich nicht genau.« Maren zuckt die Achseln. »Aber wie das letztlich aussieht im Alltag, ist auch noch mal was anderes. Wo lebt das Kind, wie viel Einfluss hast du überhaupt auf die Erziehung …«

»Aber wenn man einfach als Paar zusammenlebt und ein Kind hat, ohne dass man verheiratet ist«, wendet Barbara ein, »dann ist man ja in einem Haushalt.«

»Klar, das geht alles«, räumt Maren ein. »Meine Cousine hat auch ewig einfach so mit ihrem Mann zusammengelebt. Die waren 17 Jahre zusammen, haben drei Kinder gekriegt und dann geheiratet, als die Kinder alle etwas älter waren. Da ging das auch, obwohl sie auch ihre Problemchen hatten. Aber gut, wenn man sich auch in der Schule als Paar vorstellt, sodass da alle wissen: Das ist Herr Dings und das ist Frau Soundso, und die Kinder heißen Soundso …« Sie hebt die Schultern. »Du musst im Zweifel alles doppelt und dreifach sagen, das ist halt umständlicher.«

»Ach, aber bei Scheidungskindern ist es ja auch so«, wende ich ein, »und dass man das nicht immer verhindern kann, haben wir ja schon festgestellt.«

Anne nickt. »Das ist eben die Sache mit dem Heiraten: Für mich ist das nichts, was eine glückliche Partnerschaft garantiert. Aber es ist vielleicht ein Zeichen der Verbundenheit: dass man sich das so zum Ziel setzt, ewig miteinander zusammen zu sein. Aber da sind ja Kinder ein viel größeres Zeichen! Wenn ich mit jemandem so ein Projekt starte, dann …«

»Ja, das ist die eigentliche Bindung!«, finde ich auch.

»Das ist die Bindung schlechthin«, bestätigt Anne, »selbst wenn man sich trennt. Und wenn man sich eines Tages doch für den Trauschein und die Hochzeit entscheidet – dann wäre für mich wichtig, dass es persönlich ist. Dass man da nicht den Rahmen völlig sprengt und das so überlädt, und dass es nicht so in Stress ausartet. Die schönsten Feiern, fand ich, waren die, wo man so eine Liebe gespürt hat und gemerkt hat …«

»Es ist das Paar und nicht die Show«, schlage ich vor.

»Ja!« Anne schlägt auf den Tisch. »Genau das: Es ist das Paar und nicht die Show!«

DIE 24. FRAGE

Verhütung

Wie lange noch?

ZU JUNG ZUM KINDERKRIEGEN SIND WIR NICHT MEHR. Wollen wir welche? Zögern wir die Sache trotzdem noch hinaus? Und wann erwägen wir, mit dem Verhüten aufzuhören?

»Also, ich verhüte gerade nicht«, fängt Barbara in etwas frustriertem Tonfall an. »Ich habe aber auch keinen Sex.«

»Aber wenn doch, dann verhütest du ja wohl«, unterstelle ich.

»Ja.« Sie lacht. »Ich habe nicht vor, mich von einem wildfremden Mann schwängern zu lassen.« Sie lässt sich den Gedanken kurz durch den Kopf gehen. »Das wäre wirklich furchtbar – stell dir vor, man wird von so einer einmaligen Sache schwanger, dann hat man überhaupt keine Chance, jemals diese Person wiederzufinden.« Sie schaudert.

»Aber bei Simon hast du verhütet, oder?«, frage ich. »Mit Pille?«

»Ja, immer. Zeitweise auch mit Kondomen, aber da hat man ja doch immer Angst.«

»Ja!«, bestätige ich. »Ich habe ja tatsächlich vor einem guten Jahr die Pille abgesetzt. Der Grund war zum einen, dass ich nach all den Jahren keine Lust mehr hatte, diese ganzen Hormone zu essen – und ich wollte auch mal wieder wissen, wie mein Körper sich so ohne anstellt. Zum anderen, dass es inzwischen auch keine Vollkatastrophe mehr wäre, wenn ich schwanger würde. Aber wir verhüten trotzdem noch – bloß ist dieser Zyklus jetzt einfach komplett unberechenbar und da wird es manchmal lästig. Da war die Pille schon praktisch …« Ich zucke die Achseln. »Wie gesagt: Es hat nicht mehr oberste Priorität, unter allen Umständen eine Schwangerschaft zu verhindern. Aber bis vor Kurzem dachte ich schon: Wenigstens eine Sache würde ich wirklich gerne noch auf die Beine stellen, bevor das losgeht! Ein Ergebnis in der Hand haben, irgendwas, wo mein Name druntersteht. Um mir mit einer Referenz den beruflichen Wiedereinstieg zu erleichtern – und bestimmt auch, um mich zu beweisen. Hundert Jahre studieren und dann sofort schwanger werden, das hätte ich schon ziemlich unbefriedigend gefunden. Und Basti war ja auch noch in dieser prekären Situation. – Aber mittlerweile …« Ich breite die Arme aus, »wie es kommt. Beim letzten Gespräch zum Thema neulich hieß es: Och, so in einem Jahr kann man's mal drauf ankommen lassen. Also, auch jetzt würde man sich schon freuen, aber noch legen wir's nicht drauf an, und ich nehme an, dieses Jahr werden wir das schon noch aufrechterhalten. Aber dann freu ich mich auch darauf!« Ich wende mich Maren zu. »Verhütest du eigentlich zurzeit?«

»Ich muss jetzt wieder. Weil ich ja ein Jahr lang nicht schwanger werden sollte. Und«, sie wirft einen Blick auf Peter, »würde ich jetzt auch nicht unbedingt wollen.«

»Und wie?«, frage ich.

»Mit so einer Mikropille, die nicht in die Muttermilch übergeht.« Maren lacht. »Das Schönste war, dass mein Mann in der Apotheke war, die Pille kaufen, und die Apothekerin fragte sofort: ›Ach! Hamse grad en Kind jekrischt? Isch hatt auch damit verhütet! Die macht Pickel – und 'ne trockene Vagina.‹« – Schallendes Gelächter bei uns. – »Ich war ja leider nicht dabei; ich hätte Markus' Gesicht zu gerne gesehen!«, bedauert Maren. »Er kam noch völlig geschockt nach Hause und meinte, er hätte da gerade zu viele Information bekommen: ›Die Dame hat auch damit verhütet und – na ja. Du kriegst demnächst Pickel …‹ – Eigentlich wollte ich mich nicht wieder mit Hormonen vollstopfen«, meint sie, als das Gekicher abgeklungen ist. »Aber vor so einer Spirale hatte ich, ehrlich gesagt, ein bisschen Angst. – Na ja, meine Schwägerin hat auch mit Spirale verhütet, und nach dem dritten Kind hat sie sie ausgepinkelt.« – Prompt bricht wieder Albernheit aus. – »Also: Sehr sicher …«

»Ich glaube, das macht man, wenn man schon ein Kind hat, oder?«, fragt Barbara.

Maren bejaht. »Und meine Ärztin meinte auch, man sollte es besser bleiben lassen, wenn man noch eins will, weil es wohl vernarben kann …«

Julia schaudert. »O je, das mach ich nie! Hormone, Hormone!«

»Es gibt nicht besonders viele Alternativen, oder?«, stellt Barbara fest. »Das ist wirklich ein bisschen gemein. Ich fand diesen Ring ja ganz gut – der ist geringer dosiert. Dann ist er wie die Pille drei Wochen drin, eine Woche Pause … Ich hatte nur ein bisschen Schiss, weil man so einen Fremdkörper in sich hat. Man selbst spürt es gar nicht, aber ich war mir nicht sicher, ob der andere es dann nicht merkt. – Scheint aber nicht so zu sein«, schiebt sie nach.

»Ich nehme ja schon ziemlich lange die Pille nicht mehr«, meldet sich Julia. »Damals aus dem einfachen Grund, dass ich mal wieder woanders einen Film gemacht habe und sie nicht dabeihatte, und auch kein Rezept. Dann habe ich meine Frauenärztin angerufen, ob sie mir eins faxen könnte. Und sie hat das kategorisch verweigert, ich hätte die Praxisgebühr noch nicht bezahlt – und sich da auch nicht bewegen lassen, obwohl ich die ja nachgereicht hätte. Ich bin dann erst mal in Tränen ausgebrochen, weil ich dachte: Das gibt es doch nicht, dass diese Ärztin jetzt in Kauf nimmt, dass ich dieses Medikament nicht weiternehmen kann! Das fand ich krass.« – Allgemeine Zustimmung. – »Und so habe ich die Pille dann nicht mehr genommen. Dann habe ich festgestellt, dass ich ohne sie entspannter bin und anders rieche, und dann dachte ich, okay – das will ich auch nicht mehr nehmen. Ab da hab ich dann immer mit Kondomen verhütet. Was natürlich nervt. Und dementsprechend verhüte ich jetzt nicht mehr wirklich viel.« – Spontanes Gelächter über die bestechende Schlussfolgerung. – »Ich habe aber auch gemerkt, dass es super so ist. Anfang des Jahres war ich ja sogar mal kurz relativ sicher, ich sei schwanger, und habe mich total gefreut. Insofern ist es, denke ich mal, eh eine gute Sache. Wir waren beide froh und auch beide richtig traurig, dass es dann doch nicht so war. Und entsprechend bin ich da jetzt relativ entspannt.« Julia zuckt die Achseln. »Ich muss jetzt auch gar nicht dringend gleich ein Kind haben, aber in der Situation dachte ich: Gut, ich hatte jetzt ein nettes Jahr, passt doch super! Man stellt sich da ja auch so unglaublich schnell drauf ein – innerhalb von zwei Wochen war ich in Gedanken schon damit beschäftigt, ein Kinderzimmer einzurichten. Und als es dann nichts war, muss ich sagen, dass ich mich auch echt schnell wieder zurückarrangiert habe. Ich bin jetzt auch nicht unzufrieden. Und ich hänge auch nicht mein Glück an ein Kind, das ich jetzt möglichst bald bekomme, aber ich würde mich freuen, wenn es so wäre. Und das finde ich eigentlich ganz gut.« – Allgemeine Zustimmung.

»Aber gibt es einen Zeitpunkt, bis zu dem es wichtig wäre?«, frage ich.

»Hm«, macht Julia. »In dem Zusammenhang habe ich von einigen Leuten erfahren, dass sie Kinder wollten und es nicht geklappt hat oder sie schon schwanger waren und Fehlgeburten hatten … Da habe ich erst festgestellt, dass ich mir vorher über die Möglichkeit, dass ich vielleicht keine Kinder bekommen kann, überhaupt keine Gedanken gemacht habe. Das fand ich ganz interessant.« Sie macht große Augen. »Offenbar habe ich immer ziemlich selbstverständlich angenommen, dass man natürlich Kinder kriegen kann, wenn man das denn möchte. Also, wenn es gar nichts würde«, überlegt sie, »das wäre schon sehr traurig. Andererseits habe ich auch tolle Beispiele von Freunden, die keine Kinder haben und sehr glücklich sind, die das teilweise auch bewusst so entschieden haben. Trotzdem, wenn ich überlege: Unter Umständen kann ich gar keine Kinder kriegen – das fände ich, ich weiß nicht ...« Sie kratzt sich am Kopf. »Mit dem Gedanken müsste ich mich wirklich auseinandersetzen.«

»Ich habe das auch mal durchdacht, nachdem ich ein paar solche Geschichten gehört habe«, erinnere ich mich. »Und natürlich auch gleich die ganze Dramatik mit einbezogen – ob ich mich von Basti trennen würde, um ihm freie Bahn zu lassen; die ganze Schuldgefühlsarie, dass man nicht delivert. Wie in alten Königshäusern, wo die Frau schuld ist, wenn kein Thronfolger kommt.«

»Aber es ist doch auch komisch«, entgegnet Julia, »wenn man das Ganze nur unter dem Vorsatz macht, dass dabei jetzt bitte schön auch ein Produkt entstehen muss!«

»Ich meine natürlich nicht den einzelnen Akt, sondern das Gesamtpaket mit Zukunftsplänen und allem«, erkläre ich. »Aber selbst dann ist es ja totaler Quatsch. Es ist genauso irrational wie mein Selbstwert-Problem, ob ich denn jetzt noch gut genug bin für den erfolgreichen Basti. Bloß etwas archaischer: Frau muss gebären. – Aber abgesehen davon kann ich mir schon vorstellen, dass es für mich zu einem Problem werden könnte, wenn das nicht ginge – es ist bisher schon echt Teil meiner Vorstellung. Obwohl ich auch sonst viel mit meiner Zeit anzufangen wüsste und mir vorstellen kann, auch ohne Kinder ein schönes und erfülltes Leben zu haben, wenn es denn so sein müsste. Aber sich darauf einzustellen wäre auch ein Stück Arbeit.«

»Mit Kind ist auch ein Stück Arbeit«, wirft Maren ein.

»Ach komm, Maren!«, frotzelt Barbara.

Maren lacht. »Stimmt. Irgendwann kann man auch mal wieder schlafen.«

»So in zehn Jahren«, schätzt Barbara.

»Ihr hattet doch auch schon früher an Kinder gedacht«, erinnere ich mich, »und es dann sogar schon wieder vorläufig aufgegeben ...«

Maren nickt. »Ja, ich hatte schon gedacht: Gut, wenn es jetzt nicht passiert, dann kann ich mir auch erst mal wieder einen Job suchen. Und dann hatte ich gerade den Vertrag unterschrieben und wurde sofort schwanger. Vermutlich hatte ich vorher irgendeine komische Barriere im Kopf ...« Sie zuckt die Achseln.

Ich gucke Anne an. »In eurem Stadium ist das ja wohl noch nicht so aktuell«, vermute ich.

»Genau«, bestätigt Anne. »Also, ich verhüte und ich werde auch noch ein paar Jahre sicherlich konzentriert weiter verhüten wollen.« Sie lacht. »Aber ich möchte eines Tages schon Kinder haben.«

»Aber erst mal will man ja noch ein bisschen Zeit für sich haben«, sage ich.

Anne nickt. »Ja, Zeit, in der man auch miteinander Spaß hat! Ich meine: was für eine Belastung ...« Sie denkt nach. »Klar, es gibt auch die romantische Vorstellung von einer jungen Familie. Und wenn man hier durch die Berliner Straßen geht und junge Eltern sieht, wie sie im Park sitzen und freudestrahlend die ersten Schritte ihrer Kinder betrachten, dann sieht das ja alles toll aus. Aber da gehört einfach auch eine Menge Belastung dazu. – Ja«, resümiert sie, »erst mal schauen, ob man wirklich füreinander gemacht ist und ob der Partner derjenige ist, mit dem man Kinder in die Welt setzen möchte. – Wobei ich jetzt, glaube ich, auch nicht mehr mit ihm zusammen wäre, wenn ich mir die Vorstellung nicht in der Potenz aufrechterhalten könnte. Wir sind ja alle keine 16 mehr, und ich würde jetzt wohl auch keine Beziehung mehr anfangen, bei der ich genau weiß, dass ich uns nur in einem Abschnitt von ein, zwei Jahren sehen würde. – Trotzdem, das hat Zeit.«

»Und du?«, frage ich Barbara. »Da waren Kinder nicht unbedingt Teil des Plans, oder?«

Barbara legt den Kopf schief. »Ich würde es wirklich davon abhängig machen, was für einen Mann ich irgendwann mal kennenlerne, muss ich sagen. Wie gesagt, ich merke, dass ich empfänglicher werde und es mir zumindest vorstellen kann. Manchmal denke ich sogar: Och, ich hätte auch gerne so ein Kind! – Aber sobald ich mir das realistisch vorstelle und sehe, womit man sich dann alles auseinandersetzen muss«, sie wirft einen Blick auf Maren, »und wenn ich mir dann die Welt angucke, dann denke ich eher: Oh nein, doch nicht! Das ist mir alles zu kompliziert, ich will mich nicht mit solchen Fragen beschäftigen. Oder«, sie guckt skeptisch, »wenn ich so halbstarke Jugendliche sehe – dann fällt mir auf, dass das Kind ja auch gar nicht immer klein und süß bleiben wird, sondern irgendwann in die Pubertät kommt.«

»Peter nicht!« Höre ich da einen kleinen Anflug von Panik in Marens Stimme?

Barbara lacht. »Und dann hat man irgendwann eventuell ein Kind, das so ein an Bushaltestellen abhängender und auf den Boden spuckender Asi ist ...« – Große Freude bei uns. – »Damit muss man erst mal leben können!«

»Das dann mit Ghettoblaster und Kleiner Feigling saufend über den Rasen stolziert«, stellt sich Julia vor. »Mit Leuchtstäbchen im Mund ...«

»... das im Park auf der Lehne von einer Bank sitzt und Musik auf dem Handy hört ...«, ergänze ich.

»Man kann sie immer noch ins Internat stecken«, konstatiert Maren.

»Oder in die Babyklappe«, sage ich, »ich sehe schon den armen Peter mit Kopf und Schultern drinstecken, und Maren drückt von hinten ...«

»Also, ich finde zwar Kinder total super, aber ich sehe mich nicht als Mutter«, bringt Barbara ihre Sicht auf den Punkt. »Das ist, glaube ich, das Problem. Dass ich mir nicht vorstellen kann, dass ich das wuppen soll.«

»Ich bin aber ja einfach so neugierig«, entgegnet Julia, »und ich glaube, das ist schon noch mal ein so krasses Erlebnis – da würde mir, glaube ich, schon eine große Erfahrung verloren gehen, wenn ich das nicht erleben könnte!«

»Es ist ja auch einfach ein Wunder«, bekräftigt Maren, »wie man so was hinkriegt!«

»Ja, das«, stimmt Julia zu, »und auch das Gefühl von einer Familie – das selbst zu erleben und weiterzugeben. Ich meine – dafür sind wir doch auf diesem komischen Planeten!«

»Wir müssen einfach Kinder in die Welt setzen«, sagt Maren.

»Immer reproduzieren, immer weiter wachsen«, ergänze ich launig.

Julia lacht. »Genau wie die Wirtschaft.«

Barbara schüttelt den Kopf. »Ach, es hat doch alles keinen Sinn!«

Nun können wir zur nächsten Frage übergehen – bei der Maren auf den heißen Stuhl kommt.

DIE 25. FRAGE

Stilldemenz und Milchstau

Was passiert wirklich während Schwangerschaft, Geburt und Stillzeit?

»DAS HAST DU DIR ÜBERLEGT?«, staunt Barbara. »Ja«, sage ich etwas pikiert. Barbara lacht. »Ganz schön speziell!«

»Stimmt«, räume ich ein. »Ich wäre tatsächlich auch bis vor Kurzem nicht drauf gekommen, aber jetzt haben mich ein paar junge Mütter eher detailreich aufgeklärt, was die Schattenseiten sind, über die man in der Mutterglückspropaganda irgendwie nicht so redet. Warum sie keinen Kohl essen können – wegen der Koliken des Babys –, und Salbeitee ist milchhemmend ... Da dachte ich, es wird ja wohl jetzt allmählich Thema.«

»Pfefferminze übrigens auch«, merkt Maren an. – »Pfefferminze auch?!«, reagiert Barbara prompt schockiert.

»Na ja. Ich habe auch schon ein bisschen Salbei gegessen«, sagt Maren. – »Und?« – »Hat nichts ausgemacht. Das Kind ist satt geworden.«

Julia zieht die Augenbrauen hoch. »Vorher und nachher gewogen, hoffe ich ...«

»Es geht um diese ganzen Dinge«, stoße ich noch mal an, »die man nicht so erzählt kriegt oder sich nicht so vorstellt – und um die, von denen man weiß und die einem Sorgen machen. Ein bisschen was hattest du ja schon mal erzählt«, wende ich mich an Maren, »dass beispielsweise das Schamgefühl ...«

»... verschwindet«, bestätigt sie. »Das finde ich aber, ehrlich gesagt, gar nicht so schlimm. Es bleibt einem kaum was anderes übrig – ich fühle mich nicht mal besonders befreit, sondern ich denke einfach nicht mehr drüber nach, ob einem jetzt jemand gegenübersteht oder komisch guckt. Was soll ich denn machen? – Na ja gut, Markus' Freunde«, relativiert sie grinsend, »Markus kommt jetzt erst mal allein rein und fragt vorsichtig nach: ›Bist du angezogen? Da stehen Klaus und Fabian noch draußen ...‹ Und dann geh ich ins Schlafzimmer und zieh mir was über. – Ich habe daheim meistens die Brüste freigelegt, weil es so wehtut«, erklärt sie und schiebt halb scherzend nach: »Und Muttermilch ist ja sehr entzündungshemmend.«

»Ach, wie praktisch!«, ruft Julia. »Ich hab hier auch so eine wunde Stelle ...« – Wir kichern. – »Aber wenn man zum Beispiel die Kinder badet, kommt da auch ein Schuss Milch mit rein«, informiert uns Maren. Man spürt dabei angenehm ihre gesunde Distanz – und dass sie sich darüber im Klaren ist, dass zwar wir, aber durchaus nicht alle Menschen an den Details interessiert sind.

»Echt?«, fragt Barbara mit ambivalentem Gesichtsausdruck.

»Und wie kriegst du das von dir in die Wanne?«, will Julia wissen. »Abpumpen?«

»Ja«, sagt Maren, »oder die Brust ist so voll, dass ...«, sie deutet ein Draufdrücken an.

»Und wie viel?« Julia tappt im Dunkeln. »Ein Liter?« – Die Stimmung ist auf dem vorläufigen Höhepunkt. – »Ein Spritzer«, korrigiert Maren geduldig.

»Und dann die Sache mit dem Gedächtnis«, komme ich zu einer meiner Hauptsorgen. »Wird das wirklich schlechter während der Stillzeit?«

»Schon in der Schwangerschaft«, versetzt Maren mitleidlos. »Na ja, und später ... Du schläfst ja kaum noch eine Nacht durch –

allein das macht ja schon eine Menge aus, was die Konzentrationsfähigkeit betrifft.«

»O je …« Ich sinke etwas verzweifelt in mich zusammen. »Das ist, ehrlich gesagt, etwas, was mir wirklich Sorgen macht. Wenn man arbeitet …« Ich kratze mich am Kopf. »Aber darum arbeitet man dann ja auch kurz mal nicht, was?«

»Ja, das ist ein ganz guter Grund«, sagt Maren. »Man könnte es auch gar nicht.«

»Wenn ich drüber nachdenke, wie Katja heute Morgen im Supermarkt war, dann weiß ich nicht, wo das hinführen soll, wenn sie jemals Kinder kriegt«, stichelt Julia, die kopfschüttelnd Zeugin geworden war, wie ich zehn Minuten verloren ein Regal angestarrt hatte, während ich versuchte, mich darauf zu besinnen, was ich kaufen wollte.

»Ja, vorm ersten Kaffee«, sage ich, dann fällt mir der nächste Tiefschlag ein: »Den darf man dann ja auch nicht mehr haben! – Ich kann bei meiner Arbeit relativ wenig einfach wegerledigen«, überlege ich besorgt weiter, »das hat immer ziemlich viel mit Nachdenken und Konzentration zu tun – und wenn man permanent müde ist, das Gedächtnis schlechter wird und man nicht mehr weiß, was man mit dem gerade angefangenen Satz noch mal sagen wollte …« Ich rutsche unbehaglich auf dem Sessel herum. »Das macht mir, offen gestanden, ein bisschen Sorgen, und das ist die einzige Sache, die zu hören mich richtig schockiert hat. Alles andere – dass man nicht raucht oder Alkohol trinkt – geschenkt. Auch das Körperliche, da bin ich ja enorm vertrauensselig der Medizin gegenüber, und dass die Figur vorübergehend mal ein bisschen aus dem Leim geht, na ja, alles so weit okay. Nur das mit dem Kopf, das hat mir echt zu schaffen gemacht.«

»Ja, man ist einfach extrem hormongesteuert in der Zeit«, nickt Maren. »Auch wenn das Kind dann draußen ist – dass dann einfach Milch fließt und dass alles so funktioniert; ist ja klar, dass das eine totale Umstellung ist. Auch dass alle immer sagen, der dritte

Tag sei die Hölle – da dachte ich: Ach komm!« – Verständnislose Gesichter, und Maren erklärt: »Ein paar Tage nach der Geburt laufen alle Frauen plötzlich mit verheulten Augen rum, man kann ihnen praktisch am Gesicht ablesen, wie lange es her ist. Eine richtige Depriphase, in der du versinkst und wo das große Heulen losgeht.« – Wir müssen lachen. »Bei dir auch?«

»Bei mir war es nicht so schlimm; ich neige, glaube ich, einfach von der Persönlichkeit her nicht so dazu. Aber ich habe es trotzdem deutlich gemerkt – ich dachte immer wieder: Scheiße, das schaffst du doch alles nicht!« Retrospektiv muss sie aber doch drüber lachen. »Diese Hormonumstellung schlägt schon zu. Der Kopf denkt nur noch an Kinder – und das schöne Spätwochenbett, währenddessen man ja keinen Sex haben soll, ist deswegen völlig egal, weil dieser Gedanke sowieso total weit weg ist. Sex? Was war das noch gleich? Tja ... Ich muss es wohl mal gehabt haben.«

»Die Vernunft sagt: ja«, bemerke ich mit Blick auf Peter.

Maren schüttelt den Kopf. »Es ist wie weggeblasen: Es wird alles von diesem Stillhormon verdrängt.«

»Und jetzt?«, frage ich.

»Ja, jetzt ist es besser, das akklimatisiert sich wieder. Aber erst mal ist der Körper nur dazu da, dieses Kind zu ernähren, und alles, was man sonst noch machen wollen würde, funktioniert nicht so richtig.«

»Abgefahren«, murmle ich und insistiere: »Aber ihr hattet schon wieder Sex?«

»Ja, ja. Es war ganz interessant – so ein bisschen wie beim ersten Mal, weil man schon denkt: Ui, lange nicht gemacht! Dabei war es gar nicht so ewig – ein paar Wochen halt, aber so lange war man ja auch mal verreist. Aber ich war so unbeholfen und aufgeregt: Genau aus diesem Kanal ist ja mal ein Kind rausgekommen! Und ja nicht so klein, wie es reingekommen ist ...« Maren lacht mit einem Hauch von Anzüglichkeit und relativiert dann: »Na ja, bei mir war es ja sogar mit Kaiserschnitt, wenn auch kurz vor der normalen Geburt. Also ist er gar nicht den ganzen Weg entlanggekommen.«

Ich bin überrascht. »Und trotzdem soll man so lange warten?«

»Ja – du wartest, bis sich die Gebärmutter zusammenzieht und alles verheilt ist. Es ist quasi wie eine Narbe durch alles, was da so dranhängt und dann rauskommt. Man blutet noch eine Weile nach.« – Ein vierstimmiges »Echt?« unterbricht die beunruhigend anschaulichen Ausführungen. – »Und so ist man dann auch anfälliger für Keime …« Maren verstummt rücksichtsvoll und überlässt uns unserem schockierten Schweigen.

Nach einer Weile meldet sich Barbara, die schon seit geraumer Zeit keinen Ton mehr gesagt hat, mit leicht belegter Stimme. »Holen sie das beim Kaiserschnitt alles mit raus?«

»Ja, ich glaube schon. Ich habe ja nichts mitgekriegt«, bedauert Maren ihre Vollnarkose. »Es hätte mich ja mal interessiert, was da so alles rauskommt.«

»War Markus eigentlich dabei?«, will ich wissen.

»Nein, es war ja ein Notkaiserschnitt, und als sie das entschieden haben, musste er raus und hat auf dem Flur gewartet. Aber vorher war er schon mitgekommen.«

»Entsprechend hast du den Mutterkuchen offenbar auch nicht eingefroren oder verbuddelt«, stellt Julia fest.

»Nein«, bestätigt Maren, »keinen Baum drauf gepflanzt, nicht aufgehoben für die nächste Gesichtsmaske, nicht zubereitet.«

»Angeblich gibt es ja Rezepte dafür«, bringe ich ein neues Blut-und-Ekel-Thema an.

Barbara ist richtig entsetzt. »Man soll das selber essen, oder was?« – Die anderen gucken ähnlich angewidert; ich wechsle lieber das Thema. »Und merkt man beim Sex irgendeinen Unterschied? Dass das gedehnt ist oder so?«

Maren zuckt die Achseln. »Na, in meinem Fall ja nicht … War ja nicht ganz durch.«

Ich überlege, was ich noch so aufgeschnappt habe. »Neun Monate kommt der Bauch, neun Monate geht er«, zum Beispiel.

»Sagt man das so?«, fragt Barbara.

Maren bejaht. »Der hängt dann erst mal. Er zieht sich ja nicht einfach wieder ein; das ist ja Haut, die da zu viel ist. – Das Schöne ist andererseits: Wenn du stillst, kannst du so viel futtern, wie du willst, es setzt nicht ein Gramm an. So viel Schokolade, wie ich in mich reinschiebe, sie würde locker diesen Tisch füllen.«

Julia lacht. »Schön, dass wir mit zwei kleinen Tafeln hier angerückt sind …«

»Na, ich habe ja meine Ration noch extra mitgebracht.« Maren deutet auf ihre Reisetasche. »Aber es geht alles in Peter rein. Man muss bloß später aufpassen, dass man sich danach auch wieder umstellt. Sofern man nicht doch drei Jahre durchstillt.«

»Was dieses Zunehmen angeht, dachte ich ja immer, dass es an der Ernährung liegt«, sage ich. »Dass Frauen solche Sachen erzählt kriegen wie: Jetzt musst du aber für zwei essen! Aber das hat man doch zumindest im Ansatz in der Hand, oder?«

Maren winkt ab. »Ich weiß nicht, diese Gewichtszunahme – das ist so unglaublich unterschiedlich! Bei meinem Vorbereitungskurs war alles dabei, von zehn bis dreißig Kilo ungefähr. Es kommt auch auf die Frauen an; es gibt welche, die haben nicht mal nach einer Zwillingsgeburt mehr drauf als vorher – und bei anderen dauert es ewig. – Es ist ja die Bauchmuskulatur, die sich dehnt, genau wie der Beckenboden«, erläutert sie, »überall da, wo das Kind draufdrückt – deswegen gibt es ja diese Rückbildungsgymnastik.« – Man sieht das Aha in unseren Gesichtern. – »Und darum ist die Bauchmuskulatur, die normalerweise so ist, dann so.« Maren klappt ihre Hände auf dem Bauch auf. »Daher kommt auch ein Teil des Restbauchs, bis das wieder zurücktrainiert ist.«

»Ein großer Teil ist ja auch Veranlagung«, überlegt Julia, »und dann kommt es vermutlich drauf an, wie dein normales Essverhalten ist und ob sich das in der Schwangerschaft groß verändert hat. Wenn man eh quasi für zwei isst ...«

»Aber das kannst du gar nicht!«, unterbricht Maren. »Ich weiß nicht, wer das erfunden hat! – Na ja«, erklärt sie dann auf unsere desinformierten Mienen hin, »du nimmst natürlich zu in der Schwangerschaft. Aber das ist ja auch das Kind – und das drückt auf deinen Magen, auf deine Blase ... Da geht einfach nicht mehr so viel Essen rein, dass du dann auch noch für zwei essen könntest! Ich war auf einer Weihnachtsfeier, da war auch eine Kollegin von mir, auch schwanger und sogar zwei Monate weiter. Und dann kamen sie mit riesigen Tellern und sagten: Hier, bitte schön – die Schwangerenportion! – Die haben uns ein ganzes Hühnchen auf den Teller gepackt. Und wir haben uns angeguckt und dachten: Wer bitte soll das *essen*?« Sie lacht. »Das schafft man einfach nicht. Das bisschen Magen, was noch Platz in dir hat, ist sofort voll. Das ist das Schlimme«, sinniert sie, »eigentlich dürftest du mehr essen, hast vielleicht auch riesigen Kohldampf – und kannst einfach nicht. Weil du einfach sofort satt bist.«

»Ui«, mache ich angesichts der Fülle der neuen Informationen.

»Ich glaube, man kann sich das vorher nie alles vorstellen«, stellt Maren fest. »Ich hatte auch nie Angst vor der Geburt – und wenn ich jetzt an ein zweites Kind denke, dann schlottere ich ganz schön. Jetzt, wo ich weiß, wie es ist ...«

»Eine Freundin von mir«, fällt Julia ein, »hat auch mal gesagt: ›Es wird ja immer behauptet, wenn das Kind erst mal da ist, dann sind alle Schmerzen vergessen. Aber das ist eine Lüge!‹« – Unser Lachen wischt die leichte Panik von den Gesichtern.

»Es *ist* eine Lüge«, bestätigt Maren. »Es ist eigentlich ganz gut, nicht zu genau zu wissen, worauf man sich einlässt. – Obwohl ja dann das Kind da ist und die Freude natürlich überwiegt. Man verdrängt die schlechten Seiten ja auch ein bisschen. Aber ich werde nicht einfach vergessen, wie schlimm so eine Wehe ist. Im Geburtsvorbereitungskurs machst du irgendwelche abstrakten

Übungen dafür ... Pillepalle, dachte ich, gerade mal eine Minute dauert die Wehe ...«

»So lange?«, unterbreche ich. »Ich finde das relativ lang, ehrlich gesagt!«

»Ja, ich glaube, etwa eine Minute die Wehe, ein bis zwei Minuten Ausruhen ...«

»Und dann die nächste?!«, fragt Barbara.

»Ja.« – Erneutes betroffenes Schweigen.

»Ja«, fange ich wieder an, »ich glaube, man denkt über ganz schön viel nicht nach – diese Kinderwagensache zum Beispiel. Der ist ja einerseits ganz schön praktisch, so als Einkaufswagen – das hat man ja erst wieder als Greis mit diesem Gehwägelchen ...«

»Ja, man kriegt ganz schön viel rein«, nickt Maren. »Nur bei Aldi kommt man nicht mehr unbedingt um die Ecken. – Aber wenn ihr diese ganzen Geschichten hört«, dreht sie dann die Fragerunde um, »habt ihr dann Angst davor?«

»Das Interessante ist«, sagt Julia, »dass man zwar drüber nachdenkt und auch davon hört – aber es ist nun mal nicht so wie selbst erlebt. Du hast es ja selbst mit einer Riesenwampe noch nicht ernst genommen! – Es macht bestimmt Sinn, wenn man grob erahnen kann, was auf einen zukommt, aber richtig einschätzen kann man es halt doch nicht. Und wahrscheinlich weiß man nicht mal nach dem ersten Kind, wie es beim zweiten sein wird.«

»Stimmt, und dann kommen ja noch andere Sachen dazu – Eifersucht beim ersten Kind und so was«, sinniere ich, selbst Erstgeborene.

»Ja, und auch die Geburt ist ja immer anders«, bemerkt Maren. »Eine Bekannte hat erzählt, der Kaiserschnitt beim ersten Kind war ein Klacks, aber die normale Geburt beim zweiten die Hölle. Eine Freundin wieder bekam ihr Kind einfach mal spontan nach der Badewanne – die kriegte Wehen, und als die Hebamme kam, war das Baby schon da. Und alles heil und wie es sein soll, das wünscht sich ja wohl jeder.«

Peter rülpst auf Julias Arm in das kurze Schweigen hinein, verzichtet aber dankenswerterweise auf eine Milchfontäne.

»Ich bin wirklich gespannt, wie das alles wird mit Kindern«, sage ich zum gefühlt zwanzigsten Mal. »Was mir ein bisschen Sorgen macht, ist, wie es mit dem Arbeiten weitergehen soll und was das für den Beruf bedeutet …«

Anne nickt. »Über die Arbeitsfähigkeit mache ich mir schon Gedanken: Wie schafft man den Berufseinstieg wieder? Welche Möglichkeiten hat man als junge Mutter so? Das macht mir schon auch ein bisschen Sorgen.« Dann zuckt sie die Schultern. »Aber irgendwie lässt sich da immer ein Weg finden. Einen richtigen Zeitpunkt gibt es ja doch nie.«

»Stimmt«, räume ich ein. »Andere kriegen es ja auch irgendwie hin – auch wenn man die Schwierigkeiten, glaube ich, leicht unterschätzt.«

»Früher oder später kriegen es die meisten auf die Reihe, glaub ich«, sagt Maren. »Wobei – auch je nach Beruf. Ich glaube, so einen Angestelltenjob mit 37,5 Stunden kannst du erst mal knicken.«

Ich nicke. »Ja, ich bin auch heilfroh, dass wir beide frei in unserer Zeitplanung sind! Wobei man sich den Gedanken, glaube ich, auch abschminken kann, dass es dann einfach nahtlos weitergeht. Arbeiten, wenn das Baby schläft – das geht nach allem, was ich so höre, meist schief. – Was ich auch noch auf dem Schirm habe«, schneide ich ein letztes Thema an, »und worauf ich hoffentlich dann auch noch genug achten kann, ist, dass man mit dem Mann noch eine Liebesbeziehung aufrechterhält. Dass man nicht komplett zu Mutti und Vati mutiert.«

Maren legt den Kopf schief. »Aber das liegt ja alles bei dir. Es gibt bestimmt viele Leute, die sich dann gehen lassen und beschließen: Das ist jetzt mein neuer Mittelpunkt der Welt. Und es *ist* ja auch total schön, und du guckst bestimmt auch gerne zwanzig Stunden am Tag dieses Kind an und denkst: Es ist dein Sohn! Ich hab's geschafft!« Sie lacht. »Natürlich ist man stolz; anders als auf eine abgegebene Arbeit oder was man sonst so erreicht hat. Weil ja noch diese unglaubliche Sache dazukommt, wie sich zwei Menschen …«

»… so zusammenmischen können«, ergänze ich, »ja! Das finde ich auch irre!«

»Ja! Und dass es zu allem Überfluss noch in dir wächst und aus dir rauskommt. Aber im Endeffekt sind Kinder in dem Alter ja auch praktisch; man kann sie überallhin mitschleppen. Neulich war ich mit Markus schön in aller Ruhe draußen essen – ich sehe dann nur zu, dass Peter vorher ordentlich gegessen hat, dann weiß ich, dass ich zwei, drei Stunden Ruhe habe. Und dann muss man die Zeit eben nutzen. – Klar«, wiegelt sie ab, »es passiert auch schnell, dass das ein bisschen untergeht. Ich merke ja jetzt schon, wie oft ich einfach schon einschlafe: Dann kommt Markus vielleicht um acht nach Hause, da muss Peter dann gerade gestillt werden und dabei schlafe ich mit ihm auf der Couch ein. Markus kommt meist irgendwann rein und sagt vorsichtig: ›Maren, ich gehe jetzt ins Bett …‹ Und ich hebe ein Augenlid und schleppe mich rüber. Aber dann ist der Abend vorbei, und ich habe mich überhaupt nicht mit meinem Mann unterhalten.«

»Aber jetzt ist es ja auch noch ganz schön früh«, sage ich, »drei Monate …«

»Ja klar, das ist noch kein Grund zur Sorge – man muss sich ja auch erst mal dran gewöhnen. Aber …« Sie gähnt passenderweise.

»Und dann«, überlege ich weiter, »wenn man weiß, da kommt jetzt über Jahre jemand ins Bett gekrabbelt: ›Kann ich bei euch schlafen?‹ – Wir waren jedenfalls so.«

Julia lacht. »Ich war da auch so! Aber vielleicht lernt man ja aus den Fehlern seiner Eltern.«

Maren schüttelt den Kopf. »Nein.« – »Das sagst du jetzt schon?«, fragt Barbara entsetzt. – »Wir sind einfach zu sehr wie unsere Eltern«, erklärt Maren. Barbaras entsetztes Gesicht sorgt für lautes Lachen. – »Die haben uns ja erzogen.«

»Ich glaube, du hast recht, Maren«, sagt Julia. »Wenn ich mich so beobachte – ich stehe ja jetzt schon achtmal pro Nacht auf, um den Kater rein- und rauszulassen.«

»Das ist lustigerweise die nächste Frage«, leite ich über. – »Der Umgang mit Katzen?«, fragt Julia verwirrt.

DIE 26. FRAGE

Kinder, Küche, Kirche

Was machen wir anders als unsere Eltern?

WENN SICH DIE ANFORDERUNGEN VERMEHRT HABEN, man in Beruf, Liebe und Familie gleichermaßen performen soll und gleichzeitig ein geputztes Bad haben möchte – wie funktioniert das? Gibt es eine gerechte Aufgabenteilung? Wie haben unsere Eltern es vorgelebt, und wie machen wir es?

»Ich befürchte, ich mache es genauso«, bekennt Maren lakonisch und sorgt für Gelächter. »Klar, Markus hilft schon, auch mehr als vorher. Wenn ich es nicht schaffe, die Wäsche aufzuhängen, weil ich ihn hier«, sie deutet auf ihren Sohn, »noch eine Stunde rumgetragen habe, dann bleibt das halt liegen, und dann macht Markus es eben. Aber sonst mache ich es schon; ich mache ja auch das meiste unordentlich. Und ich bin ja eh zu Hause, man macht ja auch nicht unbedingt den ganzen Tag nix.«

»Klar«, sage ich. »Aber wie habt ihr das entschieden? Ich finde es interessant, wie das bei verschiedenen Paaren zustande kommt.«

»Na ja, man muss halt einfach flexibel sein.« Maren zuckt die Achseln. »Man muss es eh so nehmen, wie es kommt, die wirtschaftliche Situation spielt ja auch noch mit rein. Dann arbeitet halt einfach derjenige von beiden, der gerade einen Job hat. Du kannst ja arbeiten wollen und keinen Job kriegen, oder eine Pause planen und dann hat der andere keinen. Oder du hast einen Job und wirst schwanger. Dann ist es halt so. Und bei uns – wie ich schon sagte, ich werde eh nie mehr verdienen als Markus.«

»Ja, richtet man sich dann nach dem Einkommen?« Ich setze mich interessiert auf.

»Na ja, es ist halt einfach komfortabler. Von meinem Gehalt könnten wir nicht leben, mit einer dreieinhalbköpfigen Familie, die wir ja schon sind. Und wenn wir noch größer werden … außerdem muss ich meine Diplomarbeit doch noch schreiben.« Sie lacht.

Ich nicke. »Meine Eltern haben sich aus ähnlichen Gründen so geeinigt; meine Mutter ist zum Beispiel ziemlich klassisch zu Hause geblieben. Was ich mir jetzt für mich eher nicht vorstellen kann.«

»Wie lange war sie denn zu Hause?«, fragt Maren.

Ich überlege. »Anfangs war sie sogar die Alleinernährerin – mein Vater hat noch studiert, als ich zur Welt kam. Dann kamen meine Geschwister und mit dem dritten Kind hat sie aufgehört zu arbeiten. Wir sind dann auch relativ oft umgezogen, durch die Stellen meines Vaters, und so war es für sie schwer möglich, wieder zurück in den Beruf zu gehen. Andererseits hat sie mit etwa fünfzig doch wieder angefangen und sich mit Mitte fünfzig noch mal selbstständig gemacht. Das fand ich wieder saucool.« Ein Anfall von Bewunderung, dann zurück zum Thema. »Na ja, Basti und ich arbeiten ja beide zu Hause, insofern ist es schon etwas einfacher, sich da mehr zu teilen. – Aber so lange aussetzen: Ich weiß nicht, wie gut ich mich damit arrangieren könnte. – Tatsächlich«, erkläre ich, »fühle ich mich da auch der Emanzipation verpflichtet, wisst ihr? Dass ich denke – die ganze Zeit wird Gleichberechtigung eingefordert, und dann will ich dem jetzt auch irgendwie gerecht werden.«

»Ja?«, fragt Julia befremdet. »Ach. Wegen der Gleichberechtigung an sich?« Sie lacht. »Das finde ich total schön.«

»Ja«, verteidige ich mich und komme mir kurz selbst fast seltsam vor, »ich finde es komisch, so was prinzipiell zu fordern, und es dann selbst nicht einzuhalten. Ihr habt ja recht: Natürlich ist alles immer umstandgebunden, wer gerade Arbeit hat und so weiter. Aber ich denke dann: Nun hab ich so eine super Ausbildung – jetzt will ich sie auch umsetzen. Diplomierte Hausfrau, das kommt mir wie Verschwendung vor. Das ist der Druck-Aspekt. Die andere Sache ist, dass ich mich einfach auch extrem über meine Arbeit definiere …«

»Ich glaube auch, dass dieses ›Kinder, Küche, Kirche‹ ein Auslaufmodell ist«, schiebt Anne ein.

»Aber wenn du jetzt euren Haushalt siehst«, fragt Maren, »macht ihr da ganz genau gleich viel?«

»Hm«, ich überschlage, »wir haben es nicht genau ausgetüftelt – aber ja, tatsächlich ziemlich! Phasenweise ist es natürlich mal so, mal so … Wir haben ziemlich unterschiedliche Standards der Unordnung, und Bastis Art von Chaos regt mich auch manchmal auf. Aber ich habe eine Kombination aus Nörgeln und Wegschauen entwickelt, mit denen sich das ganz gut überleben lässt.«

Anne lacht. »Die sich wahrscheinlich in Zyklen abwechseln?«

»Genau.« Ich muss auch lachen. »Aber Basti wäscht halt gerne Wäsche … und spült gerne ab, was ich hasse … und ich koche, das mache ich gerne, oder putze das Bad … er moppt dann wieder mal durch. Eigentlich macht jeder das, was er gerne macht oder was ihn gerade stört. Und eigentlich ziemlich gleich viel.«

Maren sieht beeindruckt aus. »Das passt ja ganz gut.«

»Es hat natürlich auch damit zu tun, dass wir beide zu Hause arbeiten«, relativiere ich, »dann macht man das halt mal in der Mittagspause. Als ich regelmäßig im Büro war, habe ich tatsächlich latent von Basti erwartet, dass er mehr macht. Was natürlich gemein ist, denn er war zwar zu Hause, aber hat da ja auch gearbeitet. Es ist vielleicht ein bisschen so wie bei Markus, wenn er manchmal heimkommt …«

»›Ich möchte *ein*mal in eine ordentliche Wohnung kommen‹«, zitiert Maren augenrollend. »Ja.«

»Und jetzt, wo ich auch zu Hause arbeite«, erkläre ich, »würde ich mich einfach drücken oder verzetteln, wenn ich das Putzen ständig übernehmen würde. Und so habe ich – aber auch erst mit der Zeit – die Freiheit entwickelt, die Augen zu verschließen. Dann ist das Bad halt mal drei Tage nicht geputzt. Irgendwann macht es schon jemand.« – Die anderen lachen. – »Was so Familiensachen betrifft«, sinniere ich weiter, »war meine Mutter schon eher diejenige, die sich um uns Kinder gekümmert hat und immer erste Ansprechpartnerin war. Und das ist ja auch ein Modell, das immer weniger greift.« – Anne nickt. – »Väter wollen mittlerweile, habe ich den Eindruck, auch mehr Zeit mit ihren Kindern verbringen. Aber bei euch war das wahrscheinlich ähnlich?«, frage ich in die Runde.

»Ich weiß, dass meine Mama immer gerne Kinder wollte und auch Hausfrau und Mutter sein wollte«, sagt Julia, »das war so ihr Wunsch. Und mein Papa hat halt seinen Sport gemacht, hatte seine Lehrerstelle und hat sich dann ja auch hochgearbeitet ... Das hat so ganz gut gepasst – aber mein Papa hat sich viel mit uns beschäftigt und wir sind viel in den Urlaub gefahren. Aber die haben das so gewollt.«

»Und du?«, frage ich.

»Für mich? Hm.« Julia überlegt. »Meine Eltern sind ja beide super. So. Aber sie waren halt auch extrem viel für uns da – eigentlich nur. Und sind es auch immer noch. Und manchmal könnte man ihnen dafür eine reinhauen, denn man würde sich gleichzeitig einfach wünschen, dass sie sich auch nur ein Achtel so gut um sich kümmern würden wie um uns.« Sie zwirbelt den Zopf. »Ich glaube, es ist ein bisschen so, wie Maren sagt: Ich habe ganz große Teile von meinen Eltern in mir; ich kümmere mich total gerne und mache gerne was für andere. Aber es gibt auch viele Seiten, wo ich, glaube ich, ganz anders bin als sie. Zum Beispiel bin ich im Vergleich ja ein extrem unruhiger Mensch. Ich brauche ganz viel Abwechslung – und so sind meine Eltern zum Beispiel gar nicht. Ich bin auch nicht ganz so aufopfernd wie sie. Was, glaube ich, ganz gesund ist. Und mit eigenen Kindern ...« Sie denkt nach. »Es gibt die eine Seite in mir, die sagt: Ui, nur zu Hause, da fällt mir die Decke auf den Kopf – was ja nicht ganz unberechtigt ist, weil mir ja auch schnell langweilig wird.«

»Du hast dann aber keine Zeit mehr für Langeweile«, wirft Maren ein. »Du kommst ja nicht mal mehr zum Essen.«

»Klar, das glaube ich. Aber bei einer Freundin, die ein Baby bekommen hat, habe ich gesehen, dass sie nach drei, vier Monaten genug hatte und wieder riesige Lust hatte zu arbeiten. Und ich – ich mache meinen Job mal mehr, mal weniger gerne. Das Gute an meinem Job ist ja – wenn ich ihn denn, wenn es so weit ist, noch weitermache, was ich mal annehme, weil ich ja diejenige bin, die den Löwenanteil bei uns verdient –, dass es immer nur so zwei Monate sind und dann wieder Pause. Das ist eine begrenzte Zeit, und dann denke ich mir: Gut, mache ich das halt. Aber ich bin nicht so ein Karrieremensch, der das unbedingt weitermachen müsste. Meine Selbstverwirklichung suche ich nicht in meinem Job. Ich kann mir das auch anders sehr gut vorstellen; ich koche auch total gerne Marmelade ein und kümmere mich ums Haus. Ich bin gerne Hausfrau«, resümiert sie, »bis aufs Wäschewaschen.«

»Dann würde man weniger Jobs annehmen?«, vermute ich.

»Genau. Oder man versucht, sie in der Nähe zu nehmen, oder so, dass die Familie mitkann. Ich habe ja glücklicherweise einen Freund – wenn er es denn ist, der mir Kinder schenken wird –, der auch viel zu Hause ist.« Julia zuckt die Achseln. »Aber endgültig kann ich das nicht einschätzen. Vielleicht sage ich, ich will nie wieder arbeiten. Vielleicht auch unbedingt.«

»Du kannst ja auch andere Sachen machen, damit dir die Decke nicht auf den Kopf fällt«, sagt Maren. »Wenn das Allergröbste vorbei ist, werde ich auch mal zu Markus sagen, dass ich mittwochs von neun bis zwölf meinen Yogakurs machen will und dass er dann eben zu Hause bleiben muss. Klar, gibt es Frauen, die 24 Stunden nonstop für ihr Kind da sind, aber das muss man sich doch nehmen! Durch das Stillen ist man eh erst mal festgelegt, aber danach …« Sie winkt ab. »Bevor ich frustriert bin, weil ich die ganze Zeit zu Hause sitze.«

Julia nickt. »Sich beschäftigen kann man immer, zum Beispiel Sachen lernen, für die man vorher wegen der Arbeit nie Zeit hatte. Es gibt so ein paar Dinge – ich würde gern noch Instrumente lernen, mal was basteln, vielleicht auch noch mal eine Sprache lernen. Das könnte man ja alles dann super tun.«

»Außer dass einem ja dann das Gedächtnis fehlt«, fällt mir ein. – Barbara lacht. »Das ist das große Problem.«

»Aber meinen zweiten Beruf ausüben, nämlich im Café sitzen, Kaffee trinken und Leute angucken, kann man ja auch ohne Gehirn«, bemerkt Julia.

Ich werde wieder ernst. »Gut – am Anfang bleiben bestimmt ein paar Sachen halbwegs automatisch an einem hängen: das Stillen und viel vom Nachtsaufstehen. Bringt es eigentlich was«, frage ich Maren, »wenn Markus aufsteht oder will Peter immer trinken?«

»Nein. Er will immer trinken«, antwortet Maren trocken. »Aber bei Emma, Markus' Tochter, teilen wir uns jetzt mehr auf. Bevor Peter kam, war ich als Nur-Studentin freitags immer zu Hause – da kam Emma schon um zwölf, und wenn Markus noch einen Termin hatte, war ich erst noch zwei, drei Stunden mit ihr alleine. Aber jetzt – allein auf die beiden Kinder aufpassen geht kaum noch. Wenn ich Peter stillen muss, kann ich in der Zeit Emma nicht beschäftigen, und sie kann gar nicht allein sein. Wenn sie in der Wohnung rumläuft, findet sie irgendwas, und das geht dann meistens schief. Letztes Mal ist die Salbe für meine Kaiserschnittnarbe komplett auf dem Sofa gelandet.« Maren zuckt die Schultern. »Und wenn Peter an mir dranhängt, kann ich ja auch nicht eingreifen. Da hat sie einfach zu viel Energie.«

Ich nicke. »Bei so was muss man die Arbeitsteilung vermutlich einfordern. Ich merke, dass ich auch nicht gefeit davor bin: Wenn Basti Besuch hat, schafft er es, wenn nötig, sich trotzdem noch mal an den Rechner zu setzen. Und ich ziehe mir den Schuh dann an und kümmere mich, selbst wenn ich arbeiten müsste. Da rutscht man mit Kindern vielleicht noch mal mehr rein.«

»Ja, das ist schon komisch«, findet Anne. »Was mich bei mir am meisten erschreckt und in welcher Position ich mich überhaupt nicht gerne sehe: dass ich anfange, Nick nach Erledigungen zu fragen. Er erzählt von seinen Plänen, und da ist mir schon zwei –, dreimal so was rausgerutscht wie: ›Und? Hast du den Brief an Soundso schon rausgeschickt?‹ – Wo ich uns eigentlich in unserer Beziehung überhaupt nicht so sehen möchte. Da bin ich echt schon ein paarmal erschrocken.«

Barbara lacht. »Ja, ich muss ehrlich gesagt auch feststellen, dass ich zunehmend Ähnlichkeiten mit meiner Mutter entwickle. Je älter ich werde, desto mehr.«

»Oh?«, sagt Julia. »In was für Momenten denkst du das?«

»Das ist eine gute Frage. Also, ich habe noch keine Häkeldeckchen auf dem Herd …« Barbara verstummt und grübelt.

»Aber im Haushalt«, wende ich mich noch mal an Julia, »macht Jan auch was, oder?«

»Klar, ich bin ja manchmal auch ein paar Wochen gar nicht zu Hause. Wenn ich dann wiederkomme, hat er oft aufgeräumt, dann stehen überall Blümchen …« Sie lacht. »Dann freue ich mich. – Aber dann, gerade wenn ich länger weg war, liebe und hasse ich es gleichermaßen, die Wohnung anschließend mal komplett durchzuputzen. Damit ziehe ich quasi auch wieder ein. Und wenn ich da bin und Jan hat nicht viel Zeit, dann mache ich das halt meistens, weil ich eh nichts zu tun habe, es gerne mache und wahrscheinlich auch schneller bin als er. Dann gibt es Sachen, die mag ich nicht, auch handwerkliche Sachen überlasse ich ihm ganz gerne.«

»Und das Wäscheaufhängen«, fällt Barbara ein, »ich erinnere mich an diese Knubbel auf der Leine. Da kam ich mir übrigens vor wie meine Mutter!«

»Stimmt«, freut sich Julia, »als Barbara bei mir gewohnt hat, das war die schönste Zeit! Ich kam nach Hause, und die Unterhosen waren perfekt gefaltet …«

»Das Lustige ist«, sagt Barbara, »für dich ist das schon perfekt, und meine Mutter würde sagen: ›Wie sieht das denn aus!‹«

Julia lacht. »Ja, so was nehme ich mir für die Zukunft immer vor, aber dafür habe ich die Geduld nicht. Und nicht den Ehrgeiz.«

»Wie sieht denn dann euer Schrank aus?«, entfährt es Maren, deren T-Shirts zu jeder Zeit aussehen, als würden sie im Laden liegen. Große Belustigung bei uns.

»Also, Jan ist schlimmer, der wickelt alles nur einmal um die Faust.« Julia lacht. »Da ertappe ich mich manchmal dabei, wie ich alles einmal grob durchfalte.«

»Okay«, staunt Anne, »da bin ich eher der Typ, der die Sachen zu einem Knäuel rollt und einfach verschwinden lässt. Wohingegen ich Nick immer argwöhnisch aus dem Augenwinkel betrachte, wenn er seine Sachen faltet. Da ist er ordentlicher als ich.«

Es entspinnt sich eine eifrige, aber unideologische Diskussion über Theorie und Praxis der Wäscheaufbewahrung. Immerhin: Keine bügelt die Unterhosen, aber sonst ist alles dabei.

»Sind wir so Hausfrauen?«, frage ich irgendwann.

»Könnte man jetzt denken, wenn man das so hört, oder?«, findet Barbara. »Wir machen es halt einfach«, meint Maren.

»Na ja«, sagt Julia, »weil, wenn man selbstständig in einer Wohnung wohnt, es einfach Sachen gibt, die gemacht werden müssen. Ich würde nicht sagen, dass ich die Hausfrau mache. Es sind halt Sachen, die anfallen, und wenn ich zum Beispiel keine Lust habe zu kochen, geh ich halt raus was essen. Und wenn ich die Wäsche nicht machen will, dann mache ich sie halt am nächsten Tag, oder wenn nichts Sauberes mehr da ist.«

»Vielleicht ist der Unterschied zur Elterngeneration eher«, überlege ich, »dass man den Ehrgeiz runterschraubt, dass alles picobello sein muss.«

Julia nickt. »Ich mache es mir da auch nicht extra schwer. Ich habe schon eine Spülmaschine, und ehrlich gesagt kann ich mir auch vorstellen, dass man vielleicht später mal jemanden hat, der alle zwei Wochen putzt.«

»Ich habe aber vor Kurzem gemerkt«, meldet sich Barbara, »dass ich anfange, mich zu rechtfertigen, dass ich nicht aufgeräumt habe. Da war ich etwas entsetzt: Habe ich das jetzt wirklich gesagt? Das ist ja ekelhaft! Weil ich das nie machen würde, wenn ich alleine bin. Aber sobald jemand kommt – da kam wohl die klassische Hausfrau durch.«

DIE 27. FRAGE

Ins Grüne

Würden wir unseren Wohnort nach Kindertauglichkeit wählen?

Würde ich schon«, prescht Barbara kurz vor, um dann Stück für Stück zurückzurudern: »Mal ganz davon abgesehen, dass diese Fragestellung für mich ja offensichtlich noch am weitesten weg ist.« Sie lacht. »Aber es hat, glaube ich, auch viel damit zu tun, dass ich es auch für mich selbst schön fände, irgendwo zu leben, wo mehr Raum und mehr Grün und mehr Ruhe ist. – Im Moment bin ich völlig zufrieden da, wo ich wohne, aber ich möchte da nicht noch zwanzig Jahre bleiben. Und wenn ich mir vorstelle, Kinder zu haben ... Na ja, so stelle *ich* mir vor, dass es für sie schön wäre. Ob die das dann auch so sehen, ist die andere Frage.«

Auch Anne grübelt. »Komisch – meine Mutter hat mir neulich erzählt, dass ich früher immer behauptet hätte, ich würde Kinder niemals in einer Stadt großziehen wollen. Da muss ich ein sehr ausgeprägtes Ideal gehabt haben, was vielleicht auch an meiner eigenen Kindheit liegt, zwischen Dorfidylle und Stadt ...« Sie runzelt die Stirn. »Aber in meine Heimat zurückzugehen kann ich mir beim besten Willen nicht mehr vorstellen. So schön es dort als Kind war – ich konnte mit dem Fahrrad aufs Land fahren und hatte trotzdem die Anbindung an die Großstadt ... Heute sehe ich das anders; ich kann mir schon vorstellen, ein Leben mit Kindern auch in der Großstadt zu bestreiten. Aber ich merke jetzt auch –

komischerweise erst seit kurzer Zeit –, dass das Land und das Ausbrechen aus diesen Häuserschluchten, die man ständig vor der Nase hat, mir immer wichtiger werden. Das Ausatmen – oder einfach, dass man Horizont sehen kann.« Sie guckt unschlüssig. »Aber ich glaube, das lässt sich mit Stadt schon vereinbaren. Ich habe da eigentlich kein Nonplusultra.«

»Ich bin schon eher traurig, wenn ich daran denke, dass ich diese Wohnung verlassen muss«, sagt Maren. »Und wir werden sie verlassen müssen, weil sie einfach jetzt schon kapazitätsmäßig an ihre Grenzen stößt. Also, noch braucht Peter ja nicht viel Platz, aber irgendwann … Allein ein Garten – das ist im Sommer ja ein weiteres Zimmer. Und da kann man ein Kind dann auch einfach mal an die frische Luft schicken. Und jetzt packt man Sack und Pack, bloß, um mal 200 Meter weiter an den Rhein zu gehen. Das wäre schon schön«, träumt sie, »aber gleichzeitig möchte ich nicht mehr auf die Stadt verzichten. Ich finde es toll, alles, was ich brauche, direkt vor der Tür zu haben. Nicht nur einen Edeka und einen Bäcker. Oder mal essen gehen zu können und nicht gleich einen Babysitter für den kompletten Abend bestellen zu müssen. – Na ja, und einen Kindergarten haben wir ja gleich vor der Tür; ich träume ja von einer Rutsche vom Balkon in deren Hof. Und nein: Ich weiß nicht, wie dieser Kindergarten so ist, und ich habe mich nicht erkundigt. Und ja: Ich weiß, dass man das Kind schon bei der Geburt anmelden muss. Aber noch ist das für mich zu weit weg. Ich bin da eher pragmatisch; ich nehme einfach das, was am nächsten dran ist. Auch den Arzt, zu dem ich mit ihm gehe.«

»Na, das sind ja dann deine Bedürfnisse, hm?«, stelle ich fest. »Ist ja nicht gerade komplett an Peter ausgerichtet.«

»Nee«, gibt Maren unumwunden zu. »Das würde ich auch nicht wollen.«

»Aber es kommt ja auch auf die Umstände an«, meldet sich Julia. »Wenn man irgendwo wohnt, wo es wirklich richtig scheiße für Kinder ist – dann würde ich da wohl eher wegziehen.«

»Würde ich jetzt in einem totalen Problemviertel leben«, stimmt Maren zu, »zum Beispiel da, wo ich vorher gewohnt habe – da hätte ich auch nicht so gerne ein Kind aufwachsen lassen. Das soll schon ein schönes und eher sicheres Viertel sein, eher sauber und angenehm. In manchen Ecken liegen ja auf dem Spielplatz die Spritzen im Sandkasten; das könnte es dann auch nicht sein.«

»Bei uns ist es ja im Moment noch so, dass junge Eltern sagen: ›Es wäre auch mal schön, rausgehen zu können, ohne dass das Erste, was man sieht, jemand ist, der in den Hauseingang pinkelt‹«, liefere ich meinen Beitrag. »Meine Schwester ist früher immer mit ihrer besten Freundin«, ich setze imaginäre Anführungszeichen, »›ausgerissen‹, dann kam sie abends wieder und niemand hatte es gemerkt. Da konnte man sie halt einfach laufen lassen; das ist natürlich so eine Land-Sache. Bei uns würde ich mir da vielleicht mehr Sorgen machen. Wobei da ja auch Kinder aufwachsen, und irgendwie find ich die auch nett: vielleicht Rotzgören, aber auch selbstständig, wenn sie schon mit drei U-Bahnen zur Grundschule fahren ... Das hatte ich zum Beispiel überhaupt nicht. Ich weiß gar nicht, ob ich es mir gewünscht hätte«, sinniere ich. »Andererseits sind wir halt ins Wäldchen gegangen und haben gespielt, dass wir uns eine Erdhöhle bauen. Das war auch schön, viel draußen zu sein und sich den ganzen Tag mit so was zu beschäftigen.«

Julia stimmt energisch zu. »Ich will meine Kindheit auch unter keinen Umständen missen, und mir tut jedes Kind leid, das weniger Möglichkeiten hat, als ich sie hatte! Ich fand, das war das Tollste überhaupt. Fast alle Dinge, an die ich mich erinnere, spielen sich draußen ab – im Garten schaukeln und mit Kaninchen spielen oder in der umliegenden Umgebung. Das hat alles mit viel Platz zu tun und damit, dass es eben nicht dieses Überangebot gab und nicht all diese aufgeklärten, intellektuellen Leute, die sich mit Kindern unterhalten, als wären sie erwachsen! Und man war auch nicht so szenebewusst wie die Leute dort, wo ich gerade wohne. Eigentlich ist die Gegend schön; es gibt nette Menschen, auch Familien mit Kindern, und ich habe ja sogar einen kleinen Garten – vielleicht nicht so einen schönen wie meine Eltern, aber immerhin. Und genug Platz gibt es auch. Im Prinzip wäre das für Kinder alles nicht schlecht. Aber manchmal denke ich – wenn ich das mit meiner Kindheit vergleiche und diese Kinder sehe, die gleich in so ein Erwachsenenleben reinkommen, wenn sie ins Café mitgeschleppt werden und da abhängen – ob da nicht ein bisschen was verloren geht? Das Schöne, dass man sich in der Kindheit über vieles so gar keine Gedanken macht, dass man so mit der Natur eins ist und rumdödelt, und auch diese Einsamkeit hat man bei uns ja gar nicht. Aber ich glaube nicht, dass ich deswegen umziehen würde, aufs Land.«

»Aha«, sage ich, »das ist nämlich die Frage!«

»Ja – würde ich jetzt nur im Sinne meines Kindes sprechen, würde man das fast vorziehen müssen, weil das mit Sicherheit toller ist!« Viele Ausrufezeichen bei Julia. »Auch seine eigenen Ideen zu entwickeln und nicht mit zig Kindern und den dazugehörigen Eltern auf einem kleinen Spielplatz zwischen Galaocafés zu stehen! Ich glaube zwar, dass man es sich auch da schön machen kann, aber wenn ich so zurückdenke, bin ich um meine Kindheit jedenfalls froh! Schon als ich mit Anfang zwanzig nach Hamburg gezogen bin, habe ich gemerkt, dass Leute, die drei, vier Jahre jünger waren als ich und in der Großstadt aufgewachsen sind, wesentlich aufgeklärter und abgeklärter waren als ich.«

»Habe ich auch deutlich gemerkt«, bestätige ich.

»Das fand ich wirklich auffällig«, fährt Julia fort. »Und da dachte ich: Okay, die sind so aufgewachsen und mein Leben war bis dahin halt ganz anders. Auch das Selbstdarstellungsding: Da, wo ich wohne, leben auf kleinstem Raum fast nur Künstler oder Freiberufler! Und das prägt natürlich auch ein Umfeld. Ich finde das ja inspirierend, aber gleichzeitig auch ein bisschen erschreckend, weil es so eine Monokultur ist, auf individuelle Art – was sich ja eigentlich widersprechen sollte, es aber nicht tut.«

Ich nicke. »Das stimmt schon. Umgekehrt war es für mich aber so: Auf dem Land sind mir viel weniger Optionen begegnet, beruflich zum Beispiel. Es war nur dieses Gefühl: Ich will nichts von alldem. Aber mal drauf zu kommen, dass es gar nicht diese Wege sein müssen, sondern dass es auch Alternativen gibt – das hat bei mir länger gedauert, als es vielleicht gedauert hätte, hätte man ein paar mehr Vorbilder gehabt.«

»Das stimmt«, sagt Anne.

»Ja, das kenne ich auch«, sagt Julia. »Aber dann gleich immer dieses Reflektierte, dieses So-sein-Wollen und dieses Individualistische … Das kann ja schön sein, aber es geht auf Kosten der Unbeschwertheit! Ich bin ja immer noch wahnsinnig gerne in der Natur, und ich fände es komisch, ein Kind zu haben, das auf dem Land plötzlich sagt: ›Uäh, Dreck!‹« Sie lacht ein bisschen. »Aber wegziehen – ich weiß das doch alles noch nicht! Ich kann mir schon vorstellen, dass ich mal woanders hinziehen würde. Ich bin niemand, der in einem spießigen Vorort landen würde; ich könnte mir auch nicht vorstellen, wieder in unserer Heimat zu wohnen … Ich kann mir aber sonst viele Sachen vorstellen. Ein Traum ist ja immer noch, in einem Land, wo es wärmer ist als hier, entweder einen Hofkomplex mit mehreren Leuten zu haben – in der Natur, aber so, dass man sich schon ein Umfeld mitnehmen kann. So ganz einsam auf dem Land fände ich, glaube ich, doof. Oder dass man ein kleines Bed&Breakfast hat, mit Tieren – ländlich, aber vielleicht so im Umkreis von einer halben Stunde Fahrt von einer Großstadt, weil ich beides brauche, das eine und das andere.«

»Tja, die Umgebung«, überlege ich. »Ein Freund von mir hat mal gesagt: ›Meine Kindheit war extrem glücklich, und ich würde sie gerne exakt kopieren und in genau der gleichen Form meinen eigenen Kindern angedeihen lassen.‹ – Und ich fand meine Jugend auch schön, aber als ich jetzt noch mal in dem Ort war«, ich schüttle den Kopf, »da dachte ich: Jetzt, wo ich nicht mehr Kind bin und meine Freunde hier habe – hier möchte ich nicht begraben sein! Und im nächsten Moment dachte ich: Meine arme Mutter! Die dort mit uns festsaß. – Für uns war's cool, mit Freunden zu spielen und dass man mit dem Fahrrad überallhin konnte. Aber sie hat da echt nicht viel gehabt.«

»Ist das denn jetzt anders?«, fragt Julia. »Abgesehen davon, dass sie wieder arbeitet?«

»Ich glaube, das macht schon wahnsinnig viel aus. Da hatte sie halt keinen Job – und wir waren in der Schule und haben unsere Freunde getroffen, mein Vater hat gearbeitet; da hat sie ganz schön zurückgesteckt. Und sie hatte auch nicht wahnsinnig viele Freundinnen vor Ort, dadurch dass wir immer umgezogen sind und natürlich jedes Mal auch das Umfeld zurückgelassen haben. Das ist jetzt auch anders. Aber da würde ich denken: Ui, ich weiß nicht ...«

»Nee, oder?« Anne guckt auch skeptisch.

»Der Gedanke, der mir gerade kommt«, fällt Julia ein, »ist, dass ich das Haus von meinen Eltern total als mein Zuhause betrachte. Das fände ich wirklich komisch, wenn das weg wäre – so wie das bei dir zum Beispiel ist.« – Ich nicke. »Ja, das habe ich nicht.« – »Ob ich selbst jetzt umziehe, das ist das eine«, sagt Julia, »aber wo meine Familie ist, das ist mein Zuhause.«

»Ist bei mir auch so!«, stimme ich zu. »Aber halt nicht ein Ort, sondern meine Eltern. Aber stimmt, die sind da durchaus den eigenen Notwendigkeiten gefolgt und zum Beispiel nach New York gegangen, obwohl wir Kinder ganz schön gezetert haben. Für mich hieß es ja erst mal nur: Alle meine Freunde zurücklassen und in ein Land gehen, wo ich die Sprache nicht spreche. Und ich hatte genug davon, immer meinen bescheuerten Eltern hinterhergeschleppt zu werden. – Na ja, hinterher war natürlich alles toll und richtig, und das haben sie mit Sicherheit auch so kommen sehen. Und sie wären ja mit uns jetzt nicht in ein Kriegsgebiet gegangen ... Aber später fand ich es immer ermutigend, dass man durch Kinder nicht unbedingt komplett und endgültig in allem eingeschränkt ist.« Ich ziehe die Nase kraus. »Klar, unter Umständen haben die Kinder halt später die entsprechenden Umzugsmacken. Und beim Elternbesuch alte Freunde treffen, das hatte ich nie. Aber immerhin«, ich mache eine weitschweifige Geste zu meinen alten Freundinnen: »Wir sitzen hier!«

»Ich glaube auch, dass man seine eigenen Bedürfnisse nicht zu sehr unter die der Kinder stellen darf«, sagt jetzt Anne, »später bereut man das vielleicht sehr. Ich bin überzeugt davon, dass Kinder im Dreck spielen und draußen sein und sich bewegen können müssen. Aber ich glaube auch, dass es für alles einen Weg gibt. Dass man da selbst in einer Stadt wie Berlin genug Inseln finden kann, wo Kinder so was haben können. Ich steck da noch nicht so drin in der Kindergeschichte – es kann ja nicht nur der Spielplatz im Weinbergspark sein. Aber man ist ja mit den öffentlichen Verkehrsmitteln schnell überall, wir haben wunderschöne Seen ... Und das ist vielleicht die Umstellung – dass man sich da andere Räume erschließen muss, um solche Modelle leben zu können.« – Ich nicke. »Stimmt.«

»Bei uns gibt es ja noch die Familiensache«, sagt Maren. »Markus' Mutter wohnt drei Stunden entfernt und meine Mutter zehn Minuten mit dem Auto. Das finde ich schon sehr gut. Also: Ein gesunder Abstand ist okay. Markus und ich haben uns auch versprochen, dass wir an keinen unserer Heimatorte ziehen. Aber es ist gut, dass sie doch in der Nähe sind, weil es einfach so vieles erleichtert! Es ermöglicht dir, auch mal wieder Paar zu sein, wenn man das Kind zu Oma geben kann. Sie ist der beste Babysitter. Und ich möchte auch wirklich gerne im Umkreis von einer halben Stunde Autofahrt von ihr bleiben. Und ein Garten wäre toll«, wiederholt sie. »Dafür würden dann schon zwei, drei Viertel weiter reichen, weg von der Innenstadt – das kann man sich dann nur nicht mehr leisten.«

»Das ist ja auch immer die Sache, was einerseits in meiner Fantasie, andererseits in der Geldbörse machbar ist«, sagt Julia. »Gute Ideen habe ich viele.«

Ich nicke. »Ja, es gibt bestimmt auch noch ganz schön viele Zwänge, finanziell oder arbeitsplatzmäßig. Und es gibt ja auch Eltern«, fällt mir ein, »die der Schule ihres Kindes hinterherziehen oder das Viertel wechseln, damit ihr Kind auf eine bessere Schule kommt.«

»Ich glaube, das sind alles Fragen, die man sich erst stellen kann, wenn man in dieser Situation ist«, findet Maren. »Dann hat man einen Sohn, der auf diese Schule geht und der sagt: ›Mama, ich möchte da nicht weg!‹ Dann richtet man sich vielleicht doch nach den Bedürfnissen der Mehrheit. Und vorher spielt das für solche Entscheidungen halt keine Rolle. Es ist so ein bisschen wie die Frage: Hast du Angst vor der Geburt? Darüber macht man sich auch erst Gedanken, wenn es so weit ist.«

DIE 28. FRAGE

Festgelegt

Ist Sicherheit in Liebe, Beruf & Finanzen abschreckend oder beruhigend?

»OH«, SAGT ANNE UND DENKT EINE WEILE NACH, bevor sie vorsichtig anfängt: »Ich glaube, ich bin nicht angstfrei, was diese …« Sie unterbricht sich. »Ist auch eine gemeine Frage, ne? Das ist schwer einzuordnen.«

»Ja«, räume ich ein und erkläre: »Es gibt ja immer diese Graffiti, ›Freiheit stirbt mit Sicherheit‹ und so, in denen dieses Gegensatzpaar konstruiert wird. Was sich natürlich auf politische Entscheidungen bezieht, sich aber vielleicht auch auf andere Bereiche übertragen lässt. Andererseits kann einem eine gewisse Sicherheit ja auch Freiheiten geben. Wenn jetzt bei uns ein bisschen mehr Geld reinkommt, dann gibt mir das die Freiheit, mich ein bisschen mehr auszuprobieren, was ich sonst nur sehr bedingt könnte. Im letzten Jahr habe ich jeden Job angenommen, den ich irgendwie kriegen konnte. Und ständige Geldsorgen und unsichere Jobs machen einen, finde ich, nicht besonders frei. Dann wiederum war, als ich in die Uni ging, der Gedanke an ein Lehramtsstudium eine totale Horrorvorstellung! Die Idee, mich auf Jahrzehnte auf einen Beruf mit einem ganz bestimmten Alltag festzulegen. Noch dazu den Alltag, den man schon jahrelang von der gegnerischen Seite aus kennengelernt hat. Und auch«, ich werde langsamer, weil ich mir in dem Punkt nicht so sicher bin, »so eine Festanstellung … Es hat ja alles seine Vor- und Nachteile. Mittlerweile kann ich auch die Vorteile von Sicherheit mehr sehen.«

»Ich finde den Gedanken an Sicherheit immer sehr beruhigend«, sagt Barbara, »aber meist gefällt mir nicht so gut, wie es dann in der Realität aussieht.« – Lachen und Zustimmung unsererseits. – »Ich glaube, es ist ein ganz ursprüngliches Bedürfnis, das man als Mensch hat; das beruhigt einen. Finanziell oder beruflich hat das schon etwas Komfortables. Auf einen Mann bezogen – kann ich nicht sagen. Hab ich noch nicht ausprobiert, diese Variante.«

»Oh Gott – hab ich ausprobiert«, stöhnt Julia. »Hab ich nicht so gut ertragen.« Sie spricht, wird Anne aufgeklärt, von ihrer ersten Liebe, etwa zu Abizeiten. Lange her.

»Den Umstand, dass es sicher war?«, frage ich.

»Den Zustand«, sagt Julia energisch bis aufgebracht, »dass ich weiß: Das bleibt jetzt so bis in alle Ewigkeit! Jeden Dienstag wird dies gemacht, jeden Sonntag das!«

»Ja, das hat viel mit Routine zu tun, dass das so abschreckend wirkt«, sinniert Barbara.

Maren guckt skeptisch. »Aber das ist ja was anderes als einfach Sicherheit um die Gefühle des Partners …«

Julia schnaubt. »In dem Fall war es halt so, dass ich wusste: Egal was ich mache, der würde mich heiraten, der würde das so durchziehen und das wäre einfach mein Leben. Und gerade bei Männern …«, sie bremst sich. »Klar will ich auch nicht mit jemandem zusammen sein, bei dem ich das Gefühl habe, der haut eh irgendwann ab. Ich will nicht immer kämpfen müssen, um jeden Tag. Aber ich finde es auch schrecklich, wenn jemand so ergeben ist! Ich will jemanden, der einem widersprechen kann und mit dem man sich vielleicht auch mal zusammenraufen muss!«

»Aber ich finde auch nicht, dass das unbedingt einem Gefühl von Sicherheit widerspricht, wenn man sich auseinandersetzt«, wendet Maren ein. »Sicherheit ist ja nicht nur sture Ergebenheit. Ich zum Beispiel finde es sehr wichtig, dass eine Beziehung sicher ist. Aber meine sichere Beziehung zum Beispiel zu Markus besteht nicht darin, dass wir uns dreißigtausendmal am Tag Ich-liebe-dich-ich-liebe-dich sagen. Sondern gerade auch darin, dass wir uns auseinandersetzen, dass wir uns auch anschreien, kontrovers diskutieren und nicht immer einer Meinung sind – dass ich mich aber deswegen nicht weniger sicher bei ihm und mit ihm fühle.«

Ich nicke. »Ja, es ist ein Unterschied, ob es um ein Grundgefühl geht oder …«

»Eine Grundliebe, die da ist!«, bekräftigt Maren. »Und die ja auch nicht davon berührt wird, wenn ich Markus mal einen Tag nicht leiden kann. Vielleicht auch für den Moment; es ist ja nicht gesagt, dass es für die nächsten fünfzig Jahre so weitergeht. Aber gerade bin ich mir sehr sicher, dass ein popeliger Streit, oder auch ein heftigerer, an diesem Umstand nichts verändern wird.«

»Du hattest natürlich auch zwei Extreme«, sage ich zu Julia, »mit Timo und mit Nils …«

»Klar, einmal mit Timo – da war mein Problem die Selbstverständlichkeit. Ich finde nicht, dass es selbstverständlich ist, dass man zusammen ist. Sondern dass es wichtig ist, dass man sich immer wieder neu entscheidet und sich wahrnimmt! Das war so ein Brei irgendwie.«

»Und bei Nils war es ja das Gegenteil«, ergänze ich, »die Tiefschläge, wo man es null erwartet hat, weil eigentlich alles super lief.«

»Ja, und das ja auch relativ häufig, was keinesfalls erstrebenswert ist«, bestätigt Julia. Von Nils kam während der fünfjährigen Beziehung des Öfteren eine Betrugsbeichte oder auch mal eine spontane Trennung, jeweils aus heiterem Himmel. Aber das hat sich ja am Anfang nicht abgezeichnet. »Das hat sich halt dann so entwickelt. Und es gab ja auch viele gute und schöne Sachen an dieser Beziehung – aber in puncto Sicherheit war es nicht so doll.« Sie lacht. »Das hat mich schon ziemlich verunsichert und hat auch Spuren hinterlassen. Zumal ich ja aus so einem total sicheren Umfeld komme, wo ich weiß, meine Freunde bleiben und meine Familie bleibt – aber durch diese Nils-Geschichte merke ich, dass ich manchmal so Panik vorm Verlassenwerden kriege.« Sie überlegt. »Das Interessante war, dass ich trotzdem immer sicher war, dass er mich liebt. Das war nicht die Frage. Aber irgendwann konnte ich halt nicht mehr. So traurig das ist, weil wir uns auf vielen Ebenen ja sehr gut verstanden haben, aber das macht man ja nicht ewig mit. Es ist nicht schön, misstrauisch zu sein und solche Verlustängste zu haben. Wie oft ich in der Zeit geträumt habe, dass ich Zähne verliere – das habe ich gar nicht mehr. Man gerät dann auch in so ein komisches Abhängigkeitsverhältnis, finde ich. Ich bin ja normalerweise kein Mensch, der so klammert. Aber man gerät als die Hälfte, die immer die treue ist … und wenn der andere dann nicht so weiß … in eine komische Bittstellerposition, die total unangenehm ist. Man wird extrem unsicher.«

Ich nicke. »Ja, und man wird ätzend; man verändert sich zum eigenen Nachteil, und es kommen Seiten zum Vorschein, die man an sich ja selber nicht mag.«

»Ja, und manches davon kommt immer noch durch. Fünf Jahre sind eine lange Zeit. Aber es wird anders; vertrauen kann ich langsam wieder besser. Ich hatte ganz lange Zeit das Gefühl, immer Situationen deuten zu müssen. Wenn Jan irgendwie komisch geguckt hat oder schlecht drauf war, dachte ich gleich: Irgendwas ist im Busch! Das kenne ich noch ganz gut – das ist ätzend, und für den anderen ist es auch ganz schön anstrengend.«

»Ja, einen gewissen Halt braucht man schon«, resümiere ich.

Anne sieht nachdenklich aus, als fühlte sie sich unbehaglich, aber sie wagt sich trotzdem vor. »Die Frage ist echt – ich finde die richtig schwierig, weil sie mich auch so mit dem konfrontiert, was mich in letzter Zeit sehr stark beschäftigt hat! Einmal mit dieser Arbeitslosigkeit und dass auch meine Eltern mir nicht mehr so aushelfen können wie früher. Das ist neu für mich. Und dann«, sie greift nach ihren Zigaretten, »dass ich mich auch in dieser relativ jungen Beziehung zwischen Nick und mir noch nicht vollkommen sicher fühle. Da bin ich in manchen Dingen enorm verunsichert. Ich habe es halt nie gelernt, darauf zu vertrauen, dass mich wirklich jemand so bedingungslos liebt. Und den Zeitpunkt, eine Beziehung zu beenden, haben die Leute, die mir wichtig waren, dann eher von sich aus bestimmt. – Na ja.« Sie rümpft die Nase. »Das ist ja wahrscheinlich immer so bei enttäuschten Lieben, dass die anderen das entscheiden. Oder?«

»Hm ... ja«, mache ich unentschlossen. »Bei meinem Exfreund habe ich andererseits den Schlussstrich gezogen. Aber da habe ich wirklich nur die Entscheidung getroffen. Und weniger, weil ich ihn hätte abschießen wollen oder weil ich keine Gefühle mehr für ihn gehabt hätte, sondern eher, weil ich das Gefühl nicht ausgehalten habe, mich nicht so geliebt zu fühlen.«

»Echt? Bei Tobias?«, fragt Anne überrascht.

»Genau. Da war es nicht die Unsicherheit: Oh, er verlässt mich bestimmt; das hätte er, glaube ich, nicht getan. Er war einfach – im Ansatz eigentlich ähnlich wie Basti – nicht so kommunikationsfreudig, was Gefühle betraf, oder jedenfalls kam das bei mir nicht an. Und gegangen bin ich aus dieser Unerträglichkeit der Situation heraus – nicht weil ich ihn nicht mehr geliebt hätte; es hat noch sehr lange gedauert, bis ich damit durch war. Da habe ich anscheinend diese Sicherheit dann doch vermisst – diese Geborgenheit in dem Gefühl, geliebt zu werden.« Von der unerwarteten Schwere des Themas überrascht, nehme ich mir lieber auch eine Zigarette. »Und die habe ich bei Basti jetzt schon. Aber nicht – wie Maren auch sagt –, weil man sich das immerfort bestätigt, sondern weil man sich auseinandergesetzt hat und sieht, wie oft es eben nicht zerbricht. Und so die Angst verliert, weil man merkt, wie wichtig das beiden ist. Man setzt sich ja auseinander, weil man sich die Mühe miteinander machen will – das ist ja auch anstrengend.« Ich wende mich an Barbara. »Wieso waren das bei dir eigentlich immer so unsichere Kandidaten? Oder hast du sie zeitweise als sicher empfunden?«

Barbara schüttelt den Kopf. »Nö. Ich habe, glaube ich, einfach bei jeder Beziehung von Anfang an gedacht: Das geht nicht lange gut. Das fand ich aber offensichtlich ganz beruhigend; ich habe mir das ja immer so ausgesucht. Das hat mir ganz gut gefallen – gar nicht aus so einem Spaßdenken heraus, dass ich mir dann wieder einen Neuen suchen kann, sondern dass es vielleicht auch nicht so eine Enttäuschung sein wird, wenn es vorbeigeht. Irgendwie so was muss ich gedacht haben. – Dafür hat es ja dann immer noch relativ lange gehalten«, schiebt sie nach.

»Und hast du dir das mal anders gewünscht?«, frage ich. »Dass jemand sagt: Barbi, das ist unser Leben – leben wir es bis zum Ende?«

»Nee, ich hab eher Schiss gehabt, dass so was mal passiert. – Also dieser eine, den ich mal kennengelernt habe: Der war supernett! Der war, glaube ich, der netteste Mann, der mir über den Weg gelaufen ist.« Sie schüttelt nachträglich beeindruckt den Kopf. »Der war menschlich einfach *unglaublich* nett und auch wahnsinnig nett zu mir, das konnte ich gar nicht verkraften. Da habe ich sofort wieder Schluss gemacht. Er hat mir Frühstück ans Bett gebracht, da dachte ich direkt: Uah, Frühstück ans Bett!« – Schallendes Gelächter.

Ich bin fassungslos. »Ich wünsche mir ja seit sechs Jahren Frühstück ans Bett und kriege es nicht.« – »Und Barbara wirft es einfach weg«, ergänzt Maren.

»Ja, der hat alles erfüllt, was man sich nur wünschen konnte. Das hat mir einfach unglaublich Angst gemacht; da dachte ich gleich: Oh, vielleicht bin ich ja doch noch in Adrian verliebt! – Und habe einen Rückzieher gemacht.«

»Oh Mann!« Ich bin erschüttert.

Barbara schüttelt den Kopf. »Nee, ich fand es immer eher beruhigend, wenn ich dachte, das ist jetzt nicht so eine sichere Bank.«

»Das finde ich total interessant«, sagt Julia befremdet. »Ohne den Gedanken, dass ich mit diesem Mann den Rest meines Lebens verbringen könnte, kann ich, glaube ich, überhaupt keine richtige Beziehung eingehen. Was genau macht dir denn daran Angst?«

»Das wüsste ich auch mal ganz gerne! Aber ich habe gleich Beklemmungen, wenn ich mir das nur vorstelle – dass jemand zu mir sagen könnte: ›Ich bleibe jetzt …‹« Sie schaudert. »Keine Ahnung. Während der Beziehungen hatte ich die Angst nicht so. Aber es waren ja auch immer Männer, bei denen von vornherein klar war, dass es jetzt nicht so vertrauenswürdige, seriöse Typen waren.« – Gelächter beim Gedanken an die jeweiligen Geschichten.

»So wie David, wo irgendwann die Zweitfreundin mit der Beweisunterhose vor der Tür stand?«, führt Julia an.

Barbara lacht. »Zum Beispiel. Oder Adrian. Und – na ja, Simon, als letztes Beispiel …« Sie schüttelt belustigt den Kopf. »Ich glaube, ich fand es auch immer ganz schön, ein bisschen darunter zu leiden. Dass ich denen Vorwürfe machen konnte und dass ich jedenfalls nicht schuld bin, wenn es scheitert. So was in die Richtung.«

»Dass es nicht von Anfang an eine sichere Bank sein soll, kann ich schon verstehen«, sage ich. »Mit Basti fing das ja auch als unverbindliches Techtelmechtel an. Ich habe später zwar manchmal darunter gelitten, dass er so ein Sicherheitsbekenntnis vehement verweigert hat, weil man das nicht garantieren könne und so. Obwohl ich ja weiß, dass er recht hat und dass natürlich immer was dazwischenkommen kann. Andererseits ist unsere Beziehung in diesem Klima echt gut gediehen.«

Anne grübelt. »Verlustangst – das ist ja auch immer gleich so ein negatives Wort. Und hängt dann wie der dramatische Moll-Akkord im Raum. Dabei ist das doch in gewissem Maß total normal und bedeutet ja nur, dass einem etwas wichtig ist.« – Ich nicke. »Ja.« – »Aber was macht einem da solche Angst?«, fährt Anne fort. »Ich sehe auch ganz stabile und sichere Beziehungen, wo die Partner teils auch sehr aufeinander ausgerichtet sind. Da frage ich mich aber: Muss das so sein? Jemanden zu haben, der nur auf mich fixiert wäre, fände ich auch schwierig.«

»Das ist doch auch so wichtig«, sagt Maren, »dass man immer zwei Menschen bleiben sollte – nicht einfach nur zu einem Paar werden.«

»Und trotzdem, puh …« Anne schüttelt den Kopf. »Sich von dieser Angst vor Verlust freizumachen – das ist echt eine Lebensaufgabe!«

»Und macht dir berufliche und finanzielle Unsicherheit genauso zu schaffen, oder eher weniger?«, frage ich.

»Weniger, weil ich glaube, wenn man in einer intakten Beziehung lebt, die auch trägt … muss man ja nicht in Saus und Braus leben, um glücklich zu sein.«

»Ja«, stimme ich zu. »Im Zweifel hat man dann immer noch das Gemeinsam-gegen-den-Rest-der-Welt-Gefühl – und wenn es nicht der Rest der Welt ist, dann ist es vielleicht der finanzielle Ruin, aber man stärkt sich gegenseitig den Rücken. Das macht für die Psyche extrem viel aus.«

»Und das finde ich toll«, sagt Anne, »weil das, was Basti und du jetzt erlebt habt, nachdem ihr lange Zeit von der Hand in den Mund gelebt und euch vieles versagt habt, das festigt ja auch eure Beziehung! Und dass man da miteinander funktioniert – das ist schon sehr wertvoll.«

»Ja«, nicke ich und runzle die Stirn. »Aber interessant, dass ich trotzdem sofort Angst bekam, als Basti gut verdiente …«

»Und komisch, weil ich das von außen betrachtet bei euch auch überhaupt nicht nachvollziehen kann.«

»Ich glaube, da ist die Angst eher in mir und meinen Komplexen begründet«, überlege ich. »Letztlich haben auch diese Ängste, was Basti betrifft, viel mehr mit meiner beruflichen Unsicherheit zu tun. Was auch zeigt, was für einen bescheuerten Wert ich der Sache zumesse. Aber es scheint eben so ein Ding zu sein – das dann auch alles andere mit runterreißen kann.«

Anne nickt. »Ja, diese Momente, in denen einem die eigene Unsicherheit so bewusst wird, machen einen ganz schön weich …«

Die Stimmung ist richtig rührselig geworden. Nach ein paar Schlucken Wein schüttle ich die Sentimentalität ab und komme wieder zum Thema. »Und beruflich, findet ihr Sicherheit da einschränkend oder gut?«

Barbara legt den Kopf schief. »Da bin ich unentschlossen, ein bisschen. Völlige Unsicherheit finde ich da schon schwierig. Wenn ich so gar nicht weiß, was am Ende des Monats an Geld da ist oder wie es überhaupt weitergeht ...«

»Im Moment hast du ja zumindest Jobs«, stelle ich fest.

»Ja. Wobei das ja auch nicht besonders langfristig gedacht ist, muss man ja sagen – der Café-Job geht bis Mitte Oktober ...«

»Ist das ein Draußen-Café?«, fragt Maren.

»Ja.« Barbara lacht. »Schön, da hab ich mir gleich wieder was ausgesucht, was auch in absehbarer Zeit wieder vorbei ist.« – Gleich herrscht wieder Belustigung. – »Ich finde es aber auch nicht unbedingt erstrebenswert, komplett fest in ein Unternehmen einzusteigen oder verbeamtet zu werden und zu wissen: Für die nächsten zwanzig Jahre habe ich ausgesorgt.«

»Aber eine leichte berufliche Sicherheit ist nicht zu unterschätzen«, findet Maren.

Ich nicke. »Das stimmt allerdings.«

»Ich fand es total toll, plötzlich Geld zu verdienen und mal richtig was aufs Konto zu kriegen«, fährt Maren fort. »Die Freiheit und die Sicherheit, die sich damit ergeben, das ist enorm.« – »Stimmt, es ist vor allem Freiheit, nicht?«, werfe ich ein. – »Und es muss ja nicht wahnsinnig viel sein, aber es ist schon super, wenn es für alle reicht. Da hilft eine gewisse Sicherheit, das Leben lockerer zu sehen«, schließt Maren.

»Na ja«, widerspricht Julia, »aber man schafft sich da vielleicht auch ...« Sie unterbricht sich. »Also: Klar, das stimmt schon. Ich muss auch Geld verdienen und wissen, dass ich damit über die Runden komme. Meine Situation ist für viele vermutlich das Gegenteil von Sicherheit, weil ich unregelmäßig Geld verdiene und nie genau weiß, wann ich das nächste Mal arbeite, aber für mich funktioniert das ganz gut. Ich merke aber auch«, kommt sie zum eigentlichen Punkt: »Je mehr Geld ich verdiene, desto mehr legt man sich damit gleichzeitig auch wieder ein bisschen fest. Und da wächst dann so eine Unsicherheit an anderen Fronten heran, die man sich hochzüchtet.«

»Ja, die man sich selber schafft!«, nicke ich. »Du meinst doch so Lebensstandardsachen – wie zum Beispiel sich ein Auto anschaffen und es dann halten müssen, oder?«

»Na klar, das ist ja immer so! Je mehr man verdient, desto mehr gibt man aus. Und dann ist man es plötzlich wieder gewohnt, dreimal im Jahr in den Urlaub zu fahren oder ein Auto zu haben – oder auch, nur noch im Edeka einzukaufen, weil der näher ist und man keine Lust auf die halbschimmligen Zucchini im Aldi hat. Oder dass man seine zwanzig Kaffee am Tag trinkt und hier noch mal ein Stück Kuchen verspeist und abends auf ein Konzert geht. Das ist halt ein Lebensstandard, den man dann auch aufrechterhalten will, und so muss man immer genauso viel leisten – wenn nicht mehr sogar, weil vielleicht noch mal ein Extrawunsch dazukommt. Das engt einen ja ein. Und da kommt dann wieder Unsicherheit, ob man sich das alles noch leisten kann – bei mir zum Beispiel, gerade weil ja meine Jobs so unregelmäßig sind. Ich traue mich oft nicht, auf mein Konto zu gucken – obwohl es eigentlich nicht so schlimm sein kann, aber es kostet mich Überwindung.«

Ich nicke; das leuchtet mir ein, aber meine eigenen Baustellen sind derzeit noch grundlegender. »Ich finde es schon gut, die nächsten drei Monate sicher zu haben. Dass man zumindest ahnt, es geht irgendwie weiter. Zeitweise war es ja bei uns beiden extrem unsicher, und was dann für einen vielleicht noch gereicht hätte, das wurde dann für zwei schon echt knapp. Und da noch was zurücklegen zu können …«

»Zurücklegen mache ich ja ungefähr nie«, schiebt Julia ein. »Also, minimal.«

»Ich schon. Ich habe immer so einen Puffer, den ich, wenn es schlecht läuft, nach und nach aufbrauche, bis wieder was kommt.« Ich überlege. »Doch, in einem gewissen Rahmen finde ich finanzielle Sicherheit schon wichtig. Andererseits bin ich mit diesem Freiberuflerdasein völlig glücklich und zufrieden. Das war trotzdem die richtige Entscheidung: Die Aussicht auf einen 9-to-5-Job schreckt mich im Moment noch mehr ab als Geldsorgen.«

Maren verdreht die Augen. »Ja, das habe ich auch gemerkt: So ein Job, wo man morgens hinfährt, seine Stunden abreißt und abends wieder nach Hause fährt, gibt dir auch total viel Sicherheit. Die Sicherheit, dass du abends nach Hause kommst, komplett im Arsch bist und erst mal auf dem Balkon ein Glas Wein trinken musst. Und dass am nächsten Tag genau das Gleiche passiert.«

»Das ist halt der Preis, den man dafür zahlt«, sagt Julia. »Da verzichte ich dann doch lieber ein bisschen auf Sicherheit – na«, relativiert sie, »es geht ja alles immer nur in dem Rahmen, in dem man es selbst aushält. Wenn ich an Nils denke, der so mörderunregelmäßig und so wenig verdient hat und dann trotzdem immer ohne Rücksicht auf Verluste Sachen gemacht hat, dass ich dachte: Wo nimmt der diese Grundentspanntheit her? – Das kann ich nicht ertragen! Nicht wenn mein Konto dermaßen überzogen ist.«

»Ja, und wenn dann noch ein Kind da ist, wie bei euch«, wende ich mich an Maren, »das ist ja auch noch mal eine andere Nummer. Dann fragt man sich bestimmt noch mal: Muss es jetzt so risky sein, wenn schon die Stulle in Gefahr ist?«

»Notfalls halt doch wieder stillen«, sagt Maren, und wie auf Kommando fängt Peter an zu brüllen.

»Und wir kommen zu einer einfacheren Frage«, bestimme ich.

DIE 29. FRAGE

Auch mal an später denken

Wie halten wir es mit der Altersvorsorge?

»ICH WEISS NICHT, OB DAS JETZT SO VIEL EINFACHER IST …« Anne lacht. »Bei mir: keine Altersvorsorge, kein Bausparvertrag.«

»Und findest du das komisch?«, frage ich.

»Ja. Das steht schon in der Pipeline, dass ich das demnächst mal angehe.«

»Ich habe tatsächlich so eine Versicherung«, meldet Julia, »von der ich nicht genau weiß, wie sie heißt, die aber bewirken soll, dass ich später mal zusätzlich zur Rente noch was ausgezahlt bekomme. Und ich denke, so wie bei der Kirche, permanent drüber nach, ob ich das jetzt nicht mal kündigen sollte, weil ich nicht daran glaube, dass das Geld später noch so viel wert sein wird. Dann vergesse ich es aber immer. Ich habe irgendwann meinen Versicherungsfritzen gefragt, ob das eigentlich Sinn macht, und er sagte, eine zweite Schiene zu fahren wäre ja immer gut. Aber irgendwie glaube ich da nicht so wirklich dran. Ich denke ja eher: Genieße den Moment! Ich überlege ein bisschen, das aufzulösen und mir lieber jetzt etwas zu leisten oder eine Rücklage zu haben.« Sie zuckt die Achseln. »Aber das ist eine komplett emotionale Einschätzung, die nichts mit Fakten zu tun hat, weil ich mich mit diesen Sachen einfach null auskenne.«

»Darum geht es ja auch«, nicke ich zufrieden.

»Hast du schon mal eine Renteninformation geschickt bekommen?«, fragt Maren, augenscheinlich auf irgendwas hinauswollend.

»Ja«, sagt Julia. »Ich habe das nie durchgelesen ... Hundert Euro oder so? Hundertvierzehn?«

»Wenn überhaupt. Da wird dann jedes Jahr ausgerechnet«, erklärt sie, »was man wahrscheinlich später mal bekommt, und es ist wirklich erschreckend. Bei mir waren es, glaube ich, fünfzig Euro im Monat. Was mich sehr gefreut hat: Fünfzig Euro, super!«

Julia nickt. »Ja, das ist nix.«

Auch Anne rümpft die Nase. »Ich glaube, mein Anspruch auf Rente beträgt 200 oder 300 Euro. Vielleicht sind es auch 400? – Nee, das würde ja meine Miete zahlen. Aber jedenfalls war es ein Betrag, dass ich dachte, pff ...«

»Aber wann?«, frage ich. »Wenn du jetzt aufhören würdest? Wohl nicht, oder?«

»Ach so ...« Anne guckt verwirrt. »Das hab ich auch nicht verstanden.«

»Gesetzliches Rentenalter wahrscheinlich? Ich weiß es auch nicht genau.«

Anne kratzt sich am Kopf. »Gute Frage ... Keine Ahnung.«

»Von daher«, macht Maren zu Julia gewandt ihren Punkt, »hör lieber mal auf deinen Vermögensfritzen und lass es weiterlaufen.«

»Aber ich glaube einfach nicht daran, dass ich diese 75 Euro monatlich, die ich da jetzt einzahle, in irgendeiner Form so im Wert wieder ausgezahlt bekomme«, sagt Julia.

»Aber die bleiben ja! Der Vorteil ist ja gerade, dass du dieses Geld nicht dem Staat gibst, der Renten kürzt, sondern das ist deine eigene Vorsorge, die du dir selber anlegst. Und die arbeitet ja auch!«

»Ja gut, aber glaubst du daran, dass das wiederkommt? Ich persönlich kann mir nicht vorstellen ...«

»Du bekommst ja«, unterbricht Maren, »für diese 75 Euro wahrscheinlich in irgendeinem Depot irgendwelche Anteile. Und die entwickeln sich ja am Markt auch.«

»Mag sein«, beharrt Julia, »aber ich glaube an den ganzen Markt nicht wirklich. Ich glaube auch, dass es irgendwann bei uns eine Inflation gibt und ich jahrelang einzahle, und das, was ich dann wiederbekomme, einfach nichts mehr wert ist.«

»Na wenn du die Angst hast – so viel Vertrauen sollte man schon in die Welt setzen, denke ich.«

»Na ja, die Welt!« Julia macht eine ausschweifende Geste, während wir den kleinen Glaubenskrieg zwischen ihr und Maren verfolgen. »In dieses Wirtschaftssystem habe ich nicht so viel Vertrauen, muss ich sagen!«

»Ja, aber wir werden ja nie wieder in Löchern wohnen!«

»Weiß ich nicht!«, trotzt Julia.

»Na, wir werden nicht wieder Höhlenmenschen werden«, sagt Maren geduldig. »Wir werden immer in Häusern wohnen, immer eine Wirtschaft haben, immer arbeiten und Dienstleister sein; wir werden nicht alle zu Handwerkern werden und alles selber anbauen und kein Geld als Tauschmittel benutzen. Das wird einfach nicht klappen, dieser Rückschritt.«

»Ja, das mag sein, aber ich schließe zum Beispiel nicht aus, dass es mal wieder einen Krieg gibt und alles ist weg. Und ich glaube nicht, dass es dann heißt: ›Ach, da hamse aber brav eingezahlt! Das kriegen Sie dann auch jetzt alles zurück!‹«

»Dann eher der Sparstrumpf unter der Matratze?«, frage ich.

Anne winkt ab. »O je, hör mir auf …«

»Aber ich glaube, man sollte einfach nicht an so was denken«, meint Maren.

»Mein persönlicher Traum wäre ja«, sagt Julia, »mir irgendwann ein Grundstück leisten zu können. Land, das fände ich super. Dann würde ich immer denken: Okay, zur Not donner ich da 'ne Kartoffel in den Boden!«

»Aber dann hast du ja quasi auch was investiert«, entgegnet Maren. »Nur kannst du es halt jetzt nicht, weil uns immer die Mittel dazu fehlen.«

»Ja, das ist halt immer das Problem!«, ruft Julia und lacht.

»Aber du kannst ja zum Beispiel auch eine Lebensversicherung abschließen, die nicht erst ausgezahlt wird, wenn du tot bist, sondern vielleicht schon mit fünfzig ...«

»Ja, das stimmt«, gibt Julia sich geschlagen.

»Und dann bekommst du einfach einen Batzen Geld – dann hast du investiert und denkst: Wow, 15.000 Euro! Wir haben zum Beispiel eine, die ist bis 2017 fest – und das ist zwar noch weit weg, aber halt auch nicht mehr *so* weit! Und wenn wir dann noch mal überlegen: Jetzt vielleicht ein Haus?«, Maren breitet die Arme aus. »Dann bekommen wir halt noch eine Ladung Geld von der Lebensversicherung, und das hilft!«

»Und passt auf, da kommt nämlich ihr ins Spiel!« Julia wird wieder lebhaft. »Ich fände es nämlich großartig, wenn man sich so was vielleicht mal teilen könnte. Dann geht es nämlich eventuell!«

Ich nicke. »Ja, die Idee finde ich auch ganz charmant! Ich muss sagen, diese Anlagen, selbst wenn ich investieren könnte – ich bin, offen gestanden, was Finanzen angeht, unglaublich dumm aufgewachsen.«

»Ich auch!«, ruft Julia.

»Ich bin auch dumm aufgewachsen«, sagt Maren, »aber ich habe halt einen Finanzfuzzi als Ehemann.«

»Das ist wirklich sehr, sehr nützlich!«, muss ich zugeben.

»Selber habe ich auch keine Ahnung, aber er hat immer ganz gute Begründungen.«

»Ja, das ist noch mal was anderes«, sage ich. »Sonst sind mir diese Anlagen immer zu virtuell, und solange ich da niemanden habe, dem ich wirklich vertraue und von dem ich denke, der hat es wirklich drauf, ist es für mich keine unmittelbare Option. Obwohl es ja anscheinend an der Zeit wäre. Ich glaube, ich habe euch schon von meiner zirka 22-jährigen Bankberaterin erzählt, die nach meinem Studium – ich war 28 – vor mir saß, im Blazer, und sagte: ›Ich weiß, in Ihrem Alter verdrängt man die Frage nach der Altersvorsorge auch gerne mal …‹« – Die anderen lachen. – »›Aber Sie sollten darüber wirklich nachdenken. Wie viel, meinen Sie denn, könnten Sie im Monat dafür erübrigen?‹ Und ich saß da in meiner Jeans mit runtergetretenem Saum, etwas verzweifelt: ›Null Euro?‹« Ich muss auch lachen. »Ich habe ja mit diesem 500-Euro-Job angefangen, und da blieb dann nicht mehr so viel übrig, es sei denn, ich hätte aufs Essen verzichtet. Und so war der Gedanke erst mal weit weg. – Ich finde es ja vernünftig betrachtet total gut und richtig, wenn du das sagst, dass es in der Pipeline ist«, wende ich mich an Anne. »Sollte es bei mir auch. Aber ich glaube, ich muss erst mal die Existenzprobleme ganz aktuell lösen.« – Anne nickt. »Ja.« – »Und dann sind ja Berufswege heute auch nicht mehr unbedingt völlig stringent – was weiß ich, ob ich nicht doch noch mal irgendwo angestellt bin und im Anschluss wieder frei arbeite! Und wenn man nicht lange genug in eines der beiden Modelle einzahlt, ist das Geld unter Umständen weg – wie heißen sie?« Ich stehe kurz auf dem Schlauch. »Rürup und …«

»Riester«, kommt es prompt vierstimmig. »Riester kommt für mich nicht infrage«, fügt Julia hinzu.

»Für mich nämlich auch nicht«, sage ich. »Rürup aber eben auch nicht zwingend, weil ich nicht vorhersehen kann, wie sich die Dinge entwickeln. Und da finde ich die Immobiliensache so schön konkret – ob es eine Wohnung ist oder ein Grundstück …«

»Aber das ist doch das Problem, das können wir uns nämlich gar nicht leisten«, ruft Maren, die Stimme der Vernunft. »Mit zehn Euro im Monat kann man so was eben nicht kaufen. Das ist dann wie …«

»Im Lotto gewinnen ist doch eine realistische Option«, finde ich. Julia lacht.

»Oder wenn man ein Café aufmachen will«, bleibt Maren unbeirrt. »Da muss man erst fünfzehn Jahre arbeiten, um sich so was leisten zu können.«

»Na ja, ich glaube, so was könnte man schon auch anders hinkriegen«, meint Julia.

»Finanzieren und abbezahlen halt, das dauert natürlich«, bin ich ungewohnt vernünftig.

»Und mit welchen Sicherheiten?«, fragt Maren.

Julia macht eine großzügige Armbewegung. »Sicherheiten, Sicherheiten ...«

»Diese Hände«, schlage ich dramatisch vor.

»Dann fragen sie nämlich: ›Was machen Sie denn beruflich?‹«

»Ich höre mich sagen: ›Ach, ich bin freiberufliche Historikerin und schreibe.‹ Das wird sicher kein Problem sein.«

»›Und was haben Ihre Eltern?‹«, spinnt Maren die Situation weiter.

»Tatsächlich haben sie mir ja knapp ein Drittelhaus überschrieben, aus steuerlichen Gründen«, fällt mir ein.

»Dann hast du ja schon mal eine Sicherheit«, sagt Maren. »Drittelhaus! Sonst noch jemand?«

»Jetzt kommen wir zu dir, Barbara«, sagt Julia.

»Ich habe überhaupt keine Vorsorge«, sagt Barbara, die bisher geschwiegen hat. »Ich habe mich tatsächlich irgendwann mal damit auseinandergesetzt, aber auch völlig halbherzig. Da habe ich mich an der Uni anquatschen und mich kurz beraten lassen. Und als ich dann gesagt habe, wie viel ich verdiene, hat der Mann mich angeguckt und gefragt: ›Wie, dafür gehen Sie arbeiten? Da müssen Sie sich mal einen anderen Job suchen.‹ Und ich dachte: Haha, sehr witzig.« – Mitfühlendes Lachen von uns.

»Danke fürs Gespräch ... und für die kompetente Beratung«, bemerkt Maren.

»Er hat mir das dann alles vorgerechnet und meinte: ›So ist das, wenn Sie jetzt anfangen – wenn aber erst in drei Jahren, dann kriegen Sie *so* viel weniger.‹ Ich habe totale Panik geschoben und mich dann dafür entschieden, einfach gar nichts zu machen. Das Übliche.« – Schallendes Gelächter. – »Ich dachte halt, ich muss mich damit auseinandersetzen, habe gesehen, dass ich eben keine fünfzig oder siebzig Euro im Monat übrig habe, und dachte dann: Gut, mache ich das eben nicht und denke einfach nicht mehr dran.«

Julia nickt. »Ja, bei mir steigert sich das halt jedes Jahr – der Satz, um dem Wertverlust des Geldes entgegenzuwirken. Ich habe mit fünfzig Euro angefangen, jetzt bin ich bei siebzig, und jetzt habe ich letztens diesen Zettel aufgemacht – aber ich lese mir das immer nicht so richtig durch …«

»Okay«, beendet Maren das Desaster resolut. »Ich glaube, ich komme mal mit meinem Mann vorbei, nach Hamburg und Berlin.«

Großer Jubel: »Macht ihr das?«

»Bei mir hakt es auch daran, dass ich immer so in Schüben Geld verdiene«, schiebt Julia nach. »Wenn es regelmäßig kommt, ist alles nicht so schwer, aber so …«

»Es gibt für alles eine Lösung«, sagt Maren stoisch.

»Ich rede mir auch immer ein, ich müsste dann auf irgendwas verzichten«, sagt Barbara. »Dann denke ich: Fünfzig Euro, das ist in etwa meine Handyrechnung – ach, dann lieber das Handy. Gebe dann aber natürlich an anderer Stelle fünfzig Euro für irgendwas aus, wo man denken könnte: Die hätte man jetzt auch besser investieren können.« Sie lacht. »Meine ultimative Ausrede für mich selber war immer: Ich lebe später eh in einem anderen Land.«

»Ja?« Julia lacht.

»Ja, das dachte ich immer: Ach, dann gehe ich irgendwohin, wo man billig leben kann! Und dann kriege ich eh keine Rente. Völlig blauäugig und ohne Grundlage.« Sie schüttelt den Kopf, verwundert über sich selbst.

»Es ist halt total nervig, über so was nachzudenken«, räumt Maren ein. »Und da bin ich heilfroh, dass ich sagen kann: Markus – schön, dass du das machst! Weil ich auch keine Ahnung habe – gut, mein Mann ist da vielleicht ein bisschen extrem.« Sie lacht. »Ich weiß gar nicht, wie viele Bausparverträge es gibt … – Aber es macht schon Sinn – das geht nicht verloren. Das beste Beispiel war für mich der Bausparvertrag, den ich während der Ausbildung abgeschlossen habe und den ich nach sieben Jahren kündigen konnte. Das hat mir 7000 Euro gebracht, und ich dachte: Woah! Geil! – Das war total toll, dass da auf einmal Geld einfach schon da war, und man konnte den Vertrag auflösen und hatte das Geld zur Verfügung. Das meine ich auch bei Lebensversicherungen und so: dass da auf einmal so ein Batzen kommt, womit man planen und worauf man sich einstellen kann.«

Barbara guckt skeptisch. »Ich weiß nicht – die stellen mir immer solche Fragen, wo ich nur denke: Keine Ahnung, keine Ahnung, was weiß ich … ›Wollen Sie später mal eine Immobilie haben?‹ – Keine Ahnung! – ›Wollen Sie sich mal selbstständig machen?‹ – Was weiß ich?«

»Das Einzige, wo ich relativ sicher bin, ist, dass ich nichts bauen will«, sagt Julia.

»Aber kaufen schon?« Maren runzelt die Stirn.

»Was kaufen finde ich toll – die Idee, aus dem, was da ist, was Neues zu machen und nicht noch zusätzlich Land zu bebauen. Den Gedanken, etwas Bestehendes nach meinen eigenen Anforderungen zu gestalten, finde ich schön. – Aber gut, im Moment, wie gesagt, reicht mein Anschaffungsvermögen schätzungsweise …«, sie zuckt die Achseln und lacht »… vielleicht für ein Bett. Eine Matratze ist dann schon wieder ein bisschen teuer – eine gute kostet ja. Da geh ich doch lieber Kaffee trinken, siebzigmal am Tag.« Sie winkt ab. »Nächste Frage!«

DIE 30. FRAGE

Eltern

Wie hat sich das Verhältnis zu ihnen verändert?

WENN WIR ERWACHSEN WERDEN – KRIEGEN SIE DAS MIT? Oder lässt man die Kinderrolle nicht so leicht hinter sich?

»Ich habe es noch nicht ganz geschafft, mich aus der Kinderrolle rauszuarbeiten«, fängt Barbara an.

»Nee, ich, glaube ich, auch nicht«, sagt Anne. »Ich frage mich, ob sich das vielleicht wirklich erst verändert, wenn man selber eine Familie gegründet hat.«

Barbara legt den Kopf schief. »Bei mir hat das teilweise mit dem Freund meiner Mutter zu tun, dass ich mich noch nicht ganz gelöst habe. Ich weiß gar nicht, ob er mich wirklich so behandelt, als wäre ich noch ein Kind – oder ob ich mich in diese Rolle nur so reinmanövriert habe und jetzt denke, das ist halt so, weil es meiner eigenen Sicht auf mich im Grunde entspricht. Für ihn ist man halt erst dann erwachsen, wenn man einen richtigen Job hat und sein eigenes Geld verdient. Er weigert sich auch, mich irgendwas bezahlen zu lassen, wenn ich da bin – nicht aus reiner Nettigkeit heraus, sondern weil er meint: ›Das kannst du machen, wenn du Geld verdienst.‹ Und ich denke: Okay, worauf warten wir hier? Wann soll das sein?« Sie lacht ein bisschen verzweifelt. »So wie meine Mutter auch sagt, sie heiraten erst, wenn wir Kinder Geld verdienen.«

»Aha, warum das?«, fragt Julia.

»Weil sie noch diese Witwenrente bekommt, eine ihrer wenigen Einnahmequellen, und das hört auf, wenn sie wieder heiratet. Sie möchte uns gerne unterstützen können, solange wir nicht richtig verdienen. Aber das ist auch schon wieder fünf Jahre her, dass sie das gesagt hat.« Barbara lacht.

»Meine Eltern sind ähnlich«, sage ich. »Ich habe ja letztes Jahr tatsächlich auch mal Geld verdient – ich will nicht sagen Unmengen, aber es hat irgendwie gereicht. Und im Winter kam meine Mutter nach Berlin, wir sind essen gegangen, und ich wollte sie gerne einladen – aber das war schlicht nicht machbar. Sie ist richtig sauer geworden, als ich Anstalten gemacht habe, um die Rechnung zu bitten. Da besteht sie drauf. Es geht inzwischen manchmal, dass ich für sie koche – aber selten; mein Vater rührt dann auch gerne rein. Letztlich lassen sie sich noch nicht sehr viel abnehmen«, fasse ich zusammen, »dafür betrachten sie mich, glaube ich, noch nicht als erwachsen und …«

»Unabhängig genug«, ergänzt Anne. – »Genau.«

»Meine Eltern haben damit jetzt aufgehört«, sagt Maren. »Wenn ich einkaufen gehe und frage: ›Mama, kann ich dir was mitbringen?‹ – dann lasse ich mir nicht hinterher für den Kochschinken und für das Brot 3,80 Euro geben. Sondern sage: ›Mama, lass es jetzt einfach.‹ – ›Okay.‹«

»Auf den Moment freue ich mich noch«, sage ich.

»Wobei das auch erst so ist, seit ich wirklich Geld verdient habe«, relativiert Maren. »Während des Studiums noch nicht. Aber das wird sich bestimmt noch bessern mit der Akzeptanz«, tröstet sie.

»In anderen Sachen begegnen wir uns mehr auf Augenhöhe«, erzähle ich. »Meine Mutter fragt mich öfter um Rat, wenn sie Sorgen hat. Und auch mit meinem Vater – früher, so mit 23, gab es regelmäßig Gespräche über mein Studium und derlei; da hatte er so einen bestimmten Ton, dass ich an die Decke gegangen bin! Ich hab mich so in diese Kinderrolle gedrängt gefühlt und sie auch gleich völlig unsouverän ausgefüllt. Und das ist alles deutlich besser geworden; mittlerweile betrachten sie mich mehr als Erwachsene – auch wenn sie mich und Basti ja noch sehr unterstützen, worin sie auch unglaublich toll sind. Dann sagen sie, sie wollen ihren Anteil an den Preisen, wenn es so weit ist, um es ein bisschen nett zu machen. Und glücklicherweise hat es ja bei Basti jetzt auch vorläufig mal geklappt – da sehen sie zumindest, dass es nicht voll in den Wind geschossen ist. Jetzt wird noch auf mich gewartet.« – Die anderen lachen. »O je«, sagt Barbara. – »Und meine Mutter fängt auch ganz langsam, ganz zart an, von Enkeln zu reden«, fällt mir noch ein. »Aber überhaupt nicht drängelig.«

»Das hätte meine Mutter überhaupt nicht gewagt«, sagt Maren, »zu sagen: Ich hätte jetzt langsam gern mal Enkel. Wobei sie unter ihren Freundinnen als Letzte Oma geworden ist. Und sie ist auch sehr glücklich darüber, dass es jetzt geklappt hat, aber obwohl sie lange warten musste, war sie bis dahin wirklich geduldig.«

»Meine Mutter sagt auch nur so kleine Dinge«, stelle ich richtig, »wie: Der große Garten wäre eigentlich toll für Kinder. Oder wenn sie mich versonnen anguckt: dass in deinen Bauch ein Kind reinpassen soll …«

»Oh, ist das aber süß!«, sagt Anne.

»Eigentlich ist es nur, dass ich merke, dass die Sache in ihrer Gedankenwelt mittlerweile existiert«, resümiere ich.

Anne nickt. »So eine leise Erwartung haben meine Eltern bestimmt auch. Ich glaube, sie würden wahnsinnig gerne Enkelkinder haben. Aber es ist noch nicht so, dass sie mir«, wir fangen schon mal an zu kichern, »Babybrei-Adventskalender zukommen lassen, um …« Anne reißt sich zusammen und wird wieder ernst. »Es ist nicht so, dass sie sich nach meiner Beziehung erkundigen und fragen würden, wann denn jetzt die ersten Kinder kommen.«

»Ich bin gespannt, ob der Gedanke präsenter ist, wenn meine Eltern in Rente sind«, überlege ich. »Im Moment arbeiten sie ja noch voll, und ganz schön viel.«

Maren nickt. »Das ist echt noch mal ein großer Schritt!«

»Was bei mir in den letzten Jahren wirklich neu ist«, sage ich, »ist, dass ich anfange, mir Sorgen um meine Eltern zu machen. Das war ja früher ganz klar nur in eine Richtung.«

Anne nickt. »Meine Eltern sind bis heute gesund«, sie klopft auf den Tisch. »Aber die Frage, ob ich mich irgendwann um sie kümmern muss, die macht mir in regelmäßigen Abständen auch Angst. Da könnte ich auch öfter mal in Tränen ausbrechen, wenn ich mir das schillernd ausmale, weil das ...« Sie schüttelt sich. »Aber da wächst man wahrscheinlich auch rein.« – Maren nickt.

»Ich sorge mich schon«, sage ich, »wenn mein Vater zum Beispiel so wahnsinnig viel arbeitet, dass meine Mutter sagt: ›Ui, wenn das so weitergeht ... dauernd unter Strom.‹ Und da denke ich: Er ist einfach mal langsam in einem Alter, wo man nicht mehr immer weiter durchochsen kann.«

»Ja, das kommt jetzt«, sagt Maren, »dass man langsam denkt: Mutter, achte mal ein bisschen auf dich. Ihr müsst da jetzt vorsichtig sein. Schaltet mal einen Gang runter.«

»Ja, gerade bei dir ja auch!«, sage ich. Marens Vater ist an Alzheimer erkrankt, und ihre Mutter kümmert sich zu Hause um ihn – keine leichte Aufgabe.

»Glücklicherweise ist es inzwischen so, dass meine Mutter auch mal auf mich hört.«

»Das ist wirklich eine super Entwicklung!« Ich bin begeistert.

Maren nickt. »Sie war ja eine Weile im Krankenhaus. Und die beiden hatten ihr Schlafzimmer zu Hause immer noch oben unterm Dach. Das heißt, mein Vater, der eh total treppenunsicher ist, musste jedes Mal, wenn er nachts aufs Klo wollte, immer zwei Etagen runter und anschließend wieder hoch. Und so haben wir, als meine Mutter nicht da war, das Schlafzimmer in die erste Etage verlegt.«

»Sehr gut«, lobt Julia.

»Als meine Mutter dann nach Hause kam«, erzählt Maren weiter, »hat sie schon erst mal geguckt: ›Was habt ihr denn gemacht?‹ – Aber dann fand sie es gut. Ich glaube, sie traut sich auch oft nicht zu fragen, ob wir mal helfen könnten, das Haus umzuräumen. Und jetzt haben wir das einfach gemacht – ratzfatz, das ist ja kein Akt, wenn alle mitmachen.«

Julia nickt. »Das haben wir auch schon gemacht, so ein Zimmer durchrenoviert und umgestaltet.«

»Oder auch mal zu sagen: ›Brauchen wir eigentlich noch Zimmer bei euch im Haus?‹«, ergänzt Maren. »›Hier stehen so viele Betten rum – macht daraus doch euer Zimmer. Ihr wohnt da – wir nicht mehr. Und wir wohnen ja nicht mal weit weg, sodass wir eh abends nach Hause fahren können.‹ – Ja, mittlerweile hört sie schon auch auf mich. Wobei sie natürlich auch dadurch beruhigt ist, dass ich das klassische Ideal ziemlich erfüllt habe: Ich habe einen Mann, der für mich sorgt.« Maren stimmt in unser Kichern ein. »Und ein Kind. Das ist eine andere Situation, wenn sie wissen, um mich brauchen sie sich keine Gedanken zu machen.«

Julia runzelt die Stirn. »So waren meine Eltern lustigerweise nie, dass ich das Gefühl hatte, die haben eine Erwartung an das, was ich so mache, beruflich oder privat. Klar, die freuen sich immer, wenn ich einen netten Freund habe oder wenn es beruflich gut läuft. Aber sie haben nie gedrängelt, ich müsste jetzt mal aus dem Quark kommen mit einem Job oder heiraten. Ich hatte nie das Gefühl, dass ich irgendwas für meine Eltern tun muss! Die haben mir immer das Gefühl gegeben, dass ich das machen kann, was ich möchte, Hauptsache, mir geht es gut dabei. Das ist, finde ich, die Meisterleistung meiner Eltern; das finde ich unglaublich, dass sie das geschafft haben. Das Vertrauen zu haben, dass ich das schon richtig entscheide.«

»Ja, diese Toleranz ist toll«, stimmt Maren zu, »bei meinen Eltern auch. Dass sie zwar gesehen haben: Jetzt hat sie eine Ausbildung gemacht, und jetzt kommt aber doch noch ein Studium … hm. Dass sie mich trotzdem die ganze Zeit unterstützt haben.«

»Das ist super«, finde ich auch, »und bestimmt gar nicht so leicht. Ich weiß schon, dass meine Eltern sich Sorgen gemacht haben, als Basti dazukam: Musiker, freiberuflich – ich zuerst Geschichtsstudentin mit Flausen im Kopf, dann auch freiberuflich. Da haben sie bestimmt ein bisschen gezittert. Aber sie haben dann auch gemerkt, dass er ja niemand ist, der sich so Hirngespinsten hingibt ... Und bei mir sagen sie, sie hätten immer daran geglaubt, dass ich meinen Weg finde. Ich bin mal gespannt, ob ich das einhalten kann. Jedenfalls sind sie nicht so die Druckmacher.«

»Das Tolle an meinen Eltern ist ja, dass sie mir nie das Gefühl gaben, ich müsste irgendwas einhalten, sondern dass ich schon alles eingehalten hätte«, sagt Julia. »Und klar haben die sich Sorgen gemacht, wenn es nicht so lief oder es mir nicht so gut ging. Aber nie so, dass ich den Eindruck hatte, es gäbe ein Ziel und dann sind wir quitt oder sie wären irgendwie erleichtert. – Gut«, wiegelt sie ab, »wenn ich rumgammeln würde oder es gar nicht laufen würde; das wäre dann bestimmt noch mal anders.«

»Ja.« Anne nickt nachdenklich. »Meine Eltern haben mir nicht nur immer ein Gefühl von Geborgenheit vermittelt, sondern haben mir stets sehr viel Aufmerksamkeit und Unterstützung entgegengebracht. Sie haben mich wirklich in all meinen Leidenschaften und Wünschen immer bestärkt. Klar – vor allem meine Mutter ist nicht immer ganz angstfrei und schnell besorgt. Auf der anderen Seite haben sie mir auch immer viel Mut gemacht – ja, sie sind wirklich tolle Eltern.« Anne guckt ein bisschen stolz. »Und wir stehen uns sehr nah – ich habe das Glück gehabt, mich in Krisen immer auf sie verlassen zu können, merke aber auch, dass diese Nähe besonders gut auf die Distanz Berlin-Hamburg funktioniert.« Sie lacht. »Wenn ich Weihnachten für ein paar Tage nach Hause komme und mit meinem Vater dann wie jedes Jahr den Weihnachtsbaum schmücken soll, dann gibt es auch alljährlich Streit.«

»Aber nicht über den Weihnachtsbaum?«, frage ich.

»Auch über den Weihnachtsbaum.« – Lachen in der Runde. – »Ich finde dann, dass mein Vater sich wieder im Geschmack vergriffen hat, und darüber schaffen wir es dann immer schnell, uns in die Wolle zu kriegen.«

»Komisch«, fällt mir ein, »beim Weihnachtsbaumschmücken verschwindet bei uns diese Eltern-Kinder-Verteilung erst jetzt. Das machen nun meine Schwester und ich – aber erst, seit meine Mutter wieder arbeitet und es einfach nicht mehr schafft. Sie will dann trotzdem immer noch das Weihnachtsessen vorbereiten, obwohl sie so im Chaos steckt, und sagt immer: ›Nein, nein, ich mach das!‹ Dann verschwindet sie wieder für drei Stunden und erledigt irgendwas anderes Dringendes. Und meine Schwester und ich denken irgendwann: Gut, wir sind jetzt hier, haben Zeit – wir machen das jetzt einfach, was soll sie denn dagegen haben? – Und natürlich ist sie dann ganz glücklich, weil sie nach Hause kommt und sagt: ›Oh Gott, das hatte ich ja total vergessen!‹«

»Wir machen jetzt vieles gemeinsam«, sagt Maren: »Lustigerweise trotzdem immer noch mehr die Frauen!«

»Ich helfe meiner Mama insgesamt einfach viel mehr zu Hause«, sagt auch Julia. »Das hätte ich früher nie gemacht. Aber jetzt, wenn ich da bin – das finden die auch super. Meine Eltern waren ja sehr aufopferungsvoll, und ich habe langsam schon das Gefühl, dass ich das gerne auch zurückgeben möchte. Was man ja in dem Maße wahrscheinlich gar nicht kann, aber dass man sie ein bisschen unterstützt oder ihnen was Gutes tut. Weil sie es zum Beispiel manchmal nicht so draufhaben, es sich einfach mal gut gehen zu lassen und sich zwischendurch zu belohnen – was ich bei mir selbst ja relativ gut kann.« Sie lacht. »Aber sie halt nicht so. Und dann schenke ich ihnen zu Weihnachten zum Beispiel mal einen Tag im Wellnessdings. Womit mein Papa dann gar nichts anfangen kann und völlig überfordert ist. Aber wenn wir ihm das als Kinder schenken, dann ist er auch so stur, dass er es trotzdem durchzieht, weil er das nicht ablehnen kann. So versuche ich schon ein bisschen, ihn zu seinem Glück zu zwingen. Und meistens geht es auch gut. Aber das Cleopatrabad«, sinniert sie, »das war ihm dann doch ein bisschen zu viel. Da wollte ich, dass die beiden mal was Romantisches machen …« Sie zuckt die Schultern. »Na ja.«

DIE 31. FRAGE

Reifeprüfung

Sind wir so erwachsen,
wie wir es sein sollten?

DASS UNSER LEBEN WENIG MIT FRÜHEREN VORSTELLUNGEN zu tun hat, haben wir ja schon festgestellt. Aber woran machen wir das fest? Kollidiert es mit unserer Selbstwahrnehmung, wenn Zwanzigjährige uns siezen? Und sind wir deshalb weniger erwachsen?

»Ich spüre ja immer noch ein leichtes Zucken in meiner Hand, die ich am liebsten erheben würde, wenn mich jemand siezt«, erklärt Anne.

»Es ist auch eine Umfeldfrage«, stelle ich fest. »Ich dachte beispielsweise, dass ich dringend mit der Uni fertig werden muss, als mich eine Zwanzigjährige im Aufzug des Philosophenturms gesiezt hat.« – Die anderen lachen. »Das ist natürlich ein schwerer Schlag«, sagt Barbara.

Maren nickt. »Ich dachte das auch manchmal, wenn ich nach den Semesterferien wieder hinkam: Die sind alle so jung hier. Ich kann hier nicht mehr bleiben.«

Anne überlegt weiter. »Es ist komisch – ich fühle mich bis heute nicht total erwachsen, aber neulich lag ich im Garten in Brandenburg, und nebenan wohnt eine Frau Mitte siebzig – Frau Mau. Und da wurde mir erst klar, wie sehr sich die Interessen im Laufe eines Lebens doch verändern! Ich glaube, Frau Mau könnte mit dem Berghain nicht mehr so viel anfangen. Und auch bei mir hört der Drang, in Clubs rumzuzappeln, langsam auf. Früher habe ich mich sehr wohl gefühlt auf vielbesuchten Veranstaltungen, heute finde ich es viel netter, in kleinen gemütlichen Clubs zu tanzen – oder andere Ausgehmöglichkeiten zu finden als die Großraumdisco in Trittau.« – Lachen in der Runde. – »Und da, möchte ich sagen, fühle ich mich doch schon ein bisschen erwachsener. Aber in der Tiefe meines Herzens bin ich, glaube ich, immer noch eine 16-Jährige.«

»Ich fühle mich eigentlich auch nicht besonders erwachsen«, schlägt Maren in die gleiche Kerbe. »Klar, ich habe Verantwortung, aber – na ja, was heißt schon erwachsen? Ich fühle mich jetzt auch nicht wie ein Kind. Ich bin einfach so – ich entwickle mich.«

»Also, klar: So, wie man sich das früher vorgestellt hat, ist es natürlich überhaupt nicht«, sagt Barbara. »Das habe ich auch ziemlich schnell gemerkt, dass das nicht so sein wird. Ich würde aber trotzdem nicht denken, dass ich mich deswegen jünger fühle. Ich fühle mich eigentlich ziemlich genauso alt, wie ich bin. Wenn ich mich mit jüngeren Leute vergleiche, dann merke ich auch, dass ich da nicht mehr stehe. Und ich weiß ja, was ich alles erlebt habe – ich fühle mich wirklich genauso alt, wie ich gerade bin. Und das fühlt sich jetzt nicht alt an, das fühlt sich aber auch nicht mehr besonders jung an.« Sie zuckt die Achseln. »In der Regel werde ich ja eher für jünger gehalten. Und dann hatte ich letztens dieses schöne Gespräch mit meiner 23-jährigen Kollegin im Café.« – Ich muss lachen: »Tolle Geschichte!« – Barbara erzählt sie für Maren und Anne noch mal: »Wir hatten uns unterhalten, und plötzlich meinte sie: ›Mann, Barbara, ich vergesse immer, dass du schon so alt bist! Ich rede immer ganz normal mit dir, wie mit den anderen!‹« – Schallendes Lachen bei uns.

»›Kannst du auch‹, habe ich gesagt«, erklärt Barbara. »›Nur weil ich acht Jahre älter bin, heißt das nicht, dass ich dich nicht verstehe.‹« Sie schüttelt belustigt den Kopf, bevor sie fortfährt: »Erwachsen – ich habe relativ lange nicht erwachsen werden wollen. Als das Haus verkauft wurde, dachte ich: Ich will wieder Kind sein! Ich will zu Hause sein! Und dass meine Mama auf mich aufpasst. Aber das habe ich jetzt überwunden; ich habe in den letzten zwei Jahren an mir gearbeitet.« Sie lacht. »Das hat aber auch nichts mit Vernunft zu tun, dass ich jetzt total rational wäre und vernünftige Entscheidungen treffe. Sondern eher, dass ich sagen würde, ich habe langsam das Gefühl, ich bin für mich selber verantwortlich.«

»Und kriege das auch hin«, ergänzt Maren.

»Genau: Und ich kriege das auch irgendwie hin. Ich will nicht mehr, dass andere alles für mich machen. Und das – na ja, man sollte meinen, dass das viel früher passiert, aber«, sie lacht ein bisschen, »bei mir hat es länger gedauert.«

»Ja, ich glaube, das braucht länger, als man denkt«, stimme ich zu. »So Backlashs hatte ich auch immer mal wieder. Das Gefühl: ›alles super, ich nehme das so in die Hand‹ ist durch das Studium schon noch lange hinausgeschoben worden. Diese Sache, dass ich – wie mehrfach erwähnt – meine Krankenversicherung noch nicht selbst bezahlen kann, bedeutet für mich, quasi immer noch einen Fuß unter dem Tisch meiner Eltern zu haben. Und ich hatte auch lange noch dieses Gefühl, wenn ich mit allem überfordert war, dass ich bloß zu Hause bei meiner Mutter sein wollte, aller Sorgen entledigt. Dass ich mich mal kurz um nichts kümmern wollte. Aber tatsächlich ist das auch sehr selten geworden in den letzten Jahren«, fällt mir auf.

Anne nickt. »Das kenne ich aus den ersten Jahren des Alleinwohnens auch noch sehr: dieses Gefühl, alles bricht so über mich herein, und ich möchte mich am liebsten unter die Couch meiner Eltern verkriechen. Aber nein, das hatte ich jetzt wirklich lange nicht mehr. Ich stelle mich der Verantwortung mittlerweile auf eine andere Art und Weise; ich mache das mit mir selbst aus. Wobei ich die Konflikte dann schon mit meinen Eltern oder den engsten Freunden teile und versuche, sie so zu lösen …«

»Das ist ja nicht unerwachsen«, finde ich.

»Nee, stimmt. – Stimmt!« Anne ist begeistert.

»Ich habe diese Sehnsucht, mich daheim zurückzuziehen, gar nicht«, sagt Maren. »Bei mir ist es eher das Gefühl, dass das Alter seine Bedeutung verliert. Dass der Gedanke nicht mehr kommt: Hurra, jetzt bin ich 18, jetzt kann ich das ... Jetzt bin ich zwanzig, jetzt darf ich jenes ... Diese ganzen Schritte gibt es ja auch nicht mehr, dass jetzt noch irgendwas Besonderes ansteht ...«

»Ich glaube, wenn wir vierzig sind, können wir Bundespräsidentin werden«, werfe ich der Vollständigkeit halber ein. »Das ist so das Letzte, was noch kommt.«

Barbara zieht die Brauen hoch. »Das ist ja eine Option.«

»Ich glaube, man dreht sich nicht mehr so um sich selber«, überlege ich weiter.

»Na ja – das schon ...« Barbara lacht.

»Das ist bei mir genau andersrum«, widerspricht auch Julia, »das habe ich früher nie gemacht und jetzt viel mehr.«

Barbara nickt. »Ich drehe mich ziemlich um mich selbst, würde ich sagen.«

»Hm, vielleicht hat es auch einfach was mit der jeweiligen Situation zu tun, dem Job oder der Beziehung«, grüble ich, »dass das irgendwann in einem Stadium ankommt, wo man nicht mehr so damit beschäftigt ist, die Grundfesten zu sichern, sondern mal ein bisschen losstürmen kann. – Andererseits habe ich zum Beispiel bei Gehaltsverhandlungen oder so immer noch nicht den Eindruck, dass ich wie ein erwachsener Mensch auftrete und für mich einstehe.«

»Das hat aber auch echt was mit Übung zu tun!«, sagt Barbara.

Anne nickt. »Ja, da wächst man auch rein – das habe ich gesehen; da bin ich eigentlich ja ähnlich wie du gestrickt und habe mich immer für vieles angeboten und vieles gemacht. Aber das hat sich komischerweise in den letzten Jahren auch verändert.«

»Und es ist auch Persönlichkeitssache, manche können das einfach und andere sind halt zaghafter«, ergänzt Maren. »Ich glaube, da kann man schlecht aus seiner Haut – das wird mit Übung natürlich besser. Je besser du dich auskennst.«

»Erfahrung«, murmelt Barbara. – Ich nicke. »Ja, ich glaube, dieser Teil gehört noch zu dem Erwachsenwerdungsteil, den ich noch vor mir habe: erfahrener werden, lernen, wie die Dinge im Beruf laufen.«

»Das ist auch eine Sache, die ich mit meinen Eltern nicht mehr so teilen kann«, fügt Anne hinzu. »Da merke ich – mein Vater, der ein klassischer Kaufmann ist und Gehaltsverhandlungen noch ganz traditionell kennt, der ist mit dieser Medienbranche und dem ganzen projektbezogenen Arbeiten überhaupt nicht vertraut. Und da scheiden sich dann unsere Welten. Was das Berufliche anbelangt, habe ich gemerkt, dass ich mich auf das, was meine Eltern sagen, gar nicht mehr so verlassen kann, weil sie das ganz anders gewohnt sind. Sodass ich da mittlerweile auf meine eigenen Instinkte oder im Austausch mit meinen Freunden auf deren Erfahrungswerte bauen muss. Jetzt gehört es zu den Telefonaten mit meinen Eltern dazu, dass ich ihnen erkläre, dass das in dieser Medienbranche doch alles ganz anders funktioniert. Da können sie mir nicht mehr so viel helfen.«

»Ja, das ist so eine Sache«, sagt Julia. »Letztes Jahr war es bei mir so: Da ist plötzlich meine Tante gestorben. Ich habe gemerkt, meine Eltern werden ein bisschen älter – und da habe ich so einen Schub bekommen: Ach, es wird nie wieder so sein wie früher, wir werden nie wieder diese Sportreisen haben, wo mein Papa alles organisiert und alle unterhält ... Jetzt sind meine Schwestern und ich diejenigen, die sich überlegen: Jetzt machen wir dieses oder jenes Familienevent, und die das in die Hand nehmen. – Also natürlich in Absprache mit unseren Eltern; wir schlagen das vor, und dann kümmern wir uns darum.«

»Oder man kommt nach Hause und kocht selbst«, sagt Maren.

»Genau. Meine Mama freut sich immer, wenn ich komme, weil ich gerne koche, und die mögen das – oder wir kochen zusammen. Das finde ich eigentlich auch sehr schön.« Julia macht große Augen. »Aber manchmal – weil ich ja früher auch echt eine super Zeit hatte – vermisse ich das dann alles ... Eine Zeit lang hatte ich ja dieses Abkopplungsding, dass ich dachte: Nee, nie wieder, auf keinen Fall! – Vielleicht war das auch, gerade weil wir so eine enge Beziehung haben, wichtig, um meinen eigenen Weg zu finden. Deswegen bin ich ja dann weggegangen. Aber jetzt habe ich dazu ein anderes Verhältnis. Na ja ...« Sie ist ein bisschen sentimental geworden und wirft einen neuen Aspekt in den Raum: »Wissenstechnisch fühle ich mich noch nicht besonders erwachsen. Da finde ich es dann gut, dass ich Leute habe, die ich Sachen fragen kann, die man sich sonst wirklich nicht zu fragen traut. Bei Politik, wo ich ja echt schlecht bin und wenig weiß, da frage ich dann halt: Wen müsste ich denn jetzt am besten wählen? – Damit habe ich mich vorher einfach nicht beschäftigt. Nachrichten sind dafür da, um an was anderes zu denken, weil sie mir zu langweilig oder zu brutal sind, sodass ich solche Themen einfach ausblende. Da denke ich dann: Eigentlich ist es ganz schön unangenehm, mit über dreißig so wenig Grundwissen zu haben. Neulich habe ich im Internet spaßeshalber einen Einbürgerungstest für die deutsche Staatsbürgerschaft gemacht – ich wäre jedenfalls nicht aufgenommen worden in diese Republik!« Sie lacht. »Das finde ich manchmal etwas doof, dass ich auf diesen Feldern wahrscheinlich schlechter bin als jeder Siebtklässler. – Ansonsten«, kommt sie zum Schluss, »albern bin ich auch, meistens.«

»Aber das ist ja auch schön, sonst wäre es ja öde«, findet Maren.

»Ja, davor habe ich so ein bisschen die Angst verloren«, sagt Julia. »Früher dachte ich, man wird später sehr ernsthaft und verliert den Sinn für den Moment, und es ist alles ganz abgeklärt ... Und das hat sich geändert – ich habe ja diese Freundin, die ist fünfzig, zu der ich immer sage: ›Seit ich dich kenne, habe ich keine Angst mehr vorm Älterwerden!‹ – Weil sie genauso bescheuert und albern und einfühlsam und aufmerksam ist wie ich. Und jetzt denke ich mehr, dass es keine Frage des Alters ist, sondern des Typs.«

»Glaube ich auch«, stimme ich zu. »Ich bin früher erschrocken, als ich irgendwann kurz nach dem Abi mit Freunden an einem Lagerfeuer saß und meinte, dass man so was eigentlich in jedem Alter schön finden müsste – und alle waren sich total einig, dass man das mit dreißig nicht mehr macht. Das konnte ich überhaupt nicht verstehen. Und ich kann mir sogar vorstellen, dass die, was sie selbst betrifft, sogar recht hatten.« Ich überlege. »Eigentlich finde ich es ganz schön, dass man später einfach nur sich selbst näherkommt – und wenn man dann Spaß an solchen Dingen hat, dann kann man sie ja auch einfach machen.« – »Ja«, sagt Barbara. – »Dass es überhaupt nicht automatisch aufhört«, fahre ich fort, »sondern man irgendwann erkennt, dass man ja nur freier wird, indem man nicht mehr denkt, alles und man selbst müsse so oder so sein.«

»Sondern man ist eben so«, schließt Maren. »Genau.«

DIE 32. FRAGE

Thirtysomethings

Wie unterscheidet sich unsere Generation von anderen?

»FINDET IHR DENN, DASS WIR ALS GENERATION ANDERS SIND?«, frage ich. »Auf jeden Fall!«, sagt Julia entschieden. »Finde ich schon. Ich glaube …«

»Wir sehen viel besser aus …«, albert Maren.

»Ich glaube, dass wir sehr sorglos aufgewachsen sind und auch sehr frei«, lässt Julia sich nicht aus dem Konzept bringen, »dass aber viele sich in den ganzen Freiheiten auch verdödeln. Und dass viel mehr als bei unseren Eltern dieser Selbstbestimmungs- und Selbstverwirklichungsgedanke eine Rolle spielt.«

»Ja, dem würde ich auch zustimmen«, sagt Anne. »Also einmal, im wirklich krassen Unterschied zur Generation unserer Eltern, sind wir nicht mehr diese Nachkriegsgeneration. Wir haben nicht mehr die Vorzüge des Wirtschaftswachstums und sind mit wirtschaftlichen Zwängen und Gegebenheiten konfrontiert, die nicht gerade einfacher sind. Auf der anderen Seite hat man so viel mehr Möglichkeiten, sich frei zu entfalten – und das empfinde ich als Merkmal für meine Generation. Wir alle haben das Streben, uns selber unseren Leidenschaften gemäß zu entfalten. Und das ist Fluch und Segen zugleich.« – »Meint ihr, dass das dazu führt, dass man nie richtig zu Potte kommt, weil man immer noch nach einer besseren Möglichkeit sucht?«, frage ich.

»Man kommt ja vielleicht zu Potte«, entgegnet Julia, »aber nicht in dem klassischen Sinn, wie unsere Eltern das so vorgelebt haben und wie man das vielleicht mal im Kopf hatte …«

»Ich glaube«, kann ich mich nicht bremsen, »dass damit oft einhergeht, dass man mehr Zeit darauf verwendet, immer weiter rumzuprobieren. Weil man die unendliche Wahlfreiheit hat – oder vielmehr die Illusion davon: was Partner angeht, was den Beruf angeht, was Familienkonzepte angeht … Man muss ja nicht mehr heiraten, weil man schwanger ist. Und zwar gefälligst den, der das Kind gezeugt hat. Sondern man kann das eben auch alleine machen. In einer Familie kann die Frau arbeiten, der Mann arbeiten. Und so weiter«, ich wedle meine Hand durch die Luft, »was ich meine, ist eigentlich: dass man ewig weitersucht, weil man irgendwie von sich erwartet, den perfekten maßgeschneiderten Lebensentwurf zu finden.«

Anne nickt. »Dieser Perfektionsdruck führt schon zu ganz schön viel Unverbindlichkeit.«

»Ja: sich nicht festlegen zu wollen, weil man halt auch nicht festgelegt *wird*«, sage ich.

»Klar, man würde nicht Metzger werden, nur weil der Vater im Laden steht«, sagt Julia. »Was ich aber auch ein bisschen erschreckend finde, ist, dass unsere Generation relativ oberflächlich ist durch diese ganzen Freiheiten. Und diese ganze Toleranz führt letztlich dazu, dass zwar alles in Ordnung und alles okay ist – aber ich finde, vieles hat oft auch weniger Tiefgang.«

»Obwohl es ja total Mode ist, wahnsinnig viel über sich selbst nachzudenken«, bemerke ich.

»Ja, ist es, aber mit welchem Ergebnis? Dass man sich jetzt wieder befreien muss?« Sie zuckt die Achseln. »Der Zusammenhalt ist nicht besonders gut, finde ich. – Aber gut, vielleicht liegt das auch am Umfeld.«

»Das kann echt ganz schön unterschiedlich sein«, stimmt Barbara zu. »Es gibt, glaube ich, viele, die das auch ganz anders leben.«

»Ich glaube, das ist nicht nur generationsabhängig, sondern auch sehr unterschiedlich in der Großstadt und in einem Dorf«, fügt Maren hinzu, »und es ist auch schichtabhängig, einkommensabhängig ... Wir fünf sind halt sehr ähnlich aufgewachsen, deshalb sind unsere Ansichten auch gar nicht unglaublich unterschiedlich. Und wir haben eine gewisse Toleranz anderen Ansichten gegenüber gelernt. Wir sind nie schlecht behandelt worden in unserer Jugend, wir haben keinen riesigen Knacks abgekriegt ... Das spielt ja auch alles eine Rolle. Deshalb glaube ich nicht, dass man von der ganzen Generation sprechen kann, als wären wir eine homogene Gruppe.«

»Aber der Anreiz, sich in dieser Gesellschaft durchzusetzen ...« Anne runzelt nachdenklich die Stirn. »Das bestimmt uns ja schon. Mein Bruder hat mal zu mir gesagt, mit hohem Frustgehalt: ›In dieser Gesellschaft ist man nichts wert, wenn man nicht konsumiert. Oder nicht konsumieren kann.‹ Und ihn lässt das eher resignieren; er verurteilt auch die Leute, die bereit sind, für diesen Konsum so viel zu opfern. Und ich kann diesen Frust in Teilen auch verstehen – auf der anderen Seite funktioniert es nicht anders. Es sei denn, man gründet eine Kommune; ich fände das ganz interessant – aber ich stelle mir das auch schwer lebbar vor, auf Dauer.«

»Weil man doch in dieser Gesellschaft ganz schön verankert ist, oder?«, sage ich. »Hm ... Ich frage mich, ob Jüngere dem vielleicht noch mehr ausgesetzt sind. Mein Eindruck ist, dass der Druck wächst, sich schon früh sehr um den Lebenslauf zu kümmern. Die Schulzeitverkürzung, die Einführung der Bachelorstudiengänge – das passt, scheint mir, ganz gut in dieses Bestreben, die Leute vor allem schnell auf den Markt zu schmeißen. Und es kommt mir so vor, als hätten die das teilweise ganz gut verinnerlicht, indem sie viel zielstrebiger sind.«

»Ich glaube, es gibt einfach viel mehr die Extreme«, entgegnet Maren. »Diejenigen, die nur zu Hause sitzen, dick werden und fernsehen, und diejenigen, die mit zwanzig mit allem fertig sind, im Beruf stehen und auch noch erfolgreich sind.« Julia nickt. »Ich glaube, es fallen viele durchs Raster, oder? Und dieses Normale ...«

»Und uns Normale – sage ich jetzt mal so«, fährt Maren fort, »die mal mehr, mal weniger lange brauchen, wo es nicht so eine Struktur gibt, wo aber jeder auf seine Art und Weise das irgendwie schafft – das geht irgendwie verloren. Weil der Druck wahnsinnig groß ist: Inzwischen studieren schon so viele, dann musst du dich davon wieder abheben, indem du schnell bist, eine gute Note machst – oder du fällst raus.«

»Bei uns war es ja in der Schule noch ein bisschen peinlich, gute Noten zu haben«, entsinne ich mich. »Es gab dieses Streberding.«

»Aber das ist bestimmt heute auch noch so«, sagt Julia. »Kann ich mir nicht anders vorstellen.«

»Frage ich mich«, entgegne ich. »Ich glaube halt, dass viele von den Jüngeren schon viel mehr mit dem Bewusstsein aufwachsen, dass der Arbeitsmarkt schwierig und tendenziell gnadenlos ist. Das war bei uns ja noch nicht so; man hatte ja nicht den Eindruck, als hätte das irgendwas mit einem selbst zu tun. Aber jetzt, wo das permanent Thema ist ...«

»Mag sein, dass das in der Erwachsenenwelt Thema ist, aber ob sich das den Leuten, die in der Schule sind, schon so darstellt ...«

»Ich glaube, ja!«, wirft Maren ein.

»Deren Eltern sind ja auch wieder eine andere Generation als unsere«, überlege ich. »Und in meinem Studium – da ging es auch viel ums Sich-Ausprobieren. Da ist es ja fast die Hauptleistung, für sich selbst Ziele und eine Perspektive zu entwickeln und ohne jede Hilfestellung dahin zu kommen. Und jetzt sprechen Zwanzigjährige, die ich treffe, davon, dass sie ihr Studium möglichst schnell durchziehen wollen und auch Fächer studieren wollen, mit denen sie später vor allem einen guten Job kriegen.«

»Das befürworte ich aber auch ein Stück weit«, sagt Anne. »Ich habe ja in meinem Südostasien-Orchideenfach letztlich zum

Bachelor gewechselt, weil das auch so eine typische Geisteswissenschaft war, in der alles und nichts möglich ist. Mir hätte es, glaube ich, sehr viel mehr genützt, wenn mein Studium strukturierter gewesen und ich mehr in das Arbeitsleben eingeführt worden wäre. Und da machen es einem diese geisteswissenschaftlichen Magisterstudiengänge wirklich nicht leicht.«

»Ja, es pendelt gerade so von einem Extrem ins andere«, räume ich ein. »Ich weiß gar nicht, ob ich es gut oder erschreckend fand, dass die Trödeljahre so vorbei zu sein scheinen ...«

»Was ich so höre«, bemerkt Julia, »ist eher, dass ungefähr die Hälfte aller Mädchen Model werden wollen oder Schauspielerin, dass sie völlig größenwahnsinnige Ideen entwickeln, weil einem dieses ganze Star-Werden so permanent vor Augen geführt wird. Da heißt es nicht mehr: Ich will Tierärztin werden ...«

»... sondern: Heidi Klum ist nächstes Jahr wieder in Düsseldorf!«, ergänzt Maren.

Barbara nickt. »Kein Wunder, wenn die Alternativen so fies aussehen: dass man sich durchkämpfen muss, auf einem Arbeitsmarkt ... Das klingt ja nicht besonders reizvoll.«

»Hm, da will man vielleicht lieber Star werden«, sagt Julia.

»Und wie ist das bei euch mit diesen ganzen Ansprüchen«, schneide ich ein neues Thema an, »Arbeit, Kinder, Liebesleben – alles miteinander zu vereinbaren und dabei möglichst gut auszusehen? Das sind ja Ziele, die Frauen unserer Generation prägen. Seht ihr euch da manchmal unter Druck gesetzt?«

»Ich glaube übrigens, dass das für Männer genauso gilt!«, sagt Barbara. »Die setzen sich auch unter Druck, weil sie einerseits ganz klassische Männer sein wollen und andererseits ...«

»Die ganzen neuen Features«, ergänze ich.

Barbara nickt. »Sensibel sein, Gleichberechtigung ...«

»Ach Gott, auf einmal muss ich sensibel sein!«, spottet Julia.

»Ja, ich glaube, das ist gar nicht so einfach, da den Weg zu finden«, bleibt Barbara dabei. »Dass man sich gleichzeitig so eine

Männlichkeit bewahrt – die ja dann doch jeder haben will!« – Julia nickt. – »Und als Frau ist es ja genauso«, fährt Barbara fort, »dann sitzt man da und alle sollen gleichberechtigt sein, und dann hat man aber ein Kind und muss schon wieder denken: Bin ich jetzt eine klassische Mutter?«

»Und Hausfrau«, bemerkt die mit dem sabbernden Peter kämpfende Maren ironisch. »Ja, man ist schnell in einer Schublade.«

Anne nickt. »Ja, das ist schon nicht ganz falsch: dass Frauen so viel mehr Möglichkeiten haben, aber auch die Erwartungen viel größer sind. Eine solide Karriere zu haben und auf der anderen Seite eine gute Mutter zu sein. Sich dann aber wieder auf dieses Mutterdasein reduzieren zu müssen – das ist eine Sorge, die ich auch teile.«

»Das ist ja teils auch eine Debatte, die unglaublich ideologisch geführt wird!«, werfe ich ein. »Die Kinder zu früh in die Kita zu geben oder …«

»Ja, da hatte ich neulich eine heftige Diskussion mit meinem Bruder«, bestätigt Anne, »der sagte, er fände das unverantwortlich, wie manche Frauen sich in ihrem eigenen konsumorientierten Denken auf der einen Seite für das Mutterdasein entscheiden, ein Kind in die Welt setzen und dann aber auf der andere Seite möglichst zwei, drei, vier Monate später wieder in den Beruf einsteigen wollen. Da war er der Meinung, dass Kinder in den ersten ein, zwei, drei Jahren wirklich nur die Mutter brauchen. Und dass sie sich am besten in dieser Zeit auch nur um das Kind kümmert. – Und ich habe dann eine klare Gegenhaltung eingenommen. Du kannst ja nicht im siebten Monat schwanger sein und die nächsten anderthalb Jahre durchplanen, jedenfalls nicht ohne Weiteres. Ich finde, zu alldem gehört eine gesunde Zuversicht und sicher auch eine gute Beziehung zwischen Mutter und Kind. Aber da jetzt so feste Muster vorzuzeichnen, wie das abzulaufen hat, da bin ich einfach total gegen! Da muss man halt auch die Individualität dieser jungen Familien berücksichtigen.« Sie schüttelt den Kopf.

»Wir sind da so sehr aneinandergeraten und haben wirklich mit hochrotem Kopf Nase an Nase diskutiert, bis ich irgendwann heulend auf die Toilette gegangen bin.«

»Aber das meine ich«, sage ich, »dieses Es-ganz-genau-richtig-machen-Wollen: Ist das typisch für unsere Generation?«

»Es gibt nichts Typisches mehr, glaube ich«, meint Maren. »Wir haben keine historischen Ereignisse, die uns total prägen – nur so Geplänkel, an dem man sich mal kurz aufhängen kann.«

»Hm, wenn jetzt der komplette Finanzmarkt den Bach runterginge?«, wende ich ein.

»Ja, aber wer denkt denn jetzt noch großartig an den Finanzmarkt? Lehman ist schon wieder so weit weg! Das ist so schnelllebig, dass ... pff.« Maren winkt ab.

»Ich weiß nicht, ob das jetzt schon alles war«, sage ich.

»Nee, bestimmt nicht! Griechenland ist pleite, wir leihen ihnen kurz mal ein bisschen Geld ... Aber in einem halben Jahr reden wir auch nicht mehr über Griechenland. Das prägt uns nicht, da resigniert man einfach.«

»Zumal es so virtuell ist«, überlege ich, »dass man eine ganze Menge ohnehin nicht versteht oder weiß, und dann hört man vielleicht lieber auf, sich damit zu befassen ...«

»Weil es ja auch nichts bringt«, sagt Maren. »Das sind ja Sachen, über die andere entscheiden, und das wird dann einfach so gemacht.«

»Aber diese Entkopplung ist ja dann schon fast wieder ein Merkmal«, finde ich. »Dass man so im leeren Raum schwebt; alles ist so weich – man kann alles machen, es stört keinen, aber es bewirkt auch nichts. Also bleibt man wieder bei sich selbst und da möglichst ohne sich auf irgendwas festzulegen.«

Auf dieser etwas bitteren Note bleiben wir für diese Runde stehen, bevor wir uns der allerletzten Frage zuwenden.

DIE 33. FRAGE

Masterpläne

Planen wir unsere Zukunft?

»EIGENTLICH IST ALLES GUT, SO WIE ES IST«, fängt Julia an. »Ich habe, klar, ein paar Träume, von denen ich nicht weiß, ob sie in Erfüllung gehen. Und planen tue ich so was wie den nächsten Urlaub.«

Anne lehnt sich bequem zurück. »Ich freue mich auf die nächsten Jahre, muss ich sagen. Ich glaube, dass da ganz schöne Sachen passieren werden, würde mich jetzt aber von einem Masterplan distanzieren. Es gibt natürlich schon so die Vision, dass ich nicht alleine dastehen und auch irgendwann eine Familie um mich herum scharen möchte. Das ist schon der Plan. Aber alles Konkretere würde ich mal unbeantwortet lassen, weil das – ja, weil ich da für mich gar nicht so einen wirklichen Plan habe. – Ja«, bekräftigt sie, »ich freue mich wirklich auf das Leben und die nächsten Jahre. Und vielleicht ist es noch ein Plan, dass ich diese Freude immer aufrechterhalten möchte.«

»Das beinhaltet ja ein bisschen Offenheit für das, was kommt«, sage ich, »Flexibilität.«

»Und sich nicht festzulegen, wo wir gerade beim Thema waren.« Anne lacht.

Ich muss auch grinsen. »Stimmt – das ist wohl wieder mal symptomatisch.«

»Müssen wir uns wieder dabei ertappen, dass wir in dieses Schema, das wir gerade so von außen betrachtet aufgestellt haben, selbst perfekt hineinpassen?«, fragt Anne. »Und es in so positive Phrasen packen ...«

»Offenheit!«, singe ich. »Flexibel bleiben!«

Anne fällt ein: »Freude am Leben! Mit der Familie möglicherweise. Aber vielleicht auch nicht!« Wir lachen.

Maren ist als Erste wieder ernst. »Also, ich habe auch keine Fünfjahrespläne für mein Leben – was will ich in den nächsten Jahren erleben, erreichen, machen ... Nein.«

»Aber es soll noch ein zweites Kind her, irgendwann?«, vermute ich.

»Irgendwann. Und wenn nicht, dann nicht. Ist ja jetzt eins da.« Sie lacht. »Ich fühle mich damit erst mal ausgelastet.«

»Aber es wird furchtbar langweilig, wenn er aufhört zu schreien!«, wende ich ein.

»Du meinst, wenn er anfängt rumzulaufen?« Sie zieht die Augenbrauen hoch. »Nee ... Also: keine Pläne. Damit habe ich aufgehört. Weil immer alles anders gekommen ist in meinem Leben, und das, was ich wirklich früher mal für mein Leben geplant hatte, davon bin ich meilenweit entfernt. Von daher gibt es das nicht mehr.«

»Okay!« Ich setze mal was dagegen. »Ich habe schon ein paar Pläne. Und ich habe auch neulich eine Liste gemacht mit Sachen, die ich gerne noch machen möchte, und es ist eine DIN-A4-Seite voll geworden.«

»Und was wäre da so dabei?«, fragt Anne spöttelnd. »Den Weltfrieden herstellen ...«

»Ja. Weltfrieden herstellen, Café aufmachen, Klimawandel stoppen, Weltformel finden. – Nein«, erkläre ich, »relativ konkrete Arbeitsprojekte. Ich habe die Liste, um mich zu strukturieren und einfach mal mit einer Sache anzufangen, weil ich sonst immer zwischen hundert Sachen springe.«

Maren nickt. »Ja, manchmal ist es besser, sich so was aufzuschreiben. Dann wird es verbindlicher.«

»Leider bekam ich gleich Angst, dass ich vielleicht nur achtzig werde und es nicht alles schaffe.« Ich lache. »Das war ein bisschen viel ...«

»Ja«, sagt Julia, »wenn du jetzt eine DIN-A4-Liste hast und dann die Sachen einzeln abarbeitest, dann bist du vielleicht in zwei Jahren an Punkt drei angekommen, und der ist dann gar nicht mehr aktuell. Und es kommen ja noch neue Ideen dazu! Deswegen weiß ich gar nicht, ob man das so planen kann.«

»Kann man nicht«, räume ich ein.

»Ein Ziel nach dem anderen, würde ich sagen«, meint Maren.

»Und deswegen finde ich es besser, das umzusetzen, was einem wirklich am Herzen liegt, und das passiert dann automatisch!«, findet Julia. »Das, wofür man am meisten brennt, das macht man dann schon. – Klar gibt es auch Sachen, die ich gerne noch machen würde; ich würde wahnsinnig gerne noch ein Instrument lernen, das ich wirklich mag. Und ich würde auch gerne regelmäßiger Sport machen, aber das ergibt sich dann, wenn ich auch wieder die Kapazitäten und das wirkliche Interesse habe. Anstatt sich krampfhaft vorzunehmen, dass man das irgendwie umsetzen muss. – Okay«, relativiert sie, »es kann dann mal gut sein zu sagen: ›So! Ab jetzt nehme ich Stunden.‹ Ich glaube, das ist wichtig. Sonst wird es halt nichts.«

»Aber auch nicht zu viel«, ergänzt Maren. »Und Barbara?«

»Ich weiß nicht, ich habe nie ein Ziel gehabt, nie einen Plan gehabt – habe aber offenbar immer das Bedürfnis gehabt, einen zu haben, weil ich immer danach gesucht habe. – Aber auch nicht so konsequent, dass ich mich damit konkret auseinandergesetzt hätte, sondern immer nur auf einer total abstrakten Ebene.« Barbara setzt einen Jammertonfall auf: »Ich weiß überhaupt nicht, was ich will; ich weiß nicht, was ich will!« Sie lacht. »In so einem Kreislaufgedanken, der zu überhaupt keinem Ergebnis gekommen ist. Und jetzt gerade bin ich ja dabei, mir so was suchen zu wollen. – Ich weiß gar nicht, ob das eine gute Idee ist.« Sie überdenkt das noch mal. »Ich glaube, ich hätte gerne ein Ziel. Im Studium hat mich das beispielsweise unglaublich genervt, dass ich irgendwie dachte, ich müsste ein Ziel haben, worauf ich hinarbeite, damit ich motiviert bin.«

»Damit du weißt, wofür du studierst?«, fragt Maren mit Kommt-mir-bekannt-vor-Gesicht.

»Damit ich weiß, wofür ich das mache!«, bestätigt Barbara.

Maren lacht. »Ich weiß es auch nicht!«

»Aber dann doch immer diese Angst vor dem Plan!«, sagt Anne und haut auf den Tisch. »Sich selber Rechenschaft schuldig zu sein für die Nichtvollkommenheit oder das Nichterreichen dieser Pläne.«

»Ich habe immer darauf gewartet«, sagt Barbara, »dass irgendwann ein Punkt kommt, wo ich denke: So, da will ich hin und dafür mache ich das jetzt. Aber der kam nie.« Sie schüttelt den Kopf. »Irgendwie rede ich mir ein, dass ich motivierter wäre, wenn ich wüsste, wofür ich was mache.«

Maren nickt. »Ja, ist ja auch einfacher, sich zu sagen: Komm, jetzt noch soundso lange, dafür lohnt es sich!«

»Ich finde es gut, sich Ziele zu stecken«, bleibe ich dabei. »Solange man auch bereit ist, sie wieder umzuschmeißen, wenn sie im Grunde nicht mehr für einen passen. Bei mir ist es so: Wenn ich mich einfach nur treiben lasse, dann passiert gar nichts. Dann träume ich viel rum – aber … na ja. Und wenn ich mir vornehme, in diese oder jene Richtung zu gehen, dann mache ich erst mal was. Und dann kann man immer noch umdisponieren und sagen: Gut, jetzt gehe ich eben wieder in eine andere Richtung.«

»Ist ja vielleicht auch Typenfrage«, schlägt Julia vor. »Als ich beim Film angefangen habe und Praktikantin war, kam ständig die Frage: ›Und wo willst du dann später hin?‹ Und ich meinte: ›Ja, wo soll ich denn später hinwollen? Ehrlich gesagt mache ich das jetzt gerade gerne, und wenn ich das nicht mehr gerne mache, dann schlage ich einen anderen Weg ein. So habe ich das bisher gemacht.‹« Sie lacht. »Und das habe ich ja jetzt auch gemacht, habe mich verändert – und lustigerweise festgestellt, dass Szenenbild, wovon ich immer dachte, ich fände es doof, eigentlich richtig cool ist! Das hätte ich aber vorher wirklich nicht gedacht.«

»Aber ist das nicht eine ähnliche Herangehensweise?«, frage ich.

»Aber es besteht immer noch nicht der Wunsch, bald Szenenbildnerin zu werden«, verneint Julia. »Ich finde es gerade total gut, Assistentin sein zu können, so mitzulaufen und den Kopf frei zu haben für andere Dinge – weil ich glaube, meine Ziele liegen auch am allerwenigsten im Beruf! Der ist zum Geldverdienen und um klarzukommen – aber meine wirklichen Ziele mache ich nicht an meiner Arbeit fest. Die haben mehr mit meiner eigenen Zufriedenheit zu tun: Zeit zum Leben zu haben und für die Dinge, die ich gerne tue.«

»Da bin ich doch konkreter«, stelle ich fest. »So in fünf Jahren würde ich mich gern beruflich freigeschwommen haben und auf ein paar Dinge zurückblicken können, mit denen ich zufrieden bin. Und ich sehe schon auch die Anfänge einer Familie innerhalb der nächsten drei, vier Jahre. Das will ich nicht unbedingt auf den letzten Drücker angehen. Sofern denn alles nach Wunsch läuft; nicht um jeden Preis. Eher: Ich wünsche mir das, und ich würde mich freuen, wenn es klappt.«

»Ja, das klingt nach einer entspannten Herangehensweise«, sagt Barbara. Sie grübelt. »Masterplanmäßig zu sagen: Ich will konkret da und da hin, fällt mir echt schwer. Aber ich finde es, glaube ich, schon wichtig, einen ungefähren Plan zu haben – denn ich hatte in der Vergangenheit so ein großes Gewusel in meinem Kopf, dass ich gar nicht wusste: wohin, was will ich, wie bin ich, was will ich sein … Und das finde ich schon unangenehm. Ich wüsste zumindest gern, was ich möchte und nicht möchte, was mir wichtig ist und was nicht. Das muss ja gar nicht unbedingt ein ganz konkretes Ziel sein, sondern eher, dass man für sich selber feststellt: Was ist mir eigentlich wichtig für mein Leben?« – Julia nickt lebhaft. – »Was will ich erlebt haben?«, fährt Barbara fort. »Und wo will ich mich selber entwickeln? Dass man guckt: Wo könnte ich noch an mir arbeiten, wie würde ich gerne sein ... Und da finde ich es wichtig, in sich selber reinzuhören – weil ich, glaube ich, ganz lange außerhalb gesucht habe und mich gefragt habe: Bin ich so wie die, bin ich so, will ich so sein? Und ich glaube, das ist der falsche Weg.«

»Ja.« Ich nicke.

»Da versuche ich gerade, bei mir selbst zu suchen, und das finde ich schon wichtig, dass man das mal macht. Aber von einem Masterplan im Sinne von Programmpunkten, die abgearbeitet werden müssen, kann keine Rede sein.«

»Hatte ich auch nie«, wiederholt Julia. »Es ist mehr so: Irgendwann hätte ich gerne eine Familie, irgendwann hätte ich gerne ein Instrument. Und wenn nicht – okay, dann mache ich halt was anderes. Aber wäre es ein Muss, hätte ich mich, glaube ich, auch schon anders darum bemüht.«

»Ja, und das ist zum Beispiel schon so«, sagt Barbara, »wenn man etwas Konkretes erreichen will, muss man wirklich zielstrebig sein und darauf hinarbeiten. Und das liegt mir, glaube ich, nicht so.«

»Ich finde auch gerade die Sachen toll, die einem in die Hände fallen!«, sagt Julia. »Das war ja immer mein Konzept in den letzten Jahren, und damit bin ich auch sehr gut gefahren: dass ich vielleicht Wünsche habe und dementsprechend ein bisschen die Augen offenhalte – und dann ist es so wie mit einer zugelaufenen Katze: Sie kommt zu dir!«

»Aber das ist gerade etwas, was für mich eher nicht so gut funktioniert hat«, entgegnet Barbara, »dass nur Sachen gut sind, die von alleine zu mir kommen. Das habe ich auch ganz lange gedacht – aber letztendlich hat mich daran gestört, dass ich völlig die Verantwortung abgegeben habe!«

»Na ja, klar«, räumt Julia ein, »wenn deine Situation kläglich ist, musst du dich natürlich schon ein bisschen da rausboxen. Aber bei mir ist es zum Beispiel so: Irgendwann in meinem Leben hätte ich gerne einen sonnigeren Garten. Weil ich gerne in der Erde buddel. Und da denke ich dann, das fällt mir irgendwann in die Hände. Das würde ich jetzt nicht forcieren oder extra härter arbeiten, damit ich mehr Geld habe, damit ich *dann* … Das würde ich so nicht machen.«

»Gut, man kann ja auch nicht alles so planen«, sage ich. »Und da ist es vielleicht klug, sich nicht zu versteifen und sich dann als gescheitert betrachten zu müssen, wenn manches nicht geklappt hat – weil es ja auch super Alternativen geben kann. Ich habe auch viel auf Normen geguckt: Jetzt habe ich doch dies studiert, und damit müsste ich doch jenes tun … Und jetzt freut es mich einfach, dass ich gerade wieder da lande, wo ich mal hinwollte, obwohl ich das nicht vorhergesehen hatte. Wenn einem tatsächlich etwas zufällt, dann guckt man ja nicht stur weg und macht weiter das, was man sich vorgenommen hat. Aber trotzdem finde ich es im Beruf für mich gut, zumindest einen Teil des Weges abzustecken, um eben nicht in Tatenlosigkeit zu versinken. Trotzdem versuche ich, offen für neue Impulse zu bleiben.«

Nach einer kleinen Pause meldet sich Julia noch einmal. »Was wirklich noch ein Ziel für mich ist: Zu der Zeit nach der Trennung von Nils, als ich so verzweifelt war und nicht wusste, ob ich da je wieder rauskomme, da war ich überhaupt nicht mit mir im Reinen, weil das null in mein Bild von mir gepasst hat. Und ich fände es schön, wenn man diese Bilder, mit denen man sich selbst kategorisiert, fallen lassen könnte. Das ist ja das wahre Öffnen, dass man nicht sagen muss: Ich bin doch eigentlich die Ruhige oder die Witzige oder die Zielstrebige – eigentlich kann man doch alles sein. Das ist Freiheit für mich.«

»Ein schönes Schlusswort!«, sagt Anne, als wir gerade erst begreifen, dass wir wirklich am Ende angelangt sind. Sie schnappt sich das Diktiergerät, um es auszuschalten. »Hier drücken?« – Mit meinem leicht panischen »Nein, das ist der Erase-Knopf!!!« endet die Aufnahme.

DIE AUTORIN

Katja Schmitz-Dräger (31), freiberufliche Historikerin und Autorin aus Berlin, ist dank reichem Erfahrungsschatz und heterogenem Freundinnenkreis Expertin für alle Themen und Probleme, die Frauen Anfang 30 beschäftigen. Diese nimmt sie gern auseinander – mit genauem Blick, Scharfsinn sowie viel Humor und Selbstironie.

Katja Schmitz-Dräger
DAS PERFEKTE LEBEN
Fünf Frauen Anfang 30 – Gespräche über Liebe, Sex, Familie, Job und Zukunft

ISBN 978-3-86265-022-4

Lektorat: Ulrike Fischer | Coverfoto: © Nico Klein-Allermann

KATALOG
Wir senden Ihnen gern kostenlos unseren Katalog.
Schwarzkopf & Schwarzkopf Verlag GmbH
Kastanienallee 32, 10435 Berlin
Telefon: 030 – 44 33 63 00
Fax: 030 – 44 33 63 044

INTERNET | E-MAIL
www.schwarzkopf-schwarzkopf.de
info@schwarzkopf-schwarzkopf.de